Rupert Mayer SJ
Leben im Widerspruch

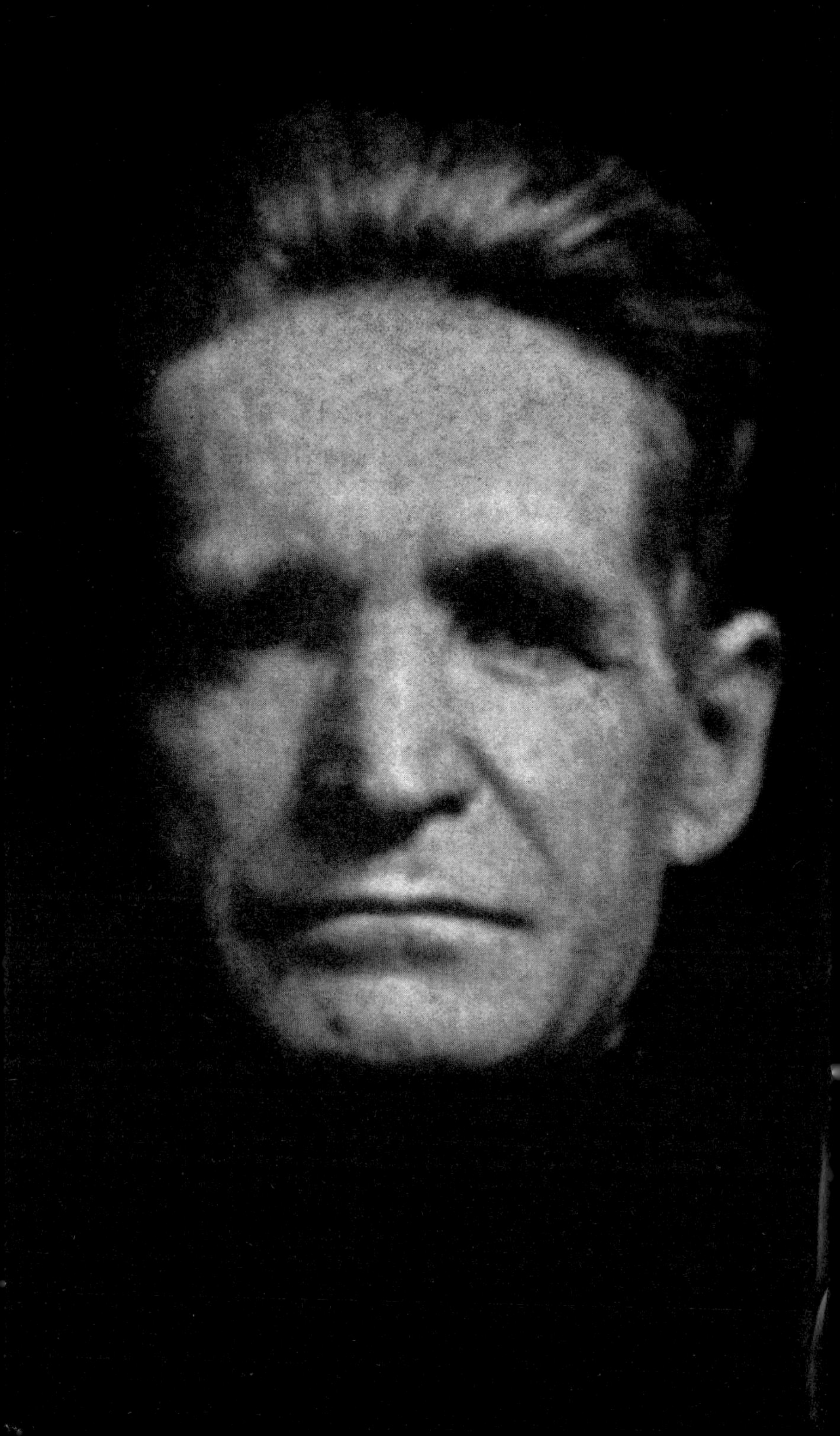

Rupert Mayer SJ

Leben im Widerspruch

Autobiographische Texte
Prozeß vor dem Sondergericht
Reden und Briefe

Herausgegeben
von
Roman Bleistein

VERLAG JOSEF KNECHT · FRANKFURT AM MAIN

Gedruckt mit Unterstützung des
CARTELL RUPERT MAYER
und des
PATER RUPERT MAYER-HILFSWERKS.

CIP-Titelaufnahme der Deutschen Bibliothek

Mayer, Rupert:
Leben im Widerspruch : autobiographische Texte, Prozess vor dem Sondergericht, Reden und Briefe / Rupert Mayer. Hrsg. von Roman Bleistein. – Frankfurt am Main : Knecht, 1991
ISBN 3-7820-0626-7

1. Auflage 1991. Printed in Germany.

Papier: Werkdruck »Alster«, holzfrei, säurefrei,
von Ernst A. Geese, Hamburg.
Satz und Druck: Druckerei Wagner GmbH, Nördlingen.
Bindung: Ludwig Auer GmbH, Donauwörth
ISBN 3-7820-0626-7

Inhalt

ANHANG

VORWORT

Pater Rupert Mayer SJ wurde am 3. Mai 1987 von Papst Johannes Paul II. in München seliggesprochen. Seitdem stellen sich für die meisten keine Fragen mehr, die den Menschen Rupert Mayer betreffen. Er war ein vorbildlicher Christ – hat die Kirche gesagt – und damit reicht es ihnen, falls sie ihn über das neugierige Interesse hinaus, wie denn heute ein christliches Vorbild aussehe, zum Maßstab ihres eigenen Lebens nehmen wollen. Besteht dann aber nicht die Gefahr, daß hinter dem Heiligen der Mensch verblaßt, ja uninteressant wird? Ein großes Mißgeschick, das jedem, der zur Ehre der Altäre erhoben wird, Unrecht täte; denn er würde aus der menschlichen Realität herausgerissen.

Deshalb stellt sich in bleibender Aktualität die Frage: Was für ein Mensch war dieser Rupert Mayer? Eine Antwort soll nicht aus Histörchen herausdestilliert, nicht aus zeitgeschichtlichen Ortungen herausgefunden, nicht mit Tugendsystemen ausgemessen werden. Rupert Mayer soll selbst das Wort haben, soll in jenen Texten und persönlichen Dokumenten, die ihn überlebten, zu Wort kommen. Wenn der Satz Paul Claudels stimmt: »Rede, damit ich dich sehe«, dann geben die Texte Mayers einen neuen Blick auf ihn, einen neuen Zugang zu ihm frei. Leider wurde diesen Texten an sich bislang wenig Aufmerksamkeit geschenkt. Manche spielten zwar in den Biographien von Franziska Boesmiller, Anton Koerbling und Wilhelm Sandfuchs eine angemessene Rolle. Aber aus ihnen selbst gleichsam die Stimme Mayers herauszuhören, das prägnante Gesicht hinter dem geschriebenen Wort aufscheinen zu sehen, die geheime Spur eines Menschen in Grammatik und Syntax zu entdecken, das wurde bisher nicht ermöglicht, wurde bis heute nicht versucht.

Gerade diesen Versuch unternimmt die Edition autobiographischer und lebensgeschichtlicher Texte. Sie fällt um so leichter, weil P. Mayer immer wieder seinen Lebensweg bedacht und von seiner Lebensgeschichte erzählt hat. Memoiren hat er nicht geschrieben; er hat diese in einem Brief vom 28. September 1945 sogar ausdrücklich abgelehnt. Aber er hat Fragmente eines Selbstbildes hinterlassen, teilweise absichtlich, teilweise so nebenbei in den Akten der Justiz des Dritten Reichs und in den Berichten der Geheimen Staatspolizei; das Ganze im Fragment, das volle Lebensbild aus vielen historischen Details. Mag auch manches der kompositorischen Phantasie des Lesers überlassen bleiben – die Texte im Anhang werden sich dafür als zusätzliche Fundgrube erweisen –, es zeigt sich in seinen Texten ein Rupert Mayer, wie er leibhaftig war: kämpferisch und schüchtern, heiter und unbequem, direkt und verschlossen, treu und widersprüchlich. Gewiß aber eines vor allem: ein Mann, der auf dem Weg blieb, den er als Gottes Willen für sich erkannt hatte. Gerade deshalb überlebte er als dieser »einbeinige Jesuit eine tausendjährige, gottlose Diktatur«, wie er selbst verschmitzt zu seiner Lebensgeschichte anmerkte.

Diese Edition lädt ein, sich neu auf eine Begegnung mit Rupert Mayer einzulassen: den Menschen Mayer zu entdecken, der in Gefahr ist, unter frommer Verehrung verlorenzugehen. Sie will nicht zuletzt der zeitgeschichtlichen Forschung den Zugang zu einem Mann eröffnen, der bald nach der Machtergreifung im lauten Widerspruch ein Signal des entschiedenen Widerstands gegen die Unfreiheit gesetzt hat und der bislang wenig in der allgemeinen Zeitgeschichte rezipiert wurde. Hatten die Historiker Angst, in die Hagiographie zu geraten?

Mein Dank gilt am Ende dieser Forschungen über P. Mayer allen, die mit ihrem Zuspruch und ihrer Zuarbeit voranhalfen: P. Hans Grünewald SJ, P. Lothar Jenders SJ, P. Walter Rupp SJ, Dr. Otto Gritschneder, Dr. Wilhelm Sandfuchs, Wolfgang Suttner und den stets aufmerksamen Archivaren in München, Berlin, Bonn, Köln und Regensburg. – Bei der Reinschrift des Textes half Margret Bauer, bei der Drucklegung des Manuskripts Ulrike Maurer. Beiden gilt mein herzlicher Dank.

München, im Januar 1991 *Roman Bleistein SJ*

DIE WAHRHEIT SAGEN

Ein Menschenleben in seiner Komplexität auf einen kurzen Nenner zu bringen, gelingt selten. Meist fällt es in seine Altersstufen und Lebenserfahrungen, in seine Interessen und Werke widersprüchlich auseinander. Dort aber, wo eine Kristallisation um den geheimen Kern, eine Konzentration auf den letzten Grund, eine Finalisation auf die glühende Mitte hin gelingt, werden gleichzeitig in der alltäglichen Normalität eines solchen Lebens Profil und Kontur, Form und Gestalt sichtbar. Dem kritischen Blick enthüllt sich gerade im Fragment das Wesen eines Menschen.

P. Rupert Mayer ist ein Mensch, dessen Leben sich auf diesen Satz verdichten läßt: die Wahrheit sagen. In dieser Maxime, in der sich sein Zeugnis profiliert, wird er zugleich zur Herausforderung und zum Ärgernis, zumal für jene Zeitgenossen, die in der Stunde der Wahrheit so viel Nichtssagendes sagten, die sich angepaßt in der Masse verloren. Damit aber wird seine Herausforderung für die heutige Zeit nicht zu einer zufälligen. Er gehört in unsere Zeit.

Die Aussage, daß das Leben Rupert Mayers sich in der furchtlosen Behauptung der Wahrheit bündelt, soll in drei Schritten aufgewiesen werden: Die Hinwege – Die Zeit der Wahrheit – Das Zeugnis im Verstummen.

Die Hinwege

Rupert Mayer wurde am 23. Januar 1876 in Stuttgart geboren, und die Zeit bis zu seinem Einsatz als Großstadtseelsorger in München 1912 ist nichts anderes als eine offenbar zielstrebige Lehrzeit. Eine glückliche Kindheit in der angesehenen Kaufmannsfamilie in Stuttgart steht ebenso in diesem Kontext wie die unbeschwerte Jugendzeit unter fünf Geschwistern. Die Gymnasialstudien in Stuttgart und Ravensburg scheinen ihm keine Mühe bereitet zu haben, ausgenommen der Druck, dem Katholiken als konfessionelle Minderheit in der protestantischen schwäbischen Landeshauptstadt damals ausgesetzt waren. Nach dem Abitur 1894 begann er mit Zustimmung seiner Eltern das Studium der Theologie. Er absolvierte es, hochgeschätzt als Reiter und als Verbindungsstudent, in Fribourg, München und Tübingen und wurde am 2. Mai 1899 von Bischof Paul Wilhelm Keppler in Rottenburg zum Priester geweiht. Seiner Heimatdiözese diente er nur kurze Zeit als Seelsorger in dem kleinen Ort Spaichingen.

Bereits am 1. Oktober 1900 trat er in den Jesuitenorden ein, eine Entscheidung, die Jahre zuvor bei Exerzitien gereift war. Nach der ordensüblichen, allerdings verkürzten Ausbildung und nach ersten Seelsorgeeinsätzen als Volksmissionar in Deutschland, Österreich und der Schweiz (1906–1911) traf er auf Anforderung von Kardinal Franz Bettinger am 8. Januar 1912 in München ein, in jener Stadt, zu deren Seelsorger und Apostel er werden sollte. Die Stadt München zählte damals etwas über eine halbe Million Einwohner und wuchs jährlich um über zwanzigtausend Zuwanderer, deren Entwurzelung, Arbeitslosigkeit und Armut sich Mayer annehmen sollte. Mit einer solchen Seelsorge betrat er Neuland; die bedrohende Monströsität von ausufernden Städten zeigte sich erstmals. Vorrangig war ihm das sozial-caritative Engagement, das persönliche Gespräch, die Zusammenarbeit mit einem Team und die Auseinandersetzung mit den geistigen Strömungen der unruhigen Jahre vor und nach dem 1. Weltkrieg. Kämpferisch besuchte er die Versammlungen der Freidenker, traf bereits 1919 bei einer Versammlung auf den noch unbekannten Adolf Hitler und verteidigte die Kirche, wenn sie von Kommunisten oder vom »Tannenbergbund« Ludendorffs angegriffen wurde. Er hielt 1919 während der Revolution in München die Gedenkrede für die 21 ermordeten Kolpingsgesellen; er wurde 1921 in die Nachforschungen der Polizei, die dem Mordfall Karl Gareis galten, hineingezogen. Er war eine politische Figur über allen Fronten – und als solcher ein geschätzter und zugleich gefürchteter Diskussionsredner, zumal wenn er nach dem Ende des

1. Weltkriegs, aus dem er schwer kriegsbeschädigt zurückkehrte, mit Orden und Ehrenzeichen an das Rednerpult trat. Mut galt es zu beweisen, wenn Schlägertrupps die Säle füllten.

Auf diesem Feld geistiger Auseinandersetzung begann das Vorspiel für seine kommende Zeit des Widerstands gegen den Nationalsozialismus als politisches System. Er scheute nicht den Konflikt und die Auseinandersetzung; denn es ging um die Wahrheit für alle. Schon in den zwanziger Jahren erkannte er mit treffender Schärfe die gefährlichen Grundsätze in den Reden der Nationalsozialisten: 1. Der Maßstab der Sittlichkeit sei: gut ist, was dem Vaterland nützt, schlecht ist, was ihm schadet. 2. Das Alte Testament, dieses »Judenbuch«, aus der Schule zu verbannen, sei höchste Zeit. 3. Ein totaler Staat sei zu errichten.

Auf Grund solcher Programme hielt Mayer nichts von den Versuchen eines ehemaligen protestantischen Pastors, Dr. Georg Schott, das Christentum gerade im Nationalsozialismus genuin verwirklicht zu sehen. In den gleichen zwanziger Jahren kam P. Mayer in Kontakt mit den »Völkischen«. Freunde aus der Militärzeit entdeckte er auch bei den Nationalsozialisten. Als der Putsch vom 9. November 1923 blutig niedergeschlagen war, rannte er von dem nahen St. Michael zur Feldherrnhalle, um den Verletzten zu helfen. Als »schwarzer Schakal« wurde er von ihnen weggejagt. Man erzählte im Zuge der antikatholischen Agitation in der Stadt, er habe durch seine Predigten dieses Desaster mitverursacht. Was wunder, daß man plante, ihn zu ermorden. In der Nacht auf den 1. April 1924 schrieb er einen Abschiedsbrief an seine Eltern und Geschwister: gern hätte er noch für Kirche und Vaterland gearbeitet; man möge ihn auf dem Waldfriedhof bei seinen Soldaten begraben. Am 1. April 1924 wurde dann das Urteil in dem für die bayerische Justiz merkwürdigen »Hitlerprozeß« verkündet. Doch nichts geschah. Im Gegenteil: zum 25jährigen Jubiläum seiner Priesterweihe am 2. Mai 1924 schickte Hitler ihm ein Glückwunschschreiben. Rupert Mayer scheint dieses sofort vernichtet zu haben. Daß Mayer in diesen Monaten in großen Spannungen gelebt hatte, beweisen Zeitungsnachrichten mit dem Hinweis, Mayer sei bei seinem Jubiläum darüber glücklich gewesen, daß die Mißverständnisse und Spannungen der letzten Zeit wieder geklärt und beseitigt seien.

Unbestreitbar ist: Rupert Mayer war deutsch-national gesinnt; er stellte seine Vaterlandsliebe als Divisionspfarrer im Krieg ebenso unter Beweis wie in seinen Reden gegen nationale Minderwertigkeitsgefühle. Daß er auf Wunsch des Kriegsministeriums Vorträge »zur Hebung der Stimmung in der Heimat« hielt, schrieb das Erzbischöfliche Ordinariat von München bereits am 26. Oktober 1918 an das Versorgungsamt in München. Er hatte gewiß auch eine eher konservative Ausrichtung in Familie und Ausbildung mitbekommen. Er war kein Rebell, noch weniger ein ästhetischer Schöngeist, dem die Wahl der Worte wichtiger ist als die Härte der Wahrheit. Damals, also spätestens ab 1921, begann er in seinem zupackenden Stil zu predigen, fing er an, in St. Michael Beichte zu hören, setzte er ab 1925 die Frühmesse im Münchner Hauptbahnhof durch, um Bergsteigern und Wanderern am Sonntag die Teilnahme an einer Eucharistiefeier zu ermöglichen. Beglaubigt aber wurde er vor den Münchnern durch seinen caritativen Einsatz. Keiner erhält auf Blankoscheck den Ehrentitel »Der 15. Nothelfer«. In Wort und Tat wuchs er allmählich in jene Rolle hinein, die ihn zwang, auch nach der sogenannten Machtergreifung (1933) die Wahrheit zu sagen.

Die Zeit der Wahrheit

Die Auseinandersetzung mit dem Nationalsozialismus brach nicht wie ein plötzliches Gewitter über die Christen in Deutschland herein. Schrittweise steckten die neuen Machthaber seit 1933 Ziele für sich und Grenzen für andere ab, und sie konnten dies um so leichter tun, als sie bald in entscheidende staatliche und polizeiliche Ämter ihre Gesinnungsgenossen einschleussten. Bald war erkennbar, daß Übergriffe nicht das Ergebnis von politischer Unerfahrenheit, sondern Tribut an eine Methode waren. Nachdem durch das Ermächtigungsgesetz vom 24. März 1933 zusätzlich eine große Rechtsunsicherheit entstanden war, konnte die Gestapo beginnen, geheimen Druck auszuüben und Unterwerfung zu erzwingen. Das Wort der Angst hieß »Dachau«, seit 1933 als Konzentrationslager berüchtigt.

Die Auseinandersetzung begann 1935 – und dies nicht ohne Grund: am 23. April 1935 hatte die Politische Polizei/München einen Geheimbefehl erlassen, in dem es um die »Abwehr der Jesuiten und die Überwachung des Katholischen Schrifttums« ging. Denn »die Jesuiten versuchen in Bayern eine Tätigkeit zu entfalten, die planmäßig und weitausholend auf die Unterwühlung des Dritten Reiches und die Verächtlichmachung seiner Führer gerichtet ist. In scheinwissenschaftlichen Vorträgen aller Art werden die weltanschaulichen Grundlagen des Nationalsozialismus einer gehässigen Kritik unterworfen, die nichts weiteres ist als eine mehr oder weniger versteckte Hetze ... Um die zersetzende und volksaufwiegelnde Tätigkeit der Jesuiten hintanzuhalten und ihnen die Betätigung in Bayern zu verleiden, ist ihrem Auftreten erhöhte Aufmerksamkeit zu widmen ...«

Damit standen die Jesuiten im Blickfeld der Politischen Polizei. Ein erstes Opfer dieses Geheimbefehls wurde in der Provinz dingfest gemacht. P. Josef Baumann hatte im Sommer 1935 in einem Spessartdorf nahe Aschaffenburg gepredigt und gesagt, aufgrund der Attacken im »Mythus des 20. Jahrhunderts« von Alfred Rosenberg müßten sich die Katholiken als Bürger zweiter Ordnung vorkommen. Eifrige Parteigenossen zeigten ihn an. P. Baumann wurde zu sechs Wochen Gefängnis verurteilt, die er im Bamberger Gefängnis absaß. Angesichts dieser Tatsache verwundert es nicht, daß P. Rupert Mayer, der in München im hellen Licht der Öffentlichkeit stand, bald als Kritiker des neuen politischen Systems entdeckt wurde.

Ein erster Konflikt ereignete sich 1935 bei einer öffentlichen Veranstaltung im Bürgerbräu in München, die sich im Gegensatz zu den Abmachungen im Reichskonkordat für die Gemeinschaftsschule einsetzte. P. Mayer nahm an der Veranstaltung teil. Er wurde am Mitschreiben gehindert und von SA-Männern in einen Nebenraum des Saales abgeführt, dort festgehalten und erst auf Protest hin nach dem Ende der Veranstaltung freigelassen. Angeblich wollte man ihn beschützen. Mayer beurteilte dies aber anders. Über die Festnahme aufgebracht, drang er bis zum Polizeipräsidenten vor und führte dort heftige Klage, daß die schweren Drohungen gegen den Kardinal in keiner Weise öffentlich zurückgewiesen worden seien. Er fühle sich verpflichtet, dem Polizeipräsidenten davon Mitteilung zu machen, und damit habe das Polizeipräsidium die Verantwortung, wenn nichts dagegen geschehe. Gewiß könnten sie ihn jetzt einsperren, aber er habe dafür gesorgt, daß andere über die ganze Angelegenheit eingehend unterrichtet seien. Im Bericht des Polizeipräsidiums schlägt sich dieser Besuch Mayers nieder: »Pater Mayer hat sich als offensichtlicher Gegner des 3. Reichs bekannt, was sowohl aus dem Inhalt seines Vorbringens als auch aus der Form zu erkennen war. Vom Führer redete er als von ›Herrn Hitler‹ ... P. Mayer möchte offensichtlich gerne Märtyrer werden und sündigt in geradezu frivoler Weise auf seine Kriegsbeschädigung.«

Zu einem zweiten Konflikt kam es, als zwei Monate später die letzte öffentliche Caritassammlung 1935 abgehalten wurde. Als Mayer hörte, daß Sammler bedroht, sogar verprügelt worden waren, bemächtigte sich seiner eine maßlose Erregung. Er stürzte zum Polizeipräsidium und verlangte den Präsidenten zu sprechen. Dieser sei nicht in München, wurde ihm mitgeteilt, und so wurde er bei dessen Stellvertreter vorgelassen. Dort beschwerte er sich in drastischen Ausdrücken über das Unerhörte, daß die Sammler bei einer staatlich genehmigten Sammlung in grober Weise belästigt wurden und daß weit und breit kein Polizeibeamter zu sehen war. Der Beamte nahm dies zu Protokoll und suchte Mayer zu beruhigen, »was ihm aber nicht gelingen konnte«. In dieser Auseinandersetzung trat erstmals Mayers Charakter an den Tag: Wenn er in seinem Rechtsbewußtsein getroffen ist, wird er direkt, scharf und aggressiv. Nicht eher gibt er nach, als bis wieder Recht geschaffen ist.

Beides, der Geheimerlaß der Politischen Polizei und die Aufmerksamkeit, die Mayer durch seine Beschwerden auf sich gezogen hatte, führte dazu, daß die Spitzel der Gestapo, jene Zuhörer mit Stenogrammblock, seine Predigten besuchten. Die damaligen Klagen der Gestapo konnte 1936 die Münchner Staatsanwaltschaft noch mit dem Hinweis beiseite legen, der Redner habe das Recht, unsachliche Presseangriffe auf Kirche und Klerus zurückzuweisen. Das Reichsjustizministerium allerdings erzwang im Mai 1936 eine Verwarnung Mayers. Über diese Verwarnung durch den Staatsanwalt berichtete P. Mayer, man habe ihn darauf aufmerksam gemacht, seine Äußerungen seien staatsfeindlich, er befasse sich auf der Kanzel mit Politik, er führe eine aufreizende Sprache. Er dagegen habe den Standpunkt vertreten, er müsse öffentlich klarstellen dürfen, was gegen die Kirche an Vorwürfen vorgebracht werde. Er habe zwar eine entschiedene Sprache geführt, aber immerhin stehe das Heil der unsterblichen Seelen auf dem Spiel. Auf die Gegenrede des Staatsanwalts, es gäbe doch sehr eifrige Priester, die eine solche Sprache auf der Kanzel nicht führten, meinte Mayer: »Das stelle ich nicht in Abrede, aber da heißt es eben: sehe jeder, wie er's treibe, d. h. jeder müsse nach seinem Gewissen vorangehen und an die Rechenschaft denken, die er als Prediger in einer so verworrenen und verwirrenden Zeit einmal vor Gott abzulegen habe. Der Staatsanwalt wiederholte seine Warnung, sagte aber, er fürchte, daß das bei mir vergeblich gewesen sei.« Der Staatsanwalt Dr. Grosser sollte Recht behalten.

Dieser Bericht legt den letzten Grund des Pflichtbewußtseins Mayers offen: Er trägt vor Gott Verantwortung für das Wort und für die Menschen – und er richtet sich nicht am Nebenmann aus, sondern an seinem Gewissen. Angesichts solcher Prinzipien, die sich von denen mancher »Brückenbauer« und »Idealisten« sehr unterscheiden, mußte es zum großen Konflikt kommen.

Trotz seiner unzähligen kritischen Äußerungen in Predigten und Vorträgen blieb Mayer zwar noch etwa ein Jahr unbehelligt. Politisch ereignete sich in dieser Zeit nicht wenig. Im März 1937 erschien die Päpstliche Enzyklika »Mit brennender Sorge«, die den Nationalsozialismus als glaubensfeindliches System entlarvte. Als Gegenschlag kam es zur Neuauflage der Sittlichkeits- und Devisenprozesse gegen Priester und Ordensleute. Im Hintergrund tobte – nicht zuletzt in München – der Kampf um eine christliche Schule, ein weiterer Schritt auf dem Weg der ideologischen Gleichschaltung. Doch damals wagten die Nationalsozialisten noch nicht, einen so unbeugsamen, stadtbekannten Mann wie Rupert Mayer in der Schutzhaft verschwinden zu lassen.

In die vermeintliche Ruhe fiel das alles auslösende Stichwort: »Redeverbot«. Am 7. April 1937 traf den »Hetzpater« die Verordnung: »Über Rupert Mayer ist wegen seiner staatsschädigenden Reden Redeverbot für das gesamte Reichsgebiet verhängt.« Noch unsicher, ob dieses Verbot nur für den außerkirchlichen Raum gelte, blieb der Aktionsradius Mayers noch unbeeinträchtigt. Am 28. Mai 1937 wurde diese Unklarheit beseitigt. Mayer sei – so wurde erklärt – mit einem »Predigtverbot« belegt. Dieser Eingriff in die kirchliche Verkündigungsfreiheit rief Kardinal Faulhaber und Provinzial Rösch auf den Plan: dieses Verbot könne nicht stillschweigend hingenommen werden. Aus dem Reichsministerium für kirchliche Angelegenheiten in Berlin wurde Kardinal Faulhaber allerdings in einem eindeutigen Antwortschreiben belehrt, im Fall von Unruhen werde »der nationalsozialistische Staat sich durchzusetzen wissen«.

So kam, was kommen mußte: am 5. Juni 1937 wurde P. Mayer das erste Mal verhaftet. Er berichtet lakonisch: »Da meine Tasche ja seit zwei Monaten immer schon gepackt war, gab es weiter keinen Aufenthalt mehr. Im Auto wurde ich in's Wittelsbacher Palais gebracht ... Nach der Vernehmung, in der ich alles zugab, was mir aus den Predigten vorgeworfen wurde, wurde ich im Aufzug hinuntergefahren und kam nun ins Gefängnis der Gestapo ... Ich war nun ganz glücklich, weil ich um des Glaubens willen eingesperrt war ...« Anlaß der Verhaftung waren die Predigten Mayers. Mit diesem Schritt der Polizei hatte sich die Gestapo durchgesetzt, zumal P. Mayer auf Befragen erklärt hatte, er werde am nächsten Tag außerhalb Münchens selbstverständlich auf die Kanzel steigen.

Die Nachricht von der Verhaftung Mayers rannte wie ein Lauffeuer durch die Stadt. Wer es nicht von Mund zu Mund gehört hatte, erfuhr es am Sonntag bei der Kanzelverkündigung des Ordinariats, der »bekannte und verehrte Männerapostel Münchens« sei festgenommen worden. Als dies in St. Michael verlesen wurde, erhob sich »ein sehr lautes, mehrfach wiederholtes Pfuirufen, dem der Prediger erst nach einiger Zeit Einhalt gebieten konnte«. Nach dem Gottesdienst sammelten sich vor der Michaelskirche etwa 400 Personen, die über die Verhaftung Mayers diskutierten. Auch vor der Gestapozentrale, dem Wittelsbacher Palais, kam es zu »erregten Einzelauftritten«, die sich am Abend nach einer Betstunde für den Verhafteten wiederholten: Demonstrationen im Dritten Reich.

Die Absicht des Chefs der Gestapo, Dr. Walther Stepp, Mayer zum Einlenken zu bringen, scheiterte. Im Gegenteil, Mayer unterschrieb am 9. Juni 1937 eine Erklärung: »Ich erkläre, daß ich im Falle meiner Freilassung trotz des gegen mich verhängten Redeverbotes nach wie vor, sowohl in den Kirchen Münchens als auch im übrigen Bayern, aus grundsätzlichen Erwägungen heraus, predigen werde. Ich erkläre insbesondere, daß ich auch in Zukunft von der Kanzel herab in der bisherigen Form die Kirche gegen etwaige Angriffe mit aller Entschiedenheit und Offenheit und Schärfe, aber ohne persönliche Angriffe, verteidigen werde. Ich werde auch weiterhin in der von mir geübten Art und Weise predigen, selbst dann, wenn die staatlichen Behörden, die Polizei und die Gerichte meine Kanzelreden als strafbare Handlungen und als Kanzelmißbrauch bewerten sollten.« Ein Dokument, das die Grenzen zwischen Staat und Kirche mit aller Präzision zog.

Mit diesem Text konnte die Gestapo einen richterlichen Haftbefehl wegen Kanzelmißbrauchs bei zehn Predigten in der Zeit vom 27. Mai 1936 bis zum 23. Mai 1937 erwirken. Aufgrund des Haftbefehls wurde Mayer am 11. Juni – nach kurzem Aufenthalt im Corneliusgefängnis – zur Untersuchungshaft in das Gefängnis Stadelheim gebracht. Das Sondergericht, dem der Fall Rupert Mayer vorlag, verwarf am 21. Juni 1937 die Haftbeschwerde von Justizrat Dr. Joseph Warmuth mit der Begründung, daß Mayer »die Freiheit zu neuen gleichartigen Verfehlungen mißbrauchen würde«. Der staatlichen Justiz wurde durch die Gestapo weiteres Belastungsmaterial zugespielt, und das Reichsministerium der Justiz in Berlin zeigte Ungeduld: es mahnte, die Strafsache gegen Mayer »mit Beschleunigung« voranzutreiben.

Parallel zu den Vorgängen in der Justiz liefen die Proteste des Münchner Ordinariats und brach die Empörung der Münchner Katholiken auf. Als beides nichts zu bewirken vermochte, bestieg Kardinal Faulhaber endlich am 4. Juli 1937 die Kanzel von St. Michael und hielt seine große Predigt »Wenn die Flammenzeichen rauchen«. Er stellte sich mit aufrüttelnden Worten nicht nur hinter P. Mayer, sondern stützte mit seiner bischöflichen Autorität jene Auslegung des Verkündigungsauftrags, die den Pater vor das Sondergericht brachte: »Pater Rupert Mayer hat als Charakter vom Stil des heiligen Johannes des Täufers auch den Großen der Erde die Wahrheit ins Gesicht gesagt. Er hätte längst frei werden können, wenn er sich unterschriftlich verpflichtet hätte, außerhalb von München nicht mehr zu predigen ... Predigt ist ein wesentliches Stück der Seelsorge, die Seelsorge aber ist eine rein innerkirchliche Angelegenheit ... Der Staat hat also kein Recht, einem Geistlichen, dem der Bischof die Sendung zur Predigt gab, das Predigen zu verbieten und ihn im Weigerungsfall zu verhaften. In diesem Fall würde eine Stunde der Apostelgeschichte schlagen.« Petrus vor dem Hohen Rat: »Man muß Gott mehr gehorchen als den Menschen.« – »Kein anderer Oberhirte hat« – wie P. Ludwig Volk urteilt – »während der NS-Zeit öffentlich ein Solidaritätsbekenntnis von solcher Dezidiertheit für einen seiner Priester abgelegt, wobei gewiß nicht zu verkennen ist, daß die konkreten Begleitumstände des Münchner Falles dem Erzbischof zu einer selten günstigen Ausgangsposition verholfen hatten. Das machte Faulhabers Parteinahme zu einem Meilenstein im Kirchenkampf ...«

Am 22. Juli 1937 wurde der Prozeß gegen Rupert Mayer vor dem Sondergericht München eröffnet. Hunderte hatten sich am Eingang des Sitzungssaales 211 im Justizpalast eingefunden, nur 30 Personen wurden eingelassen. Die Anklage wurde verlesen, der Angeklagte vernommen, die Zeugen wurden befragt. Am Ende der Vormittagssitzung von 9 bis 14 Uhr stand das Plädoyer des Staatsanwalts. Er forderte eine angemessene Strafe. In der Nachmittagssitzung von 17 bis 19 Uhr plädierten die Verteidiger auf Freispruch. Am 23. Juli kurz nach 13 Uhr wurde das Urteil verkündet. Als dazu P. Mayer in den Gerichtssaal geführt wurde, erhoben sich alle Zuhörer von ihren Sitzen – und es entbehrt nicht der Komik, daß anwesende Gestapobeamte sich auch erheben mußten, um sich nicht zu verraten.

Dieses Münchner Sondergericht unterschied sich nicht wenig von den Schauprozessen mit dem theatralischen Präsidenten Roland Freisler im Volksgerichtshof in Berlin. Keiner der Richter war ein fanatischer Nationalsozialist. Sie waren Leute, die es am Ende mit keinem verderben wollten, weder mit der Justiz noch mit der Gestapo, die inzwischen die Unabhängigkeit der Rechtsprechung beeinträchtigte. Bei allem Verzicht, auf Harmonie abzustellen, war der Prozeß hochpolitisch. Mayer hatte – laut Urteilsbegründung – gegen den sogenannten Kanzelparagraphen (§ 130a RSTGB) verstoßen sowie gegen das Heimtückegesetz vom 20. Dezember 1934.

Aus dem Prozeß selbst sind folgende Details wichtig: Rupert Mayer bestritt – bis auf eine Ausnahme – seine Predigtworte nicht, die in der Anklageschrift enthalten waren, und die gegen den Schulkampf, gegen die publizistische Auswertung der Sittlichkeitsprozesse und gegen die Verächtlichmachung der Kirche gerichtet waren. Er bekannte zudem, daß es in seinem Priesterleben zwei Schwerpunkte gegeben habe: Vaterland und Religion. »Ich bin der alte geblieben! Seit ich im Felde war, habe ich eine Richtung gehabt: Vaterland und Religion. Überlegen Sie doch einmal, meine Herren Richter, wie wäre das, wenn ich jetzt zu erkennen gäbe, daß ich von Rom abrücke und wenn ich zu erkennen gäbe, daß ich mit einer deutschen Kirche liebäugeln würde: dann wäre ich der Held des Tages. Wenn aber jemand vor mir ausspucken würde, dann hätte er recht; denn ich wäre ein eid- und wortbrüchiger Mann, aber eine glänzende Zukunft stünde mir bevor.« Kurze Zeit später führte Mayer aus: »Ich war restlos glücklich im Gefängnis, nur eines hat mich gequält, die Zukunft unseres Volkes. Und weil ich die Kirche in Gefahr sehe, darum stehe ich vor Gericht. Wir haben jetzt ja ein herrliches Wort des Führers. Wenn der Herrgott ihm ein Wort eingegeben hat, dann ist es dieses: ›Deutsch sein heißt wahr sein.‹ Wenn es zur deutschen Art gehört, wahr zu sein, dann müssen die Leute aber doch auch die Wahrheit vertragen können.« Welche Argumentation zur Sache! Auf mannhafte und zugleich hintergründige Weise ließ sich Mayer also auf die Worte des Vorsitzenden und die Aussagen der Zeugen ein, wissend um die Signalwirkung seines Falles. Am Ende wurde Mayer zu sechs Monaten Gefängnis »im Namen des deutschen Volkes« verurteilt, unter Anrechnung von sechs Wochen Untersuchungshaft. Gründe dafür waren, der Angeklagte habe den öffentlichen Frieden und das Gefühl der Rechtssicherheit gefährdet, habe in neun Predigten am Staat nur negative Kritik geübt, und zwar in äußerst scharfer Form. Er habe dem Staat Hinterhältigkeit, Betrug, Schonung verbrecherischer Anhänger und Förderung von Schund- und Schmutzschriften vorgeworfen. Dadurch könne bei seinen blind vertrauenden Zuhörern das Vertrauen zum Staat und zur staatlichen Rechtsordnung aufs schwerste erschüttert werden. Auch seine Ausführung, der Nationalsozialismus sei der erbittertste Feind der Kirche, seien geeignet gewesen, bei den Zuhörern Unzufriedenheit und allgemeines Mißtrauen nicht nur gegen die Partei, sondern auch gegen den von ihr getragenen Staat hervorzurufen und das Ansehen der staatlichen Stellen zu untergraben.

Rupert Mayer wurde nach der Sitzung ins Gefängnis zurückgebracht. Durch die Verhandlungen P. Röschs und Dr. Warmuths mit dem Reichssicherheitshauptamt in Berlin gelang es, eine vorläufige Freilassung Mayers durchzusetzen. Bei seinen Mitbrüdern auf der Rottmannshöhe am Starnberger See fand er eine Bleibe.

War man in den Kreisen der Partei über den Ausgang des Prozesses nun zufrieden – »Das energische Vorgehen gegen den Hetzer hat zweifellos reinigend gewirkt«, hieß es –, so dachte die Gestapo keineswegs an Entspannung. Am 20. September 1937 wurde P. Provinzial Rösch die Fortdauer des Predigtverbots angezeigt. Das Dilemma war groß: beugte sich Mayer, dann konnte er mit Haftverschonung rechnen; widersetzte er sich, war mit der sofortigen Verhaftung zu rechnen. Um diesen Konflikt zu entschärfen, erbat Kardinal Faulhaber am 5. Oktober 1937 von Rom eine eindrucksvolle Vorstellung bei der Reichsregierung, »um die Freiheit des Wortes Gottes und der Kirche« zu sichern. Bereits am 16. November übersandte Kardinalstaatssekretär Pacelli eine Note an die deutsche Reichsregierung, in der er die Widerrechtlichkeit von Predigtverboten am Vorgehen gegen Rupert Mayer aufwies. Eine Antwort darauf erhielt er allerdings nicht.

Mitte September 1937 war Rupert Mayer wieder nach München heimgekehrt. Das Kanzelverbot bedrückte ihn. Anfangs konnte P. Rösch – im Einvernehmen mit Kardinal Faulhaber – Mayer zur Zurückhaltung bewegen, aber ab Mitte Dezember 1937 konnte auch er den eindringlichen Vorhaltungen Mayers nicht mehr widerstehen, zumal Mayer ihm vorwarf: »Die Leute würden sich sagen, er macht es eben wie alle anderen. Wenn es ernst wird, wenn man ihm droht und mit dem Polizeistock winkt, dann hört er auf mit der Verkündigung des Evangeliums.« Als nun Gauleiter Adolf Wagner in einer öffentlichen Veranstaltung die Bemerkung machte, daß Gefängnisstrafen offenbar genügten, um den Mut zu dämpfen und die Geistlichen verstummen zu lassen, war P. Mayer nicht mehr länger zu halten. Am zweiten Weihnachtsfeiertag stand er auf der Kanzel von St. Michael – mit Billigung seiner Obern – und ebenso am 1. und 2. Januar 1938. Alle Hoffnungen, daß die betont religiöse Thematik und der Kirchenraum von St. Michael die Gestapo beschwichtigten, erwiesen sich als trügerisch. Am 5. Januar kamen um die Mittagszeit zwei Gestapobeamte und fragten, ob er am kommenden Tag wieder predigen würde. Als Mayer dies entschieden bejahte, wurde er erneut verhaftet und in das Gestapogefängnis im Wittelsbacher Palais gebracht.

Vom Gefängnis Stadelheim kam Mayer am 17. Januar 1938 auf Druck der Gestapo in das Gefängnis Landsberg am Lech, um dort seine Strafe abzusitzen: Häftling Nr. 9469. Bereits am 3. Mai 1938 wurde er aufgrund einer allgemeinen Amnestie

Hitlers wegen des Anschlusses Österreichs entlassen. Er ließ auf dem Tisch seiner Zelle das EK I aus dem 1. Weltkrieg zurück.

Die dritte Verhaftung Mayers ließ nicht allzulange auf sich warten. Im Hintergrund stand dabei wiederum die Gestapo, die seit Kriegsbeginn ohne größere Rücksicht auf die ordentliche Justiz vorgehen konnte. Der Vorwurf gegen Mayer war dieses Mal sein Bestehen auf seelsorglicher Verschwiegenheit. Er sollte über seine Besucher aus den Reihen der monarchistischen Bewegung und über deren Anliegen aussagen. Vermutlich nur ein Vorwand, um den unbequemen Priester aus München wegzuschaffen. Es war der 3. November 1939.

Am 23. Dezember 1939 wurde Mayer dann auf Anordnung des Reichsführers-SS Heinrich Himmler in das KZ Sachsenhausen überführt und dort im Zellengefängnis in Einzelhaft untergebracht. Da er abmagerte, setzte ihm sein Beinstumpf sehr zu. Für die seltenen Besucher war er ein Bild des Elends. Die Gestapo war besorgt, Mayer könne im KZ umkommen. Deshalb vereinbarte sie mit dem Münchner Ordinariat, daß P. Mayer im Kloster Ettal Aufenthalt nehme. So wurde er am Nachmittag des 7. August 1940 im KZ Sachsenhausen abgeholt, ohne zu wissen, wohin die Reise ging. Erst als Gestapobeamte am Nachmittag des 8. August 1940 mit dem Auto von München in Richtung Süden fuhren, dämmerte ihm: ins Kloster Ettal. Dort stand er unter Hausarrest. Es begann die schwerste Zeit seines Lebens.

Das Zeugnis des Verstummens

Die Zeit der Wahrheit hatte Rupert Mayer bestanden. Er war unerschrocken aufgetreten, wenn es um die Verkündigung des Evangeliums, um die Rechte der Kirche und darin um die Rechte des Menschen schlechthin ging. Er hatte sich weder an der Anpassungsbereitschaft von Priestern und Bischöfen, die er kritisierte, noch an opportunistischen Maßstäben orientiert – und war seinen geraden Weg gegangen. Das Zeugnis aber, das nun fast fünf Jahre lang ihm abverlangt wurde, war ein ganz anderes: das des Verstummens. Denn als P. Mayer in Ettal eintraf und die Gestapobeamten ihm eröffneten, er sei ganz frei, wollte er dies mit gutem Spürsinn nicht glauben. Bald trat dann ein, was er befürchtet hatte: am 15. August 1940 kam Domkapitular Johannes Neuhäusler nach Ettal, um P. Mayer jene Auflagen mitzuteilen, die ihm am 12. August von der Gestapo – im Gegensatz zu früheren Zusagen – bezüglich des Aufenthalts Mayers in Ettal diktiert worden waren: 1. Keine Berührung mit der Außenwelt. 2. Eingeschränkte Korrespondenz. 3. Einschränkung der Besucher auf allernächste Verwandte. 4. Keine gottesdienstlichen Handlungen mit Teilnehmern von auswärts, auch kein Hören von Beichten. Das Ordinariat habe Sorge zu tragen, daß Mayer diese Auflagen aufs genaueste befolge. Kardinal Faulhaber und Provinzial Rösch, die beide um die entschiedene Ablehnung jedes Kompromisses von Seiten P. Mayers wußten, überließen ihm die Annahme der Bedingungen – mit dem Fazit Mayers: »Bei meiner grundsätzlichen Einstellung zur kirchlichen Behörde blieb mir nichts anderes übrig, als mich zu fügen.«

Diese Unterwerfung klang objektiv-sachlich. Doch sie war nicht das letzte Wort Mayers in dieser Sache. Das letzte Wort ist ein Zeugnis aufrechter Klage und Annahme dieser Lebenslast: »Seitdem bin ich lebend ein Toter, ja dieser Tod ist für mich, der ich noch voll Leben bin, viel schlimmer als der wirkliche Tod, auf den ich schon so oft gefaßt war. Der Gestapo und der ganzen Bewegung konnte und kann ich keinen größeren Gefallen erweisen, als hier ruhig abzusterben; denn vor dem katholischen Volk, das mich zum Teil noch nicht vergessen hat, steht die Gestapo gut da ... Wenn ich nicht schon längst auf und davon gegangen bin – sie könnten mich dann ruhig einsperren oder um einen Kopf kürzer machen – so halten mich verschiedene Rücksichten fest: 1. Die Rücksicht auf das Kloster ... 2. Die Rücksicht auf meinen Orden ... 3. Die Rücksicht auf manche liebe gute Menschen ... 4. Die Rücksicht auf den lieben Gott ... So will ich das Kreuz weiter tragen ...« Diese bitteren und nur in der Dimension des christlichen Glaubens verständlichen Worte beweisen: Mayer kam sich vor wie ein Vogel im goldenen Käfig. Einsehen zu müssen, daß sein mutiges Eintreten für das Evangelium anscheinend nicht mehr gefragt war, daß er seinen Münchnern in den Bombennächten nicht mehr beistehen durfte, war bitter. Bleibt da nur die Allerweltskategorie der »Tragik«? Kann man nicht auch von einem unerforschlichen Weg Gottes mit einem Menschen reden, wenn man ein Menschenleben nicht allzu vordergründig betrachten will? Mayer versuchte in die Solidarität mit den Leidenden einzutreten. Als er hörte, daß P. Alfred Delp, Kaplan Dr. Hermann Wehrle, P. Augustin Rösch von der Gestapo verhaftet worden waren, versagte er sich so angenehme Dinge des Lebens wie Zeitunglesen und Zigarrenrauchen. Als er von der Zerstörung Stuttgarts vernahm, ging er nicht mehr im Klosterweiher schwimmen. Wort an seine Mutter vom 22. Dezember 1944: »Da gibt es viel zu beten und zu opfern für die arme, zerrüttete Menschheit. Daß ich sonst nichts tun kann, ist für meine Aktivität sehr schwer.«

Rupert Mayer kehrte – wenige Tage nach dem Einmarsch der Amerikaner in Ettal – am 11. Mai 1945 nach München zurück. Er war wieder der stadtbekannte Helfer in allen Nöten. Als er am 1. November 1945 in der Kreuzkapelle von St. Michael die Heilige Messe feierte, erlitt er während der Predigt einen Schlaganfall – und blieb zurückgelehnt aufrecht am Altar stehen. Wenige Stunden später starb er im Krankenhaus Josephinum. Die Münchner sagten: Selbst im Tod ist er nicht umgefallen.

Rupert Mayer hat mit hintergründiger Ironie nach dem Kriegsende gesagt: »Ein einbeiniger Jesuit lebt – wenn es der Wille Gottes ist – länger als eine tausendjährige, gottlose Diktatur.« Der Einschub »wenn es der Wille Gottes ist« sprengt die vordergründige historische Betrachtung des Lebens, legt eine neue Dimension offen.

Diese Dimension wurde von Rupert Mayer auch dort schon erreicht, als er die Wahrheit nicht verschwieg. Als es um die christliche Schule ging, philosophierte er nicht abstrakt über Bildungsgüter. Die konkrete Wahrheit hieß: hier wird das Erziehungsrecht der Eltern in Frage gestellt. Als die Nationalsozialisten – als Vergeltung für die Enzyklika »Mit brennender Sorge« – Priester und Ordensleute mit Sittlichkeitsprozessen in ein schiefes Licht setzten, redete er nicht allgemein von eben einmal vorhandenen menschlichen Schwächen. Die aggressive Wahrheit hieß: sie sollten vor ihrer eigenen Tür kehren. Als sie den Kardinal von München und andere in den Schmutz zogen und sie in Versammlungen beschimpften und bedrohten, da verkroch er sich nicht geängstigt. Die lebensgefährliche Wahrheit hieß: wann werden den Worten Taten folgen? Die Taten folgten gegen jedermann. Die Wahrheit, die Rupert Mayer zu sagen hatte, war konkret, aggressiv, lebensgefährlich. Es war Wahrheit von der Wahrheit des Mannes aus Nazareth.

Aber die Wahrheit Gottes ist auch ohnmächtig. In diese neue Dimension von Wahrheit gelangte Mayer schließlich dort, als er dem Willen Gottes bei seinem »lebendigen Tod« in Ettal zustimmte. Gerade durch sein Verstummen wurde seine prophetische Wahrheitsrede beglaubigt. Er überließ es so Gott allein, sich für seine jenseitige Wahrheit einzusetzen. In dieser schmerzlichen Unterwerfung erwies er sich nicht nur als Jesuit; er hielt gerade im Einsatz für das Sagen der ohnmächtigen Wahrheit Gottes als Christ endgültig stand. Er verstummte zwar, aber der laute Schrei seines Verstummens war unüberhörbar.

ABKÜRZUNGEN

A	Archiv
ARM	Archiv Rupert Mayer
GStA	Geheimes Staatsarchiv
HStA	Hauptstaatsarchiv
DA	Diözesanarchiv
EA	Erzdiözesanarchiv
OA	Ordensarchiv
P.N.D.	Polizei-Nachrichten-Dienst
Sa 1	Wilhelm Sandfuchs, Pater Rupert Mayer. Würzburg 1981
Sa 2	Wilhelm Sandfuchs, Pater Rupert Mayer. Würzburg 1984
Car 1	Hans Carossa, Sämtliche Schriften I. Frankfurt 1962
Car 2	Hans Carossa, Tagebücher 1910–1918. Frankfurt 1986

...	Auslassung in der Vorlage
( )	Klammer in der Vorlage
[ ]	Ergänzungen durch den Herausgeber
[...]	In der Vorlage nicht zu entziffern

AUTOBIOGRAPHISCHE TEXTE

Lebenslauf

(unvollendet)

Aus welchem Anlaß P. Mayer diesen Lebenslauf, der mitten im Satz abbricht, verfaßte, ist unbekannt. Auf jeden Fall wurde er nach 1941 geschrieben, vermutlich erst nach seiner Heimkehr 1945 nach München.

ARM/München. Original in Schreibmaschinenschrift. Abkürzungen werden – wie angezeigt – ergänzt. Überschrift vom Herausgeber.

Geboren 23. 1. 76, der Vater Kaufmann[1], Besitzer der Firma Tritschler & Cie.[2] Stuttgart, Name: Rupert; die Mutter Emilie geb. Wehrle aus Pforzheim. Ich bin der Zweitgeborene; älterer Bruder Egon geb. 74, war Kaufmann, verstorben. Alle Vorfahren väterlicher- und mütterlicherseits gehörten diesem Stand an. 3. Kind Hermanna, Ordensfrau v[om] Hl. Herzen Jesu, seit vielen Jahren in Japan, z. Zt. Tokio. 4. Kind geb. 79 Ines, Arztfrau in Ravensburg mit 5 lebenden Kindern. Diese 4 sind miteinander in Stuttgart aufgewachsen. 5. Kind Hildegard verh[eiratet] mit Franz Sperl in Firma Tritschler in Stuttgart, geb[oren] im Sept[ember] 88, hat 3 lebende Kinder; diese Schwester, mit der ich mein ganzes Leben hindurch regen Kontakt hatte, ist über meine Jugend genau unterrichtet, wenn sie auch bedeutend jünger ist, hat sie sich für alles interessiert, und war ständig in der Heimat. 6. Kind Valeria, geb. 97, † im Jahr 1941, war verheiratet mit dem Historiker Heinrich Günter aus München.[3]

Bis 1892 besuchte das Gymnasium in Stuttgart, dann in Ravensburg in Württemberg – aus gesundheitlichen Gründen

1 Eltern: Rupert Mayer (1849–1927), Kaufmann; Emilie Mayer, geb. Wehrle (1855–1947).

2 Firma Tritschler war ein Geschäft für Haushaltswaren.

3 Geschwister: Egon (1874–1937), Kaufmann; Hermanna (1877–1955), Ordensschwester; Ines (1879–1937), verh. mit Dr. Heinrich Schuler; Hildegard (1885–1958), verh. mit Franz Sperl; Valeria (1897–1941), verh. mit Dr. Heinrich Günter.

brauchte Luftveränderung[4] – wo ich Herbst 1894 absolvierte, befreit vom mündlichen Examen.

W[inter]S[emester] 94/95 Philosophie in Freiburg i[n der] Schw[eiz], im Jan[uar] 95 trat in den C. V.[5] ein und blieb immer eifriges Mitglied; ich verlebte da viele schöne Stunden; als aber nach Umschwung die kath[olischen] Korporationen das Katholicitätsprinzip fallen ließen unter meinem größten Widerspruch, habe ich meinen Austritt erklärt.

W[inter]S[emester] 98 studierte in München (Aenania)[6] Theologie. S[ommer]S[emester] 96 gings nach Tübingen, wo ich Sommer 98 das theol[ogische] Staatsexamen machte.

Sept[ember] 98 gings ins Priestersem[inar] in Rottenburg a[m] N[eckar], wo ich am 2. Mai 99 von Bischof Keppler[7], der kurz vorher zum Bischof konsekriert worden war, zum Priester geweiht. Am 4. Mai feierte ich in Stuttgart mein 1. hl. Meßopfer, in der Pfarrkirche St. Eberhard.

Anfangs Juni zog ich als Vikar (Kaplan) in Spaichingen – im Oberamtsstädtchen zwischen Rottweil u[nd] Tuttlingen. Mein Chef war der sehr tüchtige Stadtpfarrer, Dekan, Monsignore und Oberkirchenrat Munz[8], mein Kollege der spätere Monsignore Seibold[9], ein Neffe des Bischofs. Es war wohl die sorgloseste Zeit meines Lebens. Die Harmonie im Pfarrhaus war ein-

---

4 Offenbar spielte auch die Tatsache eine Rolle, daß die Eltern ihren Sohn aus dem antikatholischen Milieu in Stuttgart entfernen wollten (Sa 1,14).

5 CV = Cartellverband der katholischen deutschen Studentenverbindungen, 1856 gegründet, farbentragend. Zum Problem, ob P. Mayer in der Tat aus dem CV ausgetreten ist oder ob er dies nur beabsichtigte, aber nicht realisierte, vgl. Karl Pellens, *Rupert Mayer aus dem CV ausgetreten?*, in: academia 2/1987, 69–70. Pellens kommt aufgrund der späteren aktiven Teilnahme am Leben seiner Verbindung zum Schluß, daß Mayer sich über seinen Austritt wohl täuschte.

6 Bekannte Studentenverbindung in München.

7 Paul Wilhelm von Keppler (1852–1926), 1898 Bischof von Rottenburg.

8 Michael Munz (1842–1931), 1887–1918 Stadtpfarrer und Dekan in Spaichingen.

9 Hermann Seibold (1875–1945), 1899–1901 Vikar in Spaichingen, 1905–1925 Dompräbendar ad St. Laurentium und Bischofszeremoniar in Rottenburg.

malig. Am 30. Sept[ember] 1900 erfolgte mein Eintritt in das Noviziat der S[ocietas] J[esu], das damals im Exerzitienhaus Feldkirch[10] (Vorarlberg) war; hier machte ich im Nov[iziat] die großen Exerzitien (30 Tage lang), die einen nachhaltigen Eindruck hinterließen. Mitnovize[11] war unter and[eren] P. Hugger, P. Lippert, P. Rohner u[nd] and[ere].

Im August 1901 gings nach Valkenburg[12] i[n] H[olland] in die Philosophie und Theologie – 1904.[13] Im Herbst wurde nach Feldk[irch], Noviziat, versetzt als Gehilfe des Novizenmeisters[14]; Herbst 1905 nach Wynandsrade/Holl[and][15] ins Tertiat[16] für 1 Jahr, wo ich das 2. Mal die großen 30täg[igen] Exerzitien gemacht habe; nun kam ich nach Valkenb[urg] zu P. Aschenbrenner[17], um als Missionsprediger und Exerzitienmeister ausgebildet zu werden. 1909 wurde in gleicher Eigenschaft nach Feldkirch (Exerzitienhaus) gesandt. In diesen Jahren 1906 – Jan[uar] 1912 war ich das Jahr über nur wenige Wochen im Kloster, sonst immer auf Missionsreisen im Rheinland, Westfa-

---

10 Wegen des Jesuitenparagraphen (1871) mußten die Jesuiten das Deutsche Reich verlassen. Deshalb lagen ihre Ausbildungshäuser nahe der deutschen Grenze im Ausland.

11 Viktor Hugger SJ (1875–1945), Seelsorger; Peter Lippert SJ (1879 bis 1936), Mitarbeiter der »Stimmen der Zeit«, bedeutender Radioprediger und geistlicher Schriftsteller; Karl Rohner SJ (1879–1972), Seelsorger.

12 Nahe bei Aachen hatten die Jesuiten in Valkenburg seit 1894 das Ignatiuskolleg für philosophische und theologische Studien errichtet.

13 Es ist Brauch im Jesuitenorden, daß Novizen, die ihre philosophisch-theologischen Studien bereits vor dem Ordenseintritt abgeschlossen haben, eine weitere Zeit der Vertiefung ihrer Kenntnisse an ordenseigenen Hochschulen verbringen.

14 Der Socius magistri steht dem Novizenmeister bei der Gestaltung des Noviziats bei, vor allem in der Regelung der äußeren Ordnung. Novizenmeister war damals P. Johannes B. Müller SJ (1850–1930).

15 Wynandsrade: altes Schloß in der Nähe von Valkenburg, von 1872 bis 1910 in Händen der Jesuiten.

16 Nach der wissenschaftlichen Ausbildung im Orden dient das Terziat (ein drittes geistliches Jahr) der Vertiefung in das Gebet und dem Studium der Ordenssatzungen.

17 Johannes B. Aschenbrenner SJ (1843–1921), bedeutender Volksmissionar.

len, Baden, Württemberg, Bayern, Schweiz, Vorarlberg: es waren anstrengende, aber auch segensreiche Jahre.

1912:
In den ersten Tagen des Januar erreichte mich wie ein Blitz aus heiterem Himmel die Weisung des P. Provinzial[18] sofort nach München, um mich dort auf Wunsch des H. H. Kardinals Bettinger[19] der Zuwandererseelsorge zur Verfügung zu stellen. Es zogen damals jährlich ca. 23 000 Menschen vom Land oder Kleinstadt in die Großstadt aus allen Ständen und Klassen. Sie sollten irgendwie religiös erfaßt werden. Dazu mußten aus den kath[olischen] Arbeiter[n] und Arbeiterinnen meine Vertrauensleute gewonnen werden, die durch Hausbesuche die zugezogenen Katholiken, soweit sie dem Arbeiterstand angehörten, für das relig[iöse] Leben gewinnen sollten, um sie schließlich mit dem kath[olischen] Verein bekannt zu machen. In jedem Stadtbezirk hielt ich nun regelmäßig monatlich für die Vertrauensleute eine Versammlung in einem Wirtshaus ab. Die Vertrauensleute wurden gewonnen durch Reden in den kath[olischen] Arb[eiter]- und Arbeiterinnenvereinen Münchens und durch Hausbesuche. Um die Verhältnisse kennen zu lernen, machte ich täglich 5–6 Hausbesuche in den einzelnen Stadtteilen von abends 1/2 6 Uhr bis 8 1/2 Uhr, dann gings in die Versammlung.

Bei den Hausbesuchen ging es erst sehr lebhaft zu. So wurde ich bekannt mit dem Sozialismus und Kommunismus. Ich war gezwungen, die soziale und kommunistische Presse zu verfolgen und die diesbezüglichen Schriften zu lesen; so kam ich auch zum Besuch der sozial[istischen], kommun[istischen] und Freidenker-Versammlungen. So konnte ich in den Vorträgen aus dem vollen Leben schöpfen. Diese Tätigkeit brachte es mit sich, daß ich immer mehr in die kath[olische] Arbeitervereins-

18 Rembert Richard SJ (1868–1949), Vizeprovinzial 1917–1921.

19 Franziskus Ritter von Bettinger (1850–1917), 1909 Erzbischof von München-Freising, 1914 Kardinal.

bewegung hereingezogen wurde und auch die christl[iche] Gewerkschaftsbewegung kennen lernte.

Die Praxis, gegnerische Versammlungen zu besuchen und dort in relig[iösen] Fragen das Wort zu ergreifen, habe ich dann jahrzehntelang beibehalten.

In die Jahre Jan[uar] 1912 bis Aug[ust] 1914 fallen noch 2 Gründungen von Bedeutung:

1. In jener Zeit war es den S. J. von Staats wegen verboten, in Kirchen zu sprechen. Auf Anregung eines eifrigen Kaplans hielt ich mit Genehmigung des H[errn] Stadtpfarrers[20] in Obergiesing Hl. Kreuz eine Missionswoche 1912 unter großem Andrang des Volkes. Alles ging gut ab. Nach einigen Wochen hielt ich im kath[olischen] Arbeiterinnenverein in der Jugendabteilung auf Einladung des H[errn] Präses Fandenstein[21] einen Vortrag mit dem ausgesprochenen Zweck, in der Jungmädchenwelt Giesings die Monatskommunion[22] einzuführen. Das glückte, obgleich der Klerus der Auffassung war, daß sich das in München nicht einführen ließe. Wider alles Erwarten meldeten sich 46 Mädchen. Und sie blieben treu, ja der Besuch steigerte sich. Bis zum Krieg – Aug[ust] 1914 – hielt ich monatlich den kurzen Vortrag vor der Monatskommunion. Nach einigen Monaten wurde die Monatskommunion auf Wunsch einiger Herren bei der Männerwelt Obergiesings eingeführt. Von Giesing aus wurde nun die Monatskommunion der einzelnen Stände von den einzelnen Pfarreien in kurzer Zeit übernommen.

2. In das Jahr 1914 fällt die Gründung der Schwestern von

---

20 Joseph Wagner (1846–1923), 1888–1921 Pfarrer von Hl. Kreuz in München-Giesing. Der »eifrige Kaplan wurde nicht verifiziert.

21 Vermutlich von P. Mayer mit dem Katecheten Johannes B. Freudenstein (1875–1958) verwechselt.

22 Nach dem Trienter Konzil entwickelte sich die Praxis einer häufigeren Kommunion. Doch erst durch das Wirken Pius X. (Dekret vom 20. Dezember 1905) ergab sich dazu die Möglichkeit (Fragen der Nüchternheit). Die monatliche Kommunion war ein weiterer Schritt in die Richtung auf einen regelmäßigen Empfang der Eucharistie.

der Hl. Familie[23], an der ich mitbeteiligt war. Ich hatte von Anfang an die geistl[iche] Leitung der Schwesternschaft bis auf den heutigen Tag als Spiritual.

Der Gründungsgottesdienst war am 29. Juni 1914. Trotz des 1. Weltkrieges entwickelte sich die Schwesternschaft zufriedenstellend. Der 1. Präses war Präses Anton Pichlmair.[24] Heute leitet die Schwesternschaft H. Präses Mühlegger[25], sie zählt in 22 Filialen über 200 Schwestern. Die bekannteste Filiale der Schw[estern] v[on] d[er] Hl. Fam[ilie] ist wohl der Europ[äische] Hof in München.[26] Die Schwesternschaft hat einen starken soz[ialen] Einschlag.

Nach Ausbruch des Weltkriegs drängte ich ins Feld zu kommen. Es gelang mir endlich nach vielen Bemühungen, als Feldgeistlicher in einem Feldlazarett unterzukommen.[27] Das war zwar nicht nach meinem Geschmack, aber ich war froh, wenigstens einmal ins Feld zu kommen. Ankunft draussen am 24. oder 25. August 1914. In dem Feldlazarett, das dem I. bayer[ischen] Armeekorps zugeteilt war, blieb ich bis anfangs Januar 1915.[28] Ich wurde telegraphisch nach München berufen und zum Divisionspfarrer der 8. b[ayerischen] Res[erve]Division (Division Stein)[29] ernannt. Ende Januar rückte ich mit der Division an die Front (Elsaß-Vogesen). Besonders das 18. und 19. b[ayerische] Res[erve]Inf[anterie]Reg[iment] hatte ich seelsorglich zu betreuen. Das 1. Gefecht machte ich Mitte Februar in den Reihen

---

23 Vgl. dazu: *Schwestern von der heiligen Familie. 75 Jahre im Dienst für die Familie.* München 1989.

24 Anton Pichlmair (1880–1937), 1914–1937 Präses der Schwestern von der hl. Familie.

25 Andreas Mühlegger (1896–1973), 1937–1946 Präses der Schwestern von der hl. Familie.

26 Das am Bahnhof gelegene Hotel »Europäischer Hof« war von 1931–1968 im Besitz der Schwestern von der hl. Familie.

27 Am 22. August 1914, laut Personalbogen Mayers: BayHStA/München – Kriegsarchiv OP 8017.

28 Mayer blieb bis zum 7. Januar 1915 (lt. Personalbogen).

29 Hermann Freiherr von Stein (1859–1928), Generalleutnant, Divisionskommandeur der 8. Bayerischen Reservedivision.

des 18. b[ayerischen]Res[erve]Inf[anterie]Reg[iment] mit. Die 1. große Schlacht fand statt am 20. 2. bei Münster im Elsaß und endete mit der schließlichen Erstürmung des Reichsackerkopfes.[30] Dann kamen Stellungskämpfe.[31]

Anfangs Mai 1915 waren sehr erbitterte Kämpfe um die Höhe 830. Damals haben wir das 1. Trommelfeuer erlebt. Dann wurde die Div[ision] nach Galizien abberufen zur Eroberung von Lemberg am 20. Juni 1915.[32] Nachdem wir unsere Pflicht getan hatten, wurden wir sofort wieder in die Vogesen abtransportiert. Nun kam der Ausbau der Vogesenstellung. Am 24. Aug[ust] überfielen uns nach kurzem aber sehr heftigem Trommelfeuer die franz[ösischen] Alpenjäger (eine Elitetruppe).[33] Wir hatten viele Verluste, kamen aber doch mit einem blauen Auge davon. Nach diesen Kämpfen wurde ich zum E. K. I. als der 1. Geistl[iche] der ganzen deutschen Armee vorgeschlagen. Nach Überwindung großer Schwierigkeiten, die der evangel[ische] Divisionskommandeur für mich durchgefochten hat – ich wußte ja damals nichts davon – hat mir der Brigadegeneral v[on] Pechmann[34] die Auszeichnung in der Stellung anfangs Dez[ember] 1915 überreicht.

In Eis und Schnee mußten die Regimenter den Winter 15/16 mit wenig Ablösung aushalten. Für die Seelsorge von Mann zu Mann war aber während dieser Monate in den Stellungen ausgiebig Gelegenheit. Sonntags konnte ich in der Stellung gewöhnlich 8 Gottesdienste halten, montags 2–3. So ging es fort bis Mitte Juli 1916; da wurden wir plötzlich nach Frankreich gefahren. An der Somme sah es schlimm aus, wir d. h. die Deutschen, waren am Zurückgehen. In einem Nacht-Eilmarsch ging es an die Somme.[35] In der darauffolgenden Nacht

30 1. Schlacht um Münster 19. Februar–20. März 1915 (lt. Personalbogen).

31 Vgl. Seelsorger im Ersten Weltkrieg, in: Sa 1,50–73.

32 Schlacht bei Lemberg 17. Juni–22. Juni 1915 (lt. Personalbogen).

33 2. Schlacht um Münster 20. Juli–14. Oktober 1915 (lt. Personalbogen).

34 Friedrich Freiherr von Pechmann (1862–1919), General.

35 Schlacht an der Somme 15. Juli–18. August 1916 (lt. Personalbogen).

wurden unsere Regim[enter] eingesetzt. Vom 20. Juli–11/12. Aug[ust] hielten wir dort unter unsägl[ichen] Verlusten im Kampf gegen Franz[osen] und Engländer im Trommelfeuer aus. Das Elend kann man nicht beschreiben. Wir hatten die schwersten Verluste, z. B. von einem ganzen Bataillon des 18. R[eserve]I[nfanterie] R[egiments] kamen noch 80 Mann unversehrt zurück. 2 Großangriffe wurden abgeschlagen.

Für 8 Wochen kam die Div[ision] in eine ruhige Stellung bei Noyon in Frankr[eich]. – Wir bekamen Nachersatz, wurden außen und innen etwas aufgefrischt. – Im Oktober 1916 ging es nach Rumänien.[36] Nach großen Märschen auf Gebirgsstraßen und einigen Felddienstübungen wurden wir im Chick-Gebirge (Karpathen) eingesetzt. Das 18. b[ayerische] R[eserve]I[infanterie]R[egiment] wurde leider zu einem anderen Truppenteil versetzt und kam nie mehr zu unserer Div[ision] zurück.

Wir hatten nun mit Rumänen und später mit Russen in 1200–1500 m Höhe eine Reihe von erbitterten, blutigen Gefechten. Wenn es immer möglich war, schob ich da und dort einen Gottesdienst ein, so hielt ich einmal für einen Zug (ca. 40 Mann stark) auf vorgeschobenen Posten eine hl. Messe mit Ansprache. Wenige Meter von uns entfernt krachten Inf[antrie]Schüsse. Während der Ansprache wurden einige gefang[ene] Rumänen bei uns vorbei geführt. Was war geschehen? Ein feindl[icher] Spähtrupp hatte sich während des Gottesdienstes angeschlichen, wurde aber von unserem Spähtrupp entdeckt und gefangen genommen. –

So ging fast 2 Jahre lang alles gut. Unzählige Kugeln u[nd] Granatsplitter pfiffen u[nd] sausten an mir vorbei. Wiederholt wurden Kameraden in meiner unmittelbaren Nähe verwundet. Wiederholt habe ich vor Gefechten nach einem geeigneten Platz mich umgesehen, wo wir nach der Schlacht die gefallenen Brüder wohl beerdigen könnten. Wiederholt habe ich bei einer solchen Gelegenheit daran gedacht, daß ich hier wohl auch

36 Kämpfe am Ojtoz-Paß 29. Oktober–15. November 1916 (lt. Personalbogen).

beerdigt werden würde. Aber wider Erwarten ging alles gut bis zum 30. Dez[ember] 1916.

Am 31. 12. sollte der Berg Catumba von den 19ern gestürmt werden.[37] Rechts von uns lag ein preuss[isches] Regim[ent]. Dasselbe sollte zur selben Zeit, wo wir von unten und frontab den Feind, der den Berg besetzt hielt, angriffen, von der Flanke her auf einen Bergkamm vorstoßen. Von den Preußen sollte man über die ganze Lage einen schönen Überblick haben. Darum stieg ich am 29. 12. zu dem preuss[ischen] Reg[iment] hinauf u[nd] ließ mir die Situation erklären. Ich kam etwas gedrückt nach Hause zum Reg[iments]stab, da ich den Eindruck gewonnen hatte, daß wir auf den Flankenstoß nicht viel Hoffnung setzen dürften. Am 30. 12. 16 in der Früh begann von unserer Seite das Trommelfeuer auf die russ[ischen] Stellungen. Ich befand mich auf der Gefechtsstelle unseres Regiments. Das Wetter war für die Beschießung denkbar ungünstig. Unsere Granaten saßen schlecht. Das war keine Vorbereitung für unseren Angriff am kommenden Tag. Wir waren daher sehr niedergeschlagen. Im Lauf des Vormittags entschloß ich mich zum 2. Bataillon des 19. R[eserve]I[nfanterie]R[egiments] vorzugehen, um mich mit den Ärzten zu besprechen, wohin der Hauptverbandsplatz am besten gelegt werden könnte. Auch hatte ich noch Weihnachtspakete an die Mannschaften zu verteilen. Mein Diener Bruder Karl S. J.[38] sollte mir tragen helfen. Darum nahm ich ihn zur Begleitung mit. Außerdem schloß sich H[err] Oberleutn[ant] Keim[39], der Führer der Masch[inen]gewehrkomp[anie] an, der für die Masch[inen]gew[ehre] passende Stellungen auskundschaften wollte. Auch ihn begleitete sein Diener. Als wir sahen, daß ziemlich Feuer auf unserem Weg in die Stellung lag, trennten wir uns. Er ging als 1., dann kam sein

37 Verteidigungsschlacht um Gyimes-Uz-Gebiet 29. November bis 30. Dezember 1916 (lt. Personalbogen).

38 Georg Karl SJ (1887–1956), seit August 1916 Bursche von P. Rupert Mayer im Krieg.

39 Georg Keim (1885–1973), Oberleutnant, später in der Finanzverwaltung tätig.

Diener nach 100 M[eter] Abstand, dann meine Wenigkeit und endlich nach 100 M[eter] Bruder Karl. Durch unsere Beschießung waren die Russen unruhig geworden und beschossen uns nun wacker mit Schrapnells u[nd] Granaten. Eine Zeit lang ging alles gut. Da spürte ich plötzlich einen heftigen Schlag gegen mein linkes Schienbein, sodaß ich auf die Erde geschleudert wurde – ich befand mich eben auf einer Brücke, die unsere Pioniere gebaut hatten.[40] – Nach einigen Minuten traf mich Bruder Karl S. J., löste meine Gamasche von dem zerrissenen Unterschenkel u[nd] legte einen Notverband an, obgleich die Brücke unter russischem Feuer lag. Er hat dafür das E. K. II erhalten. Einige hundert M[eter] an[41]

---

40 Vgl. Hans Carossa, *Sämtliche Werke I*. Frankfurt 1962, 742–743; ders. *Tagebücher* 1910–1918. Frankfurt 1986, 279–280.

41 Der Lebenslauf bricht mitten im Satz ab. Aus dem »Versorgungsakt Mayer« (Nr. 22075) läßt sich der weitere Gang der medizinischen Versorgung Mayers rekonstruieren: 30. 12. 1916: Verwundet im Gymes-Uz-Gebiet. 1. Verband in einem Unterstand des 10. Fuß-Artillerie-Regiments. 2. Verband bei der Sanitätskompagnie 18 in Sostelek. Dort erste Amputation des linken Unterschenkels. 6. 1. 1917: Einlieferung in das bayerische Feldlazarett 56 der 8. bayerischen Reserve-Division in Csik Madefalva. 10. 1. 1917: Mit Lazarettzug 2 abtransportiert. 11. 1.–13. 3. 1917: im ungarischen Spital (Kriegslazarett) Mavosvarkely. Dort am 23. 1. 1917 die 2. Amputation. 12.–17. 3. 1919: im Kriegslazarett Abt. 21, Abt. A in Klausenburg. 18.–24. 3.: im Lazarettzug. 25.–29. 3. 1917: im Vereinslazarett in Hohenmölsen/Saale. 30. 3.–23. 7. 1917: im Vereinslazarett Augenklinik Herzog Karl Theodor in München/Nymphenburgerstraße. 24. 7. 1917–26. 4. 1918: im Heilig-Geist-Spital in Landsberg am Lech (Fürsorgeabteilung). Ambulante Behandlung zur Anpassung einer Prothese. 26. 4. 1918 zum Ersatztruppenteil entlassen.

Schulbogen

(Gefängnis Landsberg am Lech)

Zu Beginn der Haft im Gefängnis Landsberg mußte P. Mayer am 17. Januar 1938 einen »Schulbogen« ausfüllen. Er sollte seiner »geistigen Einordnung« dienen. P. Mayer kommt darin in seiner Aufrichtigkeit wie in seiner hintergründigen Verschmitzheit gut in den Blick.

A Justizministerium/München. Handschriftliches Original in der Personalakte Mayers aus dem Gefängnis Landsberg. Die Abkürzungen Mayers wurden um der Originalität willen belassen. Überschrift vom Herausgeber.

STRAFGEFÄNGNIS
LANDSBERG/LECH
Datum: *17. 1. 38*

Schulbogen

Name: *Rupert Mayer S.J.*
GBN. *9469*
Zuletzt tätig als: *Prediger u. Seelsorger*
Zur Beachtung: *Es ist Pflicht, eines jeden Gefangenen, den Schulbogen sorgfältig und gut leserlich auszufüllen!*

Dieser eingerahmte Teil[42] darf nicht beschrieben werden

Gesamtbild: *überzeugt; charakterfest*

Bildungsgang: *Hochschule*
Bes. Fähigk. u. Kenntn: *Prediger*
Schulwissen: *Rechnen sehr lückenhaft*
Allgemeinbildung: *sehr gut*
Schulklasse: –.–
Leseklasse: *4*
Vormerkg: *Philosophie*

Schildern Sie Ihr bisheriges Leben! (Wie war Ihre Jugendzeit? Wie waren Ihre Wohnungsverhältnisse? Wie sind Sie zu Ihrem Beruf gekommen?)

Zu Stuttgart wurde ich geboren am 23. 1. 1876; nach der Volksschule besuchte ich das 10klassige human. Gymnasium; nach dem Abs studierte ich 1 Jahr Philos. in Freiburg, 1 Semester Theol. in München

42 Die Eintragungen in diesem eingerahmten Feld stammen von der Hand eines Gefängnisbeamten.

STRAFGEFÄNGNIS
LANDSBERG/LECH

Datum 17. I. 38

Schulbogen

Name: Rupert Mayer SJ. GBN. 9469

Zuletzt tätig als Prediger u. Seelsorger

Zur Beachtung: Es ist Pflicht eines jeden Gefangenen, den Schulbogen sorgfältig und gut leserlich auszufüllen!

Dieser eingerahmte Teil darf nicht beschrieben werden!

Gesamtbild: [illegible]

Bildungsgang: Hochschule

Bes. Fähigk. u. Kenntn. Prediger

Schulwissen: Rechnen sehr lückenhaft

Allgemeinbildung: sehr gut.

Schulklasse: –:–

Leseklasse: 4

Vormerkg: Philosoph [illegible]

Schildern Sie Ihr bisheriges Leben! (Wie war Ihre Jugendzeit? Wie waren Ihre Wohnungsverhältnisse? Wie sind Sie zu Ihrem Beruf gekommen?)

Zu Stuttgart wurde ich geboren am 23. I. 1876; nach der Volksschule besuchte ich das 10 klassige humanist. Gymnasium, nach dem Abs. studierte ich 1 J. Philos. in Freiburg, 1 Semester Theol. in München u. 5 Sem. Theol. in Tübingen; zur nächsten Ausbildung zum Priestertum war ich 3/4 Jahr im Priesterseminar in Rottenburg a/N. [illegible]

Rand einhalten!

Frieden u. Ordnung ergriff ich aus Liebe zu den Menschen. Nach einjähr. Noviziat kam ich nach Valkenburg i. Holland in die Studien: 1 Jahr Philosophie u. 2 Jahre Theologie, dann 1 Jahr Exerzitienmeister, 1 Jahr Assist. des Novizenmeisters in Feldkirch, dann 10 Monate aszetische Weiterbildung in Holland, dann gehalt. Missionen u. Exerzitien in Westdeutschl. u. Süddeutschl. Schweiz u. Österreich bis zum Januar 1912, wo ich nach München versetzt wurde u. seitdem dort in der Seelsorge bis heute arbeite. Den größten Teil meiner Zeit verwandte ich wohl zur Ausübung caritativer Arbeit.

Bei Ausbruch des Weltkrieges meldete ich mich in München sofort ins Feld. Erst Mitte August 14 kam ich als Feldgeistl. zu einem bayr. Feldlazarett, anfangs Jan. 15 gab man endlich meinem [illegible], an die Front zu kommen, nach. Ich wurde Div.Geistl. der 8. b. Res. Division. Ich machte mit der Div. im Westen u. im Osten unzählige Schlachten u. Kämpfe in der 1. Linie mit bis zu meiner schweren Verwundung am 30. Dez. 1916.

Ende August 1915 wurde ich von unserem Divisionär Genll. v. Stein (protest.) als 1. Feldgeistl. der gesamten deutschen Armee zum E. K. I. Kl. vorgeschlagen. Wie mir später Herr v. Stein erzählte, sträubte man sich lange [illegible] mir die Auszeichnung zu geben, weil man doch nicht einem kath. Feldgeistl. u. gar einem Jesuiten das 1. E. K. I. geben könne. Es wurde es mir erst anfangs Dezember 1915 feierl. überreicht.

Nach einem Leben reich an Erfolgen, aber auch reich an Enttäuschungen u. Undank landete ich nun glücklich im Gefängnis. Ich bin mit diesem Los aber keineswegs unzufrieden; ich empfinde dies nicht als Schande, sondern als die Krönung meines Lebens.

* c-g Z.2 Ich habe seit 44 Jahren auch nicht mehr das Geringste verdient, ich habe es immer abgelehnt mit Geld etwas zu tun zu haben, obgleich ich ein Großkaufmannssohn bin

* a-c Z.3 Ich kann diese Fragen zu meinem großen Bedauern nach meiner Überzeugung nicht beantworten, ohne zu verletzen. Ich will u. kann nicht heucheln. Mit Gaunern u. Feiglingen muss unsere heißgeliebte [illegible] [illegible] nicht verdient.

Rand einhalten!

u. 5 Sem. Theol. in Tübingen; zur nächsten Ausbildung zum Priestertum war ich 3/4 Jahr im Priesterseminar in Rottenburg a. N., wo ich am 2. Mai 1899 zum kath. Priester geweiht wurde. Ich war als Weltpriester in der Seelsorge tätig in Spaichingen u. in Stuttgart; am 1. Okt. 1900 erfolgte mein Eintritt in den Orden der Gesellsch. Jesu zu Feldkirch in Vorarlberg. Den Priester- u. Ordensberuf ergriff ich aus Liebe zu den Menschen. Nach einjähr. Noviziat kam ich nach Valkenburg i. Holland in die Studien: 1 Jahr Philosophie u. 2 Jahre Theologie, dann 1 Jahr Exerzitienmeister, 1 Jahr Assistent des Novizenmeisters in Feldkirch, dann 10 Monate aszetische Weiterbildung in Holland, dann gab ich Missionen u. Exerzitien in Westdeutschl. u. Süddeutschl. Schweiz u. Österreich bis zum Januar 1912, wo ich nach München versetzt wurde u. seitdem dort in der Seelsorge bis heute arbeite. Den größten Teil meiner Zeit verwandte ich wohl zur Ausübung caritativer Werke.

Bei Ausbruch des Weltkrieges meldete ich mich in München sofort ins Feld. Stark Mitte August 14 kam ich als Feldgeistl. zu einem Bayr. Feldlazarett, anfangs Jan. 15 gab man endlich meinem Drängen, an die Front zu kommen, nach. Ich wurde Div. Pf. der 8. b. Res. Division. Ich machte mit der Div. im Westen u. im Osten unzählige Schlachten u. Kämpfe in der 1. Linie mit bis zu meiner schweren Verwundung am 30. Dez. 1916.

Ende August 1915 wurde ich von unserem Divisionär Gen. lt. v. Stein (protest.) als 1. Feldgeistl. der gesamten deutschen Armee zum E. K. I. Kl. vorgeschlagen. Wie mir später Herr von Stein erzählte, sträubte man sich lange dagegen, mir die Auszeichnung zu geben, weil man doch nicht einem kath. Feldgeistl. u. gar einem Jesuiten das 1. E. K. I. geben könne. So wurde es mir erst anfangs Dezember 1915 feierl. überreicht. Nach einem Leben reich an Erfolgen, aber auch reich an Enttäuschungen u. Undank landete ich nun glücklich im Gefängnis. Ich bin mit diesem Loos aber keineswegs unzufrieden: ich empfinde dies nicht als Schande sondern als Krönung meines Lebens.

[x]c–g S. 2 *Ich habe seit 44 Jahren auch nicht mehr das Kleinste gerechnet; ich habe es immer abgelehnt mit Geld etwas zu tun zu haben, obgleich ich ein Großkaufmannssohn bin.*

ˣa–c S. 3[43] *Ich kann diese Frage zu meinem großen Bedauern nach meiner Überzeugung nicht beantworten, ohne zu verletzen. Ich will u. kann nicht heucheln. Mit Heuchlern u. Feiglingen wäre unserem heißgeliebten Volk u. Vaterland nicht gedient.*

a) Wieviele Stunden liegen zwischen 3/4 8 Uhr und 15 1/2 Uhr; zwischen 21 1/2 Uhr und 7 3/4 Uhr des nächsten Tages?

1) 7 3/4 St. 2) 10 1/4 St.

b) 7 m kosten 18 M; wieviel kosten 4 m? *M 10.28*

c) 395 M werden zu 4% angelegt. Wie hoch ist das Endkapital in 5 Jahren?

siehe Bemerkung auf S. 1 unten

d) Zur Heizung einer Dampfmaschine von 12 PS braucht man in 6 Tagen a 9 Std. 2 t 692 kg Saarkohlen; wieviel Pechkohlen aus Peißenberg braucht man für eine Dampfmaschine mit 10 PS, die 10 Tage a 8 Std. arbeitet, wenn sich die Heizkraft der Saarkohle zur Pechkohle aus Peißenberg wie 3 : 2 verhält?

e) Wieviel Zins bringen 2480 RM zu 3 3/4% in 2 Jahr und 5 Monaten?

f) Am 5. April 1935 wurden in einem Hamburger Bankhaus an der Kasse 780 Danziger Gulden verlangt. Wieviel deutsches Geld hat der Kassier eingenommen, wenn er 1 1/2% Vergütung berechnete? (Kurs: 100 Gulden 18,32 M)

43 Diese allgemeine Anmerkung gilt für die Fragen, die Mayers Einschätzung des Nationalsozialismus offenbaren sollten.

g) Wie groß ist die Anbaufläche? (Ist die Angabe auf einfache Weise zu lösen?)

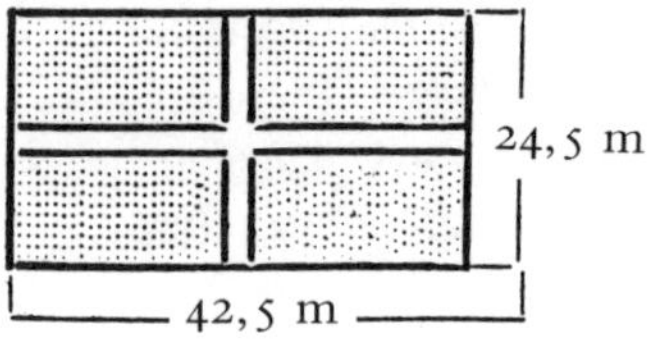

Gartenausdehnung:
Länge 42,4 m
Breite 24,5 m
Kreuzwegbreite 3,3 m

a) Was ist der Inhalt der nationalsozialistischen Weltanschauung?

siehe Bemerkung auf S. 1 unten

b) Was bedeutet »Kraft durch Freude« für den deutschen Arbeiter?

siehe Bemerkung auf S. 1 unten

c) Was bedeutet das NS Winterhilfswerk?

siehe Bemerkung auf S. 1 unten

d) Was sind die Aufgaben des Lebens?
Die Hauptaufgaben d. Lebens oder noch besser das Lebensziel des Menschen ist: Gott zu dienen u. so das Heil seiner unsterblichen Seele sicher zu stellen.[44] *Das schließt in sich gewissenhafte Erfüllung seiner Pflichten gegen die eigene Familie, gegen die Mitmenschen, gegen Volk u. Staat bis zur Hingabe des eigenen Lebens.*

---

44 P. Mayer wiederholt die Antwort auf die bekannte erste Katechismusfrage: Wozu sind wir auf Erden? Daß er dabei die sozialen und politischen Pflichten des Menschen auch anführt, beweist, daß er den früher üblichen Heilsegoismus nicht mehr akzeptiert.

e) Was haben Sie früher gelesen?
Wohl habe ich in 1. Linie die kath. Literatur gelesen, aber auch einen großen Teil des marxistischen u. später des nation. sozial. Schrifttums, wenigstens insofern es sich um religiöse Fragen handelte, habe ich mit großem Eifer studiert u. manche Nacht geopfert.

f) Besuchen Sie Theater und Kino? Was interessiert Sie dort besonders?
Früher sehr häufig, seit meinem Eintritt in den Orden nicht mehr u. ich fühle mich dabei sehr wohl.

g) Was versteht man unter Ehrlichkeit?
Ehrlich nennt man den, der fremdes Eigentum unter keinen Umständen u. nie antastet; ehrlich nennt man auch den, der so spricht u. äußerl. sich so benimmt, wie er denkt; wohl darf man nicht immer alles sagen, weil dadurch leicht die Liebe verletzt wird u. andere schlimme Folgen dadurch entstehen können; es gibt freilich auch Fälle, wo man mit Rücksicht auf höhere Güter, die bedroht sind, die ungeschminkte Wahrheit sagen muß, selbst auf die Gefahr hin dadurch sich schwer zu schädigen.

h) Erklären Sie das Sprichwort: »Jung gewohnt, alt getan«.
Wer in der Jugend sich daran gewöhnt hat, ein frommes, arbeitsames, reines, anständiges, nüchternes, pflichtgetreues Leben zu führen, wird diese Gewohnheiten häufig auch im späteren Leben beibehalten. Dasselbe gilt von dem Schlechten, Bösen, das man sich in der Jugend angewöhnt.

Für folgende Fremdwörter sind gute deutsche Ausdrücke zu schreiben:

Thermometer:	*Wärmemesser*
Aktiva:	
Bilanz:	*Abschluß*
Branche:	*Artikel*
Duplikat:	*Verdoppelung*
Import:	*Einfuhr*

Telefon:	*Fernsprecher*
Kaution:	*Sicherheit*
Moratorium:	*Verzögerung*
Hegemonie:	*Führung*
Anatomie:	
Autarkie:	*Selbstversorgung*
Termin:	*Zeitpunkt*
Kuvert:	*Briefumschlag*
Objekt:	*Gegenstand*
Reklamation:	*Rückforderung*

Beantworten Sie folgende Fragen:

1. Waren Sie Mitglied eines Gesangvereins?
2. Welche Stimme singen Sie? I. Tenor, II. Tenor, I. Baß, II. Baß? (Zutreffendes unterstreichen!)
3. Spielen Sie ein Instrument und welches? *Ich soll ein guter Geiger gewesen sein, seit 38 Jahren habe ich keine Geige mehr angerührt.*
4. Auf welchem Gebiet wollen Sie sich während der Strafzeit durch Selbststudium weiterbilden? *Philosophie und Theologie*

Rupert Mayer S. J.
(Name des Gefangenen)

Zeichnen Sie eine einfache Skizze Ihrer Heimat und Umgebung! (Flüsse, Straßen, Eisenbahnen, Gebirge oder Berge!) *Karten habe ich im Feld wohl lesen gelernt – wohl habe ich davon wieder viel vergessen – aber gezeichnet habe ich nie eine Karte.*

Erinnerungen

Anläßlich des 40-jährigen Jubiläums seiner Priesterweihe feierte P. Rupert Mayer am 1. Mai 1939 bei den Familienschwestern in München eine heilige Messe. Wohl am Ende der Feier oder eines Festmahls hielt P. Mayer eine kleine launige Rede. Der Auszug aus ihr enthält jene Aussagen, die für P. Mayers Lebensgeschichte wichtig sind.

ARM / München. Schreibmaschinenausfertigung der Mitschrift. Die Schreibfehler wurden verbessert. Überschrift vom Herausgeber.

... Vielleicht interessiert sie etwas von meiner Jugend zu hören. Was ist da charakteristisch für [die] spätere Zeit? Der liebe Gott hat es mit mir sehr gut gemeint; denn er hat mir eine wunderschöne Jugend gegeben. So schön und freudig wie es wohl selten Kindern beschieden sein kann, nach all dem, was ich im Laufe meines Lebens als Priester schon in Familien gesehen habe. Da muß ich immer wieder sagen: du hast es doch wunderbar gehabt. Eine Sorglosigkeit, wie man es sich nicht schöner denken kann. Das ist richtig: meine Eltern waren beide täglich im Betrieb. Ich kenne von meiner frühesten Jugend an nur meinen Vater und meine Mutter im Geschäft und wurden wir mehr oder weniger [den] Kinderfräulein überlassen, die allerdings es nicht leicht hatten.

Ich habe im ganzen fünf Geschwister[45]: noch einen Bruder und vier Schwestern. Aber vier waren so ungefähr im selben Alter bloss ein paar Jahre auseinander. Wir waren bekanntlich die Vierspänner. Und das war ja großartig, was der eine nicht wußte an Bosheit, das wußte der andre, und die armen Kinderfräulein[s], die habens wirklich nicht leicht gehabt. Wenn sie es nicht verstanden haben mit uns, dann war es bald fertig. Gewiß standen die Eltern hinter ihnen, die haben fest zu ihnen gehalten, sonst wäre es ja untragbar geworden. Aber so war es schwierig genug. Da haben wir ein großes Glück gehabt. Es waren durchaus anständige Fräuleins. Die haben meistens fran-

45 Vgl. S. 31 Anm. 3.

zösisch und englisch gesprochen. Aber ich war so ein Patriot, daß ich es unvereinbar hielt mit meinem Gewissen, eine andere Sprache zu reden. Und so habe ich geschwiegen. Meine Geschwister haben alle profitiert. Wir haben auch von Jugend auf gesehen eine ununterbrochene Arbeit und das hat uns allen außerordentlich gut getan, wenn man von Jugend auf in der Seite hin den Ernst des Lebens mitmacht, so bleibt einem das für das ganze Leben. Meine Eltern waren ja sehr gut daran; aber sie haben gearbeitet und waren Muster der Pflichterfüllung.

Weil die Eltern finanziell gut daran waren, so hat man das natürlich gespürt. Es stand uns alles zur Verfügung. Also besser kann man es nach der Seite hin nicht haben. Schon früh hat sich in mir das Reiterblut gezeigt und da war der Vater ganz großartig. Er hat auch Verständnis dafür gehabt, daß ich als junger Student mit 12 und 13 Jahren schon großartig mit meiner Reitpeitsche fortgezogen bin in den Stall, und das war mein Leben. Die Stunden, die waren für mich der Glanzpunkt des Lebens und das ist geblieben all die Jahre hindurch. Mein Vater hatte dafür ein großes Verständnis und hat mir nie in irgendeiner Form deshalb Vorwurf gemacht. Meine Geschwister waren da vernünftiger. Die haben die Pferde auch gern gesehen, aber doch kein Vergleich mit meiner Wenigkeit.

Außerdem hat eine große Rolle in meiner Jugend gespielt das Turnen. Also da habe ich um ein paar Jahrzehnte zu früh gelebt. Damals hat es nichts gegolten – der Professor hat immer gedacht: also so ein verrückter Turner, der kann sonst nichts leisten. Meine besten Noten waren immer das Turnen. Ich habe immer den ersten Preis bekommen bei allen Wettläufen, wenn was los war, war ich an der Spitze. In den andern Fächern war es anders. Da muß ich sagen, leicht hab ich mich nicht getan. Ich mußte ordentlich arbeiten. Aber das war auch mein Glück; denn aus meiner Erfahrung kann ich sagen, all die Studenten, die hervorragend waren in der Jugend, die sind daneben geraten als Studenten. Im Gymnasium da ging es, da brauchte einer nicht zu arbeiten, der so reich begabt war.

Das Wichtigste aber war die religiöse Einstellung der Eltern. Wir sind vollständig in einer durch und durch protestantischen Stadt[46] aufgewachsen. Da war das Elternhaus wie eine Oase. Es waren also lauter antikatholische Einflüsse. Wir mußten an ein protestantisches Gymnasium gehen und haben da allerhand Rippenstöße bekommen und da hat der liebe Gott gesorgt, daß auch meine Körperkräfte sich entwickelt haben. Ja wiederholt war ich zum Hauptmann gewählt, wenn es galt, einer anderen Klasse einmal den Meister zu zeigen, und das war mein Glück. Einmal in der Turnstunde war es, wie da einer vor mir niederfiel und sagte: Gell, so betet ihr eure Maria an. Ich habe den aber so verdroschen. Das war das erste und das letzte Mal. Kein Mensch mehr hat gewagt, etwas zu sagen. Aber sonst waren die Einflüsse sehr stark und das verdanken wir nur dem Elternhaus und vor allem dem Vater, der von Jugend auf uns die katholischen Grundsätze eingetrichtert hat. Jede Gelegenheit hat er benützt, um uns im katholischen Selbstbewußtsein zu heben. Und ich kann aus eigener Erfahrung sagen, daß das für den Menschen maßgebend ist und das ist das Tröstliche, wenn wir die heutige Situation ansehen.

Bei uns hat die Schule nicht mitgeholfen. Der Religionsunterricht war nur so geduldet, er spielte eine ganz nebensächliche Rolle, aber das Elternhaus hat uns gestützt. Was hatten wir zu hören in der Geschichte! Es war ein Kapitel drin: Der Grundsatz der Jesuiten, der Zweck heiligt die Mittel[47], und da wurde das auseinandergesetzt, was das für Lumpen waren, die unglaublichsten Räubergeschichten wurden da den Schülern mit ins Leben gegeben. Dann hat der Vater uns das erklärt und alles war wieder gut. Das Elternhaus ist eben für die Erziehung eines jungen Menschen ausschlaggebend. Freilich gehört nicht bloß dazu, daß die Eltern katholische Grundsätze haben, sondern daß sie dieselben auch vorleben und daß sie auch die

46 Vgl. Sa 1, 12.

47 Ein den Jesuiten nachgesagter Grundsatz, der aber weder von ihnen stammt noch von ihnen angewendet wird.

Klarheit haben, in der richtigen Form die Grundsätze vorzubringen.

Was die religiöse Praxis angeht, da war wieder das Elternhaus maßgebend. Es ist uns in Fleisch und Blut übergegangen, daß wir ja an Sonn- und Feiertagen die hl. Messe besuchten. Der Vater ritt am Sonntag immer aus, aber er hat es durchgesetzt, daß man erst abgeritten ist, nachdem er die hl. Messe besucht hatte. Die ganze Gesellschaft hat sich nach ihm gerichtet. Er hat sich das Pferd an die Kirche kommen lassen und dann wurde abgeritten. So war es auch mit dem Sakramentenempfang. Da haben die Eltern eben durch ihre Praxis gezeigt, daß es ihnen mit der Religion ernst ist.

Dann ging es an die Universität. Da ist es mir gut gegangen. Mein Bruder wollte Kaufmann werden und nicht mehr weiter studieren. Er wollte in die Praxis und hat es nicht mehr ausgehalten, während ich der Bruder Studio war. Ich habe an drei Universitäten studiert und mein Vater hatte da ein weites Herz und hat mir reichlich Mittel zur Verfügung gestellt. Da ist es mir reichlich gut gegangen. Freilich kam er dann und wann mal überraschend und hat »Guten Morgen« gesagt und da hat er gesehen, wie meine Umgebung ist und wie ich beieinander bin. In Stuttgart ist so eine dumpfe Luft und damals wohnten wir mitten in der Stadt und das hat mir sehr schlecht bekommen. Ich müsste irgendwo anders hin, nach Ravensburg und da musste ich bei fremden Leuten wohnen. Ich wohnte bei einer Frau Oberlehrer, die hatte eine Tochter. Nun von der Tochter habe ich meinem Vater nichts geschrieben, wir haben uns wunderbar unterhalten. Ich habe gegeigt, sie hat Klavier gespielt. Es war ein gutes Verhältnis. Nun habe ich heimgeschrieben: ich habe den besten Anschluss in der Familie. Eines schönen Tages hat mich der Vater besucht. »Bub, ich hab Angst gehabt, aber jetzt habe ich keine Angst mehr.« Die war nämlich so häßlich wie die Nacht. So was unglaubliches kann man sich gar nicht vorstellen. Wenn man sie gesehen hat, hat alles gelacht. Wenn sie in der Prozession mit den Kindern marschierte, haben die Leute hell aufgelacht. Sie war gekleidet wie ein Pfau und dabei dieses Äußere.

Aber sie war sehr gescheit und begabt in der Musik und außerordentlich unterhaltend. Ich habe alle Aufsätze mit ihr besprochen, das hat mir ausgezeichnet [gut]getan. Also die Gefahr war erledigt. Und ich habe später immer Gelegenheit gehabt nach ein paar Jahren nach ihr zu schauen; schöner ist sie ja nie geworden. Und so hat es mein Vater auch an den anderen Universitäten gemacht. Wenn es irgendwie ging, haben wir einen Ausritt miteinander gemacht. Es war in Tübingen der Fall, wo wir einen wunderbaren Reitstall hatten. Neben dem Konvikt war mein liebster Aufenthalt der Stall. Wenn ich Gelegenheit hatte nur eine halbe Stunde, dann bin ich in den Stall gegangen und das hat mir gut getan; denn bei meinem Temperament brauchte ich neben dem Studium etwas derartiges und das hat wohl auch der Vater gemerkt und das hat meine Zeit derart in Anspruch genommen, daß ich für anderes nichts mehr übrig hatte.

Ich hatte einen schönen Freundeskreis und da hat der liebe Gott gesorgt, daß ich mit den Menschen der verschiedenen Charaktere in Fühlung kam. Da habe ich viel profitiert für die Zukunft. Ich war Theologe, aber am Äusseren hat man mir nichts angemerkt. Und so hatte ich regen Verkehr und da habe ich gemerkt, wie man die Menschen beeinflussen kann und wie ausserordentlich wichtig ein guter Verkehr mit jungen Menschen ist. Nach dem Theologiestudium haben wir das Examen gemacht. Es ist gerade noch so gegangen; man kann noch zufrieden sein. Und dann kam ich in das Priesterseminar nach Rottenburg. Ich war nur acht Monate dort. Nun war das freilich arg wenig. Ich hatte vier Jahre an der Universität studiert; was ich nicht aus mir selbst heraus gebracht habe, an Anregung hat es sehr gefehlt. Dann kam ich in das Priesterseminar. Da ist es bei uns ausserordentlich streng. Es wird einem der ganze Ernst des Priestertums ans Herz gelegt. Was früher gefehlt hatte, konnte man verhältnismäßig in kurzer Zeit hier bekommen, wenn man ein aufgeschlossenes Herz hatte. Aber das ist sicher, daß ich niemals dafür eintreten werde, daß der Priester so frei an der Universität studiert bis zu den Toren des Priesterseminars.

Ich wollte als Student schon Ordensmann werden. Zuerst

habe ich geliebäugelt mit den Dominikanern[48], die ich in Freiburg in der Schweiz kennenlernte, und dann kam ich zufällig mit den Jesuiten in Berührung. Dann habe ich mich durch meine Eltern veranlasst gesehen, die Sache zurückzustellen. Da hat mein Vater gesagt: es sei sein ernster Wille, daß ich Weltpriester würde. Wenn ich auch einmal eine Stelle als Weltpriester habe, dann kann ich machen, was ich wollte, und ich bin meinem Vater dankbar, daß er so entschieden aufgetreten ist.

Ich bin Weltpriester geworden, geweiht vom verstorbenen Bischof Keppler. Mein Kurs war der erste, der von ihm geweiht wurde. Dann kam ich als Weltpriester in ein Landstädtchen.[49] Ich, der Diasporamensch, kam nun in ein rein katholisches Städtchen. Das war für mich natürlich wie geschaffen, um zu arbeiten. Ja, was bin ich herumgelaufen, das hat mir Spass gemacht von einem Kranken zum anderen und dann wieder auf diesen Berg hinauf. Ich hab auch den Gesellenverein bekommen und obgleich mir das Reden manchmal sehr schwer wurde, ich habe mich sehr gut eingewöhnt. Aber ich habe immer das Gefühl gehabt, es fehlt dir doch die nötige priesterliche Aszese. Dann bin ich immer nach Beuron[50] gefahren. Da kam ich mit den Benediktinern in Berührung. Die haben natürlich geglaubt, daß ich Benediktiner werde. Aber wenn ich halt dort war, ist mir das Herz so schwer geworden bei dem schönen Choral. Ich hab gesagt: nein, hier pass ich nicht herein, ich könnte es hier nicht aushalten. Dann hab ich mich bei den Jesuiten gemeldet. Der Bischof hat zuerst gesagt, was fällt ihnen ein, das gibt es nicht, sie müssen bei uns bleiben. Und als er zur Firmung zu uns kam, hat er mich gefragt: Wollen sie noch? Ja ich will noch. Also gut, dann gehen sie, machen sie uns Ehre.

---

48 Seit 1890 ist den Dominikanern die theologische Fakultät der Universität Freiburg in der Schweiz anvertraut.

49 Spaichingen, Oberamtsstadt zwischen Rottweil und Tuttlingen gelegen.

50 Die Benediktinerabtei St. Martin im oberen Donautal, 1077 als Augustinerchorherrenstift gegründet, 1802 aufgehoben, 1863 den Brüdern Maurus und Placidus Wolter OSB übergeben, 1868 zur Benediktinerabtei erhoben.

Dann bin ich nach Feldkirch[51] und dann wurde ich Jesuitenpater. So hat der liebe Gott das merkwürdig alles gefügt.

Ich kann nur sagen mein späteres Priesterleben – ein Kampf und Auseinandersetzungen. Ich war zuerst Missionar[52], mußte Exerzitien halten und ich war halt immer der Hecht im Karpfenweiher. Da war es wie eine Erlösung, als der Befehl kam: den tun wir nach München.

Wir wollen mal sehen, wie die Sache weitergeht. Ich habe immer das Gefühl, daß der liebe Gott mich einmal [plötzlich] abberufen wird, das paßt zu mir. Ich kann es nicht recht glauben, daß ich einem ruhigen Alter entgegengehen werde. Aber mag dem sein, wie will, ich kann sie nur bitten, bewahren sie die Richtung, die wir miteinander bis jetzt gegangen sind. Was für Arbeiten für die Zukunft auf uns harren, das wissen wir, das nicht weiß kein Mensch, wie alles sich gestalten wird, das ist aber auch schliesslich Nebensache. Die Hauptsache ist, daß wir arbeiten für das Reich Gottes ...

Der National-Sozialismus und meine Wenigkeit

In seinem längsten Text schildert P. Mayer seine Auseinandersetzung mit dem Nationalsozialismus, seit seiner ersten Begegnung mit Adolf Hitler im Jahr 1919. Die Zeit der Entstehung des Textes fällt in die Jahre seiner »Konfinierung« im Kloster Ettal. Auf Wunsch seines Provinzials, P. Röschs, diktierte er P. Richard Bauersfeld OSB (1884–1968)[53] diesen Text,

---

51 In Feldkirch-Tisis lag das Noviziatshaus der Oberdeutschen Provinz der Gesellschaft Jesu, weil den Jesuiten aufgrund der Bismarckschen Jesuitengesetze (1871) im Deutschen Reich der Aufenthalt verboten war.

52 Die Volksmissionen dienten der geistlichen Erneuerung der Pfarrgemeinden durch Predigten, Vorträge, Beichtgelegenheit, Gespräche, die über einige Wochen hin nach systematischen Gesichtspunkten, angeboten wurden.

53 »Der damalige Provinzial P. Rösch wünschte, daß P. Mayer seine Erinnerungen aus dem KZ in Oranienburg nicht für sich behalte, sondern seinen Mitbrüdern zugänglich mache. Ich schrieb daher seinerzeit nach dem Diktat ungefähr 35–40 Seiten Maschinenschrift.« P. Richard Bauersfeld OSB im Brief von Ende Juni 1950 (OA/München).

der ihn dann mit der Schreibmaschine ins Reine brachte. Das genaue Jahr der Abfassung ist leider nicht mehr auszumachen. Vielleicht 1943.

ARM//München: Original des Schreibmaschinentextes mit handschriftlichen Eintragungen P. Mayers. Die Korrekturen P. Mayers werden in den Anmerkungen festgehalten. Tippfehler werden verbessert.

I. Meine Erlebnisse vom Jahre 1919 bis zur Machtergreifung Hitlers

Hitler[54] habe ich kennengelernt in einer Kommunistenversammlung[55] 1919.[56] Tags zuvor hatte der kommunistische Redner im Kreuzbräu[57] in München bei stark überfülltem Saal gesprochen. Viele konnten keinen Platz mehr finden. Alle Diskussionsredner haben sich für den Kommunismus eingesetzt. Es befanden sich darunter viele Akademiker. Als einziger bin ich dagegen aufgetreten. Es wurde nun eine zweite Versammlung aus der Mitte der Anwesenden heraus verlangt. Dieselbe fand auch tatsächlich statt im Saal des »Wittelsbacher Gartens« in der Theresienstraße. Unmittelbar nach meiner Diskussionsrede ist Hitler aufgetreten. Er sagte, nachdem der Pfarrer den Kommunismus vom religiösen Standpunkt aus bekämpft habe, wolle er das tun vom politischen Standpunkt aus. Er war in Begleitung von ungefähr 10 jungen Leuten erschienen. Er machte auf mich den Eindruck eines außergewöhnlich tüchti-

---

54 Hitler war 1919 nach langen inneren Kämpfen Politiker geworden, »der schwerste Entschluß von allen«, so Hitler 1939. P. Mayer muß Hitler also bei seinen ersten politischen Gehversuchen erlebt haben (Fest, *Hitler*, 124).

55 Noch vom Reservelazarett Herzog Carl Theodor in München-Nymphenburg aus besuchte Mayer im Mai 1917 Arbeiterversammlungen (Sa 1,74). Allgemein wurde Mayers Mut bewundert, in politischen Versammlungen aufzutreten. Der »Bayerische Kurier« vom 4. Januar 1919 schrieb, als Mayer im Deutschen Theater bei einer Veranstaltung sozialdemokratischer Frauen mitdiskutierte: »daß ... ein katholischer Geistlicher, der Jesuitenpater R. Mayer, den Mut hatte, verdient besondere Anerkennung« (Sa 1,78).

56 Die Jahreszahl ist handschriftlich hinzugefügt.

57 Kreuzbräu befand sich in der Brunnstraße 7. Das Gebäude wurde 1981 abgerissen.

gen Volksredners. Erst einige Tage nachher erfuhr ich seinen Namen. Ich habe Hitler später nie mehr, weder in einer kommunistischen noch sozialistischen noch Freidenkerversammlung getroffen. Er redete von da ab nur in seinen eigenen Versammlungen.[58]

Einige Zeit darauf las ich auf riesengroßen roten Plakaten eine Einladung der national-sozialistischen Partei mit Hitler als Redner. Solch große Versammlungen haben von nun an alle 14 Tage, meistens im Zirkus Krone[59] stattgefunden. Ich habe an all diesen Versammlungen mit wenigen Ausnahmen teilgenommen bis zum 9. November 1923. Diese Kundgebungen waren immer sehr gut besucht, häufig überfüllt, die Begeisterung war groß. Diskussionen wurden niemals zugelassen. Die Reden waren rein politischen Inhalts. Es wurden die jeweiligen politischen Vorgänge und die politischen Persönlichkeiten gegeißelt. Ausführlich wurde das Friedensdiktat von Versailles[60] besprochen. Von den »Schwarzen« war häufig die Rede, aber nur nach der politischen Seite hin. Religiös weltanschaulich sind mir nur zwei Sätze in Erinnerung geblieben, die allerdings einen großen nachhaltigen unauslöschlichen Eindruck auf mich machten[61], und mir viel zu denken gaben:

---

58 Hitler hielt bald alle acht Tage eine Massenkundgebung. Eine Veranstaltungsliste der NSDAP zählte vom November 1919 bis zum November 1920 48 Veranstaltungen Hitlers (Fest, *Hitler*, 192).

59 Zirkus Krone, großer Zeltbau an der Marsstraße; eignete sich besonders für politische Veranstaltungen; vgl. Auerbach, *Hitlers politische Lehrjahre*, 25.

60 Der Friedensvertrag von Versailles, geschlossen zwischen Deutschland und den 27 alliierten und assoziierten Nationen zur Beendigung des 1. Weltkriegs, wurde am 28. Juni 1919 unterzeichnet und trat am 10. Januar 1920 in Kraft. Die Erklärung der Alleinschuld Deutschlands am Ausbruch des Krieges, die Festlegung der Grenzen im deutschen Osten, die großen Reparationsforderungen förderten seine Ablehnung in der Öffentlichkeit und bildeten die Grundlage der nationalsozialistischen Propaganda »gegen Versailles«; vgl. auch Auerbach, *Hitlers politische Lehrjahre*, 18.

61 Dabei gelang es Hitler sehr geschickt, religiöse Motive und Bilder – zumal im Rückgriff auf seine Kindheit – in seine Reden einzubauen. Daß dieser Ergriffenheit dann Haßausbrüche und Racheschwüre folgten, trug dazu bei, die Hörer mitzureißen und zu fesseln.

1. der Maßstab der Sittlichkeit: Gut ist, was dem Vaterlande nützt, schlecht ist, was dem Vaterlande schadet.
2. Es sei höchste Zeit, das alte Testament, dieses Judenbuch, aus der Schule zu verbannen.[62]

Charakteristisch für die Reden war, daß in unerhörter Weise gegen die Juden, gegen unsere ehemaligen Feinde, gegen die Bonzen der Sozialdemokratie, bei passender Gelegenheit auch gegen die Freimaurer gehetzt wurde. Hitler übertrieb in seinen Ausführungen ständig, scheute auch vor Unwahrheiten nicht zurück.

Für[63] mein Empfinden abstoßend wirkte, daß in dem Raum vor den Sälen, in denen Hitler sprach, regelmäßig seine Fotografie in den verschiedensten Stellungen zum Kaufe ausgestellt war. Es wurde damals schon, also von 1919 an, ein unerhörter Personenkult mit ihm getrieben. Er war immer der Mann, um den sich alles drehen mußte: so war es in seiner Presse, in seinen Versammlungen, bei den Aufmärschen usw. Schlimmer aber war, daß er dies alles billigte. Sonst hätte all das nicht so aufdringlich gemacht werden können. Dazu kommt, daß sein Auftreten immer von dem etwas an sich hatte, was man Pose nennt. Dies alles hat sich mir schon vor 1923 aufgedrängt und mich immer mehr in der Auffassung bestärkt, daß man es bei Hitler mit einem Hysteriker reinsten Wassers zu tun hat.

Es[64] war in einer Versammlung im Festsaal des Hofbräuhauses; es war alles besetzt, als ich den Saal betrat. Gute Kameraden verschafften mir ein Plätzchen. Ich hörte schweigend zu. Nachher sagte einer der Bekannten: »Nun, was sagen Sie jetzt zu

---

62 Aus dem Protokoll einer Rede Hitlers: » . . .ganz Deutschland wird von den Juden regiert. Es ist eine Schande, daß die Deutsche Arbeiterschaft ob Kopf oder Hand sich so von den Juden verhetzen lassen. Natürlich weil ja der Jude das Geld in der Hand hat. Der Jude sitzt in der Regierung und schiebt und treibt Schleichhandel . . . Darum Deutsche seit (!) einig und kämpft gegen die JUDEN. Denn sie fressen uns den letzten Brocken auch noch weg . . . Schlußwort des Referenten: Wir wollen den Kampf solange führen, bis der letzte Jude aus dem Deutschen Reich entfernt ist« (Fest, *Hitler*, 192).

63 Dieser ganze Absatz als »Nachtrag zu Seite 2, Linie 6«.

64 Handschriftlicher Zusatz: Hier sollte eine neue Zeile beginnen.

dieser Rede?« Ich antwortete: »Hitler ist ein ganz ausgezeichneter Volksredner, aber er hetzt und nimmt es mit der Wahrheit nicht genau.« Da standen die Leute auf; es gab eine große Unruhe an diesem Tische. Eine Dame rief laut: »Die Jesuiten sind Judenfreunde«, und von allen Seiten fielen derartige Schimpfnamen. Ich sagte darauf, daß ich schon zahllosen sozialistischen, kommunistischen und Freidenkerversammlungen beigewohnt hätte, aber so niederträchtig sei ich noch nie angeredet worden wie heute Abend von ihnen. »Guten Abend, meine Herrschaften«, und damit zog ich mich zurück. In den Reden Hitlers war auch manchmal die Rede, daß die Nationalsozialisten den totalen Staat[65] anstreben. Auch[66] damit war mir klar, daß ein Friede mit der Kirche unmöglich sei.

Im Frühjahr 1923 war eine Versammlung in den Bürgerbräukeller[67] ausgeschrieben, mit dem Thema: Kann ein Katholik Nationalsozialist sein? Als Referent war angekündigt Dr. Schott[68], ausgetretener protestantischer Geistlicher. Angekündigt war dieses Mal ausnahmsweise eine Aussprache nach dem Vortrag. Es war für mich sehr schwer, diese Versammlung zu

---

65 Hitler in einer Rede: »Wenn wir ans Ruder kommen, dann werden wir wie die Büffel vorgehen« (FEST, *Hitler*, 221; ebd. Hitler als Redner: 217–223).

66 »Auch« handschriftlicher Zusatz.

67 Der Bürgerbräukeller lag in der Rosenheimerstraße 29 (Haidhausen).

68 Dr. Georg Schott (1882–1962), ehemaliger protestantischer Geistlicher, Verfasser der ersten Biographie Hitlers: »Das Volksbuch vom Hitler« (1924). Im Völkischen Beobachter vom 21. Juni 1923 stand auf der Titelseite eine Ankündigung: »Über das Thema ›Nationalsozialismus und Christentum‹ spricht heute, Donnerstag 21. Juni, Dr. Georg Schott in der großen, öffentlichen Massenversammlung im Bürgerbräukeller. Volksgenossen, erscheint in Massen.« Wie die Spruchkammerakten Schotts vom 10. November 1948 ergeben, hing Schott, der die Zeit seiner Parteizugehörigkeit von 1920–1923 »als einzig schöne Zeit in Erinnerung« hatte und der einen »Ehrensold« von DM 300 monatlich von der NSDAP bezog, aus verblendetem Idealismus Hitler an. Über P. Mayer urteilte er so: »Mit P. Rupert Meiers (sic) Weltanschauung ging ich nicht einig und liefen unsere Ansichten hierüber weit auseinander. Ich kann nur sagen, daß ich davon überzeugt war, daß mit dem Gedanken eines positiven Christentums in der Partei ernst werden soll« (IfZg. ED 199).

besuchen, da ich mir wohl dachte, daß der Redner alttestamentliche Schwierigkeiten vorbringen werde. Ich ersuchte den damaligen Superior der Michaelskirche, P. Hayler[69], mitzugehen, aber er war nicht dazu zu bewegen. Mit schwerem Herzen machte ich mich auf den Weg. Schott war ein anständiger, vornehmer Redner; Vorsitzender der Versammlung war Esser[70], ein Mann ganz anderer Art. Von unserer Seite aus war ich der einzige Diskussionsredner. Meine Einleitung weiß ich noch ganz genau. Als ich das Podium bestieg, setzte ein dröhnender Applaus ein, der gar nicht enden wollte. Als es ruhiger geworden war, sagte ich, der Beifall sei verfrüht gespendet worden. Ich müßte den Anwesenden eine große Enttäuschung bereiten. Ich würde dartun, daß ein gläubiger Katholik nicht Nationalsozialist sein könne. Es wurde unruhig. Ich wurde häufig unterbrochen. Der Radau wurde immer größer. Schließlich sagte Esser, er müsse mir das Wort entziehen; damit zog ich mich auf meinen Platz zurück, doch die Unruhe war derart groß, daß die Nazis fürchteten, es könnte ein Überfall auf mich gemacht werden. Darum wurden S. A. Männer um mich herum gruppiert, um mich zu beschützen. Aber es ging alles gut aus. Nachher wurde ich nicht mehr belästigt.[71]

---

69 Franz Xaver Hayler SJ (1876–1965), damals nur Kirchenrektor in St. Michael, 1928–1935 Provinzial der Oberdeutschen Provinz der Jesuiten.

70 Hermann Esser (1900–1981), 1928 Mitglied des Oberbayerischen Kreistages, 1929 Fraktionsvorsitzender der NSDAP im Münchner Stadtrat, 1932 im Bayerischen Landtag, 1933 Bayerischer Wirtschaftsminister und Chef der Staatskanzlei, 1935 Leiter der Fremdenverkehrsabteilung im Reichspropagandaministerium.

71 Im Völkischen Beobachter vom 23. Juni 1923 wurde aus der Rede Schotts berichtet: »Deutsche Männer und Frauen aller Konfessionen, seid des einen gewiß, daß uns nichts ferner liegt, euch aus euren Gotteshäusern herausholen zu wollen. Wir wollen nur eines: ein vom Geist der Zersetzung des Judentums gereinigtes Christentum, in dem wir zugleich als Bild unseres eigenen Volkstums wieder erscheinen.« Über P. Mayer wird gesagt: »In der an den Vortrag sich anschließenden Aussprache meldete sich zunächst P. Rupert Mayer zum Wort und brachte Bedenken gegen einige Ausführungen des Referenten, die mit dem unfehlbaren Lehramt der Kirche nicht im Einklang stünden. Darauf erklärte Hermann Esser, daß er leider feststellen müsse, daß, als die nationalsozialistische Sturmabteilung an der Fron-

Im Laufe dieses Jahres wurde ein Gesinnungsgenosse der Schönerer Los von Rom Bewegung in Österreich[72] als Redner in einer Nazi-Versammlung, namens Jung[73], aufgestellt. Leider war ich verhindert, diese Versammlung zu besuchen. Ich kaufte mir ein Buch, das Jung herausgegeben hatte, um über die darin kundgegebene Weltanschauung bei der Männerkongregation in St. Michael Predigten zu halten. Am 9. November brachte P. Hugger[74] mit nach Hause, in der Stadt sei man wütend auf uns, denn in der Michaelskirche sei die Bewegung zusammengeschlagen worden. Das war natürlich übertrieben, aber richtig ist, daß ich mich nicht erinnere, in München je einmal so feindlichen Blicken begegnet zu sein wie in den Tagen nach dem 9. November 1923. Meine persönlichen Erlebnisse am 9. November 1923 sind weltanschaulich von keiner Bedeutung. Nur bemerkte ich, daß sich die in dem Kampf verwundeten Nazis von mir abgewendet haben, als ich nach ihnen sehen wollte, unmittelbar nach ihrer Verwundung in den Parterreräumen der Residenzstraße.[75]

---

leichnamsfeier teilnehmen wollte, dieses unter dem Vorwand abgelehnt wurde, daß der Zug sowieso schon zu lang sei. Aus der Tatsache aber, daß unsere Fahnen schon mehrfach in katholischen Kirchen geweiht seien, gehe allein schon hervor, daß der Nationalsozialismus nicht in irgendwelcher Feindschaft zur katholischen Kirche stehe, sondern im Gegenteil nichts sehnlicher erwarte, als daß unsere Seelsorger sich mit an die Spitze des Lebenskampfes in der deutschen Nation stellen werden, der zugleich auch ein Kampf für das Christentum ist.« Zur »Fahnenweihe« vgl. Hanfstaengl, *Zwischen Weißem und Braunem Haus*, 109–110.

72 Die Los-von-Rom-Bewegung wurde als kirchenpolitische Bewegung Ende des 19. Jahrhunderts in Österreich gegründet und protestierte gegen die Haltung des katholischen Klerus in den deutschen Teilen Österreichs. Gründer der Bewegung war Georg Ritter von Schönerer (1842 bis 1921), österreichischer Antisemit und voll des Antiklerikalismus. Nicht ohne Wirkung auf den jungen Hitler.

73 Rudolf Jung, einer der Gründer der »deutsch-sozialen Arbeiterpartei«. Hatte im Mai 1918 die Partei in »Deutsche Nationalsozialistische Arbeiterpartei« umbenannt. Verfasser des Buchs: »Der nationale Sozialismus, sein Werdegang und seine Ziele« (Aussig 1919).

74 Victor Hugger SJ (1876–1945), Seelsorger an St. Michael.

75 P. Mayer hörte die Gewehrsalven und eilte zum Odeonsplatz. Viele der Demonstranten kannte er persönlich. Obgleich er politisch nicht hinter

Einen Tag war ich im großen Hitler-Prozeß[76], hörte die Rede Ludendorffs[77] und begrüßte Oberstleutnant Krieb[e]l[78], den ich[79] nach seiner Festungshaft in seiner Wohnung besuchte. Vor seiner Abreise nach Ungarn kam er zu mir, um sich zu verabschieden. Bis zu seinem Tod blieben wir in steter Verbindung trotz unserer gegensätzlichen Anschauungen. H[ermann] Krieb[e]l[80] war in meiner Div[ision] (8. b[ayerische] R[eserve] D[ivision]) I a im Weltkrieg.

Um die Hitlerbewegung kümmerte ich mich nicht mehr. Ich besuchte nur noch eine einzige Zirkus-Krone-Versammlung im Jahre 1932 und sah, daß die Begeisterung wieder am Siedepunkt angelangt war.[81]

---

ihnen stand, wollte er den Sterbenden und Verwundeten seelsorglich beistehen. Als er sich über einen der NSDAP-Leute beugte, rief dieser ihm entgegen: »Scher dich zum Teufel, du schwarzer Schakal« (Dornberg, *Hitlerputsch*, 319).

76 Der Prozeß »gegen Ludendorff et al.«, gegen die Männer des 9. November 1923, fand vom 26. Februar bis zum 1. April 1924 statt. Hitler, Dr. Friedrich Weber (1892–1954), Hermann Kriebel und Ernst Pöhner (1870–1925) wurden zur Mindesstrafe von fünf Jahren Festungshaft und einer Geldstrafe von 200 Goldmark verurteilt. Ludendorff wurde freigesprochen (Dornberg, *Hitlerputsch*, 360).

77 Erich Ludendorff (1865–1937), 1882 Offizier im Heer, 1904 im Generalstab, 1908 Chef der Aufmarschabteilung im Großen Generalstab, 1914 Generalmajor und Kommandeur der 85. Infanterie-Brigade, 1914 Generalstabschef der 8. Armee, 1918 Entlassung gewährt. Teilnehmer des Putsches vom 9. November 1923, 1924 Abgeordneter der Deutschvölkischen Freiheitspartei, 1926 Gründung des Tannenbergbundes, unter dem Einfluß seiner 2. Frau Mathilde.

78 Hermann Kriebel (1876–1941), Infanterieoffizier, Mitglied der Waffenstillstandskommission in Apa, Stabsleiter der bayerischen Einwohnerwehr, 1923 militärischer Führer des »Deutschen Kampfbundes«, 1923 Teilnehmer am Hitlerputsch, 1924 begnadigt, 1924 MdR (Nationalsozialistische Freiheitspartei), 1929–1933 militärischer Berater der Nationalregierung in Nanking, 1934 Generalkonsul in Shanghai, 1937 Botschafter und Leiter der Personalabteilung des Auswärtigen Amtes.

79 Im Text »auch« durchgestrichen.

80 Der ganze Satz ist handschriftlich in den Text eingefügt.

81 Im Frühjahr 1924 wurde Mayer die Nachricht hinterbracht, »daß man beschlossen habe, ihn zu ermorden«. Daraufhin schrieb Mayer in der Nacht auf den 1. April 1924 an seine Eltern und Geschwister einen langen

In den zwanziger Jahren reiste ich landauf und landab in Oberbayern und in Schwaben, suchte die Männerwelt zusammen zu fassen u[nd][82] im katholischen Glauben zu befestigen. Alle Viertel-Jahr wurden die einzelnen Männergruppen besucht. Einige Welt- und Ordenspriester halfen eifrig mit.[83]

II. Von Hitlers Machtergreifung bis zu meiner Verhaftung (5. Juni 1937)

Vier Ereignisse verdienen besondere Erwähnung.

1. Im Jahre 1935 war eine öffentliche Caritas-Sammlung[84], staatlich genehmigt für das ganze Reich. Persönlich sammelte ich mit einem Mitbruder vor der Michaelskirche. Ich bemerkte eine gewisse Unruhe unter der Bevölkerung. Bei Tisch hörten wir, daß in der Neuhauserstraße[85] Ansammlungen stattfanden. Gegen 2 Uhr bemerkte ich, im unteren Patresgang, daß Leute hin und her sich bewegten. Ich schaute nach. Ein junger Student stand am Wasserhahn und wusch sich seine Kopfwunde. Nun hörte ich, daß unsere Sammler und Sammlerinnen von unseren Gegnern zahlreich überfallen und z[um] Teil ihrer Büchsen beraubt worden waren. Es bemächtigte sich meiner eine maßlose Erregung. Ich stürzte zum Polizei-Präsidium[86] und verlangte den Polizei-Präsidenten sogleich zu sprechen. Es wurde mir mitgeteilt, derselbe sei nicht in München. Ich wurde zu seinem Stellvertreter geführt, wenn ich mich nicht täusche,

---

Abschiedsbrief – und dies in der Nacht, bevor das Urteil im Hitlerprozeß verkündigt wurde (vgl. S. 163).

82 »und« handschriftlich eingefügt.

83 Am 9. September 1930 teilte R. Mayer Kardinal Faulhaber seine Eindrücke von solchen Reisen mit (vgl. S. 188) kurz vor der entscheidenden Wahl vom 14. September 1930.

84 Die Caritassammlung dient der Finanzierung des sozialen Engagements der Kirche; vgl. zum Vorfall: Witetschek, *Die kirchliche Lage I*, 68 f.

85 Die St. Michaelskirche liegt an der Neuhauserstraße.

86 Das Polizeipräsidium liegt an der anderen Seite der Ettstraße, die sich rechts an der St. Michaelskirche entlangzieht.

zu einem Regierungsrat Mayer.[87] Derselbe nahm mich gut auf; ich beschwerte mich in drastischen Ausdrücken über das Unerhörte, daß die Sammler bei einer staatlich genehmigten Sammlung in dieser groben Weise belästigt wurden, und daß weit und breit kein Polizeibeamter zu sehen war. Der Herr nahm das zu Protokoll und suchte mich zu beruhigen, was ihm aber nicht gelingen konnte. Zu Hause angekommen habe ich wiederholt den Herrn Minister Wagner[88] angerufen, mit dem Bemerken, in einer dringenden Angelegenheit hätte ich ihn zu sprechen. Ich konnte keine Verbindung mit ihm bekommen.

2. Im Jahre 1936 setzte eine große öffentliche Agitation für die Gemeinschaftsschule[89] ein. Es waren zwei Kundgebungen ausgeschrieben. Redner war beide Male Schulrat Bau[e]r.[90] Die eine Versammlung war im Südviertel, im großen Saal des Thomasbräus.[91] Ich kam etwas verspätet, bekam aber noch einen unauffälligen Platz, links unmittelbar neben der Rednertribüne, ganz im Hintergrund. Nach dem Referat wurde eine Diskus-

---

87 Franz Mayer (1890–1952), 1931 NSDAP, 1936 Regierungsrat, 1937 stellv. Polizeipräsident von München, 1943 Regierungspräsident von Oberbayern.

88 Adolf Wagner (1890–1944), 1924–1933 MdL/Bayern (NSDAP), 1929 Gauleiter des Gaues Groß-München, 1930 des Gaues München-Oberbayern, 1933–1945 MdR (NSDAP), 1933 Bayerischer Innenminister, 1936 zusätzlich Kultusminister, 1939 Reichsverteidigungskommissar, ab 1942 dienstunfähig.

89 Die Schuleinschreibung in den Münchner Volksschulen sollte am 12. Februar 1935 stattfinden. Zuvor veranstaltete die NSDAP und der NS-Lehrerbund eine öffentliche Agitation gegen die Bekenntnisschule, vgl. das Protestschreiben des Ordinariats München an das Reichsinnenministerium vom 10. Februar 1935 (Volk, *Faulhaber II*, 14–17). Zum »Schulkampf« vgl. Sonnenberg, *Der neue »Kulturkampf«*, in: Bayern in der NS-Zeit III, 235–327, vor allem 280 ff. P. Mayer wird in diesem Beitrag nicht erwähnt. Einseitige erziehungswissenschaftliche Aspekte nehmen den Sinn von Mayers Engagement nicht wahr und ebnen den Widerstand (und seine Rechtmäßigkeit) zugunsten der nationalsozialistischen Erziehungspolitik merkwürdig ein.

90 Josef Bauer (1881–1958), Oberstadtschuldirektor in München, 1933 bis 1945 MdR (NSDAP), Reichshauptstellenleiter der NSDAP, 1943 SS-Brigadenführer. Engagiert im Kampf gegen die Bekenntnisschule.

91 Thomasbräu, am Kapuzinerplatz (Untersendling).

sion angekündigt. Man sollte sich mit Namen melden. Ich schrieb auf einen Zettel nur den Namen Mayer und reichte den Zettel auf die Tribüne. Daraufhin bemerkte ich ein Tuscheln am Vorstandstisch. Nun erklärte der Vorsitzende, es habe sich gezeigt, daß kein Bedürfnis nach einer Aussprache vorhanden sei. Alle seien einer Meinung. Darauf allgemeines Bravo. Nun schrie ich, so laut ich konnte, daß ich wenigstens zu einer kurzen Berichtigung das Wort wünschte. Daraufhin Beratung und Genehmigung. Ich erklärte, daß das, was der Redner über den Herrn Kardinal[92] gesagt habe, durchaus unrichtig sei, da ich den Sachverhalt zufällig genau kenne. Aber bei allem Nachdenken fällt mir nicht mehr ein, um was es sich damals handelte. Daraufhin verließ ich unter Lachen und Schimpfen das Lokal. Hinter mir her kam ein alter Regimentskamerad und sagte, man wolle mich verprügeln. Es kam auch ein Mann, der im Vorübergehen schimpfte und fluchte, aber dann verschwand.

Tags darauf bat ich einen Herrn, mir einen Platz im Bürgerbräu zu belegen. Es war ein Massenbesuch ersten Ranges. Beim Eintritt in den Saal merkte ich, daß mein Kommen stark bemerkt wurde, besonders Bau[e]r wurde auf mich aufmerksam gemacht. Von Anfang an waren die Menschen sehr aufgeregt. Als der Vorsitzende über den Herrn Kardinal eine harmlose Bemerkung machte, kamen laute, sich immer wiederholende Zwischenrufe: Schlagt ihn nieder, hängt ihn auf, schießt ihn tot. Weder der Vorsitzende noch Bau[e]r lehnten die Zwischenrufer ab. Bau[e]r sprach zahmer als am Abend vorher. Ich hörte freilich nicht mehr viel davon. Denn bald kamen zwei S.A.Männer an meinen Tisch und forderten mich auf, mit ihnen den Saal zu verlassen. Ich sagte, daß ich das nicht einsähe. Als ich aber bemerkte, daß sich eine ungeheuere Spannung im Saal zeigte, befürchtete ich eine Schlägerei, die zu unseren Ungunsten ausgehen mußte, da gar nichts organisiert war. Deshalb ging ich unter größter Unruhe aus dem Saal. Ich wurde in

---

92 Michael Faulhaber (1869–1952), 1910 Bischof von Speyer, 1917 Erzbischof von München und Freising, 1921 Kardinal. Zur Situation 1935 vgl. VOLK, *Faulhaber II*, 33–34.

ein Nebenzimmer geführt zu einem Gestapo-Beamten. Ich mußte meine Taschen ausräumen. Ich hatte, so gut wie nichts Schriftliches bei mir, da ich ahnte, daß heute nicht alles so harmlos verlaufen würde. Einen Zettel mit einigen Notizen, die ich mir in der Versammlung gemacht habe, nahm der Beamte an sich. Trotz meines Protestes wurde ich festgehalten, ja, ich bekam Gesellschaft, einige Männer und Frauen von katholischer Seite wurden hereingeführt. Ich durfte aber mit denselben nichts reden. So viel ich weiß, wurden sie nicht untersucht. Nachdem die Versammlung aus war, durften die Verhafteten ohne weiteres das Lokal verlassen. Ich wurde noch da behalten. Als ich energisch dagegen protestierte, ließen sie mich laufen, aber mit dem Bemerken, auf meine eigene Verantwortung hin, denn die Menschen seien gegen mich sehr erbittert. Ich ging unbehelligt mit der Menge auf die Straße. Da haben mich einige unserer Männer erwartet. Sie brachten mich auf eine Elektrische.

Die Sache hatte aber noch ein Nachspiel.[93] Am nächsten Morgen rief ich das Polizei-Präsidium an (es war damals nur ein Stellvertretender im Amt, ein Oberstleutnant der Polizei).[94] Ich sagte, ich müsse ihn in einer wichtigen Angelegenheit sofort sprechen. Er ließ mich sogleich[95] vor. Der Polizei-Präsident empfing mich in Gegenwart eines Regierungsrats der politischen Abteilung, dessen Namen ich leider vergessen habe. Ich beschwerte mich darüber, daß die schweren Drohungen gegen den Kardinal in keiner Weise öffentlich zurückgewiesen worden waren. Ich sagte, daß das[96] eine Aufforderung sei, diese

---

93 Vgl. Stepp an das Bayerische Justizministerium, 10. April 1935. Volk, *Faulhaber II*, 33–34. – Zu Dr. Walther Stepp (1898–1972), 1935 bis 1937 Leiter der Gestapozentrale München (Wittelsbacher Palais), 1943 Präsident des Oberlandesgerichts München.

94 Die Veranstaltung fand am 21. Februar 1935 statt. Stellv. Polizeipräsident war Oberstleutnant Emil von Oelhafen (1886–1952), Berufsoffizier, Kommandeur der Schutzpolizei und Stellv. Polizeipräsident, 1944 als Generalleutnant der Polizei in den Ruhestand (vgl. Bericht S. 425).

95 Handschrift »sofort« in »sogleich« verbessert.

96 »unmittelbar« im Text gestrichen.

Drohungen in die Tat umzusetzen. Ich fühle mich verpflichtet, dem Polizei-Präsidium davon Mitteilung zu machen und damit habe das Polizei-Präsidium eine schwere Verantwortung, wenn nichts dagegen geschähe. Gewiß, sie könnten mich jetzt einsperren, aber ich hätte dafür gesorgt, daß andere über die ganze Angelegenheit eingehend unterrichtet seien.

Einige Wochen nachher erkrankte der Regierungsrat nicht unbedenklich. Als ich davon hörte, machte ich ihm einen Besuch. Seine Frau empfing mich und ließ mich sofort eintreten. Der Regierungsrat war im Bett und zeigte sich höchst überrascht. Ich hatte das Gefühl, der Regierungsrat erwartete von mir, daß ich irgend eine Beschwerde oder eine Bitte vorbringe. Er war aufs höchste überrascht, als ich ihm sagte, ich sei nur gekommen, um mich nach seinem Befinden zu erkundigen, nachdem ich von seiner schweren Erkrankung erfahren hätte. Und das sei ja ganz selbstverständlich, da er unser nächster Nachbar sei. Wir unterhielten uns noch sehr gut, nachdem er sich von seiner sichtlichen Überraschung erholt hatte. Leider kam er dann infolge einer mißlichen Angelegenheit[97] von seiner Stellung weg.

3. Einladung vor den Staatsanwalt. Soweit erinnerlich, war es im Herbst 1936 oder Frühjahr 1937. Außer dem Staatsanwalt[98], dessen Namen ich vergessen habe, waren noch ein oder zwei Herren anwesend. Der Staatsanwalt machte mich darauf aufmerksam, daß über meine Predigten Klagen eingelaufen seien: ich würde mich auf der Kanzel mit Politik befassen, und das gehe im heutigen Staat nicht mehr. Meine Äußerungen seien mitunter staatsfeindlich. Ich führe eine aufreizende Sprache. Er müsse mich deshalb ernstlich verwarnen. Im Wiederholungsfalle würde ich nicht mehr so durchkommen. Ich sagte,

97 Ursache der Versetzung nicht bekannt.

98 Verwarnung Mayers – von Berlin befohlen – wurde am 7. Mai 1936 durch Staatsanwalt Dr. Ernst Großer (1901–1959) erteilt, nachdem ein Strafverfahren gegen Mayer »mangels strafbaren Tatbestandes« am 22. Februar 1936 eingestellt worden war. Auch der Generalstaatsanwalt beim Oberlandesgericht Adolf Sotier billigte am 3. März 1936 die Entscheidung (vgl. BayHStA München MK 38150).

daß ich nie Politiker gewesen sei; es könne sich also nur um politisch gemischte Fragen handeln, zu denen ich mich geäußert habe: Fragen, die Kirche und Staat interessieren. Ich hätte nur vom religiösen Standpunkt aus dazu Stellung genommen, und das sei meine Gewissenspflicht. Und wenn staatliche Organe die Kirche angreifen, Klerus und Ordensleute heruntersetzen, so müsse ich als Prediger öffentlich[99] klarstellen, was an den Vorwürfen, die gegen Einrichtungen der Kirche erhoben werden, falsch oder wenigstens übertrieben sei. Da das Heil der unsterblichen Seelen auf dem Spiel stünde, können es mir billig denkende Menschen nicht übel nehmen, wenn ich eine entschiedene deutliche Sprache führe. Ich hätte nie jemand persönlich angegriffen, es sei mir nur um die Verteidigung des angegriffenen katholischen Glaubens zu tun gewesen. Der Staatsanwalt meinte, es gäbe doch sehr eifrige Priester, die eine solche Sprache auf der Kanzel nicht führten. Ich meinte, das stelle ich nicht in Abrede, aber da heißt es eben: sehe jeder, wie er's treibe, d. h. jeder müsse nach seinem Gewissen vorangehen und an die Rechenschaft denken, die er als Prediger in einer so verworrenen und verwirrenden Zeit einmal vor Gott abzulegen habe. Der Staatsanwalt wiederholte seine Warnung, sagte aber, er fürchte, daß das bei mir vergeblich gewesen sei. Damit wurde ich entlassen.

4. Bei der politischen Polizei. Einige Zeit später wurde ich auf die Polit[ische] Polizei gerufen. Im Wittelsbacher Palais[100], Parterre rechts wurde mir gesagt, es sei festgestellt worden, daß eine B.d.M.-Führerin[101] bei mir gewesen sei. Ich solle aussagen, was wir zusammen gesprochen hätten. Ich sagte, das Mädchen sei zu mir als ihrem Seelsorger gekommen. Aus Gewissensgründen dürfe und könne und werde ich keine Aussagen machen. Da sagten die Herren, die Mädchen hätten ja schon alles

---

99 »offen« in »öffentlich« handschriftlich korrigiert.

100 Wittelsbacher Palais: Zentrale der Gestapo München in der Briennerstraße 51.

101 BdM: Bund deutscher Mädel. Staatlicher Jugendbund im Dritten Reich. – Person nicht verifiziert.

ausgesagt; ich antwortete, das sei ihre Sache, ich sei im Gewissen zum Schweigen schwer verpflichtet. Aber, hieß es, wenn ich keine Aussagen machte, blieben die Mädchen verhaftet. Ich antwortete, ich bedauerte das sehr, aber ich könne meinen Standpunkt nicht ändern; die Schweigepflicht bleibe unverändert. Wenn sie mich daher einsperren wollten, sollten sie das nur tun. Ich hätte meine notwendigen Sachen schon mitgebracht. Davon wollten die Herren aber nichts wissen, sondern entließen mich, nachdem ich den Herren noch zum Bewußtsein zu bringen suchte, daß wir Katholiken uns nicht fürchten, sondern mutig in die Zukunft schauten. Damals konnte ich noch so sprechen, später wurde es leider in weiten Kreisen anders.

In den letzten Jahren habe ich, so viel als menschenmöglich war, gepredigt und Vorträge gehalten: in München, und an Sonn- und Feiertagen auch auswärts. Der Besuch war außerordentlich. So waren es z. B. in Weissenhorn[102] 6000 Männer und Jungmänner, die zweimal die sehr große Kirche vollständig füllten. An anderen Plätzen sprach ich im Freien, weil der Platz in der Kirche nicht mehr ausreichte. Ich fühlte eben, daß ich nicht mehr lange Gelegenheit zum Sprechen und Predigen haben würde.

III. Meine Erlebnisse bei der Verhaftung und in der folgenden Zeit

1. Am 5. Juni 1937 kamen im Laufe des Vormittags zwei Beamte der Gestapo und sagten, daß sie mich verhaften müßten. Ich meldete das durch das Haustelefon dem P. Superior Waldmann[103], der sogleich kam. Während er sich mit den Gestapoleuten auseinandersetzte, konnte ich glücklicherweise einige Augenblicke verschwinden, um Briefe und schriftliche Aufzeichnungen, die ich zum Teil auch in meinem Schlafzimmer

102 Weissenhorn, bayerische Stadt südöstlich von Ulm.

103 Georg Waldmann SJ (1902–1979), 1937–1941 Oberer in St. Michael/München.

aufbewahrt hatte, zu vernichten. Da meine Tasche ja seit Monaten immer schon gepackt war, gab es weiter keinen Aufenthalt mehr. Im Auto wurde ich in's Wittelsbacher Palais gebracht. Ich wurde sofort vernommen, von wem, weiß ich nicht, und immer sehr anständig behandelt. Nach der Vernehmung, in der ich alles zugab, was mir aus den Predigten vorgeworfen wurde, wurde ich im Aufzug hinunter gefahren und kam nun in's Gefängnis der Gestapo.[104] Dort wurde mir im Aufnahmeraum alles, was geeignet war, sich eine Verletzung beizubringen, abgenommen. Meine Tasche mit Büchern und Wäsche durfte ich behalten, nachdem sie durchgesehen war. Besonders anständig zeigte sich der Verwalter, der Chef des Gefängnisses. Ich wurde in eine sogenannte Ehrenzelle gebracht. Dieselbe war zwar sehr klein, aber neu und ganz sauber. Ich war nun ganz glücklich, weil ich um des Glaubens willens eingesperrt war. Die Domglocken hörte man wunderbar herüber tönen. Ich freute mich immer auf den Angelus. Ich wurde gefragt, ob ich eine eigene Kost haben wolle; ich lehnte ab, weil ich als Priester es[105] nicht besser haben wollte als andere Gefangene. Dies hielt ich immer so, so oft ich eingesperrt war, auch in Stadelheim in der Untersuchungshaft. Am Sonntag machte ich das Hochamt in St. Michael geistigerweise mit, aber da kam plötzlich eine entsetzliche Angst über mich. Ich hatte in den letzten Jahren mit Hilfe eines ausgezeichneten Sodalen (auch andere haben mitgeholfen, wenn sie etwas Geeignetes in den Auslagen sahen) Material gegen die Nacktkultur[106] gesammelt. Da ich immer schon eine Verhaftung ahnte, wollte ich das ganze Material beim Ordinariat abliefern. Vor lauter Arbeit

---

104 Im Keller des Wittelsbacher Palais, im Gefängnis der Gestapo, verbrachte auch P. Alfred Delp SJ vom 28. Juli bis zum 6. August 1944 eine Haft.

105 »es« handschriftlich eingefügt.

106 Anfang des 20. Jahrhunderts wurde von Richard Ungewitter die Freikörperkulturbewegung gegründet, die vorgab, eine freie Bejahung und Darstellung des Leibes erreichen zu wollen. Das Buch Ungewitters »Nacktheit und Moral« (1925) verherrlichte – mit antisemitischen und antikirchlichen Tendenzen – den deutsch-nordischen Menschen.

kam ich nicht mehr dazu; es lag alles im hintersten Winkel der sehr tiefen Tischschublade. Das fiel mir nun plötzlich ein, denn ich dachte nicht anders, als daß bei mir sofort eine Hausdurchsuchung[107] stattfinden würde. In der Einsamkeit malte ich mir nun aus, wie das ausgebeutet würde; denn ich erinnerte mich daran, wie man es Dr. Gerlich[108] gemacht hatte, in dessen Redaktionsstube man nur ein unsittliches Bild gefunden hatte. Es war mir unglaublich zu Mute. Von dem Augenblick an konnte ich keinen Bissen mehr essen und kein Auge mehr zutun.

Am Abend des 6. Juni – es war ein Sonntag – klangen plötzlich religiöse Gesänge, anscheinend in der Hauskapelle der Englischen Fräulein in der Türkenstraße[109], an mein Ohr. Die Hauskapelle ging auf den Hof des Wittelsbacherpalais hinaus. Dieser Gesang währte etwa eine Stunde und war in meiner Zelle gut hörbar. Am nächsten Tag wurde ich zum Oberführer der S.S. gerufen. Zu meiner größten Freude traf ich dort mit dem Hochw. P. Provinzial[110] zusammen. Der Herr Oberführer bot uns eine Zigarre an, die ich auch dankbar annahm. Dann disputierten wir mit dem Herrn über allerhand Gegenstände. Es wurden mir Menschenansammlungen nach dem Gottesdienst in St. Michael, vor dem Wittelsbacher Palais und am

---

107 Zur Haussuchung vgl. S. 449.

108 Dr. Fritz Gerlich (1883–1934), 1920–1928 Chefredakteur der Münchner Neuesten Nachrichten, Herausgeber des Wochenblatts »Der gerade Weg«. Wurde in Zusammenhang mit dem »Röhmputsch« am 20. Juni 1934 im KZ Dachau ermordet; vgl. Volk, *Faulhaber I*, 639–640; K. O. von Aretin, *Fritz Gerlich*, 157–172.

109 Die Englischen Fräulein (Maria-Ward-Schwestern) hatten in der Türkenstraße 2 das klösterliche Studienhaus St. Agnes. Diese Lieder wurden von den Studentinnen absichtlich »als Gruß« an P. Mayer gesungen. Am folgenden Morgen verhaftete die Gestapo die Oberin des Hauses und ließ sie erst nach langen Verhören frei. Vgl. Gagern, *Die Englischen Fräulein*, in: Schwaiger II, 575.

110 Augustin Rösch SJ (1893–1961), 1935–1944 Provinzial der Oberdeutschen Provinz, 1941–1944 Mitglied des Kreisauer Kreises. Am 11. Januar 1945 von der Gestapo im Versteck entdeckt und verhaftet. Über das KZ Dachau ins Gestapo-Gefängnis Berlin Moabit gebracht. 1947–1961 Landescaritasdirektor von Bayern; vgl. Rösch, *Kampf*; vgl. Bericht über die Begegnung im Wittelsbacher Palais, S. 433 ff.

Abend desselben Tages zum Vorwurf gemacht, desgl. der religiöse Gesang. Wir suchten diese Vorgänge mit der begreiflichen Erregung des kath. Volkes über meine Verhaftung zu entschuldigen. Dann kam die Rede auf Herrn Pfarrer Niemöller[111], über den der Herr Oberführer äußerte, es wäre besser gewesen, wenn der Herr Pfarrer U. Bootskommandant geblieben wäre. Dann griff der Herr Oberführer das Dogma der Unbefleckten Empfängnis Mariens[112] an. Es stellte sich aber heraus, daß der Herr keine Ahnung von dem Inhalt dieses Geheimnisses hatte. Nun läutete das Telefon, das am anderen Ende des großen Zimmers angebracht war. Das war eine willkommene Gelegenheit, einige leise Worte mit dem P. Provinzial unter vier Augen zu sprechen. Meine erste Frage war: Ist bei mir Hausdurchsuchung gewesen? Nein, lautete die Antwort. Gott sei Lob und Dank, sagte ich, und dann bat ich P. Provinzial, meine Tischschublade genau durchzusehen. Es ist nicht zu beschreiben, wie mir nun zu Mute war, mehr als ein Zentnerstein ist mir vom Herzen gefallen. Nun ging ich wieder frohgemut in meine Zelle zurück. Ich suchte, die Zeit mit ernstem Studium auszufüllen. In der 2. Woche wurde ich einem Kriminaler aus Nürnberg vorgeführt. Ein wegen § 175[113] verfolgter evangelischer Diakon sei einige Male in München bei mir gewesen. Ich erinnerte mich daran, daß ein solcher Herr in einer Rechtssache von mir Auskunft wünschte. Ich schickte ihn zu einem Rechtsanwalt. Damit war die Sache erledigt. Bemerkenswert ist, daß dieser Nürnberger Kriminaler der einzige war, der mich nach meiner Tätigkeit im Felde[114] gefragt hat. Er

111 Martin Niemöller (1892–1984), 1933 Begründer der Bekennenden Kirche, 1937–1945 im KZ, 1945 Mitbegründer der EKD, 1947–1964 Kirchenpräsident der Evangelischen Landeskirche von Hessen und Nassau.

112 Das Dogma von der Unbefleckten Empfängnis wurde von Pius IX. 1854 definiert: Maria wurde ohne Erbsünde, also in der Gnade, empfangen. Oft wird das Dogma als Aussage über die Empfängnis Jesu mißverstanden.

113 Der § 175 StGB bestraft den Mann, der mit einem anderen Mann Unzucht treibt oder sich von ihm zu Unzucht mißbrauchen läßt (Homosexualität).

114 Tätigkeit im Feld; vgl. S. 36.

interessierte sich dafür und ließ sich manches ganz genau erzählen. In all den späteren Verhandlungen ist das nie mehr vorgekommen. In der 2. Woche meiner Haft wurde ich zu einer Vernehmung zu den Gestapo-Beamten gerufen. Dort kam ich zum 2. Male mit P. Provinzial zusammen. Er übergab mir ein Buch mit dem Bemerken, die Gestapo habe die Übergabe dieses Buches genehmigt; während er mir das Buch in die Hand drückte, flüsterte er mir ins Ohr, Hostien[115] sind drinnen. Ich ließ das Buch in meiner Brusttasche verschwinden und ging ganz selig in meine Gefängniszelle zurück. Am Freitag dieser 2. Woche wurde mir gesagt, ich käme in einigen Minuten in ein anderes Gefängnis. Nun hatte ich aber noch eine konsekrierte Hostie in dem Buch. Obgleich ich morgens schon die hl. Kommunion empfangen hatte, kommunizierte ich noch einmal. Ich wußte ja, daß man beim Eintritt in ein Gefängnis stets untersucht wird. Von zwei Gestapo-Beamten begleitet wurde ich ins Kornelius-Gefängnis[116] gefahren.

Nach meiner Aufnahme ins Gefängnis kam ich in einen größeren Raum, wo mir etwas zum Essen gereicht wurde. Nach einigen Stunden wurde ich dem Untersuchungsrichter[117] vorgeführt. Da stellte sich bald heraus, daß ich nach den heutigen Anschauungen und Auffassungen mit Fug und Recht verhaftet, und eine Gerichtsverhandlung unausbleiblich sei, wie sich der Herr Untersuchungsrichter ausdrückte. Leider kann ich, so sehr ich mich auch anstrenge, nicht mehr sagen, welche Fragen der Untersuchungsrichter an mich richtete. Sein Benehmen gegen mich war aber durchaus korrekt und einwandfrei. Ich kam nun in eine Gefängniszelle. Das ganze Gefängnis machte auf mich einen düsteren und sehr alten[118] Eindruck. Der Gefängnisverwalter war entgegenkommend. Er kannte mich von früheren Besuchen her, die ich bei Gefangenen gemacht hatte. Auch brachte ich ihm wiederholt Lesestoff für die Inhaftierten.

115 P. Rösch übergab konsekrierte Hostien.
116 Kornelius-Gefängnis, in der Corneliusstraße gelegen, links der Isar.
117 Ergebnis der Befragung; vgl. S. 219.
118 »unsauberen« in »sehr alten« handschriftlich korrigiert.

Ihm habe ich es wohl auch zu verdanken, daß ich für einige Augenblicke Herrn Rechtsanwalt Dr. Bandorf[119] sehen und sprechen konnte. Er meinte, er rechne es sich zur Ehre an, meine Verteidigung bei dem kommenden Prozeß als alter Kriegskamerad zu übernehmen.

Als ich in der Nacht erwachte, fand ich mich gar nicht mehr zurecht. Es war so stockdunkel, daß ich mich in der Zelle nicht mehr auskannte. Zum Glück leuchtete einmal aus irgend einem Grund ein Scheinwerfer auf. Das war meine Rettung. Am kommenden[120] Morgen hieß es, daß ich beim nächsten Gefangenentransport im Gefangenenwagen nach Stadelheim[121] gebracht würde. Das freute mich, da ich schon lange gern den Zeiserlwagen von innen mir angeschaut hätte. Der Wagen war überfüllt, und dazu ein außergewöhnlich heißer Tag. Durch das Entgegenkommen eines Polizeibeamten bekam ich aber noch einen annehmbaren Platz. Die Aufnahme in Stadelheim verlief glatt. Ich behielt meine Priesterkleidung. Auch konnte ich meine Bücher und mein Waschzeug mitnehmen, nachdem es untersucht war.

Ich wurde der Krankenabteilung überwiesen. Ein Oberwachtmeister, der sich als eifriger Katholik enthüllte, übernahm mich, schloß die Krankenabteilung auf und führte mich in eine geräumige, helle Zelle. Hoch oben befanden sich zwei vergitterte Fenster, die für mich völlig unerreichbar waren. Ich fühlte mich bald zu Hause und gewann die große, für mich ganz ungewohnte Einsamkeit lieb. Was mir draußen jahrzehntelang unmöglich war, das erreichte ich hier. Ich konnte ein geordnetes, geistliches Leben führen und nach Herzenslust studieren. Nach beidem habe ich mich schon so lange gesehnt. So viel ich mich erinnere, bekam ich vom Gefängnisdirektor[122]

---

119 Dr. Robert Bandorf (1884–1974), Notar und Rechtsanwalt. Verteidiger Mayers, ihm aus Kriegszeiten bekannt.

120 »nächsten« in »kommenden« Morgen handschriftlich korrigiert.

121 Gefängnis Stadelheim liegt im Osten Münchens, in Giesing (Stadelheimerstraße).

122 Dr. Robert Koch, Gefängnisdirektor in Stadelheim 1937.

sofort die Erlaubnis, täglich die hl. Messe zu feiern. Vor 5 Uhr wurde ich von dem Nachtwächter aus meiner Zelle herausgelassen und in den Hof geführt bis zur Kirche. Da kam der gute Verwalter, der damals den Meßnerdienst versah und mir ministrierte (Das ist nach meinem Verlassen des Gefängnisses von Grund auf geändert worden). Um 6 Uhr mußte ich wieder in meiner Zelle sein. Das war die Bedingung. Nach von mir[123] aufgestellter Tagesordnung habe ich die Tage verbracht. Außer Dr. Bandorf übernahm meine Verteidigung Herr Justizrat Dr. Warmuth.[124] Während der sechswöchentlichen Untersuchungshaft kamen die Herren einige Male zur Besprechung ins Gefängnis.

Einmal besuchte mich der Herr Kardinal[125] und erreichte durch seine Fürsprache bei der Gefängnisleitung, daß ich bis 10 Uhr Licht brennen und lesen konnte. Die Münchener suchten ihre Teilnahme dadurch zum Ausdruck zu bringen, daß sie Eßwaren und Blumen im Gefängnis für mich abgeben ließen. Sie taten dies, obgleich sie manchmal beim Abgeben der Gaben nicht gerade freundlich angeredet wurden. Wenn ich gewollt hätte, hätte ich das reinste Schlemmerleben führen können. Ich war froh, als der Oberwachtmeister sich damit einverstanden erklärte, diese Geschenke den armen kranken Gefangenen abzugeben; mancher hat sich so geäußert, es wäre ihm nur selten in seinem Leben[126] so gut gegangen, wie in der Zeit, da ich in der Krankenabteilung mich befunden hätte. Einmal besuchte mich der Arbeiterverbands-Präses Schwarz.[127] Er hatte die goldene Tapferkeitsmedaille und wurde deshalb für einige Minuten zugelassen. Nach einigen Wochen stellte sich starkes Na-

---

123 »von mir« handschriftlich eingefügt.

124 Dr. Joseph Warmuth (1881–1957), seit 1910 Rechtsanwalt in München.

125 Am 23. Juni 1937 besuchte Faulhaber P. Mayer, wie ein Brief an die Mutter Mayers bezeugt; vgl. S. 373.

126 »in seinem Leben«: handschriftlicher Zusatz.

127 Leopold Schwarz (1897–1960), 1935–1948 Verbands- und Diözesanpräses der Katholischen Arbeiter- und Arbeiterinnenvereine.

senbluten ein. Es wurde Prof. Dr. Neumeyer[128] zugezogen, der mich seit Jahren in Nasen- und Halskrankheiten behandelte. Nach einem kleinen Eingriff in Gegenwart des Anstaltsarztes verlor sich die Sache wieder. Sämtliche Besuche fanden statt in Gegenwart eines Aufsichtsbeamten.

Noch spät am Abend kam einmal ein Beamter der Gestapo. Er stellte verschiedene Fragen. U. a. wollte er durchaus wissen, von wem ich eine auffallende Tatsache[129], die ich einmal auf der Kanzel in St. Michael vorgebracht hatte, und die mir aus durchaus zuverlässiger Quelle mitgeteilt worden war, erfahren hätte. Als ich die Aussage verweigerte, wollte er wenigstens wissen, ob der Betreffende ein Laie oder ein Geistlicher gewesen sei. In der Verhandlung kam die Sache nicht zur Sprache, obgleich ich bestimmt damit gerechnet hatte.

Ich war so in meine Arbeit vertieft, daß ich an den bevorstehenden Prozeß kaum noch dachte. Etwa 8 Tage vor der Verhandlung machte mich Herr Justizrat Warmuth darauf aufmerksam, daß es sehr zu empfehlen wäre, die Anklagepunkte genau anzusehen und das kurz schriftlich niederzulegen, was ich auf die einzelnen Anklagepunkte zu sagen hätte. Dieser Anregung habe ich es zu verdanken, daß ich mich einige Tage gründlich mit der Materie befaßte und mich völlig einlebte.[130]

Spaziergänge im Gefängnishof. Jeden Tag um 10 Uhr wurde die Zelle aufgeschlossen und hineingerufen:[131] Hof. Die Gefangenen der Krankenabteilung, soweit sie nicht bettlägerig waren, mußten sich im Gang in Reih und Glied aufstellen, und dann hieß es: Rechts um, marsch. Nun ging's in den kleinen Gefängnishof mit zwei Schritt Abstand von dem Vordermann unter Stillschweigen die Treppen hinab. Drunten ging man hintereinander in dem vorgeschriebenen Abstand im Kreis herum. Das waren die ersten und letzten Spaziergänge, die ich seit dem 5. Januar 1912 in München machte. Man sieht, es

---

128 Prof. Dr. Hans Neumayer (1866–1938), Hals-Nasen-Ohren-Arzt.
129 Auffallende Tatsache ist unbekannt.
130 Vgl. S. 237 ff.
131 »hinausgerufen« handschriftlich in »hineingerufen« verbessert.

bleibt einem nichts erspart. Der l[iebe] Gott weiß einen zu finden. Nach einer schwachen Stunde kamen wir in die Zelle zurück. Ich muß gestehen, der tägliche Spaziergang im Gefängnis war eine wohltätige Abwechslung. Wenn man auch nicht gemütlich herumschauen durfte, so konnte man doch an den Mienen und der ganzen Haltung der einzelnen sehen, wie verschieden die Menschen so ein schweres Schicksal tragen.

Täglich besuchte der Anstaltsarzt die Kranken der Abteilung. Er war durchaus korrekt, ein schwer Kriegsverletzter aus dem Weltkrieg. Bei Eintritt jedes Vorgesetzten mußte man sogleich aufstehen. Der Arzt bot laut den Deutschen Gruß. Ich machte eine tiefe Verneigung. Dabei blieb's. Nach einigen Tagen beschränkte sich auch der Arzt darauf. Wie freute ich mich[132] auf die Gottesdienste in der Gefangenenkirche in Stadelheim! Die Gefangenen wurden in strammer Ordnung nach einem bestimmten Plan hereingeführt. Ich kam mit der Krankenabteilung. Als ich die Kirche betrat und mit meinen Leidensgenossen die Plätze aufsuchte, ging ein deutlich vernehmbares Staunen und Sichentrüsten durch die Reihen der Kirchenbesucher. Die Beamten sorgten für augenblickliche Ruhe. Bei dem darauffolgenden Gottesdienst wurde ich allein in die leere Kirche geführt und mußte in der vordersten Bank Platz nehmen. Erst als Letzter durfte ich das Gotteshaus wieder verlassen. Der Gesang war ergreifend schön und hat mich zu Tränen gerührt. Das kommt bei mir selten vor. Die Frauenstimmen machten sich sehr gut und vereinigten sich mit den Männerstimmen zu einem gewaltigen Chore. Für die Frauen ist in dem hinteren Teil der Kirche eine Empore eingebaut. Sie werden von den Männern kaum etwas sehen können, wohl aber sehen sie[133] den zelebrierenden Priester und Prediger. Den Gottesdienst hielt P. Sigisbert O. Cap.[134] Der kleine Mann mit dem großen weißen Bart und großen gütigen Herzen. Die Predigt

---

132 »mich« handschriftlich ergänzt.

133 »sehen sie« handschriftlich ergänzt.

134 Sigisbert Greinwald OFMCap (1870–1949), jahrelang Seelsorger im Gefängnis Stadelheim.

war immer vorzüglich, ganz den Verhältnissen angepaßt. Der Pater kam auch wöchentlich zu einem kurzen Besuch mit Beichtgelegenheit.

In der Zeit meines Aufenthalts in Stadelheim fanden drei Hinrichtungen von Mördern statt. An einem Tage eine, und an einem anderen zwei hintereinander. Ich sah bei meinem täglichen Frühmorgen-Gang in die Kirche die schwarzen Tücher um das Schafott herum. Ich mußte an den beiden Tagen früher zelebrieren, denn die Hinrichtungen fanden sehr früh statt. Ich hörte von meiner Zelle aus die Verlesung des Todesurteils, dann das Armsünderglöcklein mit seinem schrillen Ton und nach einigen Augenblicken das Aufschlagen des Fallbeils. Ich dachte mich in der unheimlichen Stille jeweils in die Lage des armen Schluckers hinein u[nd] betete.[135]

Am 22.[136] Juli 1937 morgens 9 Uhr begann im Justizpalast[137] die Verhandlung gegen mich. Ich dachte nicht anders, als daß ich frühmorgens mit anderen Leidensgenossen in den Justizpalast gefahren würde. Aber schon am Tag vorher mußte ich um Mittag herum mich zusammenrichten, um mit anderen[138] in das Gefängnis Neudeck[139] gefahren zu werden. Von dort aus sollte es dann am nächsten Morgen in den Justizpalast gehen. Schleunigst mußte ich meine Sachen zusammenpacken[140], da sich die Bücher inzwischen bedeutend vermehrt hatten. Im untersten Gang mußten alle Gefangenen in Reih und Glied antreten, zuerst die Frauen und dann die Männer.

Unter schärfster Bewachung hieß es dann in den Gefangenenwagen hinein, unter völligem Stillschweigen. In Neudeck

135 Im Text handschriftlich hinzugefügt.

136 Monatstag handschriftlich hinzugefügt.

137 Der Justizpalast ist ein Monumentalbau, der nach Plänen von Friedrich von Thiersch (1852–1921) in den Jahren 1891–1898 am Karlsplatz errichtet wurde.

138 »den« im Text gestrichen.

139 Gefängnis Neudeck liegt »Am Neudeck« (In der Au, rechts der Isar).

140 »zusammenrichten« handschriftlich in »zusammenpacken« geändert.

erfolgte wieder[141] die Zeremonie der Aufnahme in's Gefängnis. Alle Sachen mußten abgegeben werden usw. Das alles wurde von den leitenden Männern der Polizei stets auf das genaueste und gewissenhafteste gemacht. Nun wurden die einzelnen in ihre Zellen abgeführt. Ich kann es nicht anders sagen: ich wurde nur anständig und freundlich behandelt und mit den Gewohnheiten vertraut gemacht.

Morgens wurden wir dann wieder nach dem bekannten Modus in den Zeiserlwagen eingepackt. Der Wagen war gesteckt voll. Die Stimmung sehr gedrückt. Mir gegenüber saßen zwei ländlich aussehende Frauen, die bitterlich weinten. Ich sagte, daß es meist schlimmer aussähe, als es dann ausgehen würde, und suchte sie so zu ermutigen. Im Justizgebäude fuhr der Wagen in einen halbdunklen Raum. Dort standen mehrere Polizisten, um »ihre Leute« in Empfang zu nehmen und sie in den entsprechenden Raum in der Nähe des Gerichtssaales zu führen. Auch meiner nahm sich ein Polizeibeamter liebreich an und geleitete mich auf einer wenig begangenen Treppe in ein Zimmer in der Nähe meines Gerichtslokales. Ich hatte den Eindruck, als ob meinetwegen aus Gründen der Vorsicht mehrere Gänge abgesperrt worden seien. In dem Zimmer angekommen, stürzten sich meine zwei Rechtsanwälte auf mich und legten mir eine Erklärung[142] vor, die ich unterschreiben könne und solle, ohne mir etwas zu vergeben. Mein Mißtrauen gegen die Unterzeichnung überwand nur die Erklärung der Rechtsanwälte, daß P. Provinzial die Unterzeichnung durchaus billige. Dann wurde ich in den Gerichtssaal geführt.[143] Der Gang der Gerichtsverhandlung wurde von einer tüchtigen, vertrauens-

---

141 «dann« im Text gestrichen.

142 Erklärung Mayers, vgl. S. 247.

143 Sondergerichte hatte es auch »in den turbulenten Anfangsjahren und in der Endphase der Weimarer Republik gegeben«. Laut »Verordnung der Reichsregierung über die Bildung von Sondergerichten vom 21. März 1933« waren sie zunächst als vorübergehende Einrichtungen gedacht, entwickelten sich – vor allem im Laufe des Kriegs – zu den eigentlichen Orten der Strafjustiz. Vgl. GRUCHMANN, *Justiz*, 946 f.

würdigen Studentin[144] wörtlich aufgezeichnet und mir einige Wochen nach der Verhandlung in Maschinenschrift vorgelegt, einiges verbessert und dann von mir gutgeheißen. Die Aufzeichnungen wurden in sicheren Gewahrsam gebracht. Wenn ich auch den Namen der Studentin vergessen habe – das Fräulein wird sich bei gegebener Zeit bestimmt melden. Nach der vormittäglichen Verhandlung wurde ich mit einigen anderen nach Neudeck zurückbefördert, um gegen 4 Uhr zur Fortsetzung der Verhandlung in das Justizgebäude zurückzufahren. Abends mußte ich nach der Sitzung noch längere Zeit auf eine Gerichtspartei[145] in einem Polizeiraum warten, bis wir wieder nach Neudeck zurückfahren konnten. Im Zeiserlwagen waren diesmal nur wenige Leute, aber eine Frau war todunglücklich, am Rande der Verzweiflung. Sie war zu einer mehrmonatlichen Gefängnisstrafe verurteilt worden, die sie in Stadelheim abbüßen sollte. So erzählte ich von Stadelheim von der anständigen Behandlung, dem schönen Gottesdienst und von P. Sigisbert, sodaß die Frau schließlich ihre Tränen trocknete. In Neudeck wurde mir durch einen Beamten aus der Küche noch etwas geholt. Und als ich schon in der Klappe lag, kamen noch zwei Polizeibeamte, die ihre Teilnahme bekundeten. Ich sagte, daß es besser gegangen, als ich erwartet hätte. Daß wohl manche die Auffassung hätten, daß ich frei gesprochen würde, daß ich selbst das aber nicht für möglich hielte. Ich hätte den bestimmten Eindruck, daß ich unter allen Umständen verurteilt würde.

Im Laufe des nächsten Vormittags kam ein Beamter und fragte, ob ich den Spaziergang im Gefängnishof mitmachen wolle. Als ich bejahte, führte er mich hinunter. Da bot sich mir ein merkwürdiges Schauspiel: Der Hof war ein großes Viereck, wohl geräumig, aber zu klein für die Paar hundert Männer, die sich da auslaufen wollten. Denn das war kein Spazierengehen mehr, das war ein Rennen. In dichten Reihen liefen sie das

---

144 Josefa Huber (1906–1966), später Oberstudiendirektorin. Stenografierte die Verhandlung vor dem Sondergericht mit. Vgl. S. 272 ff.

145 »Gerichts-« handschriftlich ergänzt.

Viereck aus. Besonders in der ersten Viertelstunde war es die reinste Jagd. Man fühlte es förmlich, wie die Männer mit Kraft geradezu geladen waren, und sich nach dieser Stunde sehnten, wo sie sich etwas bewegen konnten. Da kam es mir wieder zum Bewußtsein, was es für gesunde Menschen bedeutet, der Freiheit beraubt zu sein. In einer halben Stunde wurde die Mehrzahl ruhiger; einige Männer fielen mir sofort auf wegen ihrer selbstbewußten, schneidigen, ja herausfordernden Haltung. Der Beamte: das seien »Ernste Bibelforscher«.[146] Ich kannte sie ja von Versammlungen her. Das sind Fanatiker von reinstem Wasser; ein klein wenig von diesem Geist sollten unsere Katholiken schon haben.

Um 2 Uhr war Urteilsverkündigung. Danach bekam ich noch einmal das Wort. Da sagte ich etwas, was auch von unserer Seite völlig falsch verstanden wurde. Ich habe mich nämlich bedankt für das Urteil. Nach dem, was ich in der Verhandlung ausgeführt habe, glaubte ich, daß es in dem Sinne verstanden würde, in dem es von mir gemeint war. Ich habe nämlich in der Verhandlung betont, daß die Richter der kath[olischen] Sache keinen größeren Dienst erweisen könnten, als wenn sie kath[olische] Priester, die für die Rechte und Freiheiten der Kirche eintreten, verurteilen und einsperren. In diesem Sinn habe ich für das Urteil gedankt.

Nach der Urteilsverkündigung wäre ich in normalen Zeiten frei gewesen, da ich die Strafe nicht sogleich anzutreten hatte. Aber ich dachte mir wohl, daß die Gestapo dagegen Einspruch erheben würde.[147] Und das ist denn auch geschehen. Ich mußte nach Neudeck zurück und in dem Aufnahmeraum des Gefängnisses warten. Eine Viertel-Stunde nach der anderen verrann. Inzwischen wurde mir aber die Zeit nicht lang; es war da

146 Ernste Bibelforscher = Zeugen Jehovas: Bibelgesellschaft, 1874 von Ch. T. Russell gegründet. Im Dritten Reich vor allem wegen ihrer Verweigerung des Kriegsdienstes verfolgt. Vgl. KATER, *Die ernsten Bibelforscher.*

147 Einspruch der Gestapo gegen die Freilassung. Darin Beugung des Rechts und Herabsetzung der allgemeinen Gerichtsbarkeit – mit der Begründung: Schutzhaft.

immer etwas los. So kam eine fein gekleidete Frau, die von einem Kriminaler in Zivil gebracht wurde. Sie war eben in ihrer Wohnung verhaftet worden; sie mußte nun ihre Schmucksachen abliefern. Es ist mir unvergeßlich, mit welch verzweifelter Miene sie ihre prächtigen Ohrringe abnahm und einen Ring nach dem anderen von dem Finger und ihre Armbänder von den Handgelenken abstreifte, um sie dem Polizeibeamten einzuhändigen. Dann kam eine Beamtin, um die Frau in einem Nebenraum einer körperlichen Visitation zu unterziehen und sie darauf in eine Zelle abzuführen.

Inzwischen verhandelte P. Provinzial und Justizrat Warmuth telefonisch mit der Berliner Gestapo[148] wegen meiner vorläufigen Freilassung. Schließlich nach langem Hin und Her wurde vereinbart, daß ich in Begleitung des Herrn Regierungsrats Schimmel[149] mit P. Provinzial in einem Privatauto in das Exerzitienhaus auf der Rottmannshöhe[150] gebracht werden und mich da einige Zeit aufhalten sollte, vorausgesetzt, daß meine Anwesenheit dort kein Aufsehen erregen und vor allem keine »Wallfahrten« dahin veranstaltet würden. Auf der Rottmannshöhe fand ich bei den Mitbrüdern[151] eine sehr liebe Aufnahme und aufmerksame Pflege. So viel ich weiß, verweilte ich dort bis gegen September. Sobald nach dem Urteil des P. Provinzial die Verhältnisse es ratsam erscheinen ließen, kehrte ich nach München zurück. Zu meinem größten Bedauern konnte ich meine Arbeit in ganzem Umfang nicht mehr aufnehmen. Durch den Herrn Justizrat Warmuth ließ mir die Gestapo mit-

148 Verhandlung mit dem Reichssicherheitshauptamt in Berlin.

149 Alfred Schimmel (1906–1948), 1936–1941 in der Gestapoleitstelle München. Zuständig für Abt. II B: Katholizismus, Evangelische Kirche, Judentum, Freimaurertum. Zuletzt Kommandeur des Gestapohauptquartiers in Straßburg. Wegen Erschießung eines kriegsgefangenen britischen Offiziers (1944) 1948 von einem englischen Gericht zum Tod verurteilt und am 26. Februar 1948 hingerichtet.

150 Haus der Jesuiten am Starnberger See (um 1920 erworben).

151 Mitbrüder auf der Rottmannshöhe 1937: P. Joseph Ettl (1886–1951), P. Albert Steger (1889–1958), P. Johannes B. Gruber (1889–1954), P. Rudolf Stiegele (1866–1946), P. Alois Stockmann (1872–1950). Dazu 16 junge Patres im Terziat und 11 Laienbrüder.

teilen, daß mir Predigten und Vorträge verboten seien. Ich machte sofort den P. Provinzial darauf aufmerksam, daß dies das kath[olische] Volk nicht verstehen werde, sondern irre an mir werden müßte. Die Leute würden sich sagen, er macht es eben wie die anderen. Wenn es ernst wird, wenn man ihm droht, und mit dem Polizeistock winkt, dann hört auch er auf mit der Verkündigung des Evangeliums. Wie die Apostelgeschichte[152] erzählt, hätten es die Apostel ehedem anders gemacht. Aber P. Provinzial meinte, ich solle mich vorerst an das polizeiliche Verbot halten; in gleichem Sinne hatte sich auch schon der Herr Kardinal ausgesprochen. Als im Oktober oder November 1937 die Bahnhof-Frühgottesdienste vom Bahnhof[153] in die Unterkirche des Bürgersaals verlegt werden mußten, hielt ich im Fürstensalon den letzten Gottesdienst, und damit fing ich mit dem Predigen auf eigenes Risiko hin in den Frühgottesdiensten wieder an. Mit dem Beichthören und Krankenbesuchen und Schwesternvorträgen habe ich nie pausiert.

Mitte Dezember kam R. P. Provinzial zu mir und meinte, es sei jetzt so gekommen, wie ich gleich anfangs gesagt habe: Gute, verständige Menschen würden daran Anstoß nehmen, daß ich mir das Predigen von der Polizei verbieten lasse. Er habe nichts dagegen, wenn ich das Wort Gottes wieder verkündige. Er war damit einverstanden, daß ich am Stefanstage die Abendpredigt in St. Michael hielt. Ich sprach völlig »einwandfrei«, wie scharfe Kritiker sagten, über die Feindesliebe. Am ersten Januar 1938 hielt ich wieder die Zehnuhrpredigt in St. Michael. Nichts rührte sich.

152 Apg 5, 29: Man muß Gott mehr gehorchen als den Menschen.

153 P. Mayer hatte 1925 mit einer Frühmesse im Wartesaal des Münchner Hauptbahnhofs begonnen.

IV. Meine Erlebnisse bei meiner 2. Verhaftung am 5. Jan. 1938 u[nd] dann[154] *bis September 1939*

Am 5. Januar 1938 kamen um die Mittagszeit herum zwei Gestapobeamte und fragten, ob ich am kommenden Tage wieder predigen würde. Als ich das entschieden bejahte, meinten sie, daß sie mich dann verhaften müßten. Da ich immer eine Handtasche mit Büchern bereit hatte, konnte ich sofort mitgehen. Mit Auto ging es wieder ins Wittelsbacher Palais. Dort erklärte ich, daß nur der Bischof und die Ordensoberen das Recht hätten, mir das Predigen zu verbieten, daß die Gestapo aber dazu kein Recht habe. Ich dürfe und könne die Ausübung des Predigtamtes nicht abhängig machen von einem polizeilichen Verbot. Das sei ein schwerer Eingriff des Staates in kirchliche Rechte. Daraufhin wurde ich in das Gestapo-Gefängnis abgeführt.

Ich kam wieder in die gleiche »Ehrenzelle«, die ich von früher her kannte. Die Begrüßung durch die Beamten war freundlicher als das letzte Mal. Nun begann wieder die ganz stille Arbeit. Der Winter setzte schon früh ein. Die Heizung funktionierte aber gut, ja[155], es war[156] besonders abends zu warm. Ich ließ mich aber dahin belehren, daß die Verhafteten in den oberen Stockwerken frieren müßten, wenn man es anders machte. Nach einer Woche wurde mir mitgeteilt, ich würde[157] nach Stadelheim überführt, um dort meine sechsmonatliche Gefängnisstrafe[158] abzubüßen. Diesmal war der Empfang dort bei der Aufnahme etwas frostiger. Ich mußte Kleidung und Wäsche ablegen, auch die Bücher zurücklassen und Gefangenenkleidung und Wäsche anziehen. Nur die Stiefel durfte ich behalten wegen meines amputierten Beines. Das war alles gut so. Nun war ich zum ersten Mal wirklich ganz arm und hatte nichts

154 »u. dann« handschriftlicher Zusatz.

155 »ja« handschriftliche Einfügung.

156 »aber« im Text gestrichen.

157 »sofort« im Text gestrichen.

158 Aufgrund des Urteils vom 23. Juli 1937 wegen »Kanzelmißbrauchs« und wegen Verstoßes gegen das »Heimtückegesetz«.

Eigenes mehr an mir. Ich wurde einem Hauptwachtmeister übergeben. Derselbe führte mich durch einige Höfe in einen Bau, den ich noch nicht gesehen hatte. Die Behandlung war korrekt, aber, ich möchte sagen, zurückhaltender als bisher. Ich merkte, ich war jetzt nicht mehr ein Untersuchungsgefangener, sondern ein Sträfling. Das Essen war karg, die Aufmachung nicht schön und die war für mich immer wichtiger als das Essen selber. Am nächsten Tag war Sonntag, also Gottesdienst. In der Sträflingskleidung fiel ich nicht mehr auf; es blieb alles ruhig. Den Gottesdienst hielt der Nachfolger des hochverdienten, ganz formlos verabschiedeten P. Sigisbert, Herr Oberpfarrer Kienle.[159] Aus freien Stücken erbot er sich, mir womöglich täglich die hl. Kommunion zu bringen, worüber ich hocherfreut war. Beim ersten Besuch stellte er mir zwei schöne Bücher aus der Bibliothek zur Verfügung. Am Nachmittag war Spaziergang in einem großen Hofe. In guter Ordnung marschierten die Gefangenen auf. Es dürften 300–400 gewesen sein. Einige trugen keine Sträflingskleidung, sondern erschienen im Ordenskleid. Es waren wohl Untersuchungsgefangene. Damals fanden viele Verhaftungen von Ordensleuten statt wegen angeblicher Sittlichkeitsverbrechen.[160] Mit anderen Fußkranken wurde mir zum Spazierengehen ein kleiner Weg angewiesen. Die Aufsicht war gut. Am Abend, als schon alles zur Ruhe gegangen war, wurde [durch] eine kleine Klappe, durch die das Essen gereicht wird, und die nur von außen mit einem Schlüssel geöffnet werden kann, im Flüsterton mir mitgeteilt, es sei am kommenden Nachmittag Baden angeordnet. Er wolle dafür sorgen, daß ich zuletzt an die Reihe käme, damit ich ungeniert sei. Wer der gute Mensch war, konnte ich nie erfahren. Zur Ausführung kam die Baderei nicht mehr, denn um die

---

159 Oberpfarrer Karl Kienle (1886–1941).

160 In den Jahren 1936/37 wurden von den politisch ausgerichteten Gerichten Prozesse gegen Ordensleute und Geistliche wegen (weithin angeblicher) Sittlichkeitsvergehen geführt, um das Ansehen der Ordensleute vor dem deutschen Volk herabzusetzen. Vgl. HOCKERTS, *Die Sittlichkeitsprozesse*.

Mittagszeit erhielt ich die Mitteilung, daß ich nach Tisch nach Landsberg[161] überführt würde, um dort die sechs Monate abzusitzen. Der Grund war, die Berliner Gestapo habe in Erfahrung gebracht, daß es mir in Stadelheim während der Untersuchungshaft zu gut gegangen sei. Ich werde später darauf zurück kommen.[162]

Es wurden mir meine Priesterkleidung und meine Wäsche wieder gegeben und alle meine Habseligkeiten, Bücher usw., die ich mitgebracht hatte. Es kam ein Privatauto, das mein lieber junger Freund, Herr Baptistl Huber[163] der Gestapo zur Verfügung gestellt hatte. Er fuhr mich persönlich in Begleitung eines Polizeibeamten nach Landsberg am Lech. Nach der Aufnahme im Büro des Gefängnisses wurde ich für das Verbrecheralbum[164] in verschiedenen Stellungen fotografiert. Nach einem warmen Bad wurde ich neu eingekleidet (Sträflingsanzug und Wäsche) und von einem geschoren. Wie ausdrücklich angeordnet wurde, nicht so kurz[165] wie sonst bei Sträflingen üblich. Die Kleider und alles, was ich mitgebracht hatte[166], wurden fortgeschafft und gut verwahrt, wie ich mich bei meinem Abschied selbst überzeugen konnte. Nun ging's in's eigentliche Gefängnis, das 500 Einzelsträflinge aufnehmen kann. Ein Beamter wies mir parterre eine Zelle an. Das Gefängnis ist in Kreuzesform gebaut, hat, außer dem Parterre noch drei Stockwerke. Treppen und Galerien, alles aus Eisen. In der Mitte des Gefängnisses ist in der Höhe des 1. Stockes eine Zentrale aufgebaut. Man hat von hier aus in einem Augenblick einen totalen Überblick, nicht nur über die Gänge, sondern[167] man kann von hier aus selbst die Türen sämtlicher Zellen ins Auge fassen. In

---

161 P. Mayer wurde am 15. Januar 1938 in die Haftanstalt Landsberg am Lech überführt und war als Strafgefangener Nr. 9469 3 ½ Monate in Haft.

162 Mayer schrieb an den Reichsführer SS Heinrich Himmler (1900–1945). Der Brief wurde jedoch nicht weitergeleitet; vgl. S. 378 ff.

163 Baptist Huber (geb. 1905), Buchdruckereibesitzer, Freund Mayers.

164 Zum Foto für das Verbrecheralbum vgl. Sa 2,60.

165 »nicht so kurz« handschriftlicher Zusatz.

166 »wurde« handschriftlich durch »hatte« ersetzt.

167 »auch« gestrichen.

dieser Zentrale befindet sich bei Tag und Nacht ein Beamter; er kann alles und jedes beobachten, was im Gefängnis sich abspielt. Dort ist auch die Haupttelefonstelle. Man kann sich mit[168] jedem Beamten innerhalb des Gefängnisses, und mit dessen Privatwohnung verbinden. Ist Alarm, so kann er durch den Druck auf einen elektrischen Knopf sämtliche Beamte innerhalb und außerhalb des Gefängnisses zusammenrufen. Zur Zentrale führen von den Gängen im ersten Stock eiserne Brükken. In der Zentrale werden elektrische Zeichen gegeben, die das ganze Gefängnis angehen. Der Beamte, der mich übernahm, wies mir unfreundlich im Parterre eine Zelle an. Es war ein schweres Machen, bis ich endlich den Strohsack überzogen und mein Lager hergerichtet hatte.

Am nächsten Morgen wurde mir eine andere Zelle im 2. Stock angewiesen. Ich mußte die Wäsche wieder abziehen und mit meinen Habseligkeiten wandern. Die Ankömmlinge werden dem Gefängnisarzt[169] vorgeführt. Er ordnete an, daß ich mich wegen meines amputierten Beines nicht in dem Gang vor dem Arztzimmer ausziehen sollte, sondern erst im Untersuchungszimmer des Arztes selber. Derselbe machte einen durchaus sympathischen Eindruck, der sich im Laufe der Zeit immer mehr verstärkte. Ich hatte das Gefühl, daß er mich mit noch größerem Wohlwollen behandelt hätte, wäre er mit mir allein gewesen, aber es war fast immer sein nichtärztlicher Assistent dabei, und dieser war ein strammer Parteimann. Das Gewicht und der Blutdruck wurden festgestellt.

Gleich am ersten Morgen standen zwei ausgezeichnete Bücher aus der Gefangenenbibliothek an meiner Zelle. Schon in aller Frühe muß das geschehen sein. Eine Aufmerksamkeit des Bibliothekars. Ich wunderte mich darüber nicht mehr, als ich später erfuhr, daß der damalige Bibliothekar der Mitsträfling Dr. Ernst[170] vom früheren Leohaus war, den ich von jener Zeit her sehr gut kannte. Welch ein Wiedersehen!

---

168 »mit« handschriftlicher Zusatz.

169 Medizinalrat Dr. Hermann Dusch (1889–1960).

170 Dr. Georg Ernst (1880–1953), Geistlicher, 1906–1933 Geschäftsfüh-

In diesen ersten Tagen hatte ich auch beim Gefängnisvorstand anzutreten. Es handelte sich um die Arbeitsverteilung. Ich wurde Papierarbeiter, d. h. ich hatte Tüten zu kleben. Ein Beamter kam mit einem Gefangenen, der das Material trug, in meine Zelle, und zeigte mir[171] meine Arbeit. Ich hatte Tüten zu kleben. Diese Tüten waren kleine Apothekertüten. Der Beamte machte mir das Falten und Kleben zweimal vor, aber in einem solch rasenden Tempo, daß ich überhaupt nicht sehen konnte, was er tat. Ich studierte und probierte an dem Muster herum und versuchte es dann, so gut ich es konnte. Am nächsten Tag sah er nach und äußerte sich sehr unzufrieden über meine Arbeit. Er sagte, ich sei der ungeschickteste Mensch, der ihm je in seinem Leben begegnet sei. Ich bat ihn, doch etwas langsamer mir die Sache vorzumachen. Ein wenig langsamer machte er es jetzt, aber als ich ihn ersuchte, in seiner Gegenwart es selber nun zu probieren und nachzumachen, da drehte er sich um und ließ mich stehen. Ich arbeitete, so gut es eben ging. Am nächsten Tag sagte er, ich hätte keinen guten Willen zur Arbeit. Ich bestritt das ganz energisch. Da ging er wieder weg und schloß die Türe. Ich meldete mich beim Gefängnisdirektor[172], um mich zu beschweren, weil ich glaubte, als Priester dürfe ich es nicht auf mir sitzen lassen, daß ich meine Pflicht vernachlässige. Ich wurde zum Direktor gerufen und sagte ihm, daß ich gegen den unerhörten Vorwurf der Pflichtvernachlässigung Verwahrung einlege. Der Beamte habe mir ein schweres Unrecht zugefügt. Es fehle mir nicht an gutem Willen, es fehle mir an der Geschicklichkeit zu Handarbeiten. Ich hätte mich in meiner Jugend nie mit Derartigem befaßt. Ich hätte meine freie Zeit

---

rer der Hauptstelle Katholisch-sozialer Vereine Leohaus/München. 1935 Hauptangeklagter im Leohausprozeß. Hatte Spargelder von Erwerbstätigen an ein katholisches Filmunternehmen gegeben und war wegen Fehlinvestitionen am 30. November 1935 zu vier Jahren und drei Monaten Gefängnis verurteilt worden vgl. PRINZ, *Kirche,* 206.

171 »mir« handschriftlicher Zusatz.

172 Oberregierungsrat Hermann Dieknether (geb. 1892) war damals mit der Leitung der Anstalt beauftragt. Sein Stellvertreter: Josef Kastenbauer (geb. 1904).

mit Musizieren, Turnen, Fechten, Reiten, Schwimmen[173] zugebracht, aber nicht mit solchem Zeug. Meine Finger seien viel zu dick, um mit diesen kleinen Tüten etwas machen zu können. Der Direktor sagte, ich könne abtreten; den obigen Beamten habe ich nie mehr gesehen. Es kam an seiner Stelle der Leiter der Papierarbeiten, ein älterer, gereifter Mann. Nun ging es; es gab keine Klagen mehr. Ich nützte aber auch jeden Augenblick zur Arbeit aus.

Inzwischen scheint der Generalstaatsanwalt[174] in München von irgendjemand veranlaßt worden zu sein, sich meinetwegen an den Gefängnisdirektor zu wenden. Nach einem Besuch desselben in meiner Zelle wurde ich in eine Zelle mit Wasserspülung gebracht. Nach weiteren acht oder vierzehn Tagen entschloß man sich, mich[175] in die sogenannte Invalidenabteilung zu versetzen. In dieser Abteilung befinden sich Sträflinge, die wegen hohen Alters oder anderer Gebrechen zur körperlichen Arbeit unfähig geworden sind. Diese Invalidenabteilung (parterre)[176] ist verbunden mit der Krankenabteilung des Gefängnisses. Dieselbe befindet sich im 1. Stock. Das Haus ist durch einen geschlossenen Gang unmittelbar mit dem Gefängnis verbunden. Es wurde mir mitgeteilt, daß ich mich geistig nach Belieben beschäftigen könne. Die Bücher könne ich durch den Gefängnisgeistlichen[177] bekommen, doch solle man nicht mehr als 2 Bücher in der Zelle haben. Der Hochw. Herr war sehr entgegenkommend, und so nahm ich meine Arbeiten wieder auf. Durch den Geistlichen war es mir möglich, meine mitgebrachten Bücher zu benützen. Ich konnte mir auch durch den Herrn von zu Hause Bücher besorgen lassen. Nur durfte ich keinerlei Aufzeichnungen machen. Das war eine sehr bittere Einschränkung, aber ich war eben im Strafgefängnis, und

173 »Schwimmen« eingefügt.
174 Generalstaatsanwalt Adolf Sotier.
175 »mich« handschriftlicher Zusatz.
176 »(parterre)« Zusatz.
177 Karl Morgenschweis (1891–1968), 1932–1947 Gefängnisseelsorger in Landsberg; vgl. Morgenschweis, *Strafgefangener Nr. 9469*.

mußte damit zufrieden sein, durch Studium mich beschäftigen zu können. Es störte mich niemand, ein Leben zu führen, wie man es im Noviziat führte. Nur fehlte die Rekreation. Es herrschte um mich herum ewiges Stillschweigen, woran ich mich aber bald gewöhnte. Der Gefängnispfarrer kam wöchentlich ein- oder zweimal zu Besuch. Das hat mir gut getan. Dann brachte die Versetzung in die Invalidenabteilung mir noch einen großen Vorteil. Wöchentlich war zweimal in der Kapelle der Krankenabteilung hl. Messe. Daran durfte ich mit anderen Gefangenen mich beteiligen und die hl. Kommunion empfangen. Nach 8–10 Wochen wurde mir der Besuch des Herrn Kardinals[178] angesagt. Ich wurde ins Amtszimmer des Geistlichen gerufen und dort begrüßte mich der Kardinal in liebenswürdigster Weise. Zu meiner größten Freude sah ich, daß S. Eminenz einen Missionsmeßkoffer mit allem Zubehör mitgebracht hatte. Zugleich teilte er mir mit, daß ich täglich in meiner Zelle das hl. Opfer Gott[179] dem Herrn darbringen könne. Das war wirklich eine Überraschung und bedeutete einen gewaltigen Umschwung in meinem Einsiedlerleben. Wie viele gute Worte und Gesuche mag es wohl in der heutigen Zeit gekostet haben, bis diese Erlaubnis erwirkt wurde!

Die Kost war für mich ausreichend; besonders in den ersten Wochen meiner Gefängnishaft hatte ich wenig Bedürfnis nach Speise und Trank. Im Laufe der Zeit ist es besser geworden. Selbstverständlich lag man auf Strohmatratzen. Die Angewöhnung machte keine Schwierigkeit. In der Invalidenabteilung hatten wir eine andere Matratze; dieselbe war aber derart uneben und durchgelegen, daß es im Schlaf störend wirkte. Schlimmer aber war, daß alle zwei Stunden eine Wache durch das Gefängnis marschierte. Durch das laute Auftreten wurde

---

178 Kardinal Faulhaber hatte eine Besuchsgenehmigung vom Reichsminister der Justiz Dr. Franz Gürtner (1881–1941; 1922 Bayerischer Justizminister, 1932 Reichsjustizminister) erhalten und machte den einstündigen Besuch in Landsberg am 29. März 1938; vgl. auch Besuch in Stadelheim S. 373 (vgl. Volk, *Faulhaber II*, 466).

179 »vor« im Text gestrichen, »Gott« eingefügt.

ich immer wieder aufgweckt. Ich hörte das Geräusch der regelmäßigen lauten Schritte schon lange, bevor der Beamte in unsere Abteilung kam. Daran habe ich mich nicht gewöhnen können, auch später nicht im Konzentrationslager. Seitdem habe ich einen unruhigen Schlaf. Das hat das Studium zweifellos beeinträchtigt.

Täglich war im Gefängnis eine Stunde Spaziergang in einem der Höfe. Das ist eine segensreiche Einrichtung. Der Spaziergang fiel nur bei ganz schlechtem Wetter aus. Im Hauptgefängnis spielte sich die Sache folgendermaßen ab. Wenn die Zeit gekommen war, schloß der Beamte jede Zelle auf. Jeder mußte vor seiner Türe Aufstellung nehmen u[nd][180] die Arme hoch halten. Der Beamte ging herum und tastete jeden ab, angefangen von der Achselhöhle bis zu den Hüftknochen. Dann erfolgte der Abmarsch. Da ich die Treppe nicht so rasch hinunter gehen konnte wie ein normaler Mensch, mußte ich den Schluß bilden. An jedem Treppenabsatz stand ein Beamter, damit nichts Ungehöriges unterwegs geschehen konnte. Im Hofe gab es zwei ovale Runden, die äußere für die Gesunden, die innere für die Fußkranken. Der Aufsichtsbeamte stand auf einer Kanzel. Von da aus konnte er alles bequem überblicken. Er gab mit einer Art Instrument den Takt, bis alle in Schritt und Tritt waren. Die Fußkranken konnten ihr Gehtempo beliebig wählen. So ging es eine Stunde lang. Man durfte nicht herumblikken, obgleich es eigentlich nichts zu sehen gab. Ein jeder mußte vor sich hinstieren. Ich schätze die Zahl derer, die zusammen gehen mußten, etwa auf 60 Mann. Ehe man in die Zelle trat, wurde man wieder[181] untersucht. In der Invalidenabteilung war die ganze Sache gemütlicher aufgezogen, aber auch in dieser Abteilung ließ man den Marsch nur in seltenen Fällen ausfallen. Es gab da einige kurze Wege, auf den man sich in beliebigem[182] Tempo hin und her bewegen konnte. Bevor man in den Garten ging, wurde man abgezählt, ebenfalls am Schluß.

180 »mußte« gestrichen, »u(nd)« eingefügt.
181 »nochmals« gestrichen, »wieder« eingefügt.
182 statt »gemütlichem«.

Wie oben erwähnt, kam ich auf Anordnung der Berliner Gestapo in's Gefängnis nach Landsberg, weil es mir in Stadelheim zu gut gegangen wäre. In der 2. Woche meines Aufenthalts daselbst ersuchte ich um die Erlaubnis, an den Reichsführer Himmler[183] einen Brief zu schreiben. Der Gedankengang des Briefes ist mir noch in Erinnerung. Es sei mir zu Ohren gekommen, daß man bei der Berliner Gestapo die Auffassung habe, es sei mir in Stadelheim zu gut gegangen. Zur Steuer der Wahrheit fühlte ich mich gedrängt mitzuteilen, daß die Berliner Gestapo diesbezüglich in einem großen Irrtum sich befände. Ich hätte eigene Kost abgelehnt und mich vom 1. Tag meiner Haft an mit der Gefängniskost begnügt. Die ärztlich verordnete Milchzulage hätte ich allerdings dankbar angenommen. Richtig ist, daß mir außergewöhnlich viele Eßwaren von der Stadt zugeschickt worden seien. Ich hätte aber davon selber nichts genossen, außer täglich einen Apfel, wie durch Zeugen erhärtet werden könnte. Ich hätte alles den Beamten zur Verfügung gestellt, um es nach Gutdünken armen schwachen Kranken zu geben. Ebenso hätte ich es mit den geschenkten Rauchwaren gehalten. Ich hätte im Gefängnis nie geraucht, sondern durch Beamte alles solchen Leidensgefährten überwiesen, die rauchen durften, aber keinen Tabak hatten. Ich könne darum nicht einsehen, wie man zur Behauptung gekommen sei, es sei mir in Stadelheim zu gut gegangen. Ich richte darum an den Herrn Reichsführer die Bitte, den entsprechenden Stellen diese Berichtigung mitteilen zu wollen. Der Gefängnisdirektor erklärte mir, er könne diesen Brief nicht abschicken. Auf meine Erwiderung, es könne für diesen Brief, der meine Unterschrift trägt, nur meine Person zur Verantwortung gezogen werden, blieb er bei der Aussage, ein solcher Brief könne nicht aus dem Gefängnis abgeschickt werden.

Der sonn- und festtägliche Gottesdienst war immer ein Lichtblick im Gefängnisleben. Einige Minuten vor Beginn ertönte die elektrische Klingel durch das Gefängnis. Ich habe das Emp-

---

183 Brief an Himmler; vgl. 378 f.

finden gehabt, als ob nur ganz wenige Gefangene den Gottesdienst versäumt haben, was auch der Gefängnispfarrer bestätigte. In strenger Ordnung vollzog sich der Aufmarsch, der eine gewisse Feierlichkeit an sich hatte. Zuerst traten die Bewohner des dritten Stockes an. So ging es weiter nach unten. Zuletzt kamen die Insassen der Invalidenabteilung an die Reihe. An allen Ecken standen Beamte in festtäglicher Uniform zur Überwachung. Die Kirche füllte sich von vorn nach hinten. Jeder wurde in eine eigene Zelle von Holz eingeschlossen mit freiem Blick auf den Altar und den Predigtstuhl. Sonst sah man vor sich nur die Kästen, in denen die Gefangenen sich befanden. Es war also ein gegenseitiges Sich[184]verständigen unmöglich gemacht. Die Invaliden nahmen als letzte die höchstgelegenen Plätze ein. Beamte standen in der Höhe des Altares mit dem Gesicht den Gefangenen zugekehrt, also mit dem Rücken gegen den Altar. Auch sonst waren Beamte in den Gängen der Kirche überall verteilt. Der Altar war den Festzeiten entsprechend prächtig geschmückt. Die gottesdienstlichen Handlungen wurden recht erbaulich vollzogen. Der Pfarrer war ein gewandter, eindrucksvoller Prediger. Die Predigten waren ganz auf die Verhältnisse abgestimmt, immer ermutigend und aufbauend, ohne die seelische Lage, in der sich die Zuhörer befanden, je einmal aus dem Auge zu verlieren. Für gewöhnlich war eine stille hl. Messe mit Volksgesang, den man sich nicht besser hätte wünschen können. An den höchsten Festtagen wurde ein Hochamt gehalten mit würdigem Gesang der Gefangenen. Der Abmarsch begann mit den obersten Reihen, nachdem vorher die einzelnen Zellen geöffnet worden waren. Auch die Karwoche 1938 erlebte ich im Gefängnis. Am Gründonnerstag erwirkte der Pfarrer für die inhaftierten kath[olischen] Geistlichen die Erlaubnis, seiner hl. Messe beizuwohnen und die Osterkommunion zu empfangen. Der Gefängnispfarrer hat die einzelnen aus der Zelle herausgeholt und in die Kirche geführt. Einige wurden von einem Beamten herbeigebracht. Wir

184 »Sich« eingefügt.

waren, glaube ich, unser acht. Das hat sicher alle tief ergriffen und einen unvergeßlichen Eindruck hinterlassen. Nach dem Gottesdienst wurden wir sofort wieder in unsere Zelle abgeführt.

Eine Merkwürdigkeit vergaß ich zu erwähnen: die Flüstersprache. Es traf sich öfters, daß einige aus den verschiedenen Abteilungen des Gefängnisses zum Direktorium oder zum Arzt oder in's Büro oder dergl. gerufen wurden. Die Betreffenden hatten sich an einen bestimmten Platz des Gefängnisses, meist in der Nähe einer der Brücken, die auf die Zentrale führten, zu sammeln, um von da aus gemeinsam zum Direktorium usw. geführt zu werden. Da habe ich nun die Beobachtung gemacht, daß, sobald einige Gefangene neben einander standen, das Geflüster losging. Geflüstert wurde, ohne den Kopf weder nach links noch nach rechts zu bewegen. Man hörte flüstern, ohne zu wissen und zu sehen, wer der Flüsterer war. Und das geschah auch in unmittelbarer Gegenwart des Beamten. Ich habe scharf aufgepaßt, aber nie etwas verstanden. Wenn der Beamte das Flüstern hörte, brauste er auf, aber nach einigen Momenten fing es wieder an. Nur so kann man es begreifen, daß interessante Nachrichten im Nu im ganzen Gefängnis verbreitet waren. So wußten die Gefangenen zum Teil schon nach einigen Stunden, daß ich im Gefängnis in Landsberg eingeliefert worden sei. Diese Flüstersprache ist mir heute noch ein Rätsel.

Die Behandlung war immer korrekt und durchaus anständig. Es gab damals ganz wenige Beamte, die es sich anmerken ließen, daß sie mit Priestern nichts zu tun haben wollten. Ich war im Jahr 1917 mehrere Monate in Landsberg[185], um dort ein Kunstbein mir anmessen zu lassen und die ersten Gehversuche zu machen. Nachdem ich das Bein erhalten hatte, habe ich häufig an Sonn- und Feiertagen in Landsberg gepredigt. Einige Tage nach meiner Einlieferung in's Landsberger Gefängnis merkte ich am Benehmen mehrerer Beamter, daß ich ihnen kein Fremdling mehr war. Man erinnerte sich wohl an mein

---

185 Mayer war vom 24. Juli 1917 bis 26. April 1918 im Heilig-Geist-Spital in Landsberg.

damaliges Wirken, das ich u.a. dazu benützte, einen kath[olischen] Hausangestelltenverein[186] in's Leben zu rufen.

Nach der glücklich verlaufenen Besetzung Österreichs[187] machte man sich in den Kreisen der Sträflinge Hoffnung auf eine große Amnestie. Ich schüttelte ungläubig meinen Kopf und warnte vor hochgespannten Erwartungen, weil die Enttäuschung so bitter sei. Dies entsprach meiner Gepflogenheit. Ich habe mir im Laufe der Jahre angewöhnt, mich, was meine Person anbetrifft, stets auf einen schlimmen Ausgang, wenn nicht gar auf das schlimmste, gefaßt zu machen. Und das wurde mir zum Segen, gerade in den schlimmsten Lebensperioden. Ich blieb vor mancher großen Enttäuschung bewahrt. Dieses Mal freilich ging es mir überraschend gut. Anfangs Mai 1938, ich glaube, es war der 5. oder 6. Mai, rief mich der beim Spaziergang uns beaufsichtigende Beamte zu sich und sagte mir, ich solle meine Zelle aufsuchen und meine Sachen packen. Um zwei Uhr solle ich zum Arzt kommen und dann baden, denn ich würde heute noch entlassen. Und so kam es. Der Arzt war heute allein im Untersuchungszimmer und sehr entgegenkommend. Er fuhr mich persönlich auf einem Wagen ins Bad und sorgte dafür, daß alles fix ging.

Dann mußte ich in's Direktorium. Es empfing mich in Vertretung des Direktors ein junger Assessor.[188] Er fing an mir gute Mahnungen mit auf den Weg zu geben, wie das stets zu geschehen pflegt, wenn Sträflinge entlassen werden. Als er eine Pause machte, sagte ich, daß ich nicht daran zweifle, daß er es gut mit mir meine, aber ich müsse ihm sagen, daß mit mir nichts zu machen sei. Wenn man einmal über 60 Jahre alt und seit Jahrzehnten in seine Weltanschauung und Lebensauffas-

---

186 1907 bereits wurde der Berufsverband der Katholischen Hausgehilfinnen in Deutschland, mit Sitz in München, gegründet. Seine Absicht: berufliche, soziale und wirtschaftliche Interessen der Hausangestellten öffentlich zu vertreten.

187 Amnestie aufgrund der Okkupation Österreichs am 30. April 1938. Mayer wurde am 3. Mai 1938, 16.50 Uhr, entlassen. Eigentlich hätte seine Strafzeit erst am 5. Juni 1938 geendet.

188 Der junge Assessor wurde nicht verifiziert.

sung hineingewachsen sei, dann könne er sich wohl denken, daß man sich nicht mehr in einigen Minuten umstimmen lasse. Das sei innerlich unmöglich. Er meinte dann, daß er für mich besorgt sei, wenn ich mit solchen Gesinnungen das Gefängnis verlasse. Ich beruhigte ihn, er solle ohne Sorge sein, es sei alles wohl überlegt, was ich zu tun gedenke. Davon könne keine Rede sein, daß ich mich je einmal, so wie er es wünsche, »bessern« könne. Dann kleidete ich mich um in dem Raum, in dem die Kleider aufbewahrt werden. Alles war in bester Ordnung. Dann wurde ich aus dem Gefängnis entlassen und atmete wieder die Luft der goldenen Freiheit. Ich begab mich ins Pfarrhaus, wo ich zu meiner großen Freude R.P. Provinzial, Justizrat Dr. Warmuth und meinen l[ieben] Freund Baptistl antraf. Nach einer gemütlichen Kaffee-Plauderstunde brachte uns Baptistl nach St. Michael in München, wo sich bereits einige gute Freunde eingefunden hatten. Durch Herrn Justizrat ließ mir die Gestapo sagen, ich müsse möglichst bald München wieder verlassen. Nach einer Zahnoperation begab ich mich nach Krumbad[189] zur Erholung. Ich benützte die Gelegenheit, um meine Studien fortzusetzen in einem schön gelegenen Zimmer bei ausgezeichneter Verpflegung, bei den Ursberger Schwestern. Am Tage vor dem Fronleichnamsfeste kam ein Auto mit dem Auftrag, mich sofort mitzunehmen. Es werde meine Teilnahme an der Prozession dringendst gewünscht. Die Freude der Sodalen bei meinem Anblick war ungeheuchelt und groß. Das kam nach der Prozession[190] mit elementarer Wucht zum Ausbruch und zwar gerade unter den Fenstern der Polizei, wo sich die Kongregation programmäßig aufzulösen hat. Um ja nicht herauszufordern, kehrte ich noch nachmittags im Auto des Herrn Baptistl mit Frau nach Krumbad zurück.

---

189 Mayer war vom 14. Mai bis 7. Juli 1938 bei den Ursberger Schwestern in Krumbad.

190 Die Fronleichnamsprozession stellte alljährlich ein wichtiges Ereignis für das katholische München dar. Kardinal Faulhaber trug dabei die Monstranz. Im Dritten Reich gewann die Prozession den Wert einer politischen Demonstration: 1943 nahmen 24000 Katholiken daran teil.

Nach einigen weiteren Wochen schlug ich meinen Wohnsitz mit Gutheißung des P. Provinzial wieder in St. Michael auf. Durch Herrn Justizrat Warmuth ließ mir die Gestapo mitteilen, daß ich weder predigen noch Vorträge halten dürfe. Daß an mich persönlich nie eine derartige Aufforderung gerichtet wurde, freut mich, so oft ich daran denke. Die Herren wußten ganz genau, was ich darauf geantwortet hätte. Da der Herr Kardinal[191] unter den gegebenen Umständen nicht wünschte, daß ich durch Übertretung des Gestapo Verbotes einen Krach heraufbeschwöre, und auch P. Provinzial es nicht für richtig hielt, dem ausdrücklichen Wunsch des Herrn Kardinals entgegen zu handeln, fügte ich mich, wenn auch sehr schweren Herzens. Ich hatte bisher bei meinen Berufsarbeiten und bei meinem öffentlichen Auftreten immer nur im besten Einvernehmen mit meinen kirchlichen Oberen gehandelt. Das sollte nicht anders werden, so sehr es mich auch drängte, die eingeschlagene Bahn weiter zu verfolgen, und lieber alles auf mich zu nehmen, als mich dem völlig unberechtigten polizeilichen Predigtverbot zu unterwerfen. Wohin wäre auch das Christentum gekommen, wenn die Apostel sich solchen Verboten gefügt hätten. Aber ich sagte mir, hundertmal besser ist Gehorsam als Opfer.[192] Der Herr Kardinal ließ mir sagen, ob ich nicht die Frühgottesdienste beibehalten wolle; es genüge ja, das Evangelium zu verlesen. Das habe ich abgelehnt, da ich mich öffentlich nicht dem Predigtverbot unterwerfen wollte.

In kleinen Zirkeln habe ich nun wöchentlich einige Male gesprochen bis zu meiner Verhaftung am 3. 11. 1939.[193] Voll Hochachtung muß ich der tapferen, überzeugungstreuen Menschen eingedenk sein, die solche Abende veranstaltet haben, aber auch derer, die diese Abende regelmäßig besuchten. Auch das ist zu verwundern, daß von diesen Abenden Uneinge-

191 Vgl. dazu Rösch, *Kampf*, 27.

192 Gehorsam ist besser als Opfer; vgl. 1 Kön 15,22; Mt 9, 13; 12,7.

193 Nach der Verhaftung Mayers übernahm P. Alfred Delp bis zum April 1941 diese Abende; vgl. Hofmann, *Meine Erinnerungen an P. Rupert Mayer*, 16.

weihte nichts erfahren haben. Wir hatten also keinen Verräter unter uns, nicht einmal leichtfertige Schwätzer, und das will viel heißen.

Außerdem habe ich sehr viel zu tun gehabt im Beichtstuhl, hatte viele Krankenbesuche und Versehgänge. Täglich waren lange Sprechstunden und mindestens dreimal wöchentlich habe ich bei Schwestern Vorträge gehalten.

V. Meine Erlebnisse seit dem Oktober 1939 bis zum Konzentrationslager

Mit der Gestapo hatte ich nach dem mir durch Justizrat Warmuth überbrachten Predigt- und Vortragsverbot nichts mehr zu tun, bis ich eines Tags im Oktober telefonisch ins Wittelsbacher Palais gerufen wurde. Der Anfruf kam von einem Beamten, den ich bisher, meines Wissens, noch nicht kannte. Ich hatte aber bei dem Anruf das bestimmte Gefühl, daß die Sache nicht harmlos sei. Darum schob ich mein Kommen um einige Tage hinaus mit dem Bemerken, daß ich erst in 2 Tagen in der Lage sei, zu erscheinen. Es wurde eine bestimmte Stunde vereinbart. Ich nahm meine bekannte Tasche mit Nachtzeug und Büchern mit, bestellte ein Auto und fuhr ab. Im Wittelsbacher Palais angekommen bezahlte ich den Chauffeur mit der Bemerkung, daß ich vielleicht nicht mehr herauskäme. Das Zimmer lag im 2. Stock gegen Osten zu. Ich wurde durch einen größeren Raum, in dem zwei Leute saßen, in ein kleines Zimmer geführt, in dem, außer dem Beamten, noch eine Schreiberin war. Der Beamte war auffallend freundlich, und las mir vor, was der Vorsitzende der ehemaligen sogenannten Königspartei namens Müller[194] über einen Besuch, den er bei mir gemacht

194 Ein »Müller« war damals nicht Vorsitzender der Königspartei. Dies war Adolf Freiherr von Harnier (1903–1945). Wie Wilhelm Seutter von Lötzen (1901–1982) berichtet, war P. Mayer einem Spitzel unter den Königstreuen, Christoph Fischer (1875–1946), in die Hände gefallen; vgl. SEUTTER VON LÖTZEN, *Bayerns Königstreue*, 78. – In den Monaten

hatte, bei einem Verhör ausgesagt hat. Der Passus lautete so: er, der Herr Müller, sei zu mir gegangen, um mich für seine Sache zu gewinnen. Ich hätte aber rundweg abgelehnt und ihn nicht einmal zu Sitzen eingeladen mit dem Bemerken, ich hätte mit Politik nichts zu tun. Ich sei rein religiös eingestellt, ich sei kein Politiker, sondern nur Seelsorger. Nun erlaubte ich mir zu fragen, ob mein Benehmen nicht einwandfrei gewesen sei. Gewiß, sagte er, daran sei nichts auszusetzen. Er habe mich nur zu fragen, ob in den letzten Jahren in dieser Angelegenheit noch andere[195] Leute bei mir gewesen seien und wer. Ich antwortete darauf, ich hätte eben betont, daß ich meinen Beruf immer rein religiös aufgefaßt hätte u[nd] daß die Leute das gewußt haben, die zur mir gekommen seien. Sie seien zu mir gekommen, um in religiösen und Gewissensfragen bei mir sich Rat und Aufklärung zu holen. Aber deshalb müsse ich die Beantwortung obiger Fragen entschieden ablehnen. Die Menschen kämen zu mir, weil sie wissen, daß das, was sie mir anvertrauen, unter allen Umständen geheim bleibt.[196]Es wäre zweifellos ein großer Vertrauensbruch, wenn ich von dem[197], was mir als Priester und Seelsorger im strengsten Vertrauen mitgeteilt wird, anderen und ausgerechnet der Gestapo gegenüber Gebrauch machen würde. Er könne mich ja gleich dabehalten. Die notwendigen Sachen hätte ich schon mitgenommen. Er sagte darauf, ob ich ihn für[198] so schlimm halten würde. Ich sagte, er mache allerdings auf mich einen guten Eindruck, aber es seien bei

August bis November 1939 wurden etwa 125 Personen aus der monarchistischen Bewegung verhaftet. Im Juni 1944 wurden acht von ihnen zu langen Zuchthausstrafen verurteilt (vgl. BayHStA/München Gestapo 56, 57).

195 »mehr« durch »andere« ersetzt.

196 P. Mayer wurde von Mitgliedern der monarchistischen Bewegung aufgesucht, deren konspirative Absichten auf jeden Fall im geheimen bleiben mußten. Ein »Vertrauensbruch« wäre für viele lebensgefährlich gewesen.

197 »das« durch »von dem« ersetzt.

198 »für« eingefügt.

der Gestapo nicht alle so wie er. Er wurde nun herausgerufen. Diese Gelegenheit benützte die Schreiberin, mir zuzuflüstern, in letzter Zeit seien so brave kath[olische] Männer verhaftet und verhört worden. Es tue ihr das Herz wehe, so oft sie daran denke. Ich meinte, ich wisse das sehr wohl, und es sei das sehr traurig. Sie (die Schreiberin) solle das Los dieser Männer zu erleichtern suchen, so gut sie es könne. Nun kam der Beamte wieder und diktierte, was ich in dieser Angelegenheit zu ihm gesagt hätte. Da war schon Büroschluß. Die Schreiberin begleitete mich hinunter und erzählte, daß sie dem kath[olischen] Jugendverein angehört habe oder noch angehöre – das weiß ich nicht mehr genau.

Ich ging mit dem Bewußtsein nach Hause, daß die Sache noch nicht erledigt sei, sondern das dicke Ende noch komme. Das habe ich in St. Michael gesagt, und überall da, wo von der Vernehmung gesprochen wurde. Herr Prälat Neuhäusler[199], dem ich begegnete, meinte, ich solle es dem Herrn Kardinal erzählen. Aber seit der Silvesterpredigt 1938 über die Einfachheit war in meinem Herzen etwas gesprungen[200], was mich davon abhielt, mich dort noch einmal sehen zu lassen. Und das ist leider heute noch so. Nicht als ob ich deshalb gegen den Herrn Kardinal etwas hätte, weil ich vielleicht der Auffassung wäre, er hätte in der ganzen Zeit etwas für mich tun können, nein, denn ich wußte ja genau, daß es aussichtslos wäre, zu meinen Gunsten irgendwie sich einzusetzen. Die Partei kennt mich ganz genau und wird mich nie mehr irgendwie arbeiten[201]

---

199 Johannes Neuhäusler (1888–1973), Prälat, Politischer Berater von Kardinal Faulhaber. Am 4. Februar 1941 von der Gestapo in München verhört, am 11. Juli 1941 ins KZ Dachau eingeliefert, dort bis Kriegsende. 1947 Weihbischof von München und Freising.

200 Silvesterpredigt Faulhabers von 1938: »Das ist ein Vorzug unserer Zeit: Auf der Höhe des Reiches haben wir das Vorbild einer einfachen und nüchternen, alkohol- und nikotinfreien Lebensführung. Wenn die deutsche Jugend und die deutschen Männer in dieser Stunde die vernünftige Einfachheit in der Lebensgestaltung nicht lernen, werden sie es niemals lernen«. In: FAULHABER, *Das Lied der neuen Zeit, die Einfachheit*, in: Paulus, 157.

201 »arbeiten« statt »wirken«.

lassen. Ich habe mich[202] dem Staatssekretär Kögelmayer[203], dem Herrn General Hofmann, dem Adjutanten des Reichsstatthalters[204], der Gestapo gegenüber bei verschiedenen Verhören klar darüber ausgesprochen, daß die Stellung des Nationalsozialismus gegen die kath[olische] Kirche für einen gläubigen Menschen untragbar sei. Seit jener Kardinalspredigt im Jahre 1938 habe ich sein Vorgehen in einer Reihe von Dingen einfach nicht mehr verstehen können.

Am 3. November 1939 morgens gegen neun Uhr meldete mir der Bruder Walker[205] durch das Haustelefon die Ankunft von zwei Gestapoleuten. Und schon klopfte es an meiner Tür. Mit dem Ruf: »Herein« ging ich vor meine Tür und sagte den beiden Beamten, daß ich eben Religionsunterricht gäbe. Sie möchten sich etwas gedulden. Es war ein jüdisches Ehepaar da, das kath[olisch] werden wollte. Ich erklärte denselben, daß ich wahrscheinlich verhaftet würde; sie möchten sich bei einem anderen Pater anmelden. Und schon klopfte es wieder. Die beiden Juden verzogen sich, und die Beamten traten ein.

Der Beamte Krauss[206] sprach von einer Liste, auf der die Namen der im Heeresdienst stehenden Theologen stünden. Ich sagte, daß es nicht meine Sache sei, eine solche Liste, von der auch ich etwas gehört hätte, der Gestapo auszuliefern. »Also«, meinte er, »sie liefern diese Liste nicht aus.« Ich antwortete: »Ich bleibe bei dem, was ich gesagt habe.« Der Beamte Krauss ging nun aus dem Zimmer, anscheinend zum Telefon der Pforte. Nach einiger Zeit kam er wieder und sagte, er müsse mich verhaften. Inzwischen war P. Superior Waldmann gekommen, mit dem der ältere Gestapobeamte sprach. Herr

---

202 »mich« eingefügt.

203 Max Köglmeier (geb. 1902), Teilnehmer am Hitlerputsch 1923, 1937–1944 Staatssekretär im bayerischen Innenministerium, Stabsleiter SA Oberführer, 1943 einer der Richter im Prozeß gegen die Geschwister Scholl, 1944–1945 Präsident der Bayerischen Versicherungskammer.

204 Hans-Georg Hofmann (1873–1942), Oberst., Adjutant des Reichsstatthalters Ritter von Epp, Referent und Staatssekretär (1942); vgl. S. 446.

205 Ambros Walker SJ (1888–1974), Pförtner von St. Michael.

206 Krauss: nicht verifiziert.

Krauss untersuchte dabei meinen Tisch und nahm einige Briefe weg, während ich in einem Buche las. Dann sagte ich, daß ich nur der Gewalt weichen und nicht zu Fuß mitgehen werde. Darauf ging Herr Krauss wieder fort. Ich sagte dem jüngeren Beamten, ich müsse aus meinem Schlafzimmer etwas holen. Ich vernichtete einige Briefe, die ich in der Tasche hatte. P. Minister Inderbitzi[207] war nun auch in mein Zimmer gekommen. Da fiel mir plötzlich ein, daß mein Schwager Sperl[208] am 3. 11. 1939 sechzig Jahr alt wird, und daß ich telegrafieren wollte. P. Inderbitzi gab ich das Telegramm an. An die Schlußworte kann ich mich noch erinnern. Sie lauteten »Kopf hoch«. Glücklicherweise verhielt sich der Gestapobeamte schweigend und ließ alles geschehen. Nach langer Zeit kam Herr Krauss endlich zurück. Inzwischen war eine Reihe von Leuten im Turm[209] angekommen, um mich zu besuchen. Sie befanden sich in höchster Aufregung. Ich ging zu jedem einzelnen, um ihm zum Abschied die Hand zu reichen.

Per Auto ging's in's Wittelsbacher Palais. Dort wurde ich in einem sehr großen Zimmer, gegen die Briennerstraße zu gelegen, schon erwartet. Das Verhör wurde von einem Regierungsassessor namens Weinz oder Wenz[210] geleitet, während Regierungsrat Schimmel im Hintergrund stand und nicht zu Wort kommen konnte, weil das der Assessor zu verhindern wußte. Dieser sprach nicht mehr von dem Verzeichnis der Theologiestudierenden, sondern fing gleich an vorzulesen, was der früher genannte Müller über seinen Besuch bei mir beim Gestapoverhör angegeben hatte. Der Assessor richtete an mich

207 Joseph Inderbitzi SJ (1883–1944), 1926–1941 Ökonom/Minister in St. Michael.

208 Franz Sperl (1879–1958), Schwager P. Mayers.

209 Im Erdgeschoß des Turmunterbaus von St. Michael befand sich ein Warteraum.

210 Regierungsassessor Weintz war innerhalb der Gestapozentrale/München für die »monarchistische Bewegung« zuständig und verfaßte 1939 über sie einen Bericht von über 180 Seiten. Ihm ist zu entnehmen, daß man bereits 1937 P. Mayer für diese Bewegung gewinnen wollte (vgl. BayHStA/Gestapo 56).

auch die beiden Fragen, wie viele Leute in den letzten Jahren in der Königsparteiangelegenheit bei mir vorgesprochen hätten, und wer das gewesen sei. Ich blieb bei der Verweigerung jeglicher Aussage. Ich betonte, daß ich keinerlei Mitteilung machen würde, auch nicht, wenn sie mich an die Wand stellen. Ich gab ihm zu bedenken, daß die Leute an mir als Priester irre werden müssen, wenn ich[211] das, was die Menschen mir als Seelsorger unter dem Siegel der Verschwiegenheit sagen, der Gestapo mitteilen würde, und so die Menschen ins größte Elend brächte. Nach dem bürgerlichen Gesetzbuch[212] brauche darum der Seelsorger nichts vor dem Gericht auszusagen, was ihm in Ausübung seines Berufes mitgeteilt würde. Dazu bemerkte der Assessor, das gelte jetzt nicht mehr; das sei hinfällig. Ich wolle scheint's mit Gewalt Martyrer werden. Ich entgegnete: das Martyrium dürfe man nicht herausfordern. Das würde ich auch nicht tun. Aber die Schweigepflicht müsse ich unter allen Umständen erfüllen. Der Assessor sagte, ich würde mich also weigern, bei der Aufdeckung eines Verbrechens mitzuwirken. Ich sagte, da müsse man unterscheiden; wenn der Seelsorger den bestimmten Eindruck hat, daß es einem Besucher mit dem, was er vorbringt, ernst sei; wenn es sich also um eine ernste seelsorgliche Aussprache handle, dann sei er an die Schweigepflicht gebunden. Wenn einer aber nur komme, um vielleicht durch einen Besuch beim Seelsorger den Verdacht, ein Verbrechen begangen zu haben, von sich abzulenken, dann sei das etwas ganz anderes. Dann meinte der Assessor, es können doch bei einer seelsorglichen Aussprache auch nebensächliche Dinge besprochen werden, das könne doch nicht alles unter die Schweigepflicht fallen; ich antwortete, aber Vorsicht sei da sehr am Platz. Der Seelsorger dürfe nichts aussagen, was irgendwie geeignet sei, den um seelsorglichen Rat Fragenden in Unannehmlichkeiten zu bringen. In meinem Fall könnte er die schlimmsten Folgen zeitigen, wenn ich auch nur Mitteilung machte: Wer in

211 »ich« als Zusatz.

212 Die Aussagepflicht von Seelsorgern vor Gericht war durch § 163 StVO begrenzt, vgl. GRUCHMANN, *Justiz*, 1031.

fraglicher Angelegenheit bei mir gewesen sei. Das alles[213] wurde schriftlich niedergelegt und von mir unterschrieben.

Ich wurde in das Vorzimmer geführt. Dort ließ ich mich in einem bequemen Stuhl nieder und harrte der Dinge, die da kommen werden. Nach mir kam Prälat Neuhäusler an die Reihe, vermutlich wegen der Theologenliste. Es dauerte nicht allzu lange, da erschien er wieder und fragte einen Beamten, ob er mich begrüßen dürfe. Er kam auch schon auf mich zu, was ich ihm hoch anrechnete. Er drückte mir die Hand und wünschte mir viel Glück in meiner Sache und verschwand. Ich saß[214] lange Zeit in dem Vorzimmer. Es kamen allerhand Leute herein. Fast[215] alle machten einen sehr verängstigten Eindruck, stießen mit dem Deutschen Gruß ihr Heil Hitler heraus und fragten zähneklappernd vor Angst nach dem Zimmer, wohin sie gehen müßten. Als ich diesem Treiben längere Zeit zugeschaut hatte, fragte ich den Beamten, ob er glaube, daß man mit dieser Angst und Furcht aufrechte deutsche Männer erziehen könne. Wie ich erwartet habe, bekam ich keine Antwort.

Zwischen ein und zwei Uhr wurde ich gefragt, ob ich etwas zu essen wünschte. Ich bejahte es und aß eine Kleinigkeit. Nun wurde ich in ein Zwischenzimmer, in dem zwei Schreiberinnen saßen, gebracht. Anscheinend sollten mich die Beiden bewachen. Ich war froh, meine Büchertasche dabei gehabt zu haben, um mir die Zeit durch eine interessante Lesung abzukürzen.

Gegen Abend erschien der Oberinspektor Pfeiffer[216] und sagte, er habe mir im Auftrag des Polizeipräsidenten von Eberstein[217] nach Rücksprache mit Minister Wagner mitzuteilen, daß ich verhaftet sei. Ich wurde sogleich in das Gefängnis der

213 »alles« als Zusatz.

214 »nun« gestrichen.

215 »Fast« als Zusatz.

216 Oberinspektor Pfeuffer (geb. 1887).

217 Friedrich Karl Freiherr von Eberstein (geb. 1894), 1922 Beitritt zu SA und NSDAP, 1932 SA-Gruppenführer, 1933–1945 MdR (NSDAP), 1934 Mitglied des Volksgerichtshofes, 1936 Polizeipräsident von München, 1937 Leiter der Polizeiabteilung im Innenministerium, 1941 General der SS und Polizei.

Gestapo abgeführt. Dort wurde ich als alter Bekannter gut aufgenommen und in meine alte Zelle, die bekannte Ehrenzelle für »bessere« Verbrecher, gebracht. Als die Gefängnistür eingeschnappt und ich allein in dem Raum war, in dem ich schon so viele Stunden zugebracht hatte, kamen mir die Tränen in die Augen, und zwar waren es Tränen der Freude, daß ich gewürdigt wurde, um meines Berufes willen eingesperrt zu werden und einer ganz ungewissen Zukunft entgegen zu gehen.

Was mir Sorge bereitete, war St. Michael. Werden sie gegen die Patres etwas unternehmen? Das drängte mich dazu, einen Brief[218] an den Polizei-Präsidenten zu schreiben. Darin habe ich ihm mitgeteilt, daß die Patres von St. Michael nicht die geringste Schuld träfe; wenn die Staatspolizei sich durch mein Auftreten gestoßen fühle. (Ich habe nie wieder die Hand aufgehoben noch Heil Hitler gegrüßt, obgleich ich gerade an dem Tag meiner Verhaftung oft damit angeredet wurde.). Ich hätte in meinem Leben im Krieg und im Frieden schon viel Hartes durchgemacht und sei selbst hart und rücksichtslos geworden, während die Patres zwar dieselben Grundsätze wie ich haben und vertreten, aber in der Form zugänglicher und milder seien. Dann setzte ich ihm auseinander, wie oben schon bemerkt, daß ich nicht mich weigere an der Aufdeckung von Verbrechen mitzuwirken, soweit mir das nicht die Wahrung des Berufsgeheimnisses verbiete. Endlich machte ich ihn darauf aufmerksam, daß ich ja in den letzten Jahren viel mit Behörden aller Art zu tun hatte und daß von allen ohne Ausnahme meine Wahrheitsliebe anerkannt worden sei. Darum glaube ich, Anspruch darauf zu haben, daß mir geglaubt wird, wenn ich ausdrücklich betone, mit politischen Vorgängen in keiner Weise etwas zu tun gehabt zu haben. Ich ersuche aus diesem Grund den Polizeipräsidenten um eine Aussprache. Mit Rücksicht auf mein jahrelanges Wirken im Interesse des Gemeinwohls könne mir diese Bitte nicht leicht abgeschlagen werden. Der Polizeipräsident brauche nicht zu fürchten, es bei mir mit einem Querulanten zu

218 Brief wurde nicht aufgefunden.

tun zu haben. Es sei das erste und letzte Mal, daß ich mich an ihn wende. Einige Tage darauf kam im Auftrag des Polizeipräsidenten ein Oberinspektor in meine Zelle, um mir zu sagen, der Polizeipräsident sei zu einer Aussprache bereit, wenn ich ihm die Namen derer angäbe, die bei mir gewesen seien. Sonst habe er mit mir nichts zu verhandeln. Als ich mich dahin äußerte, daß davon selbstverständlich keine Rede sein könne, drehte sich der Herr um und verließ meine Zelle.

Die Kost war für mich genügend, Zimmer und Gefäße waren sauber, doch in die frische Luft kam ich nie. Meine einzige Bewegung bestand darin, daß ich morgens, so lange eine Frau die Zelle auskehrte, einige Minuten in dem kurzen Gefängnisgang auf und ab gehen konnte. Auf eine besondere Weisung des Verwalters hin wurde das Bett alle 14 Tage frisch überzogen. Der Verwalter mochte mich wohl leiden, mindestens wöchentlich einmal schaute er in die Zelle hinein, ob alles in Ordnung sei. Abends wurde um sieben Uhr das Licht ausgedreht. Da ich schlecht schlafen konnte, erlaubte er, daß in meiner Zelle erst um acht Uhr ausgedreht wurde. Einmal sprach er mir zu, ich solle es eben auch so machen wie die anderen Geistlichen, mich mit den Verhältnissen abfinden und mich nicht so auf die Hinterfüße stellen. Dann wolle kein Mensch etwas von mir. Ich sagte, ich wisse wohl, daß er es gut mit mir meine, aber ich könne meine Grundsätze nicht aufgeben. Was andere tun, sei deren Sache.

Eines Tages wurde ich zu einem Beamten geführt, der die Fingerabdrücke zu machen hat. Zuerst hat er mich von allen Seiten für das Verbrecheralbum fotografiert. Der Beamte hieß den Gestapomann, der mich gebracht hatte, gehen. Er unterhielt sich mit mir. Er war ein Norddeutscher und fragte nach dem Grund meiner Verhaftung. Auch er war höchst verwundert, daß ich mir und anderen wegen der Weigerung der Namensangabe solche Schwierigkeiten mache. Er meinte, wir sind jetzt einmal im Nationalsozialistischen Staat. Ich würde gar nichts erreichen, wenn ich halsstarrig bliebe. Daß ich im Gewissen zur Schweigepflicht gehalten sei, konnte ich ihm nicht begreiflich machen. Er bedauerte mich sehr, da ich so einer schlimmen Zukunft entgegen ginge. Wir schieden in bestem Frieden. Ich wurde wieder ins Gefängnis zurückgeführt.

Einmal wurde ich in ein Nebenzimmer des Oberinspektor Pfeifer gebracht. Es wurde mir gesagt, ich würde von einem Kriminalkommissär verhört werden. Während dieses Verhörs setzte sich Pfeifer mir gegenüber etwas im Dämmerlicht in die Ecke und fixierte mich unaufhörlich. Wenn ich mich nicht täusche, hielt er, um mein Mienenspiel besser beobachten zu können, ein Vergrößerungsglas vor die Augen. Die Sache war für mich nicht gerade angenehm. Der Kriminalkommissär zeigte mir einige Fotos eines jungen Menschen und fragte, ob ich ihn kenne. Ich sagte, daß ich glaubte, ihn schon gesehen zu haben. Nun sagte der Kriminaler, dieser junge Mann behaupte, mich sehr gut zu kennen. Vor seiner Verhaftung habe dieser junge Mann einem anderen Mann gegenüber geäußert (es sei nachts gegen elf Uhr gewesen) jetzt gehe er zu P. Mayer nach St. Michael. Da habe er jederzeit Zutritt bei Tag und bei Nacht, auch werde er von mir reichlich beschenkt. Was ich dazu sage? Ich ersuchte den Kriminaler, mit das Bild nochmals zu zeigen und mich einige Augenblicke besinnen zu lassen. Es kämen zu mir täglich viele Besuche in verschiedenen Anliegen, manchmal im Tage weit über ein Dutzend. Dann antwortete ich, das sei jedenfalls eine Lüge, daß man zu mir auch nachts kommen könnte, denn die Hausglocke würde abends so umgesteckt, daß sie nur im ersten Stock läute, während ich im Parterre wohne. Nun wurde mir die Sache allmählich ganz klar. Ich sagte, der junge Mann sei vor Wochen bei mir gewesen und habe behauptet, er sei gänzlich verarmt, ohne Stellung, Wohnung und Nahrung. Ich habe dafür gesorgt, daß er bei anständigen Menschen ein Zimmer erhielt, das ich durch eine Vertrauensperson für eine Woche bezahlen ließ. Ich habe auch bei einem Gasthaus vorausbezahlt, sodaß der junge Mann dort eine Woche lang unentgeltlich essen konnte. Ich kümmerte mich für ihn um eine Stellung, Geld habe ich keinen Pfennig hergegeben. Meine Aussage wurde schriftlich niedergelegt und von mir unterschrieben. Ich hörte 8–14 Tage nichts mehr von der Angelegenheit; ich ließ dem Pfeifer mitteilen, ich müsse den Kriminaler nochmals sprechen. Derselbe kam auch bereitwillig. Ich bat ihn meine Vernehmung noch einmal vorzulesen. Aus der Fassung, wie sie vorlag, hätte man schließlich herauslesen können, es wären vornehmlich §–175–Leute in meiner Sprechstunde gewesen, während ich in den einleitenden Sätzen zum Ausdruck bringen wollte, daß wohl auch solche Menschen in meiner Sprechstunde gewesen sein konnten, da ja der Zutritt zu mir jedem freistand. Ohne Schwierigkeit wurde das in einer Anmerkung unmißverständlich zum Ausdruck gebracht. Der Kriminaler führte mich persönlich ins Gefängnis zurück und sagte, daß meine Sache infolge meiner Erklärung völlig fallen gelassen wurde. Der junge Mann sei ein ganz schwerer Junge gewesen. Übrigens meinte er, er wundere sich, daß ich noch immer eingesperrt sei.

Einmal – es war im Dezember – kam der Gefängnisverwalter und sagte, der Polizeipräsident käme ins Gefängnis. Es wäre nicht ausgeschlossen, daß er in meine Zelle hereinschaue. Ich hörte wohl, daß er an meiner Türe vorbeiging, aber dabei blieb es.

Wenige Tage nach meiner Verhaftung wurde mir ein Zettel übergeben, auf welchem als Ursache der Verhaftung angegeben war: wegen Unbotmäßigkeit. Nach einiger Zeit wurde mir auf einem neuen Zettel als Grund angegeben: wegen Unterstützung staatsfeindlicher Bestrebungen. Der letztere Zettel scheint von Berlin gekommen zu sein.

Einige Tage darauf erschien wieder der Verwalter und teilte mir mit, er wolle es mir einige Stunden früher sagen, ich würde noch in dieser Nacht[219] nach Oranienburg bzw. Sachsenhausen (Konzentrationslager)[220] überführt. Also vom 22. auf den 23. Dezember 1939. Ich benützte die Paar Stunden, die ich noch hatte, um die Briefe, welche die Gestapo bei meiner Verhaftung vom Tisch weggenommen und mir im Gefängnis wieder zugestellt hatte, ganz klein zu zerstückeln. Dasselbe Schicksal erfuh-

---

219 »Nacht« handschriftlich hinzugefügt.

220 Sachsenhausen ist eine Gemeinde im Kreis Oranienburg, Bezirk Potsdam. 1933–1945 Konzentrationslager.

ren die schriftlichen Mitteilungen, die sich im Laufe der Haft angehäuft hatten. Ich packte nur das Notwendigste an Kleidern, Wäsche und Büchern zusammen, das Zurückbleibende übergab ich dem Gefängnisverwalter, um es am kommenden Tag Frau Berner[221] zu übergeben. Was ich an Eßwaren usw. hatte, sollte der Frau und ihren Kindern, die täglich mein Zimmer gerichtet hatte, für Weihnachten gegeben werden.

VI. Meine Reise ins Konzentrationslager 23. Dezember 1939

Nachts zwischen halb und drei viertel 23 Uhr kamen zwei Gestapo-Beamte. Beim Verlassen des Gefängnisses sagte ich dem wachhabenden Aufseher Lebewohl und knüpfte daran die Bemerkung, daß ich wohl München nicht mehr sehen werde. Wir fuhren zum Hauptbahnhof. Bei der Perronsperre ordneten die Beamten meine Angelegenheit, sodaß ich ohne Anstand auf den Perron kam. Wir stiegen in den Berliner Zug in ein Dritter Klasse Coupé mit der Aufschrift (außen und innen lesbar) »Für Gestapo reserviert«. Das weckte natürlich die Neugierde. Unzählige Menschen schauten im Laufe der Fahrt in das Coupé herein. Der Zug hatte große Verspätung. Erst gegen ein Uhr gings dahin. Ich hüllte mich anfangs in absolutes Schweigen, bis ich mich mit der Veränderung meiner Lage, die in ein neues Stadium eingetreten war, innerlich völlig abgefunden hatte und innerlich ganz ruhig geworden war. Ich betrachtete diese Abfahrt von München als einen Abschied auf Nimmerwiedersehen.

Nach einigen Stunden wurde es im Wagen kalt und immer kälter. Ich war so froh, meinen St. Michael-Beichtstuhl-Mantel, der von meinem Vater stammt, und mich bisher in sämtliche Gefängnisse begleitet hatte, bei mir zu haben. Die Beamten futterten und wunderten sich, daß man mir nichts mitgegeben hatte. Sie boten mir von ihrem Mundvorrat an, was ich dan-

221 Helene Berner (1881–1965), Helferin bei Bahnhofsgottesdiensten in München; ehrenamtliche Schreibkraft Mayers 1926–1939.

kend ablehnte. Ich erkundigte mich nach dem Attentat[222] auf Hitler, worüber ich noch nichts Genaueres erfahren hatte. Ich war einmal bei einem Verhör bei Pfeifer. Dabei fiel in dem Zimmer ein Wort von dem Attentat. Ich fragte Pfeifer, auf wen ein Attentat gemacht worden sei. Antwort: Auf den Führer. Ich: Ist ihm dabei etwas passiert? Antwort: Der Führer blieb völlig unverletzt. Ich darauf: So! Mit diesem Wort machte ich gegen Pfeifer eine Verneigung und wurde wieder ins Gefängnis geführt. Am Abend des 9. 11. merkte ich in unserm Gefängnis eine namenlose Aufregung und Unruhe. Das ging die ganze Nacht so fort. Immer wieder wurde geläutet und jemand eingeliefert. Am nächsten Morgen von sechs Uhr an größte Unruhe im Hof vor dem Gefängnis der Gestapo. Sämtliche Autos, die vorhanden waren, wurden hergerichtet; in jedem haben zwei Gestapo-Beamte Platz genommen und fuhren ab. Erst am späten Abend kehrte die Mehrzahl wieder zurück. Ich konnte mir nicht denken, was da los war, bis ich bei dem obigen Verhör etwas erfuhr. Und darum brachte ich das jetzt zur Sprache. Der Beamte Krauss behauptete zwar, der Täter sei vor seinem Übertritt in die Schweiz verhaftet worden.[223] Ich hatte aber den Eindruck, als ob das nicht stimme. Und tatsächlich hat man seitdem von dem Attentäter nie mehr etwas gehört, weder von seiner Verurteilung noch von seiner Bestrafung.[224] Krauss sprach dann davon, daß es ihm leid tue, daß so oft ein kath[olischer] Geistlicher wegen der Bischöfe verhaftet würde. Ich sagte, er möge das näher erklären, wie er das meine. Da sagte er, die Gestapo habe geglaubt, sie müßte die schwersten Kämpfe mit dem Episkopat ausfechten. Und nun sei bis jetzt alles erstaunlich leicht gegangen. Ernste Schwierigkeiten machten der Gestapo nur einige Geistliche. Darum würden ihm die

---

222 Georg Elser (1903–1945) verübte am 9. November 1939, 21.20 Uhr, im Bürgerbräukeller – ohne fremde Mithilfe – ein Attentat auf Hitler. Sieben Nationalsozialisten wurden getötet. Hitler hatte kurz vor Explosion der Bombe den Saal verlassen.

223 Elser wurde auf der Flucht in die Schweiz gefaßt.

224 Erst am 9. April 1945 wurde Elser auf Befehl Himmlers im KZ Dachau erschossen. Vgl. ELSER, *Autobiographie*, 20.

Herren leid tun. Das alles nütze nichts, es würde nur den Herren schweren Schaden bringen. Ich beruhigte den Krauss, indem ich ihm erklärte, daß ich mich nicht für die Bischöfe als Personen einsetzte, sondern daß ich meinen Kopf für den kath[olischen] Glauben hinhielte. Und das habe mit der Haltung der einzelnen Bischöfe nichts zu tun.[225]

Krauss sagte, er sei früher evangelisch gewesen, er sei seiner Braut zuliebe kath[olisch] geworden, aber jetzt habe er alles wieder aufgegeben. Auch seine Frau kümmere sich nicht mehr um die Kirche. Wenn es den kath[olischen] Oberbehörden ernst sei mit ihrem Glauben, hätten sie eine ganz andere Haltung einnehmen müssen. Wir kamen dann auf die Unsterblichkeit der Seele zu sprechen. Auf die Beweise, die ich ihm vorlegte, ging er nicht ernstlich ein. Ich merkte, daß er jetzt dafür kein Interesse habe. Er behauptete, er sei vor einigen Monaten schwer erkrankt. Er wäre ganz zufrieden gewesen, wenn er hätte sterben müssen, auch ohne Sakramente. Ich sagte, daß ich das Empfinden hätte, sein Konvertitenunterricht sei zu wenig gründlich gewesen. Sonst hätte er unmöglich seinen kath[olischen] Glauben so leicht über Bord werfen können. Wenn ich mit dem Leben davon käme, würde ich ihn später einmal aufsuchen. So plauderten wir stundenlang trotz der sibirischen Kälte im Wagen. Infolge der Beschwerden der Reisenden wurde es später etwas wärmer.

Die Gestapo-Beamten ließen mich am Gangfenster meinen Platz einnehmen. Es war ihnen das nicht gerade angenehm, aber sie drängten nicht darauf, einen Fensterplatz zu besetzen. Viele schauten durch das Fenster auf mich, der ich ja in Priesterkleidung war, im Gestapo-Coupé. Besonders ein Herr fiel mir auf; derselbe kam des öfteren vorbei, indem er mich fixierte. Gegen Mittag kamen wir in Berlin an. Als ich aussteigen wollte, stand obiger Herr an der Wagentüre, nahm die zwei Gepäckstücke und half mir herunter. Dabei neigte er sich zu mir und flüsterte mir ins Ohr, er sei Berliner Sodale, und kenne

---

225 Vgl. Bleistein, *Katholische Bischöfe*, 579–590.

mich von einer marianischen Tagung her. Ich bedankte und verabschiedete mich, denn es standen bereits die Gestapobeamten neben mir.

Nun gings zur Untergrundbahn. Einige Zeit mußten wir auf den Zug warten. Auf dem gegenüberliegenden Perron stand wieder jener Herr mit einer Dame und wartete, bis unser Zug einfuhr, und wir eingestiegen waren. Er sah also, daß ich nach Oranienburg transportiert würde. Das beruhigte mich einigermaßen. Denn ich dachte mir, er werde es wohl bald seinem Präses mitteilen und dieser es nach München berichten. Ich mußte mir doch sagen, daß man in München in Sorgen wäre, was mit mir geschähe. Anscheinend hat aber dieser Sodale versagt, denn es dauerte sehr lange, bis man in München erfuhr, was mit mir geschehen war.

Im Wagen der Untergrundbahn war eine tadellose deutliche Karte der Berliner Untergrundbahn mit Angabe der größeren Stationen. Die Beamten sagten mir, daß wir bis Oranienburg fahren. Auf der Karte sah ich, daß es in direkter nördlicher Richtung ging. Sobald wir aus der Untergrundbahn heraus waren, schaute ich mich nach links und rechts um. Mich interessierte brennend das Vorstadtaussehen und Leben der Millionenweltstadt. In Oranienburg blieb der jüngere Beamte bei mir als Wache vor dem[226] Schalterraum. Dieser Herr hatte so gut wie nichts auf der ganzen Reise gesprochen. Er war Protestant und sehr zurückhaltend. Krauss war weggegangen, um nach Sachsenhausen wegen eines Autos zu telefonieren. Um die Pause auszufüllen, sagte ich, daß ich mich dafür interessiere, wie man sich auf den Gestapoberuf vorbereite. Ich hatte das Gefühl, daß ich mit dieser Frage einen großen Fehler begangen hatte, denn nach seiner etwas unfreundlichen Antwort zu schließen, fasste er irrtümlicherweise meine Frage so auf, als ob ich seinen Beruf als etwas geistig minderwertiges betrachte. So war die Geschichte etwas ungemütlich. Krauss kam mit der Nachricht, wir würden in Sachsenhausen erwartet und in weni-

226 »vor dem« statt »im«.

gen Minuten sei das Auto hier. Ich sagte nun, ich wolle die S.S. nicht unnötig reizen und mich in die Ordnung fügen, darum würde ich zum ersten Male in meinem Leben den Deutschen Gruß bieten, d. h. die Hand erheben.

Schweigend wurde in das von einem S.S. [Mann] gesteuerte Auto eingestiegen. Und schon bald sah ich einen hohen Stacheldrahtzaun[227]; und da bogen wir auch schon nach der Kontrolle durch den Wachtposten durch ein breites Tor in das Lager ein. Das Auto hielt an der ersten Barackenreihe an. Durch einen Posten wurden wir zu der Aufnahmebaracke geführt. Begrüßt wurden wir durch eine S.S.-Charge[228] im Range eines Oberfeldwebels, d. h. ich wurde wegen meiner Priesterkleidung überhaupt keines Blickes gewürdigt. Durch die Handbewegung wurde mir bedeutet, in ein weiter rückwärts gelegenes Zimmer einzutreten.

VII. Meine Erlebnisse im Konzentrationslager Sachsenhausen vom 23. Dezember 1939 bis 7. August 1940

Die Herren besprachen sich im Geschäftszimmer. Nach einiger Zeit wurde auch ich dorthin gerufen. Die S.S.-Charge beachtete meinen Gruß nicht, sondern fing gleich an, mich als Zentrumspfarrer[229] höhnisch zu begrüßen. Das war mein erster und letzter Deutscher Gruß. Als die S.S.-Charge[230] so anfing, verabschiedeten sich die beiden Münchner Beamten, um in der Kantine zu Mittag zu essen. Kaum waren diese Beiden weggegangen, da telefonierte es auch schon. Der SS-Mann brach sehr verdutzt meine Aufnahme ab und sagte mürrisch, das Auto werde gleich kommen und mich nach meinem Platz fahren. Nun kamen wir erst zum richtigen Lagereingang. Der SS-Au-

227 »Zaun« handschriftlich ergänzt.

228 SS-Chargierter korrigiert in »SS-Charge«.

229 Anspielung auf die Geistlichen, die als Abgeordnete der Zentrumspartei im Reichstag nicht wenig die Politik der Weimarer Zeit mitbestimmten; z. B. Prälat Ludwig Kaas (1881–1952).

230 Chargierter in »Charge« verbessert.

tofahrer wurde jetzt gesprächig. Er wollte wissen, warum ich eingeliefert sei. Aber auch schon mußte ich aussteigen; wir waren am Ziel. Ich stand vor einer über zwei m hohen Mauer bzw. vor dem Eingang in das Gefängnis des Konzentrationslagers Sachsenhausen.[231] Auf das Läuten hin kam sehr schnell ein SS-Charge. Er war wohl benachrichtigt und begrüßte mich anständig. In einem Raum, wo die Eintretenden ihr Gepäck ablegen müssen, durfte ich Kamm, Bürste, Seife und Zahnbürstchen mitnehmen, und fast alle Bücher. Es wurde mir eine Zelle angewiesen. Ein freundlicher Raum, nicht zu klein, mit Oberlicht und Klappfenster, das man selbst regulieren kann. Zum Hinaufsteigen bekam ich einen Tritt. Die Einrichtung bestand aus einem Bett mit Strohmatratze, einem kleinen Keil, aber ohne Kopfkissen, mit ein oder zwei Decken. Es war genügend, da Warmwasserheizung da war. Dagegen hat es bei Nacht vom Fenster her stark gezogen. Zur Einrichtung gehörte Tisch und Stuhl; für meine Bücher wurde mir noch ein Tisch hereingebracht. Als ich im Begriffe war, wund zu werden, bekam ich für den Stuhl eine Unterlage aus Roßhaaren. Das Gefängnis ist ein lang gestreckter Barackenbau und umfaßt 75 einzelne Zellen. In der Mitte ist der Eingang. Beim Eintritt befinden sich je 25 Einzelzellen linkerhand und je 25 Zellen rechterhand. Wenn man durch die Mitte herein kommt, befindet sich ein Bau als Fortsetzung des Eingangs mit 25 Zellen.

Die Wände sind sehr dünn; was sich selbst im hintersten Winkel des Gefängnisses abspielt, ist im ganzen Gefängnis fast hörbar. So habe ich gegen 20 mal gehört, daß ein Gefangener geschlagen wurde. Womit und wie entzieht sich meiner Kenntnis. Es klatschte einige Male. Schmerzenslaute hörte man dabei nie. Nur einmal kam ich zufällig dazu, wie ein Häftling in dem Raum unmittelbar hinter dem Eingang mit einer Peitsche geschlagen wurde. Ich hatte den Eindruck, daß es sich um einen

---

231 Innerhalb des Konzentrationslagers, rechts vom Eingang, befand sich das »Zellengefängnis«. Der Bau, in dem P. Mayer untergebracht war, wurde nach dem Krieg abgerissen. In einem verbliebenen Seitenbau befindet sich seit dem 6. Oktober 1990 eine Gedächtnistafel für P. Mayer.

geistig beschränkten Menschen handelte, der seine Zelle verunreinigt hatte. Er schrie, obgleich die Sache nicht gar so schlimm war. Nach dem Laut zu schließen, wurde der Betreffende auch einmal in einer Zelle mit der Peitsche bearbeitet. Aber er erhielt nur wenige Schläge.

Die Tagesordnung war: nach fünf Uhr Aufstehen, sieben 1/2 Uhr Frühstück[232], elf Uhr Mittagessen, abends zwischen vier 1/2 und fünf Uhr Abendessen. Um acht Uhr wurde das Licht gelöscht. Mir wurden die Mahlzeiten durch einen Handlanger der SS-Charge, einem Mithäftling, auf die Zelle gebracht. Er war ein Mensch, der einen durchaus guten Eindruck machte, aber innerlich und äußerlich schwer unter der jahrelangen Haft litt.

Die Zelle hatte eine eiserne Türe, die durch zwei große Riegel verschlossen wurde. Bei Tag war nur ein Riegel vor. Wenn jemand sich in dem Gang, der mit Plättchen belegt war, bewegte, so dröhnte das laut. Um nun die einzelnen Häftlinge beobachten zu können, bekleideten sich die Chargen mit Strohsandalen. So konnten sie unbemerkt durch das Guckloch den Häftling beobachten so lange und so oft sie wollten. Es war für den Häftling unmöglich, etwas davon zu bemerken.

Nachts war zweimal Kontrolle, einmal vor Mitternacht und einmal nach Mitternacht. Die SS-Charge ging von Zelle zu Zelle, machte Licht, schaute durch das Guckloch und knipste wieder zu. Das wirkte sehr störend; deshalb unterließ eine Charge bei mir die Kontrolle vollständig, und einer begnügte sich mit einer Kontrolle. Doch wenn ich einmal im Schlafe war, weckte mich schon das Geräusch des Aufknipsens in den übrigen Zellen aus dem Schlaf.

Nur selten kommt einer aus dem Gefängnis in's eigentliche Konzentrationslager. Ich mußte zum Zahnarzt. Da mußte mich ein SS-Scharführer in die zahnärztliche Baracke bringen. Es war ein junger Mann. Er erkundigte sich beim Gehen, warum ich im Konzentrationslager sei. Als ich es ihm gesagt hatte,

---

232 Hinweis auf Frühstück ist handschriftlicher Zusatz.

sprach er mir in aufdringlicher Weise zu, ich möchte doch die Namen angeben usw. Ich hatte das Gefühl, der junge Mann hätte sich wohl mit mir in kein Gespräch einlassen sollen und suchte nun auf diese Weise sein Gespräch mit mir zu rechtfertigen, wenn er deshalb zur Rechenschaft gezogen würde. Ich sagte nur, daß das schon längst reiflich überlegt sei. Was uns hier interessiert, ist dies: Nach der 2. Toreinfahrt, von der ich oben gesprochen habe, liegt ein riesiger freier Platz vor uns. Er ist umgeben von vielen Baracken, in denen die Häftlinge wohnen, in denen sie z. T. arbeiten usw.[233] Die Baracken kommen einem winzig klein vor gegenüber den gewaltigen Ausmaßen des freien Platzes. Der Weg von den Ärztebaracken zum Gefängnis führte nun längs an dem Platz vorbei. Da sahen wir, wie ein ganz jugendlicher Scharführer eine Abteilung von etwa 12 Mann auf dem Platz herumhetzte. Die Leute mußten einige Meter marsch-marsch laufen, dann sich raschestens auf den Boden werfen, dann aber sofort wieder aufstehen und marsch-marsch voranlaufen. Dann hieß es wieder: kehrt marsch auf den Boden! Das wurde oft und zwar in einem rasenden Tempo von den armen Menschen ausgeführt. Ich war entsetzt. Das machte auch Eindruck auf meinen Begleiter. Er sagte, die müssen wohl ganz Schlimmes angestellt haben. Mit diesen Worten wies er mich an, den Weg zum Gefängnis fortzusetzen. Er selber sprang zu seinem Kollegen hinüber und kam dann wieder zu mir. Das machte er aber so, daß wir in dem Augenblick, als wir beim Gefängnis angekommen waren, nichts mehr miteinander sprechen konnten.

Wiederholt kamen hohe SS- und SA-Männer, um die Gefangenen zu besichtigen. Laut Instruktion mußte der Häftling, sobald der Riegel zurückgeschoben und die Türe aufgerissen war, aufspringen, stramme Haltung annehmen und herausstoßen: Häftling Mayer, Zelle ... Auf mich machte das immer den Eindruck, als ob die Herren gekommen wären, um ein prämiertes Tier sich vorstellen zu lassen und zu besichtigen. In

233 »usw.« ist Zusatz.

jeder Zelle war eine Alarmglocke angebracht. Wenn man auf einen Knopf drückte, gab es ein Signal, das man im ganzen Gefängnis hörte. Zugleich mit dem Alarmzeichen glühte eine elektrische Birne über der betreffenden Zelle auf. Das Alarmzeichen hörte erst dann auf, wenn die SS-Charge es abstellte. Der Alarm durfte nur dann in Bewegung gesetzt werden, wenn ein dringender Fall vorlag, so wenn man auf das Klo mußte. Jeder hatte zwar für den Notfall einen Kübel in seiner Zelle; in der Regel reagierte die Charge auf den Alarm, manchmal aber rief einer etwas[234] in barschem Ton, und eine Charge tat dies häufig; und meinte: »Glaubt ihr denn, ich sei ein Kindsmädchen«. Wenn man einen höheren Besuch erwartete, und das wurde natürlich den Häftlingen vorher nicht[235] mitgeteilt, durfte keiner mehr die Zelle verlassen, auch der Alarm nützte nichts. Da konnte man manchmal in die größte Verlegenheit kommen; den anderen wird es ähnlich ergangen sein wie mir. Den Kübel wollte man nicht benützen aus begreiflichen Gründen, schon in Erwartung des Besuches. Bei mir kam dann noch dazu, daß die Benützung des Kübels wegen des amputierten Beines besonders schwierig war. Da die Sache oft stundenlang dauerte, so hat mir das wiederholt sehr zugesetzt. Unter den Folgen habe ich jetzt noch zu leiden.

Sonst war die Behandlung, was meine Person angeht, gut. Ich habe das wohl zum großen Teil den Aussagen des Gestapobeamten Krauss zu verdanken. Jedenfalls war die ganze Behandlung viel besser, als ich sie mir vorgestellt hatte. Doch darf man nie vergessen, daß ich eben in einem Gefängnis war. Ich hatte so[236] keine Gelegenheit, mich irgendwie apostolisch zu betätigen, außer durch Opfer und Gebet für andere.

In den ersten sechs bis acht Wochen war ich völlig isoliert. Ich wurde grundsätzlich von allen anderen ferngehalten. Ich durfte nie aus dem Gefängnis, es sei denn später zum Arzt und Zahnarzt. Das Essen wurde mir in die Zelle gebracht. Ich

---

234 »etwas« hinzugefügt.
235 »nicht« ist Zusatz.
236 »so« hinzugefügt.

mußte mich allein in dem großen Waschraum waschen, entweder nach allen anderen oder später vor allen anderen, sodaß ich niemand sehen konnte. Ich wußte nicht, wer neben meiner Zelle haust. Ich habe nie einen zu Gesicht bekommen. Das blieb immer so, auch später, als ich einige Wochen lang in den Raum längs des Gefängnisses mich etwas bewegen durfte. Da andere in die frische Luft gehen durften und ich nie, so sagte ich das einmal einer SS-Charge. Dann durfte ich allein ein- oder zweimal eine halbe Stunde heraus, d. h. unmittelbar gegenüber der langgestreckten Gefängnisbaracke war in einer Entfernung von fünf bis sechs Metern eine über 2 m hohe Mauer, auf der oben[237] mit elektrischem Strom geladener Stacheldraht befestigt war.[238] Hier durfte ich nun eine halbe Stunde mich ergehen mit der strengen Weisung, mit keinem Menschen mich in ein Gespräch einzulassen, selbst wenn ich angesprochen würde. In 20-30 m Entfernung von meinem Spazierraum entfernt stand bei Tag und Nacht auf einer Kanzel ein SS-Posten, der ein Maschinengewehr zu bedienen hat. Auch diesem SS-Posten dürfte ich keine Antwort geben, wenn er mich etwas fragen sollte. Mir schien es, als ob man durchaus verhindern wollte, daß mein Aufenthaltsort irgendwie bekannt würde. Das gleiche geht auf Folgendem hervor. Einige Tage nach meiner Einlieferung in das Sachsenhausener Konzentrationslagergefängnis wurde ich in die dortige Kanzlei gerufen, um nähere Angaben über meine Person zu machen. Während der Vernehmung rief die SS-Charge die Zentrale des Konzentrationslagers um eine Auskunft an. Da kam der Bescheid, es solle mein Name nirgends eingetragen werden. In der Zentrale sei, was nötig, bereits aufgeschrieben. Ohne es zu beabsichtigen, habe ich das mitangehört; was das bedeutet, weiß ich heute noch nicht; vielleicht daß man mich zu gegebener Zeit leichter verschwinden lassen könnte?

In diesen Zusammenhang paßt Folgendes gut hinein. Ich habe in jener Zeit einmal geträumt, daß ich erschossen würde.

---

237 »Mauer, auf der oben« ist hinzugefügt.

238 »befestigt war« ist hinzugefügt.

In demselben Augenblick wurde es in dem Gefängnis sehr laut (es war das manchmal der Fall, daß vor Tagesanbruch einige Häftlinge abtransportiert wurden; wohin konnte ich nie erfahren). Ich war noch ganz in dem Traum befangen und dachte nicht anders, als daß ich nun geholt würde. Nun überkam mich plötzlich eine nicht erlebte Seligkeit. Ich konnte es gar nicht fassen, daß ich dazu ausersehen sei, als Märtyrer zu sterben. Ich hatte mich bereits erhoben, um gleich fertig zu sein, da entfernten sich die Schritte wieder von meinem Zimmer. Das war eine sehr große Enttäuschung, aber der ganze Vorgang hat mir oft Mut gemacht, da ich tatsächlich gern für den Glauben gestorben wäre. Doch[239] noch ein Gutes hatte dieses Erlebnis: Ich habe es nun an mir selbst erfahren, wie leicht es der l[iebe] Gott durch Seine allmächtige Gnade denen machen kann, die für den hl. Glauben sterben müssen oder besser: sterben dürfen. Ich wurde einmal in die Kanzlei des Gefängnisses gerufen. Da war ein Vertreter des Oberführers des Konzentrationslagers. Er teilte mir mit, daß ich die Erlaubnis erhalten würde, in meiner Zelle zu zelebrieren, sobald die notwendigen Gegenstände gekommen seien.[240] Dann änderte er sein ganzes Benehmen und sagte in scharfem Ton im Auftrage des Reichsführers Himmler, habe er mir mitzuteilen, daß 14 Tage lang mir sämtliche Vergünstigungen entzogen seien. Dazu gehörte, daß ich nichts mehr lesen durfte, daß mir alle Bücher und Schriften genommen würden, und einige kleinere Dinge. Ich fragte, warum das geschehen solle. Da sagte er: »Wegen meines ganzen Verhal-

---

239 »doch« hinzugefügt.

240 Am 15. Januar 1940 berichtete Bischof Heinrich Wienken erstmals aus Berlin, daß P. Mayer wieder verhaftet sei. Erst am 8. Februar erhielt er die Nachricht, daß Mayer sich im KZ Sachsenhausen befände. Man wolle in Hinblick auf Erleichterungen vor allem auf seine Kriegsbeschädigung Rücksicht nehmen. Am 6. April 1940 schrieb Generalvikar Buchwieser an Bischof von Preysing, daß Mayer im Lager Sachsenhausen die Erlaubnis erhalten habe, täglich zu zelebrieren und nach eigener Wahl sich Lesestoff zukommen lassen dürfe. Der Meßkoffer wurde vom Pfarrer der St. Clemenskirche, P. Josef Lünenborg SJ (1898–1961) am 11. April nach Sachsenhausen gebracht. Vgl. Briefwechsel in dieser Sache (Kopien im ARM/München).

tens«. Ich erwiderte, ich könne mir tatsächlich gar nicht denken, was ich mir hätte zu Schulden kommen lassen. Da wurde er grob und schrie: »Wegen Ihres ganzen Verhaltens, wie ich Ihnen schon gesagt habe«. Ich erwiderte: »Wenn Sie mir nicht Einzelnes angeben, worin ich gefehlt hätte, dann würde ich genau so weiter machen wie bisher, da ich mir nichts vorzuwerfen hätte. Also könnte ich mein Verhalten auch nicht ändern.« Nun schrie er mich an und sagte: »Ihre Vorgesetzten werden Ihnen das Nötige schon beibringen«. Nach einigen Stunden kamen zwei der SS-Chargen, der Dritte hatte Ausgang. Ich fragte [241] sie, was sie an mir auszusetzen hätten. Beide sagten: »Durchaus nichts«. Darauf erwiderte ich: »Nun dann sei ich ja zufrieden«. Geärgert hätte es mich nur, wenn Sie hinter meinem Rücken mich angezeigt hätten, ohne mir zu sagen, um was es sich eigentlich handle. Dann sagten die Beiden: »Sie müßten jetzt meine Bücher und alles, was ich Lesbares hätte, herausholen«. Nachdem das geschehen war, kam einer, schaute in die Zelle herein und sagte: »Ja was liegt denn da auf Ihrem Tisch«. »Ja«, meinte ich, »das ist[242] Klosettpapier«. Da sagte die Charge: »Ich rate Ihnen, stecken Sie das unter Ihren Keil, denn wenn der Oberführer kommt und das sieht, dann wird er wütend«. Tatsächlich erschien nach einigen Stunden der Oberführer persönlich und schaute sich sehr genau und eingehend in meiner Zelle um.

Der Stellvertreter des Oberführers hat noch die Bemerkung gemacht: »Wenn Sie Messe lesen – das hat der Reichsführer ausdrücklich geschrieben, daß das erlaubt ist –, dann müßte das Meßbuch unmittelbar nach der Messe geholt werden, und es dürfte Ihnen erst wieder gegeben werden, wenn Sie mit dem Lesen der Messe beginnen«.[243] Ich habe sofort meine achttätigen Exerzitien[244] begonnen und mir damit über diese Zeit hinweggeholfen.

---

241 »sagte ihnen« verbessert in »fragte sie«.

242 »ja« gestrichen.

243 Vgl. Mayer an Bischof von Preysing, S. 389–392.

244 Mayer machte die für einen Jesuiten üblichen alljährlichen Tage der

Infolge der steten Abmagerung paßte der Stumpf nicht mehr ganz in das Kunstbein. Ich habe mir damit geholfen, daß ich immer wieder einen neuen Socken auf die anderen anzog. Zuletzt hatte ich vier dicke Socken übereinander an. Das hatte aber den Nachteil, daß ich keinen rechten Halt mehr in dem Kunstbein hatte. Einen fünften Socken konnte ich beim besten Willen nicht mehr darüber stülpen. Alle Versuche versagten. So konnte ich aber nicht mehr gehen, und doch hätte ich jetzt täglich eine Stunde mit anderen Häftlingen in dem oben bezeichneten Raum spazieren gehen können. Ich mußte den Arzt darauf aufmerksam machen. Obgleich er von Orthopädie nichts verstand, sah er doch, daß der Oberschenkel des Kunstbeins viel zu weit geworden sei und etwas geschehen müsse. Ich sagte ihm, daß ich mir[245] von einem fremden Orthopäden einen neuen Oberschenkel nicht machen ließe. Ich erzählte ihm kurz, was ich mit Orthopäden schon alles durchgemacht hätte, daß also meine Abneigung gegen einen fremden Orthopäden durchaus begründet sei. Es käme nur die Fa. Habermann-München in Betracht. Ich zweifle nicht, daß Habermann mir einen Herrn ohne weiteres schicken werde. Die Unkosten der Reise und des hiesigen Aufenthalts usw. würde ich auf mich nehmen. Der SS-Arzt meinte, das wäre merkwürdig, wenn sich in Berlin kein geeigneter Orthopäde fände. Ich wiederholte, daß ich von einem anderen ein Kunstbein nicht machen ließe. Ich telegrafierte an Habermann und schrieb einen ausführlichen Eilbrief an ihn (diese Dinge hat er nie erhalten). Ich hörte wochenlang nichts mehr. Eines Tages wurde mir eröffnet, ich würde in die Ärztebaracke geführt. Dort angekommen wußte niemand, wohin wir uns eigentlich wenden sollten. Da erschien endlich der SS-Arzt mit zwei Berliner Orthopäden. Als ich Schwierigkeiten machte, sah ich die verdutzten Gesichter der Berliner Orthopäden, die einen Tag umsonst geopfert hätten, falls ich auf meiner Weigerung bestünde. Das wollte ich nun nicht. So

---

geistlichen Erneuerung gemäß dem Exerzitienbuch des hl. Ignatius von Loyola.

245 »mir« als Zusatz.

wurde ich moralisch gezwungen, meinen Widerstand aufzugeben. Ich ließ mir also einen neuen Oberschenkel anmessen. Wochen vergingen, bis endlich die erste Probe stattfinden konnte.

Diese erste Probe wurde zu einer Sensation. In einem engen Raum der Ärztebaracke habe ich das neue Kunstbein angezogen. Nun mußte ich einen Raum haben, wo ich richtig ausschreiten konnte. Das war hier nicht möglich. So wurde ich auf die Parterre gelegene überdeckte Veranda geführt, die längs der Ärztebaracke sich hinzog. Da standen einige SS-Leute: Gehilfen der Ärzte, der Zahnärzte, Krankenpfleger usw. Diese Leute interessierten sich ungemein für diese Gehübungen. Es wurde deren immer mehr. Sie redeten und unterhielten sich angelegentlich. Ich verschwand wieder in den kleinen Raum, um eine kleine Verbesserung an dem Bein vornehmen zu lassen. Dann kam ich wieder und marschierte auf und ab.

Ich dachte mir, als ich zum Gefängnis zurückging, bei dieser Ärztebaracke habe ich zum ersten und letzten Mal das Bein probiert, und richtig, das nächste[246] Mal war die Anprobe des Beines in einem ganz anderen Teil des Konzentrationslagers: in einer Baracke, die in der Nähe des ersten Toreinganges stand. Bis man einen[247] Berliner Orthopäden zu einer zweiten Probe ins Lager bekam, verstrich Woche um Woche, und der Schluß war, genau wie ich es vorausgesagt hatte. Das Bein saß schlecht. Nach kurzer Zeit bekam ich Schmerzen und wurde wund. Daraufhin erklärte ich, daß ich keinen Schritt mehr gehen werde, als absolut notwendig sei. Es fiel also jeder Aufenthalt im Freien weg. Als ich nach Ettal kam, gehörte zum wichtigsten, den Münchner Orthopäden herkommen zu lassen. Er sah auf den ersten Blick, daß es mit dem Sitz nicht stimmte. Mit seinem Taschenmesser hatte er in wenigen Minuten den Sitz geändert. Ich fühlte mich wieder als Mensch.

Mit diesem SS-Arzt hatte ich noch eine Affaire.[248] Wie es

---

246 »letzte« verbessert in »nächste«.

247 »die« verbessert in »einen«.

248 Die Gestapo war auf die gebrechliche Gesundheit Mayers hingewie-

kam, weiß ich nicht, aber das ist Tatsache, daß mich der SS-Arzt auf einmal wöchentlich regelmäßig besucht hat, daß einen Tag zuvor mein Gewicht festgestellt werden mußte, und von einem SS-Mann aufgeschrieben wurde. Auch wurde das Herz von dem Arzt jedesmal kurz untersucht. Gesagt wurde mir nichts. Nur das fiel mir auf, daß mein Bein dicker wurde, was ich früher nie gemerkt hatte, während ich sonst im Ganzen ständig an Gewicht verloren habe. In einer Woche hatte ich, wie ich sicher wußte, um ein oder gar zwei Pfund abgenommen. Der Arzt erklärte bei seinem Besuch, der Aufenthalt im Lager bzw. im Gefängnis würde mir ganz gut tun. Ich hätte hier keine Aufregungen usw. Ich sagte das einer SS-Charge; das sei denn doch ein Widerspruch, was er sogleich bestätigte. Diese SS-Charge scheint das gemeldet zu haben, denn in der Woche darauf kam ein anderer SS-Arzt, der einen höheren Grad hatte. Ihm sagte ich die Sache noch einmal. Darauf untersuchte er mich genauer, ließ sich die Gewichtstabelle bringen und fragte mich dies und jenes. Er war jünger als der andere Arzt, aber sehr besorgt und menschenfreundlich. Ich glaube dem Bericht dieses Arztes es zuschreiben zu müssen, daß ich vom Konzentrationslager wegkam. Man wollte mich anscheinend dort nicht sterben lassen.

Es gehörte damals zum eisernen Bestand der Verbote im Konzentrationslager, daß man sich auch nur das Geringste von auswärts schicken ließ. Dieses Verbot wurde damals noch strengstens durchgeführt. (Seit geraumer Zeit ist das ja anders.) Hierfür ein Beispiel. Am 18. Februar 1940[249] wurde mein Aufenthalt in München bekannt. Am 19. 2. hat Frl. Dr. med. Hof-

---

sen worden und traf Vorsorge, daß er – wie Mayer zu Recht vermutet – nicht im KZ sterbe und damit zu einem Martyrer für seinen Glauben werde.

249 Bereits am 13. Februar 1940 traf die Nachricht von Wienken über Mayers Aufenthaltsort in München ein; vgl. das Schreiben Wienkens vom 9. Februar 1940. Am 18. Februar verkündete dies P. Heinrich Bleienstein SJ (1884–1960) am Ende einer Versammlung der Lehrerinnenkongregation.

mann[250] an die Kommandantur des Lagers geschrieben, ob sie Medikamente schicken darf. Am 7. 3. kam die Antwort, das Fräulein möge an die Berl[iner] Gestapo sich wenden. Am 8. 3. hat das Fr[äulein] nach Berlin geschrieben. Erst am 18. 6. bekam sie die Antwort: alle vier Wochen dürfe sie ein Paket Medikamente an meine Adr[esse] schicken. Am 20. 6. sandte sie das erste Paket ab.

In der Kantine durfte man sich wöchentlich Einiges kaufen. Zu meiner Zeit gab es aber nur noch eine bestimmte Art von Zuckerbäckersachen. Ich habe mich damit immer reichlich eingedeckt, um meinem getreuen Mithäftling, der mir das Essen brachte und sonstige kleine Dienste erwies, eine Freude zu machen. Freilich mußte auch das ganz im Geheimen geschehen.

Mit dem Briefschreiben hatte ich immer Anstände. Das war so im Landsberger Gefängnis (der sonst durchaus gut gesinnte Gefängnisdirektor sagte einmal gerade wegen des Briefschreibens: »Sie dürfen uns die Sache auch nicht zu schwer machen«).[251] Das war besonders schlimm im Konzentrationslager. In Landsberg durfte man einmal im Monat schreiben, im Konzentrationslager alle 14 Tage. Und es stand jedem frei, zu schreiben, an wen er wollte. Und[252] wie viele meiner Briefe sind nicht befördert worden! Nun, das konnten sie ja machen, aber sie mußten den Häftling darauf aufmerksam machen, daß der Brief nicht befördert wurde. So meinte man, die Briefe seien abgegangen. Erst viel später merkte man an den eingelaufenen Briefen, daß die Schreiber den eigenen Brief nicht erhalten haben konnten. Aber mir waren die lügenhaften, unehrlichen Wendungen derart verhaßt, daß ich das nicht mitmachen wollte und konnte. Das hat ja keinen Sinn, nichtssagende Briefe zu schreiben und abzuschicken. Wenn ich etwas bedauere, so ist es das: gerade die Briefe, die nicht abgeschickt wurden, nicht mehr zu besitzen, und auch keine Ahnung mehr zu haben von dem, was sie enthielten.

---

250 Dr. Berta Hofmann (1896–1982), Ärztin, die Mayer seit 1934 näher kannte und seit 1940 ärztlich betreute; vgl. HOFMANN, *Meine Erinnerungen*.

251 Vgl. Briefe aus Landsberg. 252 »aber« in »und« verbessert.

Viele Menschen waren bei der Gestapo in den Gefängnissen und Konzentrationslagern, die seit vielen Jahren von jedem religiösen Leben abgeschnitten sind. Dieser Gedanke hat mich schon immer sehr bedrückt. Als ich nun im November 1939 in das Gefängnis der Gestapo gekommen war, machte ich nach einiger Zeit einen energischen Vorstoß, um womöglich den Empfang der hl. Sakramente für mich durchzusetzen. Ich dachte, wenn ich einmal das für mich erreicht hätte, wäre das Eis auch für andere gebrochen. Ich ließ alle Minen springen, arbeitete vor allem mit meiner Tätigkeit im Feld, daß ich wiederholt unter schwerster Lebensgefahr Kameraden die Tröstungen der Kirche gespendet hätte. Da könnte es doch nicht möglich sein, daß mir selber und zwar nicht von unseren Feinden, sondern von den eigenen Volksgenossen das versagt würde. Ich wies darauf hin, wie grausam es wäre, einen Volksgenossen in seiner Seelennot sitzen zu lassen, obgleich man die Macht hätte, ihm zu helfen. Aber es war alles umsonst. Es hieß einfach, so etwas gibt es bei uns nicht. Kirche und Priester haben bei uns nichts zu suchen. Im Münchner Gestapo-Gefängnis hatte ich einige Sterbebildchen von gleich im Anfang des Krieges gefallenen Sodalen vor mir aufgestellt. Ich merkte wohl, daß den wenigen Beamten, die meine Zelle betreten haben, das nicht gefiel, aber es sagte keiner etwas.

Anders im Konzentrationslager. Da wurde mir das glatt untersagt. Gar nichts Religiöses wurde geduldet. Ich habe wiederholt darauf hingewiesen, daß ich meinen Rosenkranz notwendig brauche. Man hat ihn mir nicht gegeben. Darum habe ich mich außerordentlich gewundert, als der Missionskoffer[253] mit den Meßgeräten in meine Zelle gebracht wurde. Das war wohl das erste und letzte Mal, daß in diesen Räumen das hl. Opfer Gott dem Herrn dargebracht wurde. Leider war Mitte April das neue Kunstbein noch nicht fertig gestellt, sodaß ich erst am 27. April 1940, am Feste des hl. Petrus Canisius, die erste hl.

253 Den Koffer mit Kelch, Meßbuch, Kerzen, Tüchern usw., die für die Feier der hl. Messe notwendig sind, nennt Mayer »Missionskoffer«, weil er auch für Missionare in fremden Ländern bestimmt war.

Messe feiern konnte. Welche Freude nach dieser langen Zeit! Eine SS-Charge meinte nach Eintreffen der Meßgeräte (er war Protestant und hatte wohl zufällig einmal ein Hochamt mitgemacht): »Das wird aber was geben, wenn Sie hier anfangen, laut zu singen«. Ich beruhigte ihn mit den Worten: »Das wird sich alles ganz leise abspielen«. In keiner Weise wurde mir bei der Darbringung des hl. Opfers irgendeine Schwierigkeit bereitet. Daß niemand dabei in der Zelle anwesend sein durfte, konnte ich verstehen. Das war ja auch in Landsberg eine Bedingung. Daß eine SS-Charge mit Vorliebe morgens um sechs Uhr Märsche im Radio ertönen ließ, war wohl keine böse[254] Absicht, sondern eben die Gewohnheit dieses Herrn. Dagegen verursachte es Schwierigkeiten, bis wieder neue Hostien da waren. Einige Male mußte ich deshalb mit dem Zelebrieren einige Tage aussetzen. Schließlich schrieb mir der Herr Generalvikar von München, Prälat Buchwieser[255], sehr liebenswürdig, er wolle in Zukunft die Besorgung der Hostien und des Meßweines persönlich in die Hand nehmen. Nachdem ich einige Male ergebnislos um Überlassung meines Rosenkranzes nachgesucht hatte, schrieb ich nun noch einmal an den Oberführer. Nachdem mir durch den Reichsführer selbst die tägliche Darbringung des hl. Opfers gestattet worden sei, könne es für ihn nicht mehr schwierig sein, mir den Rosenkranz zu überlassen. Darauf hin habe ich den Rosenkranz erhalten. Eine SS-Charge erkundigte sich daraufhin bei einer Vernehmung in der Kanzlei nach dem Sinne des Rosenkranzgebetes. Als ich mitten in der Erklärung war, kam eine andere Charge in die Kanzlei. Nun war alles vorbei. Schade, er hätte mich ja noch[256] einmal in das Büro rufen lassen können, aber ich hatte den Eindruck, daß sich einer vor dem anderen fürchtet.

Es war vorhin die Rede von dem Oberführer. Da muß ich noch etwas berichten. Der Oberführer wollte mit mir einmal

254 »böse« als Zusatz.

255 Ferdinand Buchwieser (1872–1964), 1932–1952 Generalvikar der Erzdiözese München und Freising; vgl. S. 392–394.

256 »noch« als Zusatz.

ein lautes Gespräch im Gange des Gefängnisses führen (Bekanntlich hörte man lautes Sprechen fast im ganzen Gefängnis). Der Oberführer stand im Gange und ich war in der Zelle an der Türe. Es schien mir, als wolle er mir einen geistigen Tritt versetzen, sei es um mich von den Chargen herabzusetzen, sei es um mir vor den uns mithörenden Mithäftlingen eines drauf zu geben. Er fing an: »Was haben Sie denn eigentlich an der Bewegung auszusetzen?« Ich sagte, »daß die Kirche in ihren Rechten und Freiheiten schwer beeinträchtigt wird«. »Zum Beispiel«, meinte er? Ich sagte: »Gegen den Willen der Eltern wird der Kirche ihr Einfluß auf die Erziehung der Jugend genommen. Wie viele kath[olische] Schulen sind in den letzten Jahren aufgehoben worden, obgleich viele von ihnen zu den besten gehörten, die überhaupt existieren«.[257] Der Oberführer sagte: »Die Aufhebung der Klosterschulen?« »Ja«, betonte ich. Er meinte: »Ich habe mit einer Reihe kath(olischer] Geistlicher im Konzentrationslager über diesen Punkt gesprochen. Diese Geistlichen teilten durchaus meine Auffassung«. Ich sagte: »Diese Geistlichen stehen hier im Konzentrationslager unter einem furchtbaren Druck und Zwang. Nicht jeder Geistliche ist dem gewachsen, und so äußert er jetzt Ansichten, die er, von diesem Druck befreit, niemals billigen würde«.

Ein andermal kam der Oberführer und schimpfte in starken Ausdrücken über die Juden. Ich[258] sagte: Von Kindheit auf sei ich sicherlich nicht zu Gunsten der Juden beeinflußt worden. Mein Vater hatte ein größeres Geschäft. Da hörte ich hin und wieder, wie er von den Juden per Saujuden sprach, mit denen er geschäftlich zu tun hatte. Aber ich sei ganz sicher, daß mein Vater diese Behandlung der Juden, wie sie heute an der Tagesordnung sei, niemals gebilligt hätte. Daran würde ihn sein christliches Gewissen gehindert haben.

---

257 Viele kirchliche Schulen mußten bereits Ostern 1938 schließen; vgl. Rösch, *Kampf*, 73, 85, 125.

258 Mayer referiert die bürgerliche Einstellung zu den Juden um die Jahrhundertwende, die mit dem militanten Antisemitismus der Nationalsozialisten nicht vergleichbar ist.

Im Vorhergehenden habe ich schon darauf hingewiesen, daß ich mich über die Behandlung nicht beklagen konnte. Ich war eben in einem Gefängnis des Konzentrationslagers. Mit dem mußte man sich abfinden. Was mir außerordentlich gut getan hat, war, daß ich meine ganze Zeit auf Gebet und Studium verwenden konnte. Gleich bei meinem Eintritt wurde mir gesagt, daß ich zu keiner körperlichen Arbeit herangezogen würde, daß ich also frei über meine Zeit verfügen könnte. Und daran hat man fest gehalten. Die[259] Kost war begreiflicherweise schmal.

Über den Herrn Pfarrer Niemöller in Verbindung mit meiner Wenigkeit wurde in der Öffentlichkeit, wie mir später mitgeteilt wurde, viel gesprochen, u. a. wurde gesagt: durch meinen Einfluß sei Herr Pfarrer Niemöller[260] katholisch geworden usw. Dem gegenüber muß ich betonen, daß alle diese Reden freie Erfindungen waren. Wahr ist, daß ich Herrn Pfarrer Niemöller, solange ich im Konzentrationslager war, nie gesehen habe. Wohl wurde mir früher gesagt, daß er im Konzentrationslager in Sachsenhausen sich aufhalte, mehr aber wußte ich nicht.

Dagegen hatte ich den brennenden Wunsch, Herrn Pfarrer Niemöller einmal zu sehen und zu sprechen. Da dies nicht möglich war, habe ich wenigstens täglich an ihn, seine schwer geprüfte Familie und an sein schweres Kreuz gedacht. Ich hoffte so, ihm einige Erleichterung verschaffen zu können, ihm, der so lange in meiner Nähe weilte.

---

259 Der ganze Satz ist in Handschrift hinzugefügt.

260 Martin Niemöller, 1931 evangelischer Pfarrer in Berlin-Dahlem, 1937 von der Gestapo verhaftet, bis 1941 im KZ Sachsenhausen, ab 1941 im KZ Dachau als Sonderhäftling (mit Prälat Neuhäusler und Dr. Michael Höck). Am Ende des Krieges von Dachau nach Südtirol verschleppt, wo er 1945 befreit wurde. – In Sachsenhausen war Pastor Niemöller in einem anderen Bau des Zellengefängnisses untergebracht.

VIII. Plötzlicher Abtransport aus dem Konzentrationslager Sachsenhausen

Am Nachmittag des 7. August 1940 kündigte man mir an, daß ich in einer halben Stunde abtransportiert würde. Wohin, sagte man mir nicht. Zugleich wurden meine Weltpriesterkleider gebracht, und es kam die Weisung, alles zusammenzupacken. Welche Hetze! Nach einer Viertel-Stunde kam der Befehl, ich solle alles zurücklassen und nur das Notwendigste zum Übernachten mitnehmen. Neben dem Einpacken her überlegte ich, was ich tun sollte, wenn mir etwas zum Unterschreiben[261] vorgelegt würde, wodurch ich mich verpflichtete, nichts von dem auszusagen, was ich im Konzentrationslager gesehen und erlebt habe. Ich wußte von früher her, daß keiner ohne diese Unterschrift aus dem Lager käme. Ich entschloß mich, unter keinen Umständen etwas zu unterschreiben, mochte daraus was immer entstehen. Die Sorge war unbegründet. Ob man es in der Eile vergessen hat oder absichtlich mir nichts zur Unterschrift vorlegte, weiß ich nicht. Kurz und gut, ich hatte nichts zu unterschreiben. Vor dem Gefängnis hielt ein Viersitzer. Als erstem wurde mir bedeutet einzusteigen. Der Fahrer war ein SS-Mann; außerdem stiegen noch zwei Gestapo-Beamte ein. Ich überlegte, was sie wohl jetzt mit mir vorhaben, wohin die Reise gehen soll. Ich machte mich darauf gefaßt, daß sie mich erschießen und bat Gott um Seine Hilfe. Auf einem Wegweiser las ich: nach Berlin. So[262] wußte ich wenigstens etwas. Nach einer Stunde etwa fuhren wir in Berlin ein, und zwar landeten wir im Hof der Berliner Gestapo, die sich in der Pr[inz] Albrechtstraße[263] befindet. Ich mußte aussteigen; es ging eine Treppe hinauf. Ich wurde in ein Zimmer geführt und meinem Schicksal für einige Minuten überlassen. Nun wurde ich wieder in den Hof geführt und mußte einsteigen.

---

261 Es war bekannt, daß Häftlinge, die aus dem KZ entlassen wurden, unterschreiben mußten, keine Erlebnisse aus dem KZ anderen mitzuteilen.

262 »Also« korrigiert in »So«.

263 Die Prinz-Albrecht-Straße wies hin auf das Hauptquartier der Gestapo; vgl.: *Topographie des Terrors*. Berlin 1987.

Nach einigen Augenblicken sah ich, daß wir am Anhalter Bahnhof waren. Da wartete auf uns bereits ein Beamter. In Begleitung von drei Herren der Gestapo stieg ich[264] zum Perron hinauf. Wir gingen an einem Zug entlang. Da las ich auf einem Schildchen: Berlin-München. Ich freute mich aufrichtig, als ich das Wort München las. Aber sogleich drängte es sich mir auf: Was wollen sie mit mir in München? Ich dachte nicht anders, als daß sie mich im Wittelsbacher Palais in irgend einer Sache vernehmen wollten. In einem Koupee erster Klasse nahm ich mit den drei Herren Platz. Darüber wunderte ich mich. Mit großem Eifer schaute ich aus dem Fenster, solange es noch hell war. Dann unterhielten wir uns. Vor allem sprach ich darüber, daß ich allem Kommenden mit großer Ruhe entgegen sehe, da ich mit meinem Leben abgeschlossen. Ich suchte den Beamten klar zu machen, welche Riesenkraft doch im kathol[ischen] Glauben liegen würde. Die Herren waren alle protestantisch. Worüber wir sonst gesprochen haben, weiß ich nicht mehr. Nur daran erinnere ich mich, daß ich einmal geäußert habe, die Herren brauchten wegen unserer Gespräche nicht in Sorge zu sein. Ich würde keinen Gebrauch machen und sie nicht in Verlegenheit bringen. Ich mußte einmal austreten. Da sagten sie, es müsse einer mitgehen, und zwar mit in den Klo hinein, das war mir noch nie passiert.

In München stand auf dem Perron ein Münchener Gestapo-Beamter. Wir verließen den Bahnhof durch den Nordausgang. Dort mußte ich in einen offenen Viersitzer einsteigen. Die vier Herren und der Chauffeur besprachen sich einige Zeit miteinander an dem Bahnhofseingang. Ich saß allein im Auto. Da trat ein Fräulein an mich heran, begrüßte mich glückselig und meinte, ich solle doch in ein anderes Auto einsteigen; sie würde mir Geld geben. Ich bedeutete ihr, daß sie sich verziehen möge, damit sie nicht in Ungelegenheiten komme (das Mädchen scheint nun direkt in die Michaelskirche gegangen zu sein, um zu sagen, daß ich im Anmarsch sei, was sich freilich als Täu-

264 »wir« verbessert in »ich«.

schung herausstellte). Da kam auch schon der Chauffeur mit einem Beamten. Es ging, wie ich richtig vermutet hatte, in den Gefängnishof[265] des Wittelsbacher Palais, das ich so gut kannte. Ich mußte aussteigen. Ich dachte nicht anders, als daß ich nun wieder im Gefängnis verschwinden würde. Aber nun kam eine große Überraschung – ich mußte in ein sechssitziges geschlossenes Auto hinein. Nun ging es wieder zum Bahnhof. Die drei Berliner Gestapo Beamten stiegen noch dazu. Nun waren wir komplett. Der SS-Chauffeur, vier Gestapo Beamte und meine Wenigkeit. Begreiflich war meine Spannung, wohin es wohl gehen werde. Da ich von meinen häufigen Autofahrten her die Gegend sehr gut kenne, sah ich bald, daß wir uns auf der Straße nach Weilheim-Murnau-Garmisch befanden. Aber wohin werden sie mich bringen? Da zweigten wir vor Garmisch bei Oberau rechts ab. Jetzt war es mir klar. Die wollen mich im Kloster Ettal verschwinden lassen.

Ich hatte wohl früher schon zweimal auf der Durchfahrt die Ettaler Wallfahrtskirche besucht, aber ich war noch nie im Kloster. So konnte ich dem Chauffeur keine Auskunft geben, als er mich nach dem Klostereingang fragte. Bald war die Frage geklärt. Wir stiegen die Stufen zur Klosterpforte hinauf.

Kaum eingetreten wurde ich vom Hochw. P. Johannes[266], dem Cellerar des Klosters, liebenswürdig begrüßt. Er teilte mit, daß er bereits von der Münchener Gestapo von meiner Ankunft in Ettal verständigt sei. Er führte mich mit dem Gestapo-Beamten in den Gästebau und wies mir das geräumige vornehm eingerichtete Gästezimmer Nr. 6 an, das ich dann[267] bis zum März 1944 bewohnt habe. Eine wahre Wohltat war nach der Nachtfahrt und allem Drum und Dran eine gründliche Reinigung in dem herrlichen Waschbecken. (Im Konzentrationslager hatte ich zum täglichen Waschen insgesamt höchstens fünf Minuten

265 »hof« als Zusatz.

266 P. Johannes Albrecht OSB (1901–1972), Zellerar im Kloster Ettal und vielfältig politisch engagiert; vgl. KOCH, *Die Benediktinerabtei Ettal*, in: Schwaiger II, 382 ff.

267 »dann« als Zusatz.

Zeit.) Die fünf Beamten haben sich vor dem Zimmer inzwischen mit P. Johannes und dem dazu gekommenen Hochw. Herrn Abt[268] unterhalten. In liebenswürdigster Weise hieß mich in Gegenwart der Gestapoleute der Herr Abt willkommen. Ich fragte nun, was eigentlich mit mir los sei. Da sagten die Herren zu meinem größten Erstaunen, daß ich ganz frei sei. Sie wiederholten es, als ich es nicht glauben wollte. Nur meinten Sie, allzu weit vom Kloster bzw. von Ettal dürfe ich mich nicht[269] entfernen. Mit bestem Dank für ihre Begleitung verabschiedete ich mich von den Herren.[270]

IX. Im Kloster Ettal

Da ich in der ersten Zeit gesundheitlich nicht gut daran war und mit meinen Zähnen sehr zu tun hatte, beteiligte ich mich in den ersten Wochen nicht an den gemeinschaftlichen Mahlzeiten und aß vorerst auf meinem Zimmer allein. Am 9. August kam der Hochw. P. Provinzial für eine halbes Stündchen zu Besuch.[271] In seiner Begleitung war mein Schwager Sperl, der auch in sehr kritischen Situationen die Verbindung mit mir, dem »gefährlichen Staatsfeind« aufrecht erhielt.

Ich meine, es[272] war am 9. August, da reiste P. Johannes nach

---

268 Dr. Angelus Kupfer OSB (1900–1951), 1933–1951 Abt von Ettal.

269 »nicht« als Zusatz.

270 Zur »Konfinierung« vgl. Bleistein, *P. Rupert Mayer. Vom KZ Sachsenhausen ins Kloster Ettal.*

271 Mayer erhielt des öfteren Besuch. Seine Mutter besuchte ihn zweimal für eine Woche (im Juni 1942 etwa), seine beiden Schwestern, Frau Sperl und deren Mann kamen vorbei, Frau Dr. Hofmann machte den ersten Besuch am 9. August 1940 und den 233. Besuch am 13. April 1945. Mayer führte Gespräche mit Dietrich Bonhoeffer (1906–1945). Dieser war von November 1940 – Februar 1941 im Kloster Ettal; vgl. Bethge u. a., *Dietrich Bonhoeffer*, 186. Auch mit Heinrich Schlier (1900–1978) sprach er. Schlier notierte seinen Eindruck: »Wie ein gefangener Löwe kam er mir vor, der ungeduldig an den Gittern streicht. Wie wartete er Tag und Nacht auf die Freiheit zum Dienst« (vgl.: Kurze Rechenschaft, in: Hardt, *Bekenntnis*, 171).

272 »es« als Zusatz.

München. Ich bat ihn, im Ordinariat zu sagen, sie möchten in meiner Angelegenheit der Gestapo keine Konzessionen machen. Nach etwa acht Tagen kam Herr Prälat Neuhäusler im Auftrag des Ordinariats und legte mir folgende Punkte vor, welche das Ordinariat auf den Druck der Gestapo hin angenommen hätte: »Am 12. August 1940 wurde Domkapitular Johann Neuhäusler zur Geheimen Staatspolizei Zimmer 33 Herrn Regierungsrat Schimmel gerufen und wurden folgende Auflagen bezl. des Aufenthaltes von P. Rupert Mayer bekannt gegeben:

1. P. Mayer darf in keiner Weise mit der Außenwelt in Berührung kommen. Zu diesem Zweck ist dafür zu sorgen, daß er das Kloster nicht verläßt.

2. Seine Korrespondenz ist auf ein Mindestmaß zu beschränken. Sie darf sich nur auf rein persönliche Angelegenheiten erstrecken und mit den nächsten Verwandtenkreisen geführt werden. Soweit im Einzelfall ein dringendes Erfordernis vorliegt, bestehen gegen einen Briefverkehr mit den kirchlichen Stellen keine Bedenken, vorausgesetzt, daß der Inhalt der Korrespondenz rein persönlicher Natur ist.

3. Hinsichtlich des Empfanges von Besuchern gilt das unter 2 Gesagte sinngemäß, mit der Einschränkung, daß ihn nur die allernächsten Verwandten besuchen dürfen. Im Falle einer etwaigen Erkrankung des P. Rupert Mayer steht der Inanspruchnahme eines Arztes nichts im Wege.

4. Gottesdienstliche Handlungen im Kloster dürfen von P. Rupert Mayer nicht abgehalten werden, wenn bei diesen eine Möglichkeit der Teilnahme von außenstehenden Personen besteht. Grundsätzlich ist aber P. Rupert Mayer das Beichthören verboten.

Das Ordinariat verpflichtet sich, die in vorstehenden Ziffern erwähnten Maßnahmen an die Leitung des Kloster Ettal und an P. Rupert Mayer weiterzugeben und von sich aus dafür Sorge zu tragen, daß die P. Mayer erteilten Auflagen von diesem auf das genaueste befolgt werden.

Bemerkung: Zu Ziffer 3 bemerkt Neuhäusler zu Regierungsrat Schimmel, daß Fräulein Dr. Hofmann und der Zahnarzt auf besonderen Wunsch ihn jetzt schon besuchen, wogegen Schimmel keine Einwendungen zu erheben hat.«[273]

Auf Grund meiner grundsätzlichen Einstellung gegen die kirchlichen Behörden blieb mir nichts anderes übrig, als mich zu fügen; als Herr Prälat meinte, das sei nach Ansicht des Ordinariats nur so für den Anfang gedacht. Es würden die Auflagen im Laufe der Zeit erleichtert – dafür hatte ich nur ein ungläubiges Kopfschütteln. Tatsächlich habe ich recht behalten. –

Seitdem bin ich lebend ein Toter, ja dieser Tod ist für mich, der ich noch voll Leben bin, viel schlimmer als der wirkliche Tod, auf den ich schon so oft gefaßt war. Der Gestapo und der ganzen Bewegung konnte und kann ich keinen größeren Gefallen erweisen als hier ruhig abzusterben, denn vor[274] dem kath[olischen] Volk, das mich z. T. noch nicht vergessen hat, steht die Gestapo gut[275] da. Die guten Menschen sagen sich: Eigentlich geht es ihm jetzt, seitdem er im Kloster ist, ganz gut. Ja, wer weiß, was ihm schon passiert wäre, wenn er jetzt in München sich aufhielte. Diese lieben Leute bedenken es nicht, was ein solches Leben, das ich hier führen muß, für mich bedeutet, wie ich oben angedeutet habe. Sie bedenken auch nicht, daß die Fliegerangriffe mir hier seelisch viel mehr zusetzen, als wenn ich in München dabei wäre. Wenn ich nicht schon längst auf und davon gegangen bin, – sie könnten mich dann ruhig einsperren oder um einen Kopf kürzer machen –, so halten mich verschiedene Rücksichten hier fest:

1. Die Rücksicht auf das Kloster, das für mich verantwortlich ist, und dem ich durch Zuwiderhandlungen gegen die Gestapo-Auflagen große Scherereien bereiten würde. Das aber bringe ich nicht über's Herz, da man mich hier vom ersten Augenblick meines hiesigen Aufenthaltes an äußerst rücksichtsvoll, ja mit großer Liebe behandelt hat, angefangen vom Hochw. Herrn Abt bis zum letzten Bruder, ja bis zum letzten Angestellten des Klosters, mit denen ich zu tun hatte. Es sind

---

273 Vgl. Seite 457.

274 »vor« handschriftlicher Zusatz.

275 »ganz« gestrichen.

mir nicht die geringsten Schwierigkeiten bereitet worden, im Gegenteil, soweit man mir bei den drakonischen Gestapo-Auflagen den hiesigen Aufenthalt erleichtern konnte, hat man es getan. Das sei jederzeit dankbarst anerkannt. So konnte ich seit August 1942 bis in den November hinein täglich in dem prachtvoll gelegenen Weiher schwimmen, da der Weiher auf dem Eigentum des Klosters liegt usw.

2. Die Rücksicht auf meinen Orden, dem ich wohl durch mein Entweichen von Ettal manche Ungelegenheiten bereitet hätte.

3. Die Rücksicht auf manche lieben, guten Menschen, denen ich durch erneute Einlieferung in ein Gefängnis oder in ein Konzentrationslager oder gar durch meinen dadurch herbeigeführten Tod großes Herzeleid zugefügt hätte.

4. Die Rücksicht auf den lieben Gott, dem ich durch meinen jahrelangen Kreuzweg und die dadurch allmählich erfolgte Loslösung von allem Irdischen und Zeitlichen entschieden näher gekommen bin, wie wohl nie in meinem Leben. Sollte ich diese gerade Linie, die ich seit Jahr und Tag mit der Gnade Gottes eingehalten habe, nun durch eigenmächtiges Vorgehen gewaltsam unterbrechen? Vom Standpunkt des Glaubens aus betrachtet, glaube ich diese Frage glatt verneinen zu müssen. So will ich das Kreuz weiter tragen und büßen und sühnen für meine eigenen Fehler und Schwächen, bis der liebe Gott durch sein Eingreifen dieses Kreuz wieder abnimmt. Auch für die kommende Zeit soll mein Losungswort heißen: Näher, mein Gott, zu dir. Für alle verblendeten Menschen aber, die nicht wußten, was sie tun, und es auch heute nicht wissen, für unser so furchtbar heimgesuchtes Volk, für alle in meinem langen Priesterleben mir anvertrauten Seelen und besonders für alle, die mir durch Gebet und persönliche z. T. außergewöhnliche Opfer geholfen haben, das schwere Kreuz zu tragen, will ich durch tägliche gewissenhafte Arbeit, durch Leiden und Beten das Meine dazu beitragen, daß wir uns[276] einmal wiedersehen

276 »uns« hinzugefügt.

und in der Anschauung und dem Besitze Gottes uns einmal ewig[277] freuen können.[278]

Das gebe Gott!

Der National-Sozialismus und meine Wenigkeit

Kurzfassung

Die von P. Mayer selbst, kurz vor seinem Tod, am 13. Oktober 1945 gefertigte Kurzfassung seines Berichts über seine Auseinandersetzungen mit dem Nationalsozialismus wurde für das Nürnberger Militärtribunal (Nürnberger Dokumente Nr. PS 3272) geschrieben. Sie ist nicht unwichtig, weil sie in der Auswahl aus dem langen Bericht Akzente setzt und weil der kurze Schlußsatz die ausführlichen Reflexionen des langen Textes auf einen kurzen, eindeutigen Nenner bringt.

ARM/München: Schreibmaschinendurchschlag des Originals (ebenso im Institut für Zeitgeschichte/München). Überschrift vom Herausgeber.

P. Rupert Mayer S.J.
München 2
Maxburgstraße 1

München, den 13. Oktober 1945.

Hitler habe ich kennen gelernt in einer kommunistischen Versammlung im Jahre 1919. Tags zuvor hatte ein kommunistischer Redner im Kreuzbräu in München bei stark überfülltem Saale gesprochen. Viele konnten keinen Platz mehr finden. Alle Diskussionsredner hatten sich für den Kommunismus eingesetzt. Als einziger bin ich dagegen aufgetreten. Es wurde nun eine zweite Versammlung aus der Mitte der Anwesenden heraus verlangt. Dieselbe fand am nächsten Tage im Saale des Wittelsbacher Gartens an der Theresienstraße statt. Unmittelbar nach meiner Diskussionsrede ist Hitler aufgetreten. Er sagte, nachdem der Pfarrer den Kommunismus vom religiösen Standpunkt aus bekämpft habe, wolle er das nun vom politi-

277 »ewig« hinzugefügt.

278 Vgl. den Schluß der Kurzfassung S. 142.

schen Standpunkt aus tun. Er war in Begleitung von ungefähr 10 jungen Leuten erschienen. Er machte auf mich den Eindruck eines außergewöhnlich tüchtigen Volksredners. Erst einige Tage später erfuhr ich seinen Namen. Ich habe Hitler später nie mehr weder in einer kommunistischen noch sozialistischen noch einer Freidenkerversammlung angetroffen. Einige Zeit darauf las ich auf einem großen roten Plakat eine Einladung der Nationalsozialistischen Partei mit Hitler als Redner. Solch große Versammlungen haben von nun an alle 14 Tage meistens im Zirkus Krone stattgefunden. Ich habe an allen Versammlungen mit wenig Ausnahmen teilgenommen bis zum 9. November 1923. Diese Kundgebungen waren immer sehr gut besucht, häufig überfüllt, die Anwesenden begeistert. Diskussion wurde niemals zugelassen. Die Reden waren rein politischen Inhalts. Es wurden die jeweiligen politischen Vorgänge und politischen Personen gegeißelt. Ausführlich wurde das Friedensdiktat von Versailles besprochen. Von den »Schwarzen« war häufig die Rede, aber nur nach der politischen Seite hin. Religiös weltanschaulich sind mir nur zwei Sätze in Erinnerung geblieben, die allerdings einen großen nachhaltigen Eindruck auf mich machten und mir viel zu denken gaben:

1) der Maßstab der Sittlichkeit: Gut ist, was dem Vaterlande nützt, schlecht was ihm schadet.
2) Es sei höchste Zeit, das alte Testament, dieses Judenbuch, aus der Schule zu verbannen.

Meinen ersten Zusammenstoß mit der Nazi-Bewegung hatte ich im Frühjahr 1923 anläßlich einer Versammlung im Bürgerbräukeller mit dem Thema: »Kann ein Katholik Nationalsozialist sein?« Da bei dieser Versammlung ausnahmsweise eine Diskussion gestattet war, meldete ich mich zu Wort. Als ich auf das Podium stieg, setzte ein dröhnender Applaus ein, der sich aber dann ins Gegenteil verwandelte, als ich mit lauter Stimme erklärte: »Ein deutscher Katholik kann niemals Nationalsozialist sein.« Ich wurde häufig in meiner Rede unterbrochen und das wurde so schlimm, daß mir das Wort entzogen wurde. Da man von der Versammlungsleitung einen Überfall auf mich befürchtete, wurde ich von SA-Männern »beschützt«.

Von da ab habe ich häufig in Predigten und Vorträgen vor den Nazis gewarnt. Interessant ist, daß am 9. November 1923 in München viele Leute auf mich wütend waren und erklärten, P. Mayer hat durch seine Reden in der Michaelskirche die Bewegung zerschlagen. Das war natürlich übertrieben, aber richtig ist, daß ich mich nicht erinnere in München jemals so feindlichen Blicken begegnet zu sein als wie in den Tagen nach dem 9. 11. 1923.

In den folgenden Jahren trat die Hitlerbewegung nicht mehr besonders stark in der Öffentlichkeit auf. Ich selbst reiste damals landauf landab in Oberbayern und Schwaben und suchte die Männerwelt zusammenzufassen und im katholischen Glauben zu befestigen. Erst im Jahre 1932 besuchte ich wieder eine Versammlung der Nazi-Partei im Zirkus Krone und sah, daß die Begeisterung wieder am Siedepunkt angelangt war.

Nach der Machtübernahme kam ich bald mit dem Nazi-Regime in Konflikt, so ganz besonders bei der Caritas-Sammlung 1935, bei der die katholischen Sammler von den Nazis überfallen, geschlagen und ausgeraubt wurden. 1936 setzte eine große Agitation für die Gemeinschaftsschule ein. Besonders zwei Kundgebungen waren bemerkenswert. In der 1. Versammlung wurde von der Versammlungsleitung verhindert, daß ich sprechen konnte, bei der 2. Versammlung wurde ich während der Rede verhaftet und für die Dauer der Versammlung festgehalten. Da bei dieser Versammlung, solange ich noch im Saale war, gegen Kardinal Faulhaber sehr üble Schimpfworte fielen, beschwerte ich mich am nächsten Tage beim Polizeipräsidenten darüber. Natürlich blieb die Beschwerde ohne jeden Erfolg.

Im Herbst 1936 wurde ich von dem Staatsanwalt vorgeladen. Er machte mich aufmerksam, daß über meine Predigten Klagen eingelaufen seien. Ich würde mich auf der Kanzel mit Politik befassen und das gehe im heutigen Staat nicht mehr. Meine Äußerungen seien mitunter staatsfeindlich. Ich führe eine aufreizende Sprache. Er müsse mich deshalb ernstlich verwarnen. Im Wiederholungsfalle würde ich nicht mehr so durchkommen. Ich sagte, daß ich nie Politiker gewesen sei, das könne sich also nur um politisch gemischte Fragen handeln. Fragen die Kirche und Staat interessieren. Ich habe nur vom religiösen Standpunkt aus dazu Stellung genommen und das sei meine Gewissenspflicht und das werde ich auch in Zukunft tun.

Kurze Zeit später wurde ich auf die politische Polizei gerufen, die mir vorhielt, daß eine BDM-Führerin bei mir gewesen sei und ich soll aussagen, was wir zusammen gesprochen hätten. Ich sagte, daß das Mädchen zu mir, als ihrem Seelsorger gekommen sei, und ich deshalb nicht in der Lage sei, über die Unterredung irgendwelche Auskunft zu geben. Man suchte mich in eine Falle zu locken: das Mädchen hätte ja schon alles ausgesagt und wenn ich nicht sprechen würde, dann müßte das Mädchen solange im Gefängnis bleiben. Aber darauf antwortete ich, ich könnte trotzdem meinen Standpunkt nicht ändern. Daraufhin konnte ich das Polizeibüro wieder verlassen.

Am 5. Juni 1937 wurde ich zum erstenmale von der Gestapo verhaftet und in das Wittelsbacher Palais (dem Sitz der Gestapo) gebracht. Grund der Verhaftung waren Predigten, die von Gestapo-Beamten besucht gewesen waren. Im Gefängnis wurde ich anständig behandelt. Mehreremale wurde ich vernommen. Die Beamten waren mir gegenüber immer korrekt. Kardinal Faulhaber wurde gestattet, mich einmal zu besuchen, ebenso dem Verbandspräses der kath. Arbeitervereine. Am 22. Juni 1937 war im Justizpalast in München die Verhandlung gegen mich, bei der ich zu einem halben Jahr Gefängnis verurteilt wurde. Nur dem entschiedenen Auftreten des P. Provinzials Rösch hatte ich es zu verdanken, daß ich nach Schluß der Verhandlung nicht sofort von neuem durch die Gestapo verhaftet wurde. Zwar wurde ich nicht in meine Wohnung gebracht, sondern auf das Exerzitienhaus Rottmannshöhe am Starnbergersee und dort freigelassen. Die Gestapo ließ mir durch meinen Verteidiger sagen, daß es mir verboten sei, fernerhin zu predigen. Auch Kardinal Faulhaber und mein Provinzial äußerten denselben Wunsch mir gegenüber aus Sorge, daß meine Gesundheit den Strapazen nicht gewachsen wäre, obgleich ich bemerkte, daß das für mich untragbar sei.

Meine Befürchtungen bewahrheiteten sich nach einigen Monaten. Im Dezember 1937 sagte P. Provinzial, daß er wünsche, daß ich wieder predige. Am Stefanstage predigte ich wieder zum ersten Male und von da ab wieder wie früher. Am 6. 1. 1938 mittags kam wieder die Gestapo und fragte, ob ich am nächsten Tag wieder predigen würde. Als ich antwortete: das sei selbstverständlich, wurde ich wieder verhaftet und in das Gefängnis der Gestapo gebracht. Nach einer Woche wurde ich von hier nach Stadelheim überführt, um meine oben erwähnte Strafe abzusitzen. Hier blieb ich allerdings nur einige Tage und kam dann ins Gefängnis nach Landsberg. Begründet wurde dies mit dem Satz: »Im Gefängnis Stadelheim sei es mir zu gut gegangen.« Die Behandlung in Landsberg wurde korrekt nach den Strafbestimmungen durchgeführt. Da Hitler nach der Einverleibung Österreichs eine Amnestie erließ, unter die auch ich fiel, wurde ich Anfangs Mai 1938 wieder entlassen.

Auch jetzt wieder wurde mir von der Gestapo Redeverbot auferlegt. Öffentlich gepredigt habe ich nicht, doch habe ich nun wöchentlich mehrere Male in kleinen Zirkeln bis zu meiner neuen Verhaftung am 3. 11. 1939 Vorträge gehalten.

Anfangs Oktober 1939 wurde ich von der Gestapo vernommen wegen des damaligen Führers der Königspartei. Ich befürchtete wieder eine neue Verhaftung, wurde aber nach der Vernehmung wieder entlassen. Dagegen erschienen am 3. November 1939 gegen 9 Uhr vormittags 2 Gestapo-Beamte bei mir (ich gab gerade einem jüdischen Ehepaar, das katholisch werden wollte, Religionsunterricht). Sie forderten von mir ein Verzeichnis der beim Heere sich befindlichen Theologen. Als ich mich weigerte, dieses Verzeichnis herauszugeben, wurde ich verhaftet und wieder in das Wittelsbacher Palais gebracht. Dort war keine Rede mehr von der Theologenliste, sondern man wollte wissen, wer von der Königspartei in den letzten Jahren bei mir gewesen sei. Ich erklärte, daß die Leute zu mir als Priester gekommen seien und daß ich über das, was gesprochen worden sei, nichts aussagen kann, auch auf die Gefahr hin, erschossen zu werden. Ich mußte den ganzen Tag über im Gestapo-Gebäude bleiben und erst gegen Abend wurde mir erklärt, daß ich auf Anweisung des Ministers Wagner verhaftet sei. Ich wurde in das Gestapo-Gefängnis geführt und bekam wieder meine alte Zelle. Am 23. 12. 1939 gegen 23 Uhr erschienen 2 Gestapo-Beamte und forderten mich auf mitzukommen, ich würde nach Berlin gebracht. Tatsächlich fuhren wir in der gleichen Nacht noch im Zuge von München nach Berlin, wo ich im Konzentrationslager Oranienburg-Sachsenhausen abgeliefert wurde. Das Benehmen der Beamten während der Fahrt war korrekt. Hier in Oranienburg bekam ich eine Einzelzelle zugewiesen und kam nie mit anderen Gefangenen in Berührung. Die Wände des Gefängnisses waren sehr dünn, sodaß man alles hören konnte, was sich hier abspielte. So gegen 20 mal hörte ich, daß Gefangene geschlagen wurden. Womit und wie entzieht sich meiner Kenntnis. Schmerzenslaute hörte man dabei nie. Ich wurde soweit anständig behandelt, wie eben ein Strafgefangener behandelt wird, nur in den ersten 8 Wochen war ich vollständig isoliert. Ich bekam von den übrigen Gefangenen niemand zu sehen. Eines Tages wurde ich in die Kanzlei gerufen und mir eröffnet, daß ich auf persönliche Anweisung Himmlers in meiner Zelle die hl. Messe lesen dürfte. Zugleich aber wurde mir auch erklärt, daß auf besonderen Befehl Himmlers mir für 14 Tage alle Vergünstigungen (wie Bücher etc.) entzogen würden. Am 27. 4. 40 habe ich die erste hl. Messe gelesen. Diese Sonderbehandlung war den Bemühungen des Herrn Kardinal Faulhaber und des Bischofs von Berlin zu verdanken.

Am 7. 8. 40 kündigte man mir an, daß ich in einer halben Stunde abtransportiert würde, wohin sagte man aber nicht. Zugleich wurde mir meine Priesterkleidung gebracht. Im Auto ging es nach Berlin und von da mit Schnellzug nach München. Dort wurde ich zu meiner großen Überraschung nicht in das Gefängnis sondern in das Kloster Ettal gebracht. Nach ungefähr 8 Tagen kam Prälat Neuhäusler und teilte mir mit, daß nach Anweisung der Gestapo

1) ich in keiner Weise mit der Außenwelt in Berührung kommen dürfte und daß ich das Kloster nicht verlassen darf.
2) daß ich meine Korrespondenz auf ein Mindestmaß zu beschränken habe.

3) daß Besuche nur in Ausnahmefällen zugelassen seien und
4) daß ich keine gottesdienstlichen Handlungen vornehmen dürfe, bei denen Auswärtige anwesend wären.

So war ich nun verurteilt, lebend tot zu sein, ja dieser Tod war für mich, der ich noch voll Leben war, viel schlimmer als der wirkliche Tod.

Lediglich aus religiösen Motiven habe ich es in Ettal ausgehalten, bis endlich Anfangs Mai durch den Einmarsch der amerikanischen Truppen die Stunde der Befreiung schlug.

TEXTE AUS
DER LEBENSGESCHICHTE

1. SEELSORGE IN DER WEIMARER REPUBLIK

Fürsorge für Zuziehende

Bei der »60. Generalversammlung der Katholiken Deutschlands«, die vom 17. bis 21. August 1913 in Metz stattfand, zog P. Mayer erste Konsequenzen aus den Erfahrungen seiner Seelsorge in der Großstadt München. Seine Rede vom 20. August fand großen Beifall.

Veröffentlicht in: 60. Generalversammlung der Katholiken Deutschlands in Metz. Metz 1913, 292–295.

Verehrte Anwesende!
Gestatten Sie einem Manne der Praxis über die Abwanderung und die Zuwanderung einige Worte!

Zunächst möchte ich alle Herren bitten, daß Sie es nicht übel auffassen, wenn vielleicht von mir das eine oder andere harte Wort fallen wird. Sie dürfen sicher sein, es liegt mir völlig fern, irgend jemand zu nahe zu treten. Aber sehen Sie, die Sache, über die ich reden muß, brennt mir auf der Seele. Und daß man da das Kind beim rechten Namen nennt – ich glaube kaum, daß irgend jemand einem das übel nehmen kann.

Einige Worte über die Abwanderung! Ich glaube, ich brauche es Ihnen nicht mehr zu sagen, um was für eine hochwichtige Sache es sich hier handelt. Es steht ein Lebensinteresse unserer katholischen Kirche auf dem Spiel, es ist hochbedeutsam, wie diese Frage in der Praxis von den Katholiken im Laufe der Jahre gelöst wird. Das Wohl von Zehntausenden, ja man kann schon sagen, von Hunderttausenden unsterblicher Seelen steht hier auf dem Spiele. Nun wie geht es denn, wenn so einer in die Stadt hereinzieht? Das nächste, was er braucht, ist eine Wohnung. Wir haben schon etwas gehört über die Ledigenheime, eine sehr wichtige Sache. Wir wissen auch, daß es notwendig wäre, einen Wohnungsnachweis für Verheiratete einzurichten. Die Schwierigkeiten sind aber bis jetzt, für uns in

München wenigstens, unüberwindlich gewesen, was den letzten Punkt angeht. Wir werden aber der Frage das größte Augenmerk für die Zukunft zuwenden.

Das nächste, was der Zuziehende braucht, ist Arbeit. Ja, Arbeit! Heutzutage in der Großstadt eine Arbeit bekommen, die eine Familie ernährt, das ist nicht so einfach, wie sich das manche vorstellen. Da denken die Leute auf dem Lande: wo 500 000 Menschen ihr Brot finden, da werde ich doch auch etwas zu essen bekommen. Wie viele müssen wieder abziehen, um eine Enttäuschung reicher, um eine Hoffnung ärmer.

Nun wollen wir annehmen, der Mann findet Arbeit. Jetzt kommt der erste Sonntag.[1] Nichts rührt sich in seiner Umgebung, er hört kein Glockengeläute, niemand von den Nachbarn macht Miene, in die Kirche zu gehen, ja es mutet einem manches, was man auf dem Hausgang oder im Treppenhaus sieht, ganz werktäglich an; vielleicht weiß man auch noch nicht, wo die Kirche ist, und darnach zu fragen, ist man zu bange, oder wenn man es wagt, bekommt man eine spöttische Bemerkung zu hören. So bleibt man einmal aus der heiligen Messe, am zweiten Sonntag vielleicht wieder, und allmählich findet man das ganz bequem.

Nicht lange dauert es, da tritt man auf der Arbeitsstätte an den Mann heran und fragt ihn, ob er schon eine Karte habe, d. h. ob er schon organisiert[2] sei. Da legt man es ihm zuerst sanft und dann immer energischer nahe, sich organisieren zu lassen, indem man bedeutet, daß das einfach sein müsse, wenn er Arbeit haben oder Arbeit behalten wolle. Schließlich tut er es. Man sagt ihm außerdem, die Organisation habe nichts zu tun mit Religion, man verfechte in derselben nur wirtschaftliche Interessen, und sonst könne er sein, was er wolle.

---

1 Mayer beschreibt treffend die Auswirkung des unterschiedlichen sozialen Milieus, auch auf das religiöse Verhalten.

2 Die Gewerkschaften und die Arbeitervereine spielten nach der Reichsgründung (1871) und der Sozialgesetzgebung eine beachtliche Rolle; vgl. *Im Dunst aus Bier, Rauch und Volk*, 24–38.

Sofort ist auch die farblose Presse im Haus, und dann, auf Drängen von Nachbarn und guten Freunden in der Umgebung, sehr häufig bald eine durchaus kirchenfeindliche Zeitung. Das ist dann die tägliche Lektüre.

Nun, Sie sehen, so geht das Schritt für Schritt, die Familie kommt in eine ganz andere Atmosphäre, in ein ganz anderes Milieu hinein mit einem Schlag. Wenn wir uns das vergegenwärtigen, so können wir uns tatsächlich nicht mehr wundern, daß die Leute oft schon nach kurzer Zeit in religiöser Hinsicht zum Teil furchtbar gleichgültig werden. Ja, sagen Sie vielleicht, tut man denn in der Stadt nichts, um sich der Leute anzunehmen, kommt man nicht und macht sie auf das und jenes aufmerksam, schläft man denn in den Großstädten? Verehrte Anwesende! Wir wissen recht wohl, daß da noch manches fehlt, und daß wir den großstädtischen Verhältnissen noch nicht gewachsen sind. Das ist wahr. Aber das können wir heute schon sagen, daß manches geschieht und in manchen Städten schon sehr viel geschieht. Wir haben in München jetzt 5600 Vertrauensleute des Arbeiterstandes mobil gemacht. Das ist eine schöne Zahl, und dazu sind noch eine Reihe von Damen aus allen Ständen tätig, welche sich bereit erklärten, der Zugezogenen sich anzunehmen nach der Weisung des Seelsorgers.

Aber, verehrte Anwesende, all das ist zum großen Teil wertlos, wenn nicht der Hebel angesetzt wird auf dem Land. (Lebhafter Beifall). Das ist in unserer ganzen Frage das Wichtigste. Als ich in die Großstadt hineinkam, bin ich herumgegangen in allen Stadtbezirken, habe mit den Vertrauensleuten gesprochen, mich mit ihnen auseinandergesetzt, wie sie denn die ganze Sache ansehen, und das Resultat nach einem Jahr war: Wenn das auf dem Lande nicht anders wird, wenn die Leute nicht besser vorbereitet in die Stadt kommen, dann ist die Mühe in der Großstadt zum großen Teil umsonst. (Zustimmung und lebhafter Beifall).

Verehrte Anwesende! Ich will damit keinem der Herren auf dem Lande zu nahe treten, denn es gibt ja auf dem Lande sehr große Schwierigkeiten, wenn man die Leute auf die Großstadtverhältnisse vorbereiten will. Aber die Schwierigkeiten sind da, um überwunden zu werden (Zustimmung und Beifall), und da möchte ich einiges anführen. Ich kann mich leider nicht in längeren Ausführungen ergehen, bloß die Hauptpunkte möchte ich hervorheben.

Aufklärung ist notwendig hinsichtlich des leichtsinnigen Abwanderns vom Lande in die Stadt; es muß den Leuten klar gemacht werden, welche Schäden das mit sich bringt in wirtschaftlicher Hinsicht und in religiös-sittlicher Beziehung, wenn es einmal in den Zeitungen heißt: jetzt gibt es in München 10 000 Arbeitslose.[3] Da muß man den Leuten zeigen, welche Torheit es ist, zu den Zehntausend hinzu noch mit einer Familie in die Stadt hineinzuziehen. Das ist doch für einen Großstadtseelsorger entsetzlich, wenn er weiß, daß es zehntausend Arbeitslose in der Stadt gibt und wenn er sieht, wie täglich Dutzende von Leuten neu hereinziehen, die in wenigen Wochen tatsächlich nicht wissen, was sie essen sollen, und so dem größten Elend preisgegeben sind; ich meine, wenn man die Leute darauf dann und wann aufmerksam macht, so müßte es doch mit der Zeit Eindruck machen.

Dann tut Aufklärung not hinsichtlich der Presse. Die Leute müssen im kleinsten Ort den Unterschied zwischen farbloser, kirchenfeindlicher und katholischer Zeitung kennen; es muß ihnen klar gesagt werden, was für eine Bedeutung die Presse hat für das ganze religiös-sittliche Leben des einzelnen und der Familie, und daß es eine Ehrensache für den Katholiken ist, unsere Presse zu unterstützen. (Lebhafter Beifall).

Notwendig ist die apologetische Schulung. Wir müssen die Leute mit den Schwierigkeiten vertraut machen, denn sonst fallen sie auf die erbärmlichsten Lügen und Vorwürfe herein. Ja, jetzt kommt man nicht mehr damit aus, daß man über diese Sachen nichts sagt; notwendig ist es, daß sie auf die modernen Schwierigkeiten aufmerksam gemacht werden. (Lebhafter Beifall).

---

3 Vgl. »Massenversammlung der Arbeitslosen«, ebd. 131–132.

Dann kommt noch dazu Aufklärung bezüglich der Organisationen. Die Leute müssen wissen, daß es gewerkschaftliche Organisationen gibt. (Sehr richtig!) Denn, wenn sie in die Stadt hineinkommen, dann müssen sie sich organisieren. Es kommt alles darauf an, wie. Und da muß ein Mann wissen, daß es gegen sein Gewissen ist, wenn er sich einer sogenannten freien, d. i. sozialdemokratischen Gewerkschaft anschließt. Wir wissen auch, daß es Fälle gibt, wo man einfach nichts machen kann. Die Verhältnisse sind manchmal stärker als die Menschen. Aber wenn es irgendwie geht, darf ein katholischer Mann nicht in eine solche Organisation hinein. (Sehr richtig!) Gut, er muß sich organisieren, aber er muß sich halt – ich rede jetzt als Süddeutscher – christlich organisieren.[4] (Sehr richtig! Beifall). Verehrte Anwesende! Ich sage das als Seelsorger, als Priester, weil ich weiß, daß wir unsere Leute sonst nicht bei unserer Fahne halten können; es ist dies einfach ausgeschlossen, wenn wir sie nicht auf unsere Weise einer gewerkschaftlichen Organisation zuführen. Das setze ich als selbstverständlich voraus, daß die Leute in erster Linie gewonnen werden müssen für den katholischen Arbeiterverein. (Beifall). Aber wohl verstanden, wenn unsere Leute nicht die gewerkschaftlichen Organisationen im Rücken haben, wie können wir ihnen dann Arbeit verschaffen? (Sehr richtig!) Das ist der springende Punkt: wenn ich den Leuten keine Arbeit bieten kann, dann kann ich sie doch nicht nötigen, von einer anderen Organisation, von einer sozialdemokratischen fernzubleiben. (Sehr richtig!)

Verehrte Anwesende! Aus diesem Grunde müssen die Leute über die gewerkschaftlichen Organisationen aufgeklärt werden, in nicht geringerem Maß aber bezüglich der katholischen Standesvereine. Von Jugend auf sollten sie in das katholische Vereinswesen eingeführt werden. Das kann nicht von heute auf morgen geschehen, aber mit der Zeit wird man den einen oder

---

4 Zu: Katholische Arbeitervereine Süddeutschlands (seit 1891) und Christliche Gewerkschaften (seit 1894) vgl. ARETZ, *Katholische Arbeiterbewegung*, in: Rauscher, 159–214.

anderen katholischen Verein, der den Verhältnissen der betreffenden Gemeinde entspricht, einführen können, damit die Leute so praktisch die Vereinsarbeiten und die Wichtigkeit und die Notwendigkeit der katholischen Standesvereine kennen lernen.

Verehrte Anwesende! Das sind die wesentlichen Vorarbeiten. Freilich wird es auch notwendig werden, daß selbst in den kleinsten Gemeinden eine Vertrauensmännerorganisation eingerichtet wird, das heißt, daß bestimmte Männer und Frauen aufgestellt werden, die es als Gewissenspflicht ansehen, die Adressen der Abreisenden der Großstadt mitzuteilen, so daß wir auf diese Weise frühzeitig die Adressen in die Hände bekommen.

Verehrte Anwesende! Ich muß jetzt leider schließen, weil die Zeit schon weit vorangeschritten ist; es tut mir dies leid, ich hätte noch vieles auf dem Herzen. Ich möchte Sie aber doch um das eine bitten, besonders auch die Herren in der Stadt: verlieren Sie nie den Mut in dieser schwierigen Situation. Wir tun eben, was wir können (Bravo), und all das andere überlassen wir vertrauensvoll unserm Herrgott. (Lebhafter Beifall.) Man hat mir schon gesagt, ich sei ein unverbesserlicher Optimist. Verehrte Anwesende! Wenn ein Seelsorger seinen Optimismus verliert, dann ist überhaupt nichts mehr zu machen. (Sehr lebhafter Beifall.) Daß selbstverständlich bei dieser Arbeit das Notwendigste ist, daß die Vertrauensleute, überhaupt alle die, die mit dieser Sache zu tun haben, durchdrungen sind von dem Geiste der Religion, daß wir sie dazu bekommen müssen, alles das zu tun aus übernatürlichen Beweggründen, daß wir mit aller Kraft darauf hinarbeiten, daß sie in den heiligen Sakramenten ihre Kraft suchen zu all der Arbeit, die sie zu leisten haben, das ist für einen katholischen Priester selbstverständlich. (Beifall.)

Verehrte Anwesende, wenn gestern der Ruf erklungen ist »Gott will es« bezüglich der äußeren Missionen, so meine ich, ist es in betreff der Ab- und Zuwanderung auch der Wille Gottes, daß wir alle samt und sonders alle Kräfte anspannen, die uns zur Verfügung stehen, daß wir alle Hebel in Bewegung setzen und alle Minen springen lassen, um zu retten, was zu retten ist, denn Gott will es. (Lebhafter Beifall.)[5]

Die Persönlichkeit des Seelsorgers im Felde

Am 8. und 9. April 1918 tagte in München unter Vorsitz von Michael Kardinal Faulhaber eine Versammlung von 20 Seelsorgern. Das Thema dieser ersten Pastoralkonferenz hieß: »Die seelsorgliche Vorbereitung auf die Rückkehr unserer Krieger in die Heimat, in die Familie und in den Beruf«. Bei dieser Tagung hielt P. Rupert Mayer am 8. April ein Referat. Seine Vortragsskizze veröffentlichte dann unter den Tagungsbeiträgen Dr. Michael Buchberger in einem Buch mit dem Titel: Seelsorgsaufgaben der Gegenwart und der nächsten Zukunft (Regensburg 1918, 85–88).

ARM/München: Kopie der Veröffentlichung.

Es ist auffallend, wie verschieden der Aufgabenkreis des Feldseelsorgers von den einzelnen Feldgeistlichen aufgefaßt wird. Es hat z. B. vielleicht mancher keine Ahnung, welch gewaltiges Feld der Tätigkeit sich ihm in der vorderen Linie während der Schlacht eröffnet und welchen Rieseneinfluß er sich durch diese Tätigkeit bei Offizieren und Mannschaften sichert. Daher wird auch das Urteil der einzelnen über die Eigenschaften, die der Feldseelsorger haben muß, recht verschieden lauten.

In der sozialistisch angehauchten Großstadtbevölkerung herrscht das größte Mißtrauen gegen den Priester. Man betrachtet ihn als einen Mann, der predigt, Messe liest, kurz, der seinen Beruf ausübt – um Geld zu verdienen. Alles andere sieht man mehr oder weniger als Mittel zu diesem Zweck an. Des-

---

5 Nach Mayers Rede fügte Vizepräsident Paul Trunk an: »Zuerst eine Bemerkung! Herr Präses Mayer hat eine Äußerung getan über die Frage, wie man sich organisieren soll. Ich konstatiere, daß er ausdrücklich bemerkt hat, er mache diese Äußerung von seinem Standpunkt aus. Ich möchte die folgenden Redner bitten, über die Frage, wie man sich organisieren solle, sich nicht weiter zu äußern« (60. Generalversammlung, 295). Ein Hinweis auf Differenzen in der Einschätzung von Arbeitervereinen und Gewerkschaften, die auch zwischen nord- und süddeutschen Katholiken bestanden.

halb kommt alles darauf an, den Leuten durch die Tat zu beweisen, daß man felsenfest von dem überzeugt ist, was man nach außen hin vertritt, daß man bei seinem Handeln keinen zeitlichen Gewinn erstrebt, sondern sich von ewigen, übernatürlichen Beweggründen leiten läßt. Deshalb muß man im Feld zeigen, daß es einem blutig ernst ist mit dem Glauben an göttliche Vorsehung, mit der treuen Pflichterfüllung bis in den Tod, mit der Übung der christlichen Nächstenliebe, mit dem Paulinischen »Allen alles zu werden«[6] bis zur völligen Selbstaufopferung. Nichts ist aber für den Feldgeistlichen leichter als dies. Nicht selten hat er dazu täglich Gelegenheit, und gar manchmal nicht bloß einmal am Tag. Deshalb ist es dem Feldgeistlichen verhältnismäßig leicht gemacht, das Hauptvorurteil, das nicht wenige Kreise gegen ihn haben, zu überwinden und seinen Beruf so erfolgreich auszuüben, wie es ihm in der Heimat im Frieden kaum möglich ist.

Einzelne Eigenschaften, äußere und innere, mögen im folgenden noch kurz behandelt werden:

Der Feldgeistliche sollte nicht zu alt und nicht zu jung sein. Einem zu alten Herrn fehlt es an der dringend notwendigen Beweglichkeit und Elastizität; einem zu jungen wird es schwerer, sich das nötige Ansehen, besonders bei Offizieren, zu verschaffen, abgesehen davon, daß ihm die Erfahrung mangelt. Der Feldgeistliche muß durch und durch gesund sein, sonst ist er den Strapazen nicht gewachsen; er muß gute Nerven haben. Bei ihm dürfen die Nerven auch in der kritischsten Lage nicht auslassen. – Es wäre besser gewesen, wenn die Feldgeistlichen von Anfang an keine Bärte getragen hätten. – Wenn sich der Feldgeistliche auf das Reiten gut versteht,[7] hat er vor anderen etwas voraus. Es ist das Pferd das sicherste Fortbewegungsmittel im Feld. Aber nie darf es zum Reitsport ausarten, sondern das Reiten muß immer Mittel zum Zweck bleiben. Wenn der Feldgeistliche in seinem äußeren Auftreten etwas Soldatisches

---

6 1 Kor 9,22.

7 Hier kommt auch Mayers Vorliebe für den Reitsport zum Tragen; vgl. S. 52 f.

an sich hat, tut er sich leichter als einer, dem das fehlt. Aber er muß sich sehr hüten, den Offizier herauszukehren. Er darf nie vergessen, daß er im Felde ist, nicht um bedient zu werden, sondern um zu bedienen.

Der Feldgeistliche sollte weltgewandt sein. Wenn er die äußeren Formen beherrscht, so gibt ihm dies ein sicheres Auftreten. Dann wird er als gebildet und standesgemäß betrachtet. Das decorum clericale allein genügt nicht, aber er muß dasselbe durchaus haben. Sonst läuft er große Gefahr, im Äußern aufzugehen, ein Salonpfarrer zu werden. Aber nur das nicht! Er darf auch nichts Burschikoses oder Fatzkenhaftes an sich haben.

Der Feldgeistliche braucht Takt, viel Takt im Verkehr mit den Offizieren, mit denen er bei Tag und Nacht zusammen ist, bei Leichenreden, Predigten, in Wahrung seines Standpunktes, in seinem Verhalten zum protestantischen Kollegen, in Beurteilung seiner eigenen Leistungen. Er darf nie vergessen, was man ohne weiteres von jedem Frontoffizier, besonders Zugführer, und jedem Frontsoldaten verlangt. – Schon der Takt verbietet ihm, ordenslüstern[8] zu sein. Der Takt ist es auch, der dem Feldgeistlichen die mittlere Linie weisen muß, wenn es sich darum handelt, die Interessen sowohl der Offiziere als der Mannschaften zu wahren.

Ein gediegenes Wissen ist notwendig, da häufig über alle möglichen Fragen disputiert wird. Aber lieber weniger Wissen und mehr Weltgewandtheit und einen praktischen Blick in Anordnung und Vorbereitung von Gottesdiensten, vom Empfang der heiligen Sakramente, in Ausübung der ganzen Feldseelsorge. Wieviel Unannehmlichkeiten kann sich z. B. ein Feldgeistlicher bereiten, wenn er vom Feind eingesehene Pfade benützt, weil ihm der Blick dafür fehlt. – Besonders zeigt sich der Praktiker auch in der Predigt.

---

8 Hans Carossa bezieht dem Divisionspfarrer Mayer gegenüber eine sehr kritische Position, wenn er am 8. November 1916 in sein Kriegstagebuch notiert: »sogar der sanfte Pfarrer brennt vor Gier nach Ehrenzeichen« (Car 2,246). Die in »Führung und Geleit« von Carossa bearbeiteten Tagebücher bringen dagegen mehr die Bewunderung Carossas für Mayer zum Ausdruck; vgl. etwa Car 1,740–741.

Der Feldgeistliche muß mäßig sein in Speise und Trank. Er ist der Diener der Religion des Kreuzes. Damit ist es unvereinbar, wenn er sich in dieser Beziehung gehen läßt. Nach großen Gefahren und schweren Entbehrungen kann die Versuchung dazu nicht gering werden. Aber er darf sich dem nicht hingeben, wenn er nicht bei Tisch das, was er sonst mühsam aufgebaut hat, niederreißen will. Gewiß, er darf und soll teilnehmen an gelegentlichen Festessen, aber er muß sehr mäßig bleiben. Der Feldgeistliche wird sich übrigens hierin nicht leicht etwas vergeben, wenn er sich auszeichnet durch einen nie rastenden Eifer. Er muß ein Zeitjäger sein, sonst kann er seinen vielseitigen Pflichten nie und nimmer gerecht werden.

Wenn er seinem Beruf in richtiger Weise nachkommen, wenn er also Einzelseelsorge, was die Quintessenz der Feldseelsorge ist, treiben will, so ist er der meistbeschäftigte Mann an der Front. Wenn die Truppe in Stellung ist, hat er eine Riesenarbeit, bis er jede Stellung, jeden Laufgraben, jede Sappe, jeden Horchposten, jeden Unterstand, jede Feldwache kennt, um mit jedem einzelnen Mann in steter Fühlung zu bleiben, und wenn die Truppe in Ruhe ist, hat der Feldgeistliche erst recht keine Ruhe, bis er weiß, wo jedes Bataillon untergebracht ist, bis er die Gottesdienste angesetzt und gehalten hat, bis der Empfang der heiligen Sakramente geregelt ist, bis er die Quartiere jeder Kompagnie, jedes Zuges, jeder Gruppe kennt, jedes Revier ausgekundschaftet hat, um die Leute zu begrüßen usw. Durch rastlosen Eifer, nicht durch Gschaftelhuberei, kann man auch am besten das Vorurteil bekämpfen, als ob der Geistliche draußen überflüssig sei. Rastloser Eifer[9] Tag für Tag, Monat für Monat unter Verzicht auf alles, was nach Bequemlichkeit

9 Merkwürdig ist die Feststellung Carossas, als er am 16. November 1916 sah, wie Mayer – wider Erwarten Carossas – sich wenig um rumänische Verwundete kümmerte: P. Mayer »wandte sich ab! Katholik, kein Christ!« (Car 2,255). Gerade das Gegenteil berichtet jedoch Julius Trumpp: »Er hat, während für uns nur drei Stellungsperioden in Frage kamen, sich täglich wiederholt in der vorderen Linie aufgehalten, Verwundete geborgen, Sterbenden die Augen zugedrückt, sie gesegnet, mit ihnen gebetet und Tote, wenn auch in Granattrichtern, zur letzten Ruhe bestattet. Er hat

schmeckt, nötigt schließlich auch dem religiös Kalten Achtung ab.

Der Feldseelsorger braucht ein warmfühlendes, teilnehmendes, zu jedem Opfer bereites Herz. Nur so kann er allen alles oder besser jedem alles werden, soweit dies eben armseligen Menschen möglich ist. Jeder Soldat muß wissen, daß er an seinem Pfarrer seinen treuesten, allzeit hilfsbereiten Freund hat, der ihn nie und nimmer im Stich läßt. Der Seelsorger sollte bei seinen täglichen Gängen in die Stellung oder in die Quartiere oder in die Reviere nie mit leeren Händen kommen, wenn es irgendwie geht. Bei den Kindern heißt es, wer mir etwas gibt, das ist mein Freund. Das gilt auch hier ... Wieviel kann der Feldgeistliche in der vorderen Linie tun zur Bergung, also zur Rettung verwundeter und verschütteter Kameraden! Das werden ihm die Soldaten nie vergessen.[10]

Das alles ist freilich nur dann möglich, wenn die katholischen Grundsätze zum eisernen Bestand des Feldseelsorgers gehören, und wenn er ernstlich bestrebt ist, ein solides, inneres Leben zu führen. Das ist und bleibt selbstverständlich Stern und Kern auch für den Feldseelsorger.[11]

---

keinen Unterschied zwischen Freund und Feind gemacht« (Trumpp, *Das Kgl. Bayerische Res. Infanterie-Regiment Nr. 18*, 123).

10 Julius Trumpp berichtet ebenso (l.c., 60): »Der Gefahr, die dem II. Bataillon drohte, bewußt, hatte sich aus freiem Entschluß der Divisionsgeistliche Pater Rupert Mayer auf den Weg nach der vorderen Linie gemacht, wohl in der Hoffnung, Verwundeten Hilfe zu bringen oder schlimmstenfalls Sterbenden die Augen zuzudrücken. ... der beispiellose Einsatz der eigenen Person, gestützt auf das Vertrauen und Ansehen, das er bei den Mannschaften genoß, ersetzte vollkommen den fehlenden Führer, bis sich die Gefechtslage einigermaßen geklärt hatte. Der Pater hat mit dieser aus Liebe zu seinen Kameraden getragenen Tat sein Ansehen noch mehr gefestigt«.

11 Der Gesamteindruck Mayers auf Carossa in: Car 1,739 ff.: »An sein Vorbild klammerte sich meine Verzweiflung; ich zwang es gewissermaßen, mir Kräfte aus dem Unsichtbaren zuzuwenden, und so überstand ich immer wieder den Tag oder die Nacht« (Car 1,741).

Gedächtnisrede, gehalten am Grab der 21 unschuldigen Opfer des Gesellenvereins St. Joseph vom 6. Mai 1919

Bei den Unruhen der Revolution wurden am Abend des 6. Mai 1919 26 Mitglieder des Katholischen Gesellenvereins St. Joseph im Kasino Maxvorstadt (Augustenstraße 41) aufgrund der Angaben eines Denunzianten, sie seien Spartakisten, verhaftet. Im Keller des Prinz-Georg-Palais (Karolinenplatz 5) wurden 21 von ihnen durch Soldaten der Regierungsgruppen mißhandelt und ohne Verhör oder Urteil umgebracht. Die Betroffenheit unter der Münchner Bevölkerung war groß. Die Gedächtnisrede am gemeinsamen Grab der Ermordeten im Westfriedhof München hielt P. Mayer am 10. Mai. Der Text wurde – zumal wegen seines Aufrufs zu Friede und Versöhnung – als Flugschrift verbreitet.[12]

ARM/München: Abschrift der Gedächtnisrede.

Liebe Eltern, Frauen und Geschwister! Liebe Angehörige!

Viel habe ich während der 2½jährigen Tätigkeit im Felde erlebt. Schauerliches mitansehen müssen. Aber nichts hat mich innerlich so erschüttert, so zermalmt, als die Nachricht von dem Fürchterlichen, was hier geschehen ist. Als mir das vom Gesellenpräses[13] erzählt wurde, da hatte ich nur den einen Gedanken: »Es ist unmöglich!« und lange dauerte es, bis ich mir die Sache klar machen konnte. Ich war starr vor Entsetzen bei dem Gedanken an das Schauerliche, was die guten Gesellen in dem schrecklichen Augenblick erleben mußten, bei dem Gedanken an den namenlosen Schmerz der Angehörigen, bei dem Gedanken an den großen Verlust, den nicht bloß die Angehörigen, sondern auch die Pfarrei, vor allem auch das Vereinswesen, das ganze katholische München erlitten hat.

Liebe Angehörige, Ihr dürft überzeugt sein, so wie mir ist es

12 Zum Vorfall vgl. *Revolution und Räteherrschaft in München. Aus der Stadtchronik 1918/1919*. Zusammengestellt und bearbeitet von Ludwig Morenz. München 1968, 110; vgl. ebenso: Hillmayr, *Roter und weißer Terror*, 143–149. Dort ist von einem »Massaker« die Rede.

13 Präses des Gesellenvereins war 1919 P. Erwin Haas OFMCap (1887–1948).

Tausenden, ja Zehntausenden ergangen. Es trauern mit Euch an diesem Massengrabe alle getreuen, gut gesinnten Katholiken Münchens. Sie betrachten jene, die sich in den katholischen Organisationen zusammenfinden, als die Elite, als diejenigen, auf die sie sich unbedingt verlassen können. Es trauern mit Euch an diesem Grabe die Tausende und Tausende von Mitgliedern unserer Standesorganisationen.[14] Sie alle wissen, was sie an den Gesellen verloren haben. Und in erster Linie trauern mit Euch unsere lieben Gesellen, die durch die idealen Bande der Freundschaft und durch die gemeinsamen Ziele zusammengeschlossen sind und die sich wohl darüber klar sind, daß mit den Entschlafenen ein Stück ihres eigenen Herzens ins Grab versenkt wird. Es trauert mit Euch der Klerus der Stadt München und er nicht zuletzt, angefangen von unserem hochwürdigsten Oberhirten bis herab zum letzten Kaplan. Wir Geistlche wissen wohl, was wir an denen verloren haben, die nicht bloß den Glauben im Herzen haben, sondern die auch gewillt sind, in der breitesten Öffentlichkeit einzutreten für ihre Ideale.

Nicht umsonst heißt es, daß geteiltes Leid halbes Leid ist. Euer Leid wird geteilt von allen treugesinnten Christen und diese Teilnahme möge Euch das Furchtbare, das Euch geschehen ist, erleichtern.

Was uns vor allem so weh tut und was die ganze Sache so kraß macht, das ist die Tatsache, daß unschuldige, harmlose, liebe, gute Leute so jäh und plötzlich auf so schreckliche Weise ums Leben gekommen sind. Wir wollen es in der breitesten Öffentlichkeit feststellen, daß sich die lieben Entschlafenen nicht das geringste Ungesetzliche haben zuschulden kommen lassen. Wer anders redet und schreibt, der redet und schreibt, was nicht mit den Tatsachen in Einklang steht. Das ist, was das Herz so erbeben macht.

Verstehen kann man es, wenn im ersten Augenblick das Herz in Aufwallung geriet und uns Gedanken des Hasses gegen jene aufsteigen wollten, die so furchtbar an uns gefrevelt haben.

14 Zur Rolle der Standesorganisationen vgl. NIPPERDEY, *Religion im Umbruch*, 24 ff.

Aber das war nur ein Augenblick und konnte nur ein Augenblick sein: denn wir sind gläubige Christen und wollen aufrichtige gläubige Nachfolger Jesu Christi sein. Wir freuen uns, das Gebot der Liebe hochhalten zu dürfen. Deshalb weg mit jedem Gedanken des Hasses und der Rache. Gewiß, die irdische Gerechtigkeit muß zum Zuge kommen, das verlangen nicht wir, das verlangt das Gemeinwohl.[15] Aber wir überlassen die ganze Sache unserem Herrgott und plagen uns nicht mit Gedanken des Hasses und der Feindschaft. Wir wollen verzeihen, hochherzig und großmütig denen verzeihen, die uns so Furchtbares angerichtet haben; von ihnen gilt das Wort: »Sie wissen nicht, was sie tun!«[16] So handeln wir im Geiste und Sinne unserer lieben toten Gesellen.

Es ist ein wunderbarer Zug, der uns von Augenzeugen berichtet wird, daß in jener schrecklichen Lage der Senior des Vereins dazwischen getreten ist, um einen seiner Gesellen mit dem eigenen Leibe zu schützen und zu decken. Das ist etwas Großartiges, das zeigt uns, daß das Gesetz der gegenseitigen Liebe und christlichen Freundschaft tiefe Wurzeln gefaßt hatte in den jugendlichen Herzen und daß sie nicht Haß und Rache, sondern Vergebung und Verzeihung wollen.

Da und dort hat sich der Gedanke herausgewagt: Wie kann unser Herrgott so etwas zulassen? Wir sind uns wohl bewußt, daß wir hier stehen vor dem unerforschlichen Ratschluß Gottes und daß wir vor Gott demütig unsere Knie beugen müssen. Aber wir können den Schleier des Geheimnisses doch in etwa lüften. Es ist ein Trost für uns, daß es so brave, sittenreine junge Männer waren, die wohl jäh, aber nicht unvorbereitet aus diesem Leben geschieden sind. Wenn wir an unsere eigene Zukunft denken, müssen wir besorgt uns fragen: Was stände wohl unseren Braven noch bevor? Wir wissen es nicht und deshalb gönnen wir ihnen die Ruhe. Ich glaube nicht, daß einer von ihnen sich wieder heruntersehnte in dieses Tal der Tränen.

---

15 Die beiden Haupttäter wurden vom Volksgericht München am 25. Oktober 1919 zu je 14 Jahren Zuchthaus verurteilt.

16 Lk 23,34.

Aber warum hat gerade so charaktervolle, brave Eltern ein so schwerer Schicksalsschlag getroffen? Auch das können wir in etwa verstehen. Da gibt es Gelegenheit, nicht bloß Tugenden, sondern eine heldenmütige Tugend zu üben. Kann es einen größeren Akt der Gottesverehrung geben, als wenn eine christliche Seele sich restlos ergibt in den Willen Gottes mit dem Gedanken: »Verstehen kann ich es zwar nicht, aber nicht wie ich will, sondern wie Du willst, o Herr?«

Noch ein Gedanke ist es, der uns die furchtbare Sache in etwas helleres Licht rücken könnte: Könnten diese Opfer nicht vielleicht ein Mittel werden zur Versöhnung dieser sonst geradezu unversöhnlichen Gegensätze,[17] die wir jetzt gegenwärtig zutage treten sahen? Man hört es jetzt schon: Ja es kommt schon wieder einmal die Stunde der Vergeltung, die Stunde der Rache, wo wir das durchsetzen können, was man uns jetzt zu rauben suchte. Nicht bloß Männer reden so, auch Frauen gibt es, die nur auf den Augenblick warten, wo sie wieder zur Herrschaft kommen, um ihre einseitigen Interessen durchsetzen zu können. Auf der anderen Seite stehen wir und rufen diesen Volksgenossen zu: Haltet ein mit diesen Gedanken der Rache und des Zornes! Wir haben ein Recht darauf, wir, die wir hier stehen, schwergebeugt von den Opfern, die von uns verlangt wurden. Und da fragen wir euch: Haben nicht auch wir Grund zu klagen und Rache zu verlangen? Denn wem verdanken wir in letzter Linie, was wir beklagen und beweinen müssen? Ein jeder wird zugeben müssen: in letzter Linie denen, die diese einseitige unselige Gewaltpolitik unserem Volke aufzudrängen versuchten.

Aber unsere Gedanken sind nicht Gedanken der Rache. Wir sagen den unzufriedenen Volksgenossen: Schaut, über das Grab unserer Freunde hinüber reichen wir euch die Hand zur Versöhnung. Fort mit den Gedanken des Hasses. Soll sich unser Volk zerfleischen und zermalmen? Ferne sei das von uns! Wir bieten euch die Hand, schlagt ein! Wir bitten und beschwören

---

17 Anspielung auf die erbitterten Gegensätze und Kämpfe zwischen den »Weißen« (Reichswehr) und den »Roten« (Spartakisten).

euch, tut es um des Blutes dieser unschuldigen Opfer willen! Wir wollen vergessen, tut es auch ihr! Hand in Hand wollen wir arbeiten um unseres Volkes und unseres Vaterlandes wegen. Am Kreuze wurde einst ein Mord begangen an unserem Erlöser. Das Blut, das dort vergossen wurde, ist der ganzen Welt unendlich Segen geworden. Wenn das Blut, das hier vergossen wurde, wenn der Opfertod ihrer Söhne und Brüder dienen würde zur Überbrückung der gewaltigen Kluft in unserem Volke, so wäre das ein großer Trost für die Hinterbliebenen. Daß es so werden möge, wünschten und ersehnten wir mit ganzem Herzen und mit ganzer Seele.

»Ich bin die Auferstehung und das Leben, wer an mich glaubt wird nicht sterben in Ewigkeit!«[18] Ja, es gibt ein Jenseits, ein Wiedersehen! Wie glücklich sind wir daran! Hätten wir diesen Glauben nicht und hätten diesen Verlust zu ertragen, was bliebe uns übrig, als der stumme Schmerz der Verzweiflung? Aber gottlob, mit beiden Füßen stehen wir auf dem Grundsatze unserer heiligen Religion und unser Heiland weiß uns den Weg zu führen in eine andere bessere Welt. Wir hoffen zuversichtlich, daß unsere lieben Gesellen bereits eingezogen sind in jene besseren Gefilde, wo wir sie wiedersehen und wo wir mit ihnen wiedervereinigt werden.

Ita est.

Bericht an die Münchner Polizeidirektion (im Mordfall des USPD-Abgeordneten Karl Gareis)

Rupert Mayer besuchte am Abend des 9. Juni 1921 eine öffentliche Versammlung des Freidenkervereins »Darwin« im Mathäsersaal. Zum Thema »Die drohende Verkirchlichung der Schule« sprach der Landtagsabgeordnete Karl Gareis.[19] Mayer stellte in seinem Diskussionsbeitrag den »unvereinbaren Gegensatz« zwischen Christentum und Sozialismus heraus. We-

---

18 Joh 11,25.

19 Karl Gareis (geb. 17. November 1889 in Regensburg) war Fraktionsvorsitzender der USPD und engagierte sich vor allem gegen die Einwoh-

gen der entstehenden Unruhe sah er sich gezwungen, das Podium zu verlassen. Nach der Veranstaltung wurde Gareis auf dem Nachhauseweg erschossen. Mayer, der im Vortragssaal von einigen Zuhörern angesprochen worden war, wurde von der Polizeidirektion um Bericht gebeten – in der Hoffnung, daß diese Aussage auch zur Entdeckung des Mörders beitrage. An seinem Urlaubsort Wasserburg vernahm ihn die Polizei am 17. Juni (vgl. BayHStA/München Stanw 3088/3, 138–140).

BayHStA/München Stanw 3088/3,135–137. Handschriftlicher Brief vom 16. Juni 1921. Für den Hinweis danke ich Dr. Heike Bretschneider.

An die verehrl. Münchner Polizeidirektion[20]

Von der Kriminal-Abteilung der Münchn[er] Polizeidirektion aufgefordert zu berichten, welche Persönlichkeiten mich in der Freidenker-Versammlung (Ref. Abg. Gareis) vom 9. Juni angesprochen haben, teile ich folgendes mit:

Um 8.30 Uhr betrat ich den Mathäsersaal. Der vordere Teil des Raumes war sehr gut besetzt. Ein junger Mann, der mir völlig unbekannt war u[nd] der sich später als Lehrerseminarist vorstellte, bot mir in liebenswürd[iger] Weise seinen Platz an. Das Anerbieten nahm ich dankbar an. Nach dem Referat meldete ich mich sofort als Diskussionsredner. Der junge Herr überbrachte meine Wortmeldung dem Vorsitzenden während der Pause. In dieser Zeit begrüßte mich ein mir befreundeter Vorstand eines kath. Arbeitervereins. Derselbe macht mir Mitteilung von 2 sehr rohen Äußerungen, die über mich gefallen seien an seinem Tisch, als ich den Saal betreten hätte.

Als 1. Diskuss[ions]redner bekam ich das Wort. Wie ich es in derartigen Versammlungen nicht anders gewohnt bin, ging mein bloßes Erscheinen am Rednerpult einem Teil der Versammlung auf die Nerven. Es erfolgten die üblichen Unterbrechungen, bis ich schließlich infolge des immer stärker werdenden Lärmes nicht weiter sprechen konnte.[21] – Während der

nerwehren. Sein Landtagsmandat erhielt Ernst Toller (1893–1939), der jedoch in Haft blieb.

20 Auf dem Brief die Notiz: erhalten 17. 6. 21, nachm. 4^h. Ramer.

21 Im P.N.D. ist über die Versammlung vom 9. Juni 1921 zu lesen: »Es

Pause – das vergaß ich vorher anzugeben – sprach mich auch ein unbekannter Student an, indem er seine Absicht kundgab, nachher auch das Wort zu ergreifen. Ich machte denselben darauf aufmerksam, daß es nach meiner Erfahrung sehr schwierig sei, in solchen Versammlungen zu sprechen u[nd] daß unkluges Reden unerer Sache mehr schade als nütze. –

Nach meiner Rede schickte ich mich sofort an, den Saal zu verlassen, um gegen die Unterbrechungen zu protestieren. Als ich mich noch in der vorderen Hälfte des Saales befand, schloß sich mir ein junger unbekannter Mann[22] mit etwa 18 Jahren an, allem nach um mich zu beschützen und mich nach Hause zu begleiten. Es stellte sich nachher auf der Straße heraus, daß er Mitglied des kath. Jugendvereins St. Joseph ist. Als ich etwa in der Hälfte des Saales mich befand, kam ein Mann auf mich zu, der mich zu sprechen wünschte. Er beklagte sich bei mir bitter darüber, daß er von Christen selbst beim Verlassen des Gottesdienstes in kath. Kirchen, mit »Saujude« beschimpft würde. Er bat mich, in kath. Kreisen darauf hinzuwirken, dies zu unterlassen, da er gar kein Jude sei!!. Da diese Unterredung einige Zeit dauerte, so ersuchte ich den Herrn, mit mir bis zum Saaleingang (noch innerhalb des Saales – das letzte ¼ des Saales war nicht besetzt u[nd] ziemlich dunkel –) zurückzugehen. Dort hörte ich seinen Schmerz vollends an u[nd] suchte ihn zu beruhigen, indem ich ihm meinen Standpunkt in der Sache darlegte. Dieser Mann war c. 35 Jahre alt, schwarz u[nd] sah tatsächlich etwas jüdisch aus. Als ich mit ihm fertig war, sprach mich noch ein Herr an. Er stellte sich vor als alter Kriegskamerad, ehemaliger Angehöriger des 18. b. R.J. R. Er gab seiner großen Freude Ausdruck, mich einmal wiederzusehen. Er habe zwar den Namen nicht verstanden, den der Vorsitzende genannt

---

entsteht fortwährend Unruhe, sodaß sich der Redner schwer verständlich machen konnte. Er verließ schließlich das Podium.« Das Schlußwort von Gareis stellte fest, daß es verschiedene Arten des Christentums gebe und daß Christentum und Sozialismus als solche nicht im Widerspruch stünden (vgl. BayHStA/München Stanw. 3088/3, 51).

22 Peter Gleixner (geb. 1905), vgl. die Vernehmung durch die Polizei am 21. Juni 1921 (BayHStA/München Stanw 3088/3, 140–141).

habe, aber bei meinem Anblick habe er mich sofort wiedererkannt. Ich teilte seine Freude u[nd] gab der Hoffnung Ausdruck, ihn bei der 18er Vereinigung bald einmal wiederzusehen, wo mir uns dann gemütlicher unterhalten könnten, als dies heute der Fall sei. Wenn ich mich recht erinnere, stellte er sich als Lehrer vor. Ich schätze ihn auf c. 32 Jahre. Soviel ich bei der mangelhaften Beleuchtung sehen konnte, war er blond. Ob er einen grau-grünen Mantel anhatte, kann ich nicht sagen. Ich glaube aber, daß das der Mann war, von dem die »Münchner Post« in Nro 136 erzählt. Diese Unterredung dauerte nur wenige Augenblicke.

Zeuge dieser beiden Unterredungen war das oben angeführte Mitglied des kath. Jugendvereins St. Jos[eph], dessen Namen sich unschwer feststellen läßt.

Wie man diese harmlosen Besprechungen mit dem Mord in Verbindung bringen kann, ist das Geheimnis des Gewährsmannes der Münchner Post. Ganz unverantwortlich ist es aber von der Münchner Post, etwas derartiges zu veröffentlichen.

Wenn nichts außergewöhnliches passiert, erfolgt meine Rückkehr nach München am 23. Juni nachmittags. Ich vertrete hier den im Urlaub befindlichen Pfarrer.

Hochachtungsvoll:
Rup. Mayer SJ

Wasserburg a./Bodensee 16. 6. 21
Pfarrhaus.

Testamentarischer Brief

Wohl als späte Wirkung des Hitlerputsches vom 9. November 1923 und seines Scheiterns muß der aufs erste merkwürdige Abschiedsbrief Mayers vom 1. April 1924 gewertet werden. Mayer selbst ergeht sich in Andeutungen, auch im Hinweis auf das Urteil im Hitlerprozess am gleichen Tag. Man muß dennoch unter den »Völkischen« die National-Sozialisten vermuten. P. Mayer hat die Namen jener, die ihm nach dem Leben trachteten, nie verraten. Merkwürdig ist dann allerdings, daß Mayer zu seinem silbernen Priesterjubiläum am 2. Mai 1924 von Adolf Hitler ein Glückwunschschreiben erhält.

ARM München: Fotokopie des handgeschriebenen, dreiseitigen Originals. Überschrift vom Herausgeber.

Liebe Eltern u[nd] Geschwister!
Im Januar dieses Jahres kam eine mir bekannte, durchaus ernst zu nehmende Persönlichkeit[23] zu mir u[nd] teilte mir, nachdem ich derselben auf Ehrenwort absolutes Stillschweigen zugesichert hatte, mit, daß »man« beschlossen habe, mich zu ermorden. Wer unter dem »man« zu verstehen ist, weiß ich, halte mich aber für verpflichtet, mein Wort bis über das Grab hinaus zu halten, um die Persönlichkeit, die mich warnte, nicht mit zu verraten. Man faßte den Entschluß, mich aus dem Leben zu schaffen, weil man mich wegen meiner Reden im Bürgerbräukeller[24] u[nd] in Pfaffenhofen[25] u[nd] wegen meiner Predigten vor allem in der Männerkongreg[ation], in denen ich pflichtgemäß darauf hingewiesen habe, daß die kulturellen Bestrebungen der Völkischen mit den Lehren des Christentums u[nd] der kath[olischen] Kirche durchaus unvereinbar seien, u[nd] wegen meines großen Einflusses auf die Volksmassen als großen Schädling des vaterländischen Gedankens betrachtete.[26] Ausgerechnet mich haben sie für einen Schädling des Vaterlandes angesehen, der ich Dutzenden von Kameraden unter höchster eigener Lebensgefahr im Krieg das Leben gerettet habe. Das beweist, wie kaum etwas anderes, wie weite Kreise unseres

23 Es erhebt sich die Frage, ob dieser Informant Hermann Kriebel war, mit dem P. Mayer befreundet war.

24 Die Rede im Bürgerbräukeller fand am 21. Juni 1923 statt; vgl. S. 59.

25 P. Mayer sprach wohl am 23. August 1923 in Pfaffenhofen über »Christentum und die modernen Zeitströmungen«. Im Völkischen Beobachter vom 24. August 1923 wurde darüber berichtet: »Die ›moderne Geistesströmung des Sozialismus‹ als Vorwand nehmend, versuchte der volksparteiliche Hetzredner im Priesterrock den Nationalsozialismus als ›unchristliche Geistesströmung‹ abzutun, weil der Nationalsozialismus ›das vom heiligen Geist inspirierte Alte Testament ablehne; dem positiven Christentum sozusagen einen neuen Inhalt verleihe; nicht nur den Haß gegen das Judentum, sondern auch gegen unsere Feinde lehre‹.«

26 »wurde« gestrichen.

Volkes im Zustand heilloser geistiger Verwirrung,[27] Verirrung u[nd] Erkrankung sich befinden. Ich verzeihe darum[28] gerne meinen Mördern. Möge auch der Allgütige ihnen gnädig sein! Ja ich bin ihnen noch dankbar dafür, daß sie mich wegen meiner apostolischen Tätigkeit getötet haben, denn das gibt mir Hoffnung, bei Gott einen gnädigen und barmherzigen Richter zu finden. Ich habe auch sonst noch Gründe, die mir das Sterben erleichtern. Allein all dies nehme ich teils als süßes teils als trauriges Geheimnis mit ins Grab u[nd] in die Ewigkeit hinüber. Doch das sei Euch gesagt: leicht war mein Leben nicht!

Das alles möge Euch, l[iebe] Eltern u[nd] Geschwister sowie alle die lieben Freunde aus allen Schichten der Bevölkerung in ihrem Schmerz trösten! Wenn ich mir es auch täglich vorgesagt habe, wie wankelmütig die Volksgunst ist u[nd] wie falsch u[nd] unzuverlässig viele Menschen sind, so weiß ichs doch sicher, daß mir auf meinem Lebensweg nicht wenige Menschen begegnet sind, die es aufrichtig gut mit mir gemeint haben. Ich sage den Eltern u[nd] Geschwistern u[nd] allen lieben Freunden ein herzl[iches] Vergelts Gott für all die Liebe u[nd] Treue, die sie mir im Leben bewiesen haben. Absichtlich erwähne ich keinen einzigen Namen, um niemanden zu verletzen. Diejenigen, die mir bes[onders] nahe standen u[nd] teilweise mir in der Ausübung meines Berufes viel geholfen haben, wissen dies ja selber u[nd] ich drücke geistigerweise dafür jedem Einzelnen zum Abschied die Hand. Aber auch denjenigen, die mir durch Unaufrichtigkeit, Taktlosigkeit, Mißgunst viel Kummer bereitet haben, mögen davon überzeugt sein, daß ich ohne jeden Groll scheide. Gott sei mir u[nd] ihnen Allen gnädig!

Gewiß hätte ich noch gerne meinem Gott u[nd] meiner Kirche, den hilfsbedürftigen Menschen u[nd] meinem armen, wehrlosen, geschändeten u[nd] entehrten Vaterlande gedient, aber was Gott tut, das ist wohlgetan!

---

27 Vgl. die Formulierung Mayers im Brief vom 9. September 1930 an Kardinal Faulhaber. Daraus ergibt sich zwingend, daß die »Völkischen« die »Nationalsozialisten« waren.

28 »auch« gestrichen.

Euch, l[iebe] Eltern u[nd] Geschwister hätte ich noch viel Liebes u[nd] Gutes zu sagen, aber ist ist besser so!

Wenn es geht, laßt mich auf dem Waldfriedhof mitten unter den Kameraden meine letzte Ruhestätte finden! Wo der Soldat fällt, soll man ihn begraben.

Ich sehe mit völliger Ruhe meinem Tod entgegen. Im Feld habe ich mich bewußt ans Sterben gewöhnt. Gebe Gott, daß ich nicht schwach werde!

Wenn ich heute Nacht diese Zeilen schreibe, so hat dies seinen besonderen Grund. Morgen wird d[as] h[eißt] heute, da es schon 1½ Uhr nachts ist, wird das Urteil im Hitl[er]prozeß[29] verkündigt. Da kanns wohl sein, daß der Mordplan ausgeführt wird.

Mit herzlichem Gruß

Euer dankbarer Sohn u[nd] Bruder
Rupert Mayer

Auf Wiedersehn! München-St. Michael 1. April 24 morgens 1½

Die Vorbereitung einer Großstadtmission

Im Jahr 1926 fanden in München zwei große Stadtmissionen statt, deren »Generalstabschef« P. Rupert Mayer war. Bei der 6. Generalversammlung der Missionskonferenz in Hofheim/Taunus vom 11. bis 12. Juli 1928 berichtete P. Mayer von seinen Erfahrungen bei diesen großen seelsorgerlichen Unternehmungen und zog Konsequenzen für die gesamte Seelsorge. Das Referat wurde am 11. Juli 1928 gehalten.

Veröffentlicht in: Paulus V (1. Oktober 1928), 183–198.

Die Auffassung über die Volksmission, die ich noch 1919 auch öffentlich vertreten habe, halte ich heute nicht mehr für ganz richtig. Ich habe damals gesagt: Die Vorbereitung der Mission

29 Nach 24 Verhandlungstagen wurde am 1. April 1924 von Landgerichtsdirektor Georg Neithart das Urteil verkündet; vgl. Steger, *Der Hitlerprozess*; Gritschneder, *Bewährungsfrist*.

ist schon die Mission selbst. Wenn die Missionare zur Predigt kommen, ist die Mission eigentlich schon zu Ende und die Missionare kommen sozusagen nur zur Ernte. Jetzt bin ich anderer Meinung geworden. So wichtig und so wesentlich auch die gute und systematische Vorbereitung der Mission sein mag: Der Tätigkeit der Missionare selbst kommt doch die durchschlagende Bedeutung für den Verlauf und den Erfolg der Mission zu. Das haben mir die letzten großen Stadtmissionen zur Evidenz erwiesen. Wenn die Prediger es nicht verstehen, die Leute zu packen, zu begeistern, erfolgt allmählich eine Abwanderung aus der Kirche; ja die Persönlichkeit des Missionars spielt bei der Mission eine sehr große Rolle; macht er seine Sache gut, wird er jahrelang nicht vergessen, sondern lebt lange Jahre in der betreffenden Gemeinde weiter. Noch vor wenigen Tagen hatte ich Gelegenheit festzustellen, daß noch heute einige Missionare, die 1926 in der Münchener Stadtmission gepredigt haben, mit größter Ehrfurcht und Achtung genannt werden. Es ist also die Arbeit des Missionars selbst von größter Bedeutung.

Dabei bleibt freilich bestehen, daß eine gute und vor allem wohlorganisierte und systematische Vorbereitung der Mission für den Erfolg und den Verlauf eine wesentliche Vorbedingung darstellt.

Wie muß nun eine solche Vorbereitung beschaffen sein, wie soll sie am zweckmäßigsten durchgeführt werden?

I.

Das erste ist, daß die dafür verantwortlichen Männer etwa 1½ Jahre vor Beginn der Mission sich darüber klar werden, daß eine Mission in der Großstadt abgehalten werden soll. Der Termin dieses frühesten Beginns der Vorarbeiten kann nicht früh genug gelegt werden, und 1½ Jahr ist tatsächlich nicht zu früh! Es muß dann ein kleines gremium gebildet werden, an dessen Spitze der Stadtkommissar steht, und dessen Mitglieder sich aus den Stadtdekanen und aus einigen besonders hervorragenden Mitgliedern des Stadtklerus zusammensetzen, die in organisatorischer und pastoraler Richtung besonders qualifiziert erscheinen.

In diesem gremium nun sollte in jedem Fall ein alter, erfahrener Missionar sitzen; ich halte es sogar für unerläßlich, daß ein Mann bei der Vorbereitung der Mission mitarbeitet, der den Missionsbetrieb von Grund aus kennt. Freilich muß dieser Missionar wenigstens geistigerweise sein Ordenskleid ausziehen, das heißt, er darf die ganzen Vorbereitungen der Mission nicht von seinem Ordensstandpunkt aus zu beeinflussen suchen; er muß es ernstlich vermeiden, die Gedanken seines Ordens den andern Orden, die zur Stadtmission herangezogen werden, aufzudrängen. Er muß immer und immer wieder bemüht bleiben, ausschließlich das große Ganze vor Augen zu haben. Maßgebend für ihn in all seinen Arbeiten muß der Spruch sein: in necessariis unitas, in dubiis libertas, in omnibus caritas.[30] Nur das Wesentliche soll für alle Pfarreien der Stadt verpflichtend sein. Aber dieses »absolut Notwendige« muß dann auch unter Umständen sämtlichen Pfarreien aufgezwungen werden. In allen anderen Dingen aber soll man den einzelnen Pfarreien in den Verhandlungen mit den betreffenden Orden ihre Freiheit lassen. Die einzelnen Orden haben ja in unwesentlichen Punkten ihre Eigenart auch in der Missionsmethode, die in keiner Weise unterbunden werden soll. Nicht nur die betreffenden Orden, selbst die einzelnen Pfarrer verlieren alle Lust und alle Freude an eifriger Arbeit, wenn sie nichts mehr zu sagen haben, sondern auch in den Einzelheiten eine ganz bestimmte schematische Marschroute laufen sollen.

Es ist und bleibt des Pfarrers Aufgabe, mit dem ihm zugewiesenen Orden Hand in Hand arbeitend die Vorbereitung für seine Pfarrei durchzuführen.

---

30 »In den notwendigen Dingen Einheit, in zweifelhaften Freiheit, in allen aber werktätige Liebe.« Spruch, der dem hl. Augustinus zugeschrieben wird, aber erstmals in einer Schrift des Rupert Meldenius (1626 Rothenburg o.T) begegnet.

II.

Was ist nun in dieser Vorbereitung das Wesentliche? Ich unterscheide eine entferntere und eine nähere Vorbereitung.

A. Die entferntere Vorbereitung

Die erste Aufgabe der entfernteren Vorbereitung ist die Festlegung des Missionstermins. Wann soll die Mission gehalten werden, wie lange soll sie dauern? Hier stehen sich zwei Auffassungen scharf gegenüber, die noch lange nicht geklärt sind. Ein Teil des Klerus hält die Karwoche mit Einschluß der Ostertage für den günstigsten Termin, ein großer Teil aber sagt: Die beste Zeit für eine Großstadtmission, um die es sich ja in unseren Ausführungen allein handelt, ist und bleibt die Zeit um Allerheiligen.

Es ist nicht leicht, zwischen diesen beiden Auffassungen zu wählen; denn die Frage, in der Karwoche mit Einschluß der Ostertage die Mission zu halten, ist schließlich nichts anderes als eine Wetterfrage. Denn wenn ab Karfreitag die Sonne schön und warm scheint, ist mit der Mission einfach Schluß! Da hilft die beste Vorbereitung, hilft der beste Prediger nichts: Scheint am Karfreitag die Sonne und verspricht schönes Osterwetter, dann ziehen mit absoluter Sicherheit Hunderttausende aus der Großstadt hinaus und lassen trotz aller Vorsätze Mission Mission sein. Wir verstehen so etwas nicht; aber es ist nun einmal so und wir müssen damit rechnen. Zurück bleiben die Frommen, die kirchlich Treuen; die halten durch; aber diejenigen, auf die wir es abgesehen haben, ein Teil der 70%, den wir in der Vorbereitung der Mission und im Verlauf der Mission mit einem kleinen Häkchen gepackt haben und festhalten möchten, der wird uns durch die Sonne am Karfreitag wieder abspenstig gemacht. Wie war es doch bei der letzten Münchener Mission! Viele junge Leute, die mitmachten, waren am letzten Sonntag der Mission nicht dabei, weil bei München eine große Sportkonkurrenz war. Die Antwort der jungen Leute: »Aber das kann ich doch nicht auslassen!« verstehen wir Missionare vielleicht nicht ohne weiteres; nur wer die Psychologie der Großstadtjugend kennt, begreift ohne weiteres, daß junge Menschen eine solche Veranstaltung der Mission voranstellen.

Regnet es aber am Karfreitag: Dann wird die Mission glänzend zum Abschluß kommen; dann ist der Schluß der Fastenzeit zweifellos die beste Missionszeit. Denn wir dürfen nicht vergessen, daß die österliche Zeit ein starkes Prae hat durch die schwere Verpflichtung zum Sakramentenempfang. Das ist in der Zeit um Allerheiligen herum nicht der Fall.

Das eben Gesagte wird gut illustriert durch die Tatsache, daß am Josefstag 1928 über 200 000 Menschen nachgewiesenermaßen München ausflugshalber verlassen haben. Mit dieser Tatsache müssen wir Missionare einfachhin rechnen.

III.

Wie lange soll die Mission dauern? Ich habe in dieser Beziehung eine gründliche Bekehrung durchgemacht und sage: Wenn wir in der Großstadt unter der Männerwelt mehr Erfolg erzielen wollen, muß die Männermission länger als 8 Tage dauern. Dauert die Mission nur 8 Tage, dann können sehr viele Männer nur einige wenige Predigten hören; und die Männer sind doch schließlich diejenigen, die noch viel mehr als die Frauenwelt von dem systematischen Aufbau der ganzen Volksmission innerlich erfaßt werden müßten. Dauert die Mission nur 8 Tage, so kann vielleicht sogar der größte Teil der Großstadt-Männerwelt nur einige wenige Predigten hören, die aus dem ganzen System herausgerissen nicht die Wirkung haben können, die sie haben müßten. Also ich schlage vor: Dauer der Mission in der Großstadt für die Männer und Jungmänner unter allen Umständen mehr als 8 Tage!! die Hauptsache ist die Abendpredigt, in der immer die Hauptthemata behandelt werden müßten; denn die Abendpredigt ist immer weitaus am besten besucht; in der Morgenpredigt sollten die Gegenstände behandelt werden, die für die frommen Katholiken bestimmt sind; für diejenigen also, die der Sauerteig der Gemeinde, der Kern der Gemeinde sind. Die werden sicher immer auch zu den Morgenpredigten kommen!

Nachdem nun Termin und Dauer der Mission festgelegt ist, muß sich das gesamte gremium klar werden, welche Orden und Genossenschaften zur Abhaltung der Mission in den einzelnen Pfarreien eingeladen werden sollen. Es ist notwendig, sich schon sehr frühzeitig über diese wichtige Frage klar zu einigen, damit die in Frage kommenden Orden und Genossenschaften auch wirkliche tüchtige und für die Großstadtmission geeignete Kräfte zur Verfügung stellen können. Im anderen Falle wird es oft genug vorkommen, daß die besten Kräfte schon anderweitig vergeben sind und für Missionen festgelegt werden mußten, die bei weitem nicht die Bedeutung einer Großstadtmission haben.

Das gremium soll bei der Festlegung der einzelnen Orden und Genossenschaften weitgehendste Rücksicht auf die Wünsche der einzelnen Pfarrer nehmen, deren Vorschläge in dieser Beziehung eingeholt werden müssen.

Ist diese wichtige Frage geklärt, sind die einzelnen Orden und Genossenschaften den einzelnen Pfarreien der Stadt zugewiesen, dann muß der betreffende Pfarrer möglichst bald mit dem in Frage kommenden Orden die Verbindung aufnehmen, die bis zum Beginn der Mission nicht mehr abreißen darf.

IV.

Dann kommt die Ausarbeitung und Festlegung des Predigtplanes, was ebenfalls Aufgabe des genannten gremiums ist. Hier harrt des Missionars, der Mitglied des gremiums ist, eine sehr wichtige und folgenschwere Aufgabe. Er hat dafür Sorge zu tragen, daß die Ueberzeugung sich Bahn bricht, daß auch heute noch und gerade heute die Großstadtmission die ewigen Wahrheiten zum Gegenstand haben muß. Hier liegt eine sehr große Gefahr. Wer mit der Großstadt innere Fühlung hat, weiß, daß der Großstadtmensch unter Schwierigkeiten aller Art aufs schwerste zu leiden hat, daß die Großstadtbevölkerung in jeder Beziehung außerordentlich kritisch geworden ist. Wer in der Großstadt arbeiten muß, wird mir Recht geben, wenn ich behaupte, daß diese Kritik, diese Problematisierung bis in die

Fingerspitzen hinein einem allmählich auf die Nerven geht. Manche Herren sagen: Es müssen zunächst die Schwierigkeiten weggeräumt werden, es müssen die Praeambula fidei[31] behandelt werden. Geben wir in dieser Hinsicht nach, laufen wir Gefahr, daß unsere Großstadtmission eine Art wissenschaftliche Konferenz wird. Durch eine solche wissenschaftliche und apologetische Konferenz aber bekommen wir den Großstadtmenschen nie und nimmer in den Beichtstuhl und an die Kommunionbank. Wollen wir sie zum Sakramentenempfang bringen, müssen wir schon, wie bisher, die alten, ewigen Wahrheiten predigen. Das schließt aber nicht aus, daß man den Wünschen der Pfarrgeistlichkeit Gehör schenkt, daß man mit ihnen wegen der Predigten verhandelt; einem einigermaßen geschickten Missionar wird es immer gelingen, seine Predigten diesen Wünschen anzupassen und ihnen doch den Charakter der alten Missionsmethode zu lassen.

V.

Nach der Festlegung des Predigtplanes kommt im gremium die sehr wichtige Frage der Missionszeitung zur Sprache. Die Missionszeitung ist dem modernen Großstadtmissionar so sehr vertraut, daß ohne eine solche Zeitung für den Missionar überhaupt keine Missionsvorbereitung möglich scheint. Für sehr wichtig aber halte ich den Hinweis, daß diese Missionszeitung für jede Großstadtmission neu geschaffen werden muß, daß jede Missionszeitung aus den ganz besonders gelagerten Verhältnissen der betreffenden Großstadt herauswachsen muß. Deshalb ist die Herausgabe einer Missionszeitung gar nicht leicht. Mitarbeiter dürfen nur gewiegte, tüchtige Fachleute sein, die in den sozialen Fragen, in der Standesbewegung, in dem ganzen Großstadtmilieu usw. zu Hause sind. Das gremium muß aus seinen Mitgliedern oder anderen dazu hervorragend geeigneten Mitgliedern des Stadtklerus einen verantwort-

31 Praeambula fidei: Erkenntnisse, die dem Glaubensakt vorausgehen.

lichen Redaktionsstab bilden. Dieser Redaktionsstab muß unerbittlich sein und darf nur sehr gute Beiträge aufnehmen. Ich möchte an die Spitze einer solchen Redaktion jeder Großstadtmission einen Mann wünschen, wie wir ihn hatten und wie wir ihn wirklich nicht besser hätten haben können: den jetzigen Bischof von Regensburg,[32] der unübertrefflich gewesen ist. Man sollte es nicht für möglich halten, daß dieser gelehrte Herr so populär schreiben konnte, daß er so in jedem einzelnen Fall den Nagel wirklich auf den Kopf traf. Diesem Redaktionsstab, der dem gremium immer veranwortlich bleibt, liegt es ob, nicht nur für gute Beiträge zu sorgen, sondern auch frühzeitig die Verbindung mit einem Verleger und Drucker aufzunehmen, damit auch von dieser Seite die rein technischen Vorbereitungen früh genug getroffen werden können. Ein Mitglied des gremiums bezw. des Redaktionsstabes hat die Aufgabe, diese Verbindung mit dem Verleger und Drucker immer aufrecht zu erhalten.

VI.

Nach dieser Arbeit kommt die Festlegung der Kirchen, in denen gepredigt werden soll. Grundsatz muß sein, den Leuten der Großstadt die Mission möglichst bequem zu machen, und Aufgabe des Missionars im gremium wird sein, gerade in diese Angelegenheit einen möglichst großzügigen Charakter hineinzutragen und etwaige Vorurteile vonseiten der Pfarrer zu zerstören. Es muß dem Missionar gelingen, eventuell einen Pfarrer, in dessen Pfarrei eine Ordenskirche steht, die nicht Pfarrkirche ist, davon zu überzeugen, daß es seiner Pfarrei in keiner Weise Abbruch tut, wenn auch in der Ordenskirche die Mission gepredigt wird, ja, daß es letzten Endes doch nur für die Pfarrkirche selbst vom größten Nutzen ist. Es muß also Grundsatz sein, die Missionskirchen möglichst zu vermehren, wenn auch dadurch die Zahl der Predigten stark vermehrt wer-

32 Michael Buchberger (1874–1961), 1923 Weihbischof von München und Freising, 1927 Bischof von Regensburg.

den muß. Denn schließlich kommt es ja doch bei der Großstadtmission von heute nur darauf an, daß wir an die 70% Abseitsstehende herankommen. Auf die für den Erfolg der Großstadtmission so wichtige Kindermission, die ebenfalls Gegenstand der entfernteren Vorbereitung sein muß, brauche ich nicht zu sprechen zu kommen, weil ja darüber ein eigenes Referat gehalten wird. Ich möchte aber hier mit allem Nachdruck betonen, daß die Kindermission für den erfolgreichen Verlauf der Erwachsenenmission außerordentlich bedeutungsvoll sein kann.

VII.

Die vielleicht wichtigste Aufgabe der entfernteren Vorbereitung der Großstadtmission durch das gremium ist, den ganzen Pfarrklerus für die Mission zu interessieren, zu begeistern, um dadurch die notwendigste Basis für die nähere Vorbereitung zu schaffen. Es ist dies nicht so leicht, wie es auf den ersten Augenblick zu sein scheint. Man sollte es nicht für möglich halten, wieviel an Pessimismus, wieviel an Vorurteilen selbst beim Stadtklerus überwunden werden muß.

B. Die nähere Vorbereitung

Bei der näheren Vorbereitung wäre es von geradezu durchschlagendster Bedeutung, wenn es gelänge, den Pfarrklerus zu systematischem Hausbesuch in jeder Familie zu bringen. Wir werden noch reden von Vertrauensleuten, wir werden noch viel hören vom Laienapostolat, vom Laienhelfer; aber ich behaupte: der Hausbesuch des Pfarrklerus als nähere Vorbereitung auf die Großstadtmission kann nie und nimmer und niemals ersetzt werden. (Sehr richtig!) Die Tätigkeit der Pfarrschwester, die Tätigkeit des Laienapostels ist sicher sehr wichtig; aber ich habe immer die heillose Sorge und Angst, daß durch diese Arbeit der eigentlich dazu berufene Pfarrklerus sich von dieser seiner ureigensten Aufgabe immer weiter entfernt und sich sagt: »Die andern machen es genau so gut wie ich, und ich kann meine kostbare Zeit für andere Seelsorgearbeit sparen.« Und doch muß der Seelsorger als guter Hirt den verirrten Schäflein in das Haus nachgehen. Heute mehr denn je. Warum? Die Lage in der Großstadt ist doch heute so: Es besteht vielfach überhaupt kein Verhältnis mehr zum Seelsorger. Ich spreche hier nicht von den kirchentreuen, guten Katholiken. Wir sprechen ja in diesen Tagen an erster Stelle von den kirchlich Abseitsstehenden, von den traurigen 70%, die wir heute in der Großstadt seelsorglich nicht mehr erfassen. Ich habe es immer und immer wieder in kommunistischen und sozialistischen Versammlungen hören müssen: »Der Pfaff ist ein Handwerker genau wie wir; er ist nur ein besser bezahlter Taglöhner des Kapitalismus. Er wird bezahlt wie wir, er tut seine Arbeit genau so ungern wie wir; er glaubt selbst nicht, was er sagt!« Diese Auffassung mögen wir bedauern, aber sie ist nun einmal da. Das ist die Atmosphäre der Großstadt von heute. Es tut einem in der Seele wehe, auf diese ja ganz falsche Auffassung zu stoßen, immer wieder zu stoßen; aber für den Großstadtmenschen ist diese Auffassung eine Wahrheit, an der für ihn nicht zu rütteln ist. Ich kenne kein besseres Mittel, in diese Auffassung eine Bresche zu legen, als den selbstlosen Opfergang des Klerus zum armen, irregeleiteten Volk: Misereor super turbam![33] Wenn der Geistliche treppauf, treppab läuft, wenn er bis zum vierten, fünften Stock emporklettert, wenn er sich vom Menschen zum Menschen zeigt, dämmert schließlich auch dem Kommunisten: »Der Mann bekommt nichts, wird nicht bezahlt, bekommt höchstens Hinauswurf und Unverschämtheiten zum Lohn. Vielleicht steckt doch etwas anderes hinter dem Pfaff, als man mir immer gesagt hat. Vielleicht ist er doch nicht vom Kapitalismus bezahlt.« Und wenn der Geistliche bei diesen Besuchen Verständnis zeigt, wenn er sich nicht abschrecken läßt, wenn auch viel und sehr viel geschimpft wird, fängt vielfach das Eis zu schmelzen an. Auf dem Umweg des Verständnisses für die vielfach traurige Lage unserer Großstadtmenschen, vielleicht anfangend mit dem Räsonnieren über die hohe

33 Mk 8,2.

Miete für eine elende Wohnung, die schon ein Viertel des Lohnes verschlingt, kommt ein geschickter Geistlicher allmählich auf die Mission zu sprechen und endigt mit der eindringlichen Einladung dazu.

Der Großstadtmensch muß merken, daß auch der Geistliche und gerade der Geistliche ein Herz für ihn hat. Also noch einmal: Ich kenne kein anderes Mittel, an den Großstadtmenschen heranzukommen, als den Hausbesuch und den wiederholten Hausbesuch des Pfarrgeistlichen.

Ich gebe zu: Der Klerus ist überlastet und die Hausbesuche sind eine geradezu fürchterliche Arbeit! Und ich gebe weiter zu, daß ich in sehr vielen Fällen auch kaum eine Möglichkeit sehe, daß vom Pfarrklerus eine solche systematische Arbeit geleistet wird; eine Arbeit, die einem, verzeihen Sie den Ausdruck, bald zum Halse hinauswächst; immer dieselben dummen Schwierigkeiten, immer dieselben elenden Einwände, immer derselbe Jammer, treppauf, treppab! Es ist wirklich keine Kleinigkeit! Die Pfarrschwestern sind oft kaum noch in der Lage, diese Dinge zu machen, weil es wirklich auf die Dauer für die Nerven zu belastend wird. Und doch bleiben diese Hausbesuche für die nähere Vorbereitung einer Großstadtmission von entscheidender Bedeutung.

Nicht vergessen werden darf in der näheren Vorbereitung das Gebet. Es muß ein wahrer Gebetskreuzzug organisiert werden; vor allem müssen alle Klöster zum eifrigsten Gebet aufgefordert werden, daß eine ganze Wolke des Gebetes zum Himmel aufsteigt; das ist überaus wichtig und es ist gut, wenn die Klöster sämtlich vom Ordinariat aus zum Gebet aufgefordert werden.

VIII.

Zur näheren Vorbereitung gehört dann die so wichtige Mobilisierung des Hilfsdienstes. Wie die Kinder, wie die Schüler gewonnen werden können, werden wir ja in einem eigenen Referat noch hören. Wie sammeln wir für die Vorbereitung und die Durchführung der Mission die notwendigen Vertrauensleute?

Diese Mobilisierung, dieses Sammeln geeigneter Vertrauensleute muß in jeder Pfarrei systematisch geschehen, und zwar am besten durch die einzelnen Vereine. Nach meinen Erfahrungen eignen sich Frauen und Mädchen besser für diesen Hilfsdienst, als Männer und zwar aus folgenden Gründen: Vom Mann wird zuviel erwartet, was er, wenigstens durchschnittlich, nicht leisten kann. Vom Mann erwartet der Großstadtmensch beim Hausbesuch, daß er allen Schwierigkeiten Rede und Antwort steht; die Frauen aber geben ruhig ihre Missionszeitung ab, sind freundlich, und es wird ihnen garnicht verübelt, wenn sie auf Einwendungen und Schwierigkeiten einfach antworten: »Lesen Sie die verschiedenen Ausgaben der Missionszeitung gründlich durch, da werden ihre Schwierigkeiten wenigstens zum Teil schon gelöst; und dann besuchen sie nur ja recht fleißig die Missionspredigten, in denen alle Schwierigkeiten zur Sprache kommen.« Eine solche Ablenkung wird man einer Frau niemals verübeln; bei einem Mann aber würde man sich so nicht abspeisen lassen. Es würde also unweigerlich zur Diskussion kommen, die, selbst wenn der Laienhelfer gut beschlagen ist, doch mit einem Mißklang endigen würde. Hinzu kommt, daß gerade unsere kirchentreuen Männer durch die ewigen Kämpfe etwas hart und schroff geworden sind.

Die Vertrauensleute müssen aus den einzelnen katholischen Pfarr-Vereinen und Kongregationen gewonnen werden; das ist die Aufgabe der einzelnen Präsides, vornehmlich Sache des im gremium sitzenden Missionars ist es, den Präsides dabei zu helfen und Vertrauensleute aus den zentralen Kongregationen zu sammeln; er wird zweckmäßig bei Versammlungen Zettelchen verteilen, auf denen sich die sich zur Arbeit Meldenden mit Namen und genauer Adresse eintragen, damit diese Zettelchen dann dem betreffenden Pfarrer zur Verfügung gestellt werden. Wichtig ist, daß jeder Verein, jede Kongregation auf eine bestimmte Mindestzahl festgelegt und verpflichtet wird, immer Ersatzleute bereitzuhalten, die sofort und ohne weiteres einspringen, wenn irgend ein Vertrauensmann aus irgendeinem Grund ausfällt.

Sind die Vertrauensleute gesammelt und hat deren Schulung begonnen, muß jede Pfarrei in Obmannsbezirke und jeder Obmannsbezirk in kleinere Bezirke eingeteilt werden. Der Obmannsbezirk soll etwa 300 bis 400 Haushaltungen umfassen mit 20 bis 25 Häusern.

An der Spitze eines Obmannsbezirkes steht am besten ein Mann, keine Frau, weil vor allem an dieser Stelle organisatorische Arbeit zu leisten ist. Der Obmann ist für seinen Obmannsbezirk voll verantwortlich zu machen; ihm unterstehen die Vertrauensleute der kleineren Bezirke, die vom Obmann die Missionszeitung und das andere Werbematerial erhalten, das sie in jede einzelne Wohnung tragen müssen. Jede Vertrauensperson hat 4 bis 5 Häuser, so daß jedem Obmann 4 bis 5 Vertrauensleute zur Verfügung stehen. Sie sehen, daß eine solche Arbeit von einer Vertrauensperson geleitet werden kann.

Wichtig ist, daß über jeden Obmann und über jede Vertrauensperson ein Kärtchen angefertigt wird mit den genauen Personalien und Angaben, so daß, wenn er versagen sollte, sofort bei dem betreffenden Verein oder der Kongratation ein Ersatzmann angefordert werden kann.

Jede Vertrauensperson erhält eine genau ausgefüllte Karte, auf der die Häuser verzeichnet sind und die Familien, in die er die Zeitung usw. austragen muß. Er ist für alles, wie gesagt, seinem Obmann verantwortlich, der wiederum der Pfarrleitung in allem verantwortlich erscheint. Von der Zentrale der betreffenden Pfarrei wird die Missionszeitung und das andere Werbematerial genau abgezählt den einzelnen Obmännern zugestellt, die es, wiederum genau abgezählt, den einzelnen Vertrauensleuten zukommen lassen.

Wo sich in einer Pfarrei schon dieses System der Obmännerbezirke usw. eingebürgert hat, wird diese Arbeit natürlich sehr erleichtert, weil die Organisation nur überprüft zu werden braucht. Zur Schulung der Obmänner und Vertrauensleute möchte ich noch Folgendes sagen: sie muß bis ins kleinste, bis ins Einzelnste gehen. Die ganze Technik des Besuches, vom Läuten angefangen über die Begrüßung hinweg bis zum Abschied muß den Vertrauensleuten immer und immer wieder eingehämmert werden, bis es in Fleisch und Blut übergegangen ist und im guten Sinn, möchte ich sagen, automatisch geschieht. Vergessen wir nicht: Es ist gar nicht so leicht, auch in einer großen Pfarrei 120 Vertrauensleute zu finden, die wir überall hinstellen und gebrauchen können. Ja, ich halte diese systematische tüchtige Schulung der Laienhelfer neben den Hausbesuchen für die vielleicht schwierigste Aufgabe der Vorbereitung einer Großstadtmission. Auf die kleinsten Kleinigkeiten muß man achten; so darf man z. B. nicht vergessen, ihnen beizubringen, nie unten, sondern immer oben im Hause mit den Besuchen anzufangen. Fangen sie unten an, besteht die Gefahr, daß sich oben automatisch alle Türen schließen. Es ist gar nicht so leicht in der Großstadt, in die Wohnungen zu kommen. Mit einem Druck auf den elektrischen Knopf und einem fröhlichen »Grüß Gott« ist es nicht immer getan. Es ist vielmehr mitunter ein wahres Kunststück, erst einmal in die Wohnung hineinzukommen. Dazu gehört in manchen Fällen viel Geschick und viel Opfergeist. Ferner müssen wir den Leuten beibringen, wie sie die Zeitung abgeben, was sie dabei sagen sollen; wie sie in geschickter Weise Fragen stellen können, wie sie vorsichtig nach anderen Katholiken in dem betreffenden Hause sich erkundigen können. Wenn jemand nicht zu Hause ist, müssen wir dem Vertrauensmann beibringen, daß er die Missionszeitung usw. in einen Umschlag steckt und mit der Adresse versieht. Damit die Hausleute sich verpflichtet fühlen, die Briefe abzugeben. Mit einem Wort: Die ganze Technik des Ausfragens muß den Vertrauensleuten in geduldiger Arbeit beigebracht werden.

Wichtiger aber ist noch, daß wir sie mit einem Rieseneifer erfüllen, daß wir ihnen Apostelgeist beibringen: Ich bin Mitarbeiter Jesu Christi! Dieses Bewußtsein muß ein jeder in sich tragen. Wir müssen sie mit großem Verantwortlichkeitsgefühl ausstatten. Gewiß, es gibt gute Menschen, die von sich aus gewissenhaft sind; aber die meisten Menschen haben nicht soviel Verantwortlichkeitsgefühl und Gewissenhaftigkeit, daß sie auch bei großen Schwierigkeiten ihrer Arbeit treubleiben. Der vorbereitende Missionar und seine Mithelfer müssen also die

Vertrauensleute innerlich so beeinflussen, daß sie unter allen Umständen, auch unter den schwierigsten Verhältnissen mit Begeisterung bei der Sache sind.

Wann soll die Missionszeitung in den Händen der Katholiken sein? Wir haben in München sechs Nummern herausgebracht. Die erste Nummer war reichlich 14 Tage vor Beginn der Mission in der Hand eines jeden Katholiken, die letzte spätestens am Samstag vor dem Schlußsonntag der Männermission. Wichtig ist, daß die Vertrauensleute die auszutragenden Zeitungen 3 bis 4 Tage vorher in Händen haben. Wenn es 5 Tage sind, ist es noch besser. So viel Spielraum muß man den Vertrauensleuten lassen, weil sie durch ihre Arbeit, durch ihren Beruf sehr beansprucht sind und die Vertrauensarbeit ja nur im Nebenberuf ausüben können. Wenigstens 8 Tage, bevor die Zeitung in den Händen eines jeden Katholiken zu sein hat, muß sie in der Pfarr-Zentrale liegen, damit sie rechtzeitig nach Obmannsbezirken geordnet und an die Obmänner verteilt werden kann.

Damit der Apparat klappt, muß alles bis ins Einzelne vorbereitet werden. Es ist sehr wünschenswert, wenn ein Missionar die technische und asketische Vorbereitung und Schulung der Vertrauensleute übernehmen und durchführen kann. Je länger er in der Pfarrei vor Beginn der Mission sich aufhalten kann, desto besser ist es für deren erfolgreichen Verlauf.

IX.

In der näheren Vorbereitung dürfen folgende »Kleinigkeiten« nicht vergessen werden: Eine oder je nach der Größe der Pfarrei und der in ihr liegenden Hotels, Pensionen usw. mehrere besonders gut geeignete Damen, die für diese Tätigkeit schon wirklich »Damen« sein müssen, setzen sich mit den in Frage kommenden Direktoren in Verbindung, um Zutritt zu jedem Kellner, zu jedem Zimmermädchen, zu jeder Küchenangestellten zu bekommen. Jedem einzelnen Angestellten sollte die Einladung zur Teilnahme an der Mission womöglich persönlich überreicht werden. Gerade für diese armen Menschen, die jahraus, jahrein keinen Gottesdienst besuchen können, ist es schon eine Art Mission, wenn sie einmal etwas Religiöses lesen können.

Es müssen ferner die Krankenhäuser, die Kasernen der Reichswehr, auch der Schupo besucht werden. Nicht vergessen dürfen wir die Blinden, diese Aermsten der Armen. Bei einer Großstadtmission sollte an jeden Blinden eine Einladung in Blindenschrift gehen, worin ihm auch mitgeteilt wird, in welcher Weise für seine Führung bei der Mission Sorge getragen ist. Diejenigen, welche diese Blindenbetreuung übernehmen, müssen besonders gut und sorgfältig ausgesuchte Leute sein, weil die Blinden meist sehr verbittert und empfindlich sind. Ein Problem, mit dem sich die nähere Vorbereitung der Großstadtmission ebenfalls befassen muß, wäre die entsprechende Sorge für die Tauben und Taubstummen, für deren seelsorgerische Betreuung heute ja schon besonders vorgebildete Seelsorgekräfte zur Verfügung stehen. Auch die Sorge für die Kranken gehört in die nähere Vorbereitung hinein.

Wir haben in einer Pfarrei folgenden Modus einmal ausprobiert, ich glaube, mit gutem Erfolg: Alle Kranken der Pfarrei, die ohne Schädigung ihrer Gesundheit die Feier mitmachen konnten, wurden in einem schönen und eigens dafür hergerichteten Unterraum der Pfarrkirche zusammengebracht. Aerzte und Pflegepersonal war in ausreichender Zahl zur Stelle; für Verpflegung und alle anderen Bedürfnisse war glänzend vorgesorgt. Es wurde das heilige Meßopfer gefeiert, einige besondere Vorträge gehalten; des Nachmittags war Gelegenheit zur heiligen Beichte gegeben; gegen Abend wurden die Kranken mit Autos wieder in ihre Wohnungen gebracht und erhielten am anderen Morgen die heilige Kommunion. Dieser Krankentag hat auf die ganze Gemeinde einen geradezu erschütternden Eindruck gemacht. Nach langen Jahren hatten viele dieser Armen zum ersten Mal wieder Gelegenheit zu einem Gottesdienst und zum ersten Mal wieder das Gefühl, wie schön es ist, ein Kind der katholischen Kirche zu sein.

Wenn kein Raum in der Kirche selbst für diesen Zweck zur Verfügung steht, sollte man einen Saal herrichten oder irgend etwas anderes schaffen; denn der Eindruck auf die Kranken selbst und die ganze Gemeinde ist ungeheuer und kann für die ganze Mission von guter Wirkung werden.

X.

Noch ein Wort zur Kontrolle! Es ist gar nicht so selbstverständlich, daß die Missionszeitung usw. in die Hand der einzelnen Gläubigen kommt. Die Menschen sind schwach. Wir merken das ja an uns selbst. Manche Vertrauensleute sind noch viel schwächer als wir selbst. Es ist kaum glaublich, welche Feigheit, welche Pflichtverletzung man unter den Vertrauensleuten zuweilen antrifft. Ein gutes Kontrollmittel sind die Schulen. Man fragt die Kinder, ob sie schon die Missionszeitung zu Hause gesehen und gelesen haben. Eine ganze Anzahl meldet sich, die die Zeitung in der Familie noch nicht gesehen haben will; die betreffenden Familien werden notiert. Gewiß, solche Aussagen der Kinder sind nicht immer richtig; aber wenn sie sich in einem Stadtteil häufen, muß es irgendwo nicht stimmen. Wir müssen in der letzten Woche vor der Mission überhaupt jeden Katholiken und bei jeder Gelegenheit fragen: Haben Sie schon Ihre Missionszeitung? Auf diese Weise wird man auf Vieles aufmerksam und vielleicht wird nach Rücksprache mit dem Obmann manche Vertrauensperson ausgeschieden werden müssen.

XI.

Und was kommt dabei heraus? Wenn wir da München fragen, so könnte man fast verzweifeln! Man möchte allen Mut verlieren. Die Münchener Großstadtmission war gut, sehr gut vorbereitet. Und der Erfolg aller unserer Arbeit, all unserer Mühen? Von 560 000 Katholiken haben 54 000 Männer und 112 000 Frauen gebeichtet. Dementsprechend war auch der Besuch der Predigten: 30 bis 40%.

Die Kirchen waren glänzend besucht, und hätte man nicht diese Statistik, so hätte man meinen können: Der Verlauf der

Mission war glänzend! Auch die Missionare waren begeistert und sagten: Es war schön, es war wirklich erbaulich! Es war großartig! Und doch diese niederdrückende Zahl: nur 30 bis 40%. Wo blieben die anderen 70%? Wer erfaßt sie? Wer bringt sie zurück? Wir haben nur 117 Ehen saniert,[34] das ist sehr wenig, weil wohl fast in jedem Münchener Haus eine Ehe besteht, wo etwas nicht stimmt. Nur 57 sind wieder in die Kirche zurückgetreten. Nach der Seite also, was die Zurückgewinnung der Abseitsstehenden betrifft, haben wir einen großen Mißerfolg gehabt; aber die Guten sind wieder einmal aufgerüttelt worden und haben eine gewaltige Festigung erfahren. Und tausende haben nach jahrzehntelanger Pause wieder die Sakramente empfangen. Und in den Pfarreien, in denen konsequent auf die Monatskommunion hingearbeitet worden ist und in denen die Nacharbeit gut war, ist der gute Erfolg geblieben; in anderen Pfarreien, in denen die Verhältnisse anders gelagert sind, ist auch der Erfolg wieder verschwunden. Gerade die Einführung und Förderung der Monatskommunion der einzelnen Stände ist von größter Bedeutung für den Dauererfolg der Mission.[35] Aus diesem Grunde hatten wir damals in München beschloßen, daß während der Mission keine Zettel verteilt werden durften für den Eintritt in die verschiedenen Vereine; oder vielmehr: Es durften nur drei Zettel verteilt werden, der eine für den Mütterverein, der auch die monatliche Kommunion hat, der zweite für die Mädchenmonatskommunion und der dritte endlich für das Männerapostolat, das die Mitglieder auch zur Monatskommunion verpflichtet. Diese drei Zettel wurden für die ganze Stadt gemeinsam gedruckt, und dann in den einzelnen Pfarreien verteilt.

Der Erfolg war freilich auch hier sehr problematisch. Wir fanden diese Zettel später in mancher Pfarrei, wo sie ein be-

34 Nicht gültig geschlossene Ehen werden gemäß den Forderungen des kirchlichen Eherechts »geheilt« (saniert).

35 Die Monatskommunion war eine Seelsorgspraxis, gemäß der die einzelnen Stände das Sakrament der Buße und der Kommunion monatlich empfingen.

schauliches Stilleben führten und vergessen worden waren. Und Sie glauben nicht, was von solchen Kleinigkeiten, wie von vergessenen Zetteln mit der Einladung zum Männerapostolat abhängt. Nichts mehr und nichts weniger als unsterbliche Seelen! Menschen, die bei der Mission guten Willens waren und leicht für die Monatskommunion hätten gewonnen werden können, sanken ohne diese Hilfe wieder zurück in die frühere religiöse Gleichgültigkeit. Wenn ich dagegen einen Menschen für die Monatskommunion gewonnen habe, kann ich ihn auch leicht für andere katholische Vereine bekommen. Den letzten Missionssonntag hatten wir dann zur Verteilung auch anderer Werbezettel freigegeben.

Also man könnte bei dem minimalen Erfolg fast den Mut, den Angriffsgeist verlieren! Doch das wäre das Schlimmste; ohne Angriffsgeist halten und wahren wir nicht einmal mehr dasjenige, was wir bisher noch gerettet haben.

Unsere alte Gefechtsordnung war ausgezeichnet, sie war ganz eingestellt auf Angriff. Wer im Feld von uns war, weiß, daß dieser Angriffsgeist der Geist unserer Truppen war, und weil dieser Angriffsgeist vorherrschte, konnten wir uns in der Verteidigung solange gegen eine Welt von Feinden halten. So muß es auch bei uns sein. Wir müssen arbeiten, arbeiten ohne Ermüdung, mit dem Bewußtsein: Ich muß erobern, ich muß angreifen! Wenn wir diesen Geist des Angriffs verlieren, wenn wir uns zurückziehen, halten wir auch die 30 bis 40% nicht mehr, die wir heute noch in unseren Großstadtkirchen zählen.

Aber mit Eroberungsgeist werden wir, wenn auch recht langsam, allmählich wieder Terrain, wieder Seelen gewinnen. Damit will ich nicht sagen, daß unsere Volksmissionen in ihrer heutigen Form eine durchgreifende Arbeit sind, um die 70%, also um »die Masse« wiederzugewinnen.

Ich bin vielmehr überzeugt, wir müssen auch noch andere Mittel dazu anwenden; nicht zuletzt kommt hier die Exerzitienbewegung in Frage, und vor allem, die gewöhnliche Seelsorge, die immer mehr wieder von Mensch zu Mensch ausgeübt werden muß! Dabei soll bestehen bleiben, daß unsere

Volksmissionen immer noch ihre große Bedeutung behalten. Aber an dieser Stelle schon möchte ich betonen: Ich bin froh, daß heute über ein neues Mittel zur Zurückgewinnung der Masse, daß heute an dieser Stelle über die Haus- und Kapellenmission gesprochen werden soll. Aber solange es nicht möglich ist, durch die Haus- und Kapellenmission eine ganze Großstadt zusammen zu erfassen, solange wird unsere bisherige Volksmission unentbehrlich bleiben. Wie unsere Großstädte zuweilen ganz unter dem Banne der Freidenker, zuweilen unter dem Banne der Sozialisten oder Kommunisten stehen, die jeden Bretterzaun, jede Plakatsäule, jedes Haus sozusagen mit ihren Flugblättern bekleben und ganze Straßen damit anfüllen, so ähnlich muß dann und wann die ganze Großstadt auch die katholische Farbe zeigen, muß sie dann und wann ganz mit Katholizismus erfüllt werden. Wenn in einer Großstadt während einer zwei- oder drei- oder gar vierwöchigen Mission die katholische Flagge sich frei und mutig entfaltet, ist das für die Weckung des katholischen Lebens in einer Großstadt von gewaltiger Bedeutung. Es wird also unsere alte bewährte Volksmission auch für die Zukunft ihre große Bedeutung als außergewöhnliches Mittel der Seelsorge behalten.

»Bleibt draußen auf dem Lande!« Bitte und Mahnung eines Kenners des städtischen Grauens

Seine Erfahrungen als Großstadtseelsorger brachte P. Mayer bei einem Vortrag »gelegentlich einer Delegiertenversammlung katholischer ländlicher Jungmänner-Organisationen Oberbayerns« Ende Mai 1930 beschwörend zum Ausdruck. Im »Bayrischen Kurier Nr. 153 vom 1. Juni 1930« wurde über Mayers Rede wortwörtlich berichtet. Der Zeitungsausschnitt fand am 6. Juni 1930 Aufnahme in die Personalakte Mayer in der Polizeidirektion.

BayHStA/München. Pol. Dir. 10116. Zeitungsausschnitt.

Die Not des Bauern ist heute groß, ich brauche das nicht auseinanderzusetzen, das wißt Ihr ja selbst zur Genüge. Aber groß ist auch die Not unter einem Großteil der städtischen Bevölkerung und diese Not spottet teilweise jeder Beschreibung.[36] Man sollte es nicht für möglich halten, welche Unsummen von Elend und Jammer und Grauen es in einer Großstadt gibt. Gewiß ist viel verschuldete Not dabei, aber es gibt auch viel, viel unverschuldete Not. Macht doch Euern Einfluß geltend und sorgt dafür, daß nicht einer und nicht eine vom Lande in die Stadt geht, es sei denn, sie wissen ganz genau, wo sie sofort die Arbeit anfangen können. Weiß das jemand nicht, so ist er von der ersten Minute an dem Elend verfallen und was für einem Elend! Es ist heutzutage einfach ausgeschlossen, daß ein Mensch in der Großstadt Arbeit findet, wenn er nicht außergewöhnlichen Dusel hat, Glückskinder gibt es aber bekanntlich außerordentlich selten. Wir haben ganze Häuser voll Dienstmädchen, die einfach keine Stellung auftreiben können. Wovon sollen die Leute leben? Da geht es ein paar Tage, vielleicht sogar einige Wochen und dann ist es aus, dann beginnt das furchtbare Elend und bei den Mädchen bedeutet das nicht selten den glatten Untergang nach jeder Richtung.

Meine lieben jungen Männer, Ihr tut Euern Mitmenschen, den Städtern, dem ganzen Volke und Vaterlande den allergrößten Dienst, wenn Ihr allen Euren Einfluß daran setzt, um die Leute auf dem Lande zu halten. Es mag manchmal da draußen auf dem Lande auch mager hergehen, aber auf dem Lande läßt man einen Menschen nicht Hungers sterben. Ich glaube es nicht, daß auf dem Lande eine Familie einfach kaputt geht, aber hier in der Stadt passiert das. Es ist grauenhaft, wie es da aussieht, und dabei handelt es sich so vielfach um tüchtige, brave, fleißige Menschen. Tausende und aber Tausende von Arbeitslosen sind da, die kein Unterkommen und kein Auskommen haben.[37] Gebe Gott, daß es recht bald wieder anders werde.

---

36 Vgl. dazu die Rede Mayers auf dem Katholikentag in Metz 1913, S. 145–151.

37 Zur Not in der Stadt München vgl. *Im Dunst aus Bier, Rauch und Volk*, 9–133.

In diesen Verhältnissen sehe ich die allergrößte Gefahr. Wenn einer monate- und jahrelang am Hungertuche nagen muß, wenn in der Familie selbst die allernotwendigsten Nachschaffungen an Kleidern und Wäsche nicht mehr gemacht werden können, wenn dadurch alles herunterkommt, weil ja die Arbeitslosenunterstützung nicht für das nackte Leben hinreicht, wenn dann einer noch ausgesteuert wird usw. usw.: All das hält eben ein Mensch nur eine Zeitlang und nur bis zu einem gewissen Grade aus und dann wird ihm alles gleichgültig. Man muß milde urteilen, wenn man dann Äußerungen hört, die an Wahnsinn grenzen. Wenn so ein arbeitswilliger Mensch jahrelang ohne Arbeit herumlungern muß, so muß er mit der Zeit verkommen. Der junge Mensch braucht Arbeit, es drängt ihn zur Arbeit, aber er findet keine Arbeit, er muß herumsitzen, er kommt auf allerlei böse Streiche, es geht eben abwärts mit ihm. Das ist das Grauenhafte an dieser Zeit, das mir soviel Herzweh macht.

Es ist einfach schauderhaft, wenn die Leute so daherkommen, als wollten sie sagen: So jetzt bin ich da! Und wenn man sie dann fragt, ja warum seid ihr denn hierhergekommen? Dann hört man immer wieder die schreckliche Antwort: Ja in München mit soviel hunderttausend Menschen, da gibt es doch eine Arbeit für mich einzige Person! Es ist furchtbar und schauderhaft, wenn man so etwas immer hören muß.

Also liebe Freunde, sorgt, daß die Menschen draußen bleiben, die draußen sind. Es sei denn, daß eines ganz genau weiß, wo es sofort ein sicheres Unterkommen hat.

Wenn man all die schauderhaften Verhältnisse, all dieses entsetzliche Elend immer wieder sehen muß, dann lernt man den Bauernstand erst recht wieder doppelt schätzen. Gewiß gibt es auf dem Bauernhof Arbeit, immer wieder Arbeit, es gibt auf dem Dorfe so wenig Annehmlichkeit, aber es gibt halt doch immer noch Brot, es ist halt doch noch ein natürliches Leben, das Leib und Seele auf dem Damme hält. Deshalb bleibe dort und ernähre dich redlich! Lieber eine ganz kleine, aber sichere Existenz auf dem Lande, lieber eine Existenz, die an die Grenze des Ärmlichen geht, als die schreckliche Unsicherheit, die furchtbare Not, das grauenhafte Elend der Großstadt.[38]

Schreiben an Michael Kardinal Faulhaber

Aufgrund seiner Predigten kam P. Mayer im bayerischen Land herum und stieß dort auf eine wachsende Stimmung, die dem Nationalsozialismus günstig gesonnen schien. Mayer war der Meinung, er müsse Kardinal Faulhaber im Vorfeld der Wahl vom 14. September 1930, bei der dann die Nationalsozialisten mit 107 Sitzen in den Reichstag einzogen, darüber informieren.

EA München. Nachlaß Faulhaber Nr. 5975. Schreibmaschinenausfertigung mit eigenhändiger Unterschrift. Veröffentlicht in: Volk, Faulhaber I,489. Überschrift vom Herausgeber.

München, 9. September 1930

Euer Eminenz!
Hochwürdigster Herr Kardinal!
Die völkischen Hetzereien können wir uns nicht groß genug vorstellen. So herrscht in unserem katholischen Volk eine beispiellose Verwirrung. Unbegreiflich, aber wahr ist es, daß der Hitlerschwindel wieder die weitesten, auch katholischen Volkskreise erfaßt hat. Und nicht bloß in der Stadt, sondern besonders auf dem Lande hat die Bewegung gewaltig an Boden gewonnen.

Ich traf neulich den Herrn Pfarrer von Holzkirchen,[39] der mir sagte, 4/5 seiner Pfarrkinder denken nationalsozialistisch. Auch der Herr Pfarrer von Dietramszell[40] äußert sich, besonders wenn er von der heranwachsenden Jugend spricht, sehr pessimistisch. Nun ist es manchmal nicht so schlimm, als es den Anschein hat. Aber das in so großer Geistesverwirrung sich befindende Volk gibt einem doch viel zu denken. Die in

38 Am Ende des Textes handschriftlicher Hinweis auf die Aufnahme in die Personalakte vom 6. Juni 1930 hinzugefügt.

39 Josef Imminger (1886–1956), 1929–1954 Pfarrer in Holzkirchen.

40 Georg Aerzbaeck (1879–1958), 1921–1957 Pfarrer in Dietramszell.

der letzten Zeit nach der Seite hin verheerenden Artikel des »Völkischen Beobachters« erlaube ich mir Euer Eminenz zur Verfügung zu stellen. Vielleicht können dieselben als Material für die Freisinger Bischofskonferenz[41] verwertet werden.

In tiefer Verehrung
Euer Eminenz ergebenster
Rupert Mayer SJ

Gedächtnisrede auf Prinz Alfons von Bayern

Während des Requiems in St. Michael für den am 8. Januar 1933 verstorbenen Prinz Alfons von Bayern (1862–1933) sprach P. Mayer Worte des Gedenkens. Er übersandte seinen Text am 1. Februar 1933 an die Witwe, Prinzessin Louise von Bayern.

EA München: Original, schreibmaschinengeschrieben, mit Beibrief Mayers an die Prinzessin.

Sei getreu bis in den Tod, so will
ich Dir die Krone des Lebens geben!
(Geh.Offenb. 2,10)

Prinz Alfons tot! Diese Trauerkunde durcheilte letzten Sonntag die Landeshauptstadt München. Wohl selten hat eine Trauerbotschaft solch tiefen Eindruck auf Hunderttausende gemacht. Kopfschüttelnd standen die Menschen an den Anschlagtafeln. Man konnte an die Nachricht anfangs gar nicht glauben, wusste man doch, dass sich der Prinz stets einer ausserordentlichen körperlichen und geistigen Frische erfreute. So konnte man es sich gar nicht vorstellen, dass man nie mehr in sein liebes Auge

41 Die Jahrestagung der Konferenz des bayerischen Episkopats fand vom 10. bis 11. September 1930 in Freising statt. In dem umfangreichen Bericht darüber findet sich kein Hinweis auf den »Völkischen Beobachter«. (vgl. VOLK, *Faulhaber I*, 489–501). Erst im vertraulichen Bericht über die Diözesansynode für die Erzdiözese München und Freising am 18./19. Oktober 1930 finden sich deutliche Reaktionen auf den Hinweis Mayers (vgl. ebd. 509–513).

sollte schauen können, dass sein Mund, dem so viele gütige Worte entströmten, für immer verstummt, dass seine ritterliche Erscheinung aus dem Strassenbild und den Sälen Münchens für immer entschwunden sein sollte. Es gibt eben Menschen, die nicht sterben sollten. Zu diesen seltenen gehört Prinz Alfons von Bayern.

Seine Königliche Hoheit Prinz Alfons wurde geboren im Jahre 1862 als der zweitälteste Sohn des Prinzen Adalbert von Bayern.[42] 1880 trat er beim 1. Bayer. Inf. Regt. als Leutnant ein. Er war mit Leib und Seele Soldat. Mit der Beförderung zum Generalleutnant schied er im Jahre 1901 aus dem aktiven Militärdienst aus. Zeitlebens aber blieb er mit der bayerischen Armee aufs innigste verbunden und verwachsen. Seine besondere Liebe galt darum auch den im Bayerischen Kriegerbund und in den Schützenverbänden zusammengeschlossenen alten Soldaten und Offizieren.

Am 5. April 1891 vermählte er sich mit Ihrer Königlichen Hoheit der Prinzessin Louise von Orleans.[43] Dem glücklichen Ehebund entsprossen zwei Kinder,[44] die mit der Mutter und dem ganzen Haus Wittelsbach schmerzgebeugt an der Bahre des lieben Verstorbenen stehen. Das bayerische Volk betrachtet das grosse Leid, das das Haus Wittelsbach getroffen, als sein eigenes. Weinend und aufs tiefste erschüttert trauert es um diesen edlen, vielgeliebten und vielgefeierten Sprossen des Bayerischen Königshauses.

Mir scheint, als ob Gott der Herr den Prinzen zu einer besonderen Mission für das bayerische Volk berufen habe. War er doch wie geschaffen für unsere Zeit mit ihrer Autoritätslosigkeit.

Prinz Alfons zeichnete sich aus durch eine seltene Treue und Anhänglichkeit an König Ludwig II.,[45] an Prinzregenten Luit-

42 Prinz Adalbert von Bayern (1828–1875).
43 Prinzessin Louise von Orléans (1869–1924).
44 Kinder: Joseph Clemens (geb. 1902); Elisabeth (geb. 1913).
45 König Ludwig II. (1845–1886), 1864–1886 König von Bayern.

pold,[46] König Ludwig III.[47] und an den jetzigen Chef des Hauses Wittelsbach Seine Königliche Hoheit den Kronprinzen Rupprecht[48] von Bayern. Wie oft hat er dieser Gesinnung in seinen Reden Ausdruck verliehen! Das wissen Alle, die öfters Zeuge seiner Ansprachen gewesen sind.

Prinz Alfons war geschaffen für unsere Zeit mit ihrem grossen Leid und ihrer furchtbaren Zerrissenheit. Er war ein Freudenbringer für zahllose Volksgenossen. Wo immer er sich im Krieg und im Frieden zeigte, hellten sich die Mienen auf, bemächtigte sich der Menschen eine frohe, freudige Stimmung und mit ehrlicher Begeisterung jubelte man ihm zu. Er war auch gar so gütig und lieb gegen jedermann. Auch für den Kleinsten hatte er ein gutes tröstliches Wort. Zahllos sind die Züge aus seinem Leben, die zeigen, wie erfinderisch er war, wenn es galt, den Menschen eine kleine Aufmerksamkeit zu erweisen. Nichts Gekünsteltes, nichts Gemachtes, nichts Launenhaftes lag in seinem Wesen. Seine Güte, seine Freundlichkeit, seine bezaubernde Liebenswürdigkeit waren der natürliche, selbstverständliche Ausdruck seines tiefen, grundgütigen Herzens. Das goldene Münchener Herz hat in ihm sozusagen sichtbare Gestalt angenommen. Ohne Rücksicht auf Parteizugehörigkeit oder weltanschauliche Einstellung war er darum in allen Lagern ein gern gesehener Gast und so ein Brückenbauer für unser zerrissenes und zerklüftetes Volk.

Wohl hat er keine grossen Schlachten geschlagen, wohl sind unter seiner Führung keine grossen Siege errungen worden, wohl sind von ihm keine grossen staatsmännischen Taten bekannt, aber es ist ihm viel Grösseres gelungen! Durch seine abgrundtiefe Liebe und Güte hat er sich die Liebe seines Volkes errungen in einem Umfang und in einem Ausmass, wie es

---

46 Prinzregent Luitpold (1821–1912), 1886–1921 Prinzregent von Bayern.

47 König Ludwig III. (1845–1921), 1913–1918 König von Bayern.

48 Kronprinz Rupprecht von Bayern (1869–1955) lehnte es 1921 nach der Beisetzung seines Vaters ab, sich zum König ausrufen zu lassen; verweigerte sich auch Hitler, der ihn für seine Ziele gewinnen wollte; 1939 mit seiner Familie nach Italien exiliert.

selten in der Geschichte der Völker vorkommen dürfte. Prinz Alfons hat sich in den Herzen des bayerischen Volkes ein Denkmal errichtet, dauerhafter als Stein und Erz, das seinen Namen und seinen Ruhm forttragen wird bis in die fernsten Zeiten.

Das Lebensbild, das wir in kurzen Strichen zu zeichnen suchten, entbehrt aber noch eines charakteristischen Zuges. Sein abgeklärtes gütiges Wesen war tief verankert in seiner religiösen Ueberzeugung.

Prinz Alfons war ein durch und durch gläubiger und frommer Mann. Aufs gewissenhafteste erfüllte er seine religiösen Pflichten. So war es für ihn selbstverständlich, dass er an allen Sonn- und Feiertagen dem Hl. Messopfer beiwohnte, mochte er im Feld oder in der Heimat weilen, mochte er zuhaus oder auf Reisen sich befinden, mochte er an Krieger-, Schützen-, vaterländischen- und sportlichen Festen teilnehmen. Als echter Sohn seiner bayerischen Heimat und treuer Sohn seiner Kirche war Prinz Alfons in kindlicher Liebe und Verehrung der Gottesmutter Maria zugetan. Es will doch schon etwas bedeuten, wenn Prinz Alfons im letzten Jahr zum 50. Male nach Altötting pilgerte. Auch hat er bestimmt, dass seine Kriegsauszeichnungen zur Gnadenmutter nach Altötting gebracht werden sollten. So gab er dem König was des Königs, und Gott was Gottes ist.

Es gebührt dem Prinzen unser herzlichster innigster Dank, dass er in einer Zeit religiöser Zersetzung der heutigen Männerwelt[49] ein so mannhaftes Beispiel katholischen Glaubens und katholischen Lebens gegeben hat. Wir hoffen und beten fleissig zu Gott, dass Prinz Alfons der so treu war gegen Gott, gegen König und Vaterland bald die Krone des ewigen Lebens erlangen möge! Amen.

---

49 Erfahrungen Mayers in der Münchner Männerseelsorge schlagen sich in einem solchen Urteil nieder.

2. AUSEINANDERSETZUNGEN IM DRITTEN REICH

Bericht über den Besuch bei Major Meiler[1]

Der Text beweist, wie sehr P. Mayer die politischen Vorgänge nach der Machtergreifung aufmerksam und kritisch verfolgte. Er kämpfte dabei um Fairness, Gerechtigkeit und Friedfertigkeit im Volk. Der Bericht vom 30. Oktober 1934 war vermutlich für Prälat Johannes Neuhäusler bestimmt.

ARM/München: Fotokopie des maschinengeschriebenen Originals. Überschrift vom Herausgeber.

Am Sonntag den 25. Oktober war ein mir bekannter, durchaus zuverlässiger Mann in gehobener Stellung bei mir und erzählte von einer Versammlung, die von über drei Wochen im Festsaal des Matthäser abgehalten wurde und von über 800 Unterführern der S.A. Res. II besucht war. Es sind dies lauter Mitglieder des bayerischen Kriegerbundes. Der Redner, zugleich Kreisleiter der S.A. Res. II von München, Major Meiler, sagte in seinem Vortrag, dem Sinne nach, der aber ganz bestimmt richtig ist, »es gäbe auch jetzt noch Staatsfeinde wie vor 20 Jahren und er scheue sich nicht, diese Staatsfeinde öffentlich zu nennen. Es seien die Freimaurer, Juden und Jesuiten«.[2] Der Herr gab noch einen Zeugen an, mit dem er darüber gesprochen habe, doch verließ ich mich auf die eine Aussage.

Endlich heute (am 30. X. 34)[3] um 17 Uhr konnte ich den Herrn Major Meiler sprechen. Er war sehr erstaunt über meinen Besuch und noch erstaunter über das, was ich vorbrachte. Ich sagte ihm, daß ich aus sicherer Quelle diese Aussprache

---

1 Hugo Meiler (geb. 1877), Major a. D.

2 In der Attacke auf »Freimaurer, Juden und Jesuiten« wurde das »Artfremde« angegriffen. Die Formulierung zählte zum demagogischen Wortschatz der Nationalsozialisten. Vgl. auch NEUHÄUSLER, *Kreuz und Hakenkreuz* II, 349 ff.

3 Das Datum ist handschriftlich am Rand beigefügt.

erfahren habe und daß ich mich dadurch aufs schwerste gekränkt fühle. Ich würde unter keinen Umständen das auf mir sitzen lassen und ebenso wenig auf dem ganzen Orden, weil das eine durchaus unwahre Behauptung sei. Ich nähme an, daß er, eines anderen belehrt, die Sache offiziell zurücknehme in der nächsten Versammlung vor dem gleichen Auditorium. Es komme wohl vor, daß man sich irre und eine Torheit begehe, aber dann verlange die Ehre eines deutschen Mannes, den Irrtum zu widerrufen. Das würde einem kein vernünftiger Mensch übel nehmen können. Er war sehr erschüttert und sagte nur, er habe bei der Aufhebung des Jesuitenordens in den 70er Jahren eine Rede gelesen, nach der dann der Beschluß gefaßt worden sei, Jesuiten, weil staatsfeindlich, aus Deutschland auszuweisen.[4] Ich sagte ihm, ich verlange von ihm Beweise, daß der Orden als solcher staatsfeindlich sich irgend einmal bestätigt habe oder daß er staatsfeindliche Grundsätze hätte. Ich sei bereit zu jeder Aussprache. Er bat sich Bedenkzeit aus, die ich natürlich gewährte, sagte ihm aber, so leid es mir tue, würde ich, wenn keine Zurücknahme erfolge, jede Gelegenheit benützen, um meine alten Kameraden über diesen Irrtum ganz energisch aufzuklären und keine Macht der Erde könne verhindern, für meine angegriffene Ehre einzutreten. Ich sagte ihm auch, daß dies indirekt ein Angriff auf den Papst sei, wenn man einen, vom Papst ausdrücklich gut geheissenen und bei jeder Gelegenheit belobten Orden, eines solchen Verbrechens zeihe.

Ich glaubte, Ihnen davon Mitteilung machen zu sollen, weil man ja nie weiß, welche Weiterungen ein solcher Vorgang hat.

Wir schieden äußerlich ganz freundlich voneinander. Im Laufe des Gesprächs machte ich den Herrn Major darauf aufmerksam, daß er doch in seiner Stellung, wo immer er Gelegenheit habe, alle Hebel in Bewegung zu setzen, die maßgebenden Kreise darüber aufzuklären, daß sie doch ja den Kampf gegen die katholische Kirche einstellen: denn das führe todsi-

---

4 Gesetz Bismarcks aus der Zeit des Kulturkampfes, das Jesuiten den Aufenthalt im Deutschen Reich verbot (1871).

cher zum Untergang unseres Volkes. Man sehe jetzt schon an der Art, wie sich die sogenannte Opposition[5] in der protestantischen Kirche ihrer Haut wehre, wie gefährlich solche Kämpfe für ein Volk sind, noch ganz anders würde unser Volk zerrissen und gespalten und es gäbe noch ganz andere Auftritte, wenn man offen den Kampf gegen die katholische Kirche in Deutschland führe.

Rupert Mayer

Beschwerde bei der Polizeidirektion/München wegen Verweigerung des Passes für das Ausland

Als P. Mayer im Juni 1935 seinen Paß verlängert haben wollte, gab es Schwierigkeiten. Die Gestapo, die in dieser Sache befragt werden mußte, hatte Bedenken und gab erst am 3. Juli 1935 zu einem bis zum 3. Dezember 1935 beschränkten Auslandspaß die Zustimmung. Die gleichen Schwierigkeiten stellten sich noch zweimal ein: am 24. Januar 1936 und am 11. November 1936. Beide Male wurde dann allerdings die Ausstellung eines Auslandspasses von der Gestapo abgelehnt: es bestanden »in politischer Hinsicht Bedenken« (Schreiben der Gestapo München vom 31. Oktober 1936). Bei der ersten Ablehnung seines Antrags erhob Mayer bei der Polizeidirektion Einspruch.

BayHStA/München. Pol.Dir. 10116. Maschinengeschrieben – mit Briefkopf: Rupert Mayer SJ, München, St. Michaelskirche. Fernruf 11242. – Überschrift vom Herausgeber.

Ich wollte meinen Paß, der immer für Inland und Ausland Geltung hatte, erneuern lassen. Da wurde mir am Donnerstag den 6. Juni von der Paßstelle mitgeteilt, daß mir für das Ausland kein Paß bewilligt werden könnte, Gründe wurden nicht angegeben. Ich lege gegen diese Verweigerung des Passes für das Ausland hiermit Beschwerde ein und fühle mich durch diese Maßnahme schwer gekränkt, denn ich muß daraus schlie-

5 Anspielung auf die Auseinandersetzung zwischen »Deutschen Christen« und »Bekennender Kirche«, vgl. SCHOLDER, *Die Kirchen und das Dritte Reich I.*, 560 ff, 701 ff.

ßen, daß ich als national unzuverlässig gelte. So schwer es mir fällt, so sehe ich mich genötigt, der Polizeidirektion einiges über meine Tätigkeit im Felde vorzulegen. Wer mich kennt, der weiß, daß meine Einstellung zu Volk und Vaterland nie eine Änderung erfahren hat und erfahren wird. Daß mir die durch die Paßverweigerung zuteil gewordene Behandlung unter obwaltenden Umständen überaus schmerzlich sein muß, dürfte Sie nicht wundern. Ich komme an dem Gefühl nicht vorbei, daß ich mich nunmehr zum Volksgenossen zweiter Klasse gestempelt fühle. Mein Kriegsgefährte, Oberstleutnand Kriebel[6], Generalkonsul in Schanghai, würde sich nicht wenig darüber wundern! Ich habe bis jetzt stets in den Kreisen, die unter Ungerechtigkeit seitens des Staates zu leiden hatten und mir ihre Not klagten mit den Worten »das ist der Dank des Vaterlandes«, zu beruhigen gesucht, aber diese Einstellung wird einem wirklich nicht leicht gemacht.

Im August dieses Jahres habe ich bei einer großen, in Zürich[7] stattfindenden Kongregationstagung ein Hauptreferat übernommen. Es würde zweifellos Aufsehen erregen, wenn man den von überall her zusammengeströmten Führern der Kongregationen mitteilen müßte, daß ich in die Schweiz keine Ausreiseerlaubnis erhalten habe. Ich möchte darum dringend ersuchen, mir nachträglich den Paß auch gültig für das Ausland zu genehmigen.

Mit dem Ausdruck vorzügl. Hochachtung
Rupert Mayer SJ[8]

---

6 P. Mayer war mit Kriebel befreundet; vgl. S. 62.

7 Vom 19.–22. August 1935 fand in Zürich die Tagung der schweizerischen Congregationen-Präsides statt, mit ungefähr 150 Priestern. In der Liste ausländischer Gäste wird P. Mayer allerdings nicht genannt; vgl. Acies ordinata (Rom) 13 (Oktober bis November 1935), 20–21.

8 Auf dem gleichen Blatt noch die Notizen: »Ersuchen an die Gestapo um ›neuerliche Stellungnahme‹ (13. 6. 1935)« und »Erlaubnis der Gestapo zur ›Ausstellung eines Auslandspasses auf beschränkte Zeit (6 Monate)‹ (28. Juni 1935)«. Diesen Anmerkungen läßt sich entnehmen, wie groß damals bereits der Einfluß der Gestapo war.

Entgegnung an die Polizeidirektion/München auf Beschwerde im Dezember 1935

P. Mayer war wohl von der Polizeidirektion/München eine Beschwerde unterbreitet worden, die sich aufgrund der Mitschrift des Gestapobeamten A. Nistler/München auf seine Predigten vom 24. November und 1. Dezember 1935 in St. Michael bezog. Thema waren auch die Vorgänge um den Priester Dr. Georg Ernst und das Münchner Leohaus, bei denen es letztlich um finanzielle Fehlspekulationen ging. Es kam aber niemand zu Schaden, weil viele Priester Geld in einen Solidaritätsfond einzahlten (vgl. Aktenvormerkung vom 13. Februar 1936, die die Polizeidirektion an die Staatsanwaltschaft München I richtete: Vergehen gegen das Gesetz vom 20. 12. 34.)

BayHStA/München. Pol.Dir. 10166. Abschrift in Schreibmaschinenschrift. Überschrift vom Herausgeber.

Entgegnung

Grundsätzliches.

1. Der Priester untersteht in seiner Eigenschaft als Prediger nur seiner vorgesetzten [K]Irchenbehörde und hat Weisungen nur von dieser Stelle entgegenzunehmen.[9]

2. Über die Handlungsweise von Priestern zu sprechen und zwar von der Kanzel herab, heißt nicht über »Politik« reden, denn von der Achtung, die der Gläubige vor seinen Priestern hat, hängt im wesentlichen die religiöse Haltung der Laien ab, so daß diese Dinge um des Glaubens willen unbedingt abgehandelt werden müssen.

Zur Beschwerde selbst.

1. Es ist in keiner Weise die Leohaus-Leitung[10] verteidigt oder gar beschönigt worden; im Gegenteil, es ist deutlich

---

9 Mayer beruft sich darin auch auf das Reichskonkordat Art. 1 und Art. 4.

10 Vgl. Volk, *Faulhaber, I*, 729: »Die Hauptstelle katholisch-sozialer Vereine Leohaus, eine Zentralinstanz für verschiedene kirchliche Vereine in Bayern, war durch verfehlte Investitionen in eine Finanzkrise geraten, die

zum Ausdruck gekommen, daß es selbstverständlich ist, daß Verfehlungen gegen die Gesetze des Staates, auch wenn sie von Priestern begangen werden, untersucht und, wenn Schuld vorliegt, bestraft werden müssen. In Gegenüberstellung zu den Verfehlungen der Geistlichkeit, über die die Öffentlichkeit unterrichtet worden ist, wurden einige Leistungen der Priester auf sozialem und caritativem Gebiet erwähnt, von denen in der Öffentlichkeit nichts erwähnt wird.

2. Es wurde bei den Predigten nichts gegen die Autorität des Staates gesagt, auch nichts über Verfehlungen, die von weltlichen Beamten bekannt geworden oder verheimlicht worden sind.[11]

Es wurde gesagt, daß es nicht anginge, die Dinge so darzustellen, als wenn nur bei der Geistlichkeit Verstöße gegen die Gesetze vorkämen.

3. Es wurde den Kirchenbesuchern weder direkt noch in verhüllter Form eine feindselige Einstellung gegen die Regierung oder die Partei nahegelegt.

Es wurde gesagt, daß zwar der Staat das Recht habe, über die Handlungsweise der Menschen zu Gericht zu sitzen und ein Urteil zu fällen, nicht aber der einzelne Mensch, dem Beweggründe und alle näheren Umstände unbekannt seien und der nach dem Christuswort: »Richtet nicht, auf daß ihr nicht gerichtet werdet«, den Stab nicht über seine Mitmenschen brechen dürfe.

Grundirrtum.

Der Beschwerdeführer befindet sich in einem Grundirrtum wenn er angibt, der Prediger habe über den Leohaus-Skandal

---

schließlich mit der Liquidierung des Unternehmens endete. Die an seiner Spitze stehenden beiden Geistlichen, Verbandspräses Carl Walterbach und Geschäftsführer Georg Ernst, wurden im Mai 1933 bis zur vollen Klärung der Vermögensverhältnisse in Haft genommen. Die kirchlicherseits eingeleitete Hilfsaktion fand im Klerus ein so starkes Echo, daß die durch den Zusammenbruch der Sparbank Leohaus Betroffenen zu 80% entschädigt werden konnten.«

11 Ein Jahr nach dem sog. »Röhmputsch« bezieht Mayer eine deutliche Position.

gepredigt, der Prediger hat ganz allgemein über die Stellung, die Gläubige einnehmen sollen, wenn sie von Verfehlungen von Priestern und Ordensleuten hören, gesprochen.

gez. Rupert MAYER.

Entgegnung an die Polizeidirektion/München auf Beschwerde wegen der Predigt Mayers am 22. Dezember 1935

Mayer wurde gewiß der Bericht des Hauptwachtmeisters der Schutzpolizei Hans Knott vom 23. Dezember 1935 zugeleitet, der über seine Predigt in Waldtrudering berichtet hatte. Darin stand: »Das Leben großer Führer unserer Zeit hingegen gleiche einer Fieberkurve, die sich auf- und abwärts bewegt. Auf- und Abstieg wechseln hier ab. Wenn auch Männer der heutigen Zeit in Büchern das Ende der kath. Religion in einigen Jahrzehnten ankünden, so beweise die Weltgeschichte, daß vor tausend Jahren und mehr schon ähnliches vorhergesagt worden sei ...« (Bericht des Polizeiposten vom 23. 12. 1935). Mayer bezog – wie seine Entgegnung in den Akten der Polizeidirektion beweist – eine entschiedene Stellung.

BayHStA/München. Pol.Dir. 10116. Abschrift. – Überschrift vom Herausgeber.

ENTGEGNUNG

Ich muß Ihnen leider mitteilen, daß der Bericht[12], den Sie mir neulich zugehen ließen, von einer völlig verkehrten Auffassung des Herrn zeugt. Der Betreffende hat nicht einmal das Thema erfaßt, über das ich gepredigt habe. Nicht im Dezember habe ich über das Selbstzeugnis Christi gepredigt, sondern bereits im November. Der Gegenstand der Predigt im Dezember war:

12 Der Polizeiposten Waldtrudering berichtete am 23. Dezember 1935 an den Polizeibezirk 6 »Betreff: Schulsonntag«. In diesem Bericht referierte er über die Predigt P. Mayers »Das Selbstzeugnis Christi«. Dort finden sich jene Unterstellungen, die P. Mayer hier zurückweist (Polizeiakte Mayer).

»Die Persönlichkeit Christi steht vor uns als überwältigende, wahrhaft übermenschliche Größe«, das habe ich des näheren ausgeführt, indem ich zunächst über die Größe seines Geistes sprach und dann über die Heiligkeit seines Willens. Daraus geht zur Genüge hervor, daß der Berichterstatter dem Vortrag zu folgen nicht in der Lage war. Sie werden wohl nicht von mir verlangen, Ihnen die ganze Predigt zu schreiben, die ich selber noch nicht niedergeschrieben habe. Der Grundirrtum scheint mir darin zu liegen, daß der Berichterstatter allem Anschein nach in den Vortrag kam mit der vorgefaßten Meinung, daß ich wohl etwas gegen die bestehende Ordnung oder Regierung sagen werde. Wenn ich z. B. von den Großen dieser Welt ganz im allgemeinen gesprochen habe, so macht der Berichterstatter daraus, daß ich gesprochen hätte von dem Leben der Führer unserer Zeit. Von einer Fieberkurve war allerdings die Rede, aber da habe ich ganz klar ausgeführt, daß so das Leben sogar solcher Menschen verlaufe, die ehrlich mit sich ringen, um zu Gott zu kommen. Wohl sprach ich von den Männern, die heute eine neue Religion predigen und dem Christentum den schärfsten Kampf ansagen und den nahen Untergang des Christentums, insbesondere der katholischen Kirche prophezeien; das werde ich selbstverständlich auch in Zukunft so machen, laut Konkordat, zu Artikel 32 im Schlußprotokoll, Absatz 2.[13]

gez. Rupert Mayer.

13 Der Text zu Artikel 32 lautet: »Das den Geistlichen und Ordensleuten Deutschlands in Ausführung des Artikels 32 zur Pflicht gemachte Verhalten bedeutet keinerlei Einengung der pflichtgemäßen Verkündung und Erläuterung der dogmatischen und sittlichen Lehren und Grundsätze der Kirche.«

Kampf um die Lichterprozession

Nach der Machtergreifung wurden religiöse Vorgänge in der Öffentlichkeit allmählich reduziert. 1934 wurde dem Ersuchen P. Mayers um die Lichterprozession der Männerkongregation nur mit Einschränkungen bezüglich Weg und Verwendung von Bannern und Abzeichen stattgegeben. 1935 war es bei der Prozession zu einem provokativen Konflikt mit einem SS-Mann gekommen. Es nahte 1936. Mayer schrieb am 28. April seinen alljährlichen Brief.

BayHStA/München Pol.Dir. 8252. Schreibmaschinengeschriebenes Original, an die Polizeidirektion München gerichtet.

Am 7. Juni feiert die Marianische Männerkongregation München ihr Hauptfest. Seit mehr als dreihundert Jahren findet an demselben eine kurze Prozession statt. Dieselbe bewegt sich als Lichterprozession etwa 20 Uhr 45 Min. von der Michaelskirche ausgehend, durch die Neuhauserstraße, durch das Karlstor, östliche Seite des Karlsplatzes, Lenbachplatz, Pfandhausstraße, Karmelitenstraße, Löwengrube zum Domplatz. Vor dem Hauptportal Aufstellung, Sprechchor, Gesang und Ansprache. Die Lichter werden ausgelöscht, die Kundgebung löst sich ruhig auf. Die an der Prozession sich beteiligenden Männer gehen in Vierreihen auf der Gehbahn. Die ganze Feier hat ein rein religiös kirchliches Gepräge, für strengste Ordnung wird gesorgt. Ich übernehme die Verantwortung für die glatte Abwickelung der ganzen Feier. Ein Verbot der Prozession würde das größte Aufsehen erregen bei Klerus und Volk. Ich bitte, die Prozession in der bisherigen Form genehmigen zu wollen.[14] Bei schlechtem Wetter wird die Prozession in der Kirche abgehalten.

Mit deutschem Gruß
Rupert Mayer SJ

14 Das Ansuchen wird am 2. Mai 1936 ausdrücklich abgelehnt. Generalvikar Buchwieser greift in einem Schreiben vom 15. Mai 1936 nach. Mayer bietet zwar entgegenkommend einen verkürzten Weg an, beruft sich aber deutlich auf die im Bayerischen Konkordat und im Reichskonkordat zugesagten religiösen Freiheiten. Am 20. Mai 1936 erhält er von der Polizei die Zustimmung zur Lichterprozession der Marianischen Männerkongregation. Ein gescheiterter Versuch auf dem zielstrebigen Weg zur »Gleichschaltung«.

Predigten

(in Mitschriften der Gestapo)

Seit 1935[15] unterlagen die Jesuiten einer besonderen Überwachung durch die Geheime Staatspolizei. Rupert Mayer wurde mindestens seit 1937 systematisch bespitzelt. Es lagen bei der Gestapo Berichte über die folgenden Predigten[16] vor: Predigt am 10. Januar 1937 in Dillingen; Predigt am 24. Januar 1937 in St. Michael/München; Predigt am 23. Januar 1937 in Aichach; Predigt am 26. Januar 1937 in der St. Theresienkirche/München; Predigt am 3. Februar 1937 in St. Joseph/München; Predigt am 29. März 1937 in Ursberg; Predigt am 11. April 1937 in Weissenhorn; Predigt am 18. April 1937 in Kirchheim; Predigt am 2. Mai 1937 in St. Michael/München; Predigt am 23. Mai 1937 in St. Michael/München.

Aus diesen umfangreichen Dokumenten von 57 Seiten wurden die Berichte über die drei Predigten Mayers aus St. Michael ausgewählt. Zugleich verraten sie die Art der Wahrnehmung der Gestapospitzel; es sind somit gleichsam gespiegelte Wahrheiten, die hier in den Mitschriften der Gestapo zur Darstellung kommen.

ARM/München: Beilage zur Ermittlung, in Schreibmaschinenschrift (Kopie), Original im BayHStA/München Stanw. 9115/1.

1. Predigt vom 24. Januar 1937

Geheime Staatspolizei
Staatspolizeileitstelle
München

Predigt des P. Rupert Mayer S.J. vom 24sten ds. [Januar 1937] in der Michaelskirche, zum Hochamt um ½10 h.

Die Kirche war außerordentlich gut besucht. Bemerkenswert ist, daß die Predigt, entgegen der üblichen Gewohnheit erst nach dem Amt gehalten wurde.

15 Erster Geheimbefehl zur Überwachung der Jesuiten vom 23. April 1935; vgl. Rösch, *Kampf*, 461 f.

16 Vgl. die Predigtauszüge in Ermittlung und Anklageschrift.

Die Predigt stand ganz im Zeichen der Schuleinschreibung[17] und war sicherlich gehässiger und gemeiner als die bisherigen Predigten des P. Rupert Mayer. Er fanatisierte den katholischen Pöbel derart, daß es sogar zu Bravorufen in der Kirche kam.

Gleich zu Beginn der Predigt wurden zwei Bekanntmachungen des erzbischöflichen Ordinariates verlesen, die P. Rupert Mayer mit entsprechenden Randbemerkungen und mit Kommentar versah.

Zu dem Fall Schülle[18] meinte er, er stelle eine schwere Beleidigung der katholischen Kirche und Geistlichkeit dar. Alle Zeitungen, so erzählte er, hätten die Sache ungeheuer aufgebauscht und zum Kampf gegen die katholische Kirche ausgeweidet. »Die Zeiten sind vorbei, wo wir geglaubt haben, was in der Zeitung steht! Was über religiöse Dinge in der Zeitung steht, das glauben wir grundsätzlich nicht!« Zu der Bekanntmachung, betreffend Gemeinschaftsschule sagte P. Rupert Mayer folgendes: Da kommen Werber von staatlichen Stellen und versuchen, die Eltern davon abzubringen, daß sie ihr durch Gesetz verbürgtes Recht einfordern. Denn es ist ihr Recht, meine lieben Eltern, ein Recht, das uns niemand nehmen kann! Aber eines muß gesagt werden, es sind schlechte Werber,[19] die da im Auftrag des Staates oder der Partei von Haus zu Haus gehen und für die Gemeinschaftsschule werben! Die kommen ja gleich mit Drohungen! Neulich kam da ein Mann zu mir, ich sah ihm an, daß er furchtbar mit sich gekämpft hatte, und sagte mir, daß er ganz verzweifelt sei! Er sei Staatsbeamter und da sei einer zu ihm gekommen und habe gesagt, daß das seine Folgen

---

17 Am 30. Januar 1937, dem 4. Jahrestag der Machtergreifung; vgl. SONNENBERGER, *Der neue »Kulturkampf«*, in: Bayern in der NS-Zeit III. München 1981, 310.

18 Der Fall Schülle: Anfang Januar 1937 war in Offenburg ein 19jähriger katholischer Gymnasiast wegen Blutschande mit seinen beiden Halbschwestern gerichtlich verurteilt worden. Schülle war einige Jahre zuvor für kurze Zeit Diözesanjungscharführer in Freiburg gewesen – für die NS-Propaganda eine neue Chance zu antikatholischer Agitation. Vgl. dazu VOLK, *Akten deutscher Bischöfe IV.*, 168.

19 Vgl. SONNENBERGER, *Der neue »Kulturkampf«*, 313 ff.

haben werde, wenn er seine Kinder nicht in der deutschen Gemeinschaftsschule einschreiben ließe! Der Mann ist natürlich außer sich, zu Hause hat er die Kinder, die er ernähren muß und die Frau sagt ihm dann: Ja Mann, wir müssen unsere Kinder aus der Bekenntnisschule nehmen, es nützt alles nichts, du verlierst sonst deine Stellung! Und das nennt man Volksgemeinschaft! Das ist eine saubere Volksgemeinschaft! Für diese Volksgemeinschaft danke ich, da stelle ich mir unter Volksgemeinschaft schon etwas anderes vor! Da gehen diese Werber zu den Arbeitslosen und sagen ihnen, wenn du dein Kind nicht in die Gemeinschaftsschule schickst, dann entziehen wir dir einfach die Arbeitslosenunterstützung, zu dem Wohlfahrtsempfänger gehen sie und sagen, wenn du dein Kind nicht in die Gemeinschaftsschule schickst, so bekommst du einfach keine Wohlfahrtsunterstützung mehr! Zu dem Beamten geht man und sagt, wenn du deine Kinder nicht in die Gemeinschaftsschule gibst, dann fliegst du einfach hinaus, dann wirst du hinausgeschmissen!! Aber habt keine Sorgen, wir lassen uns das nicht mehr bieten und wir wollen uns das nicht mehr bieten lassen! Wir verteidigen unser Recht und unsern Glauben! --- Von jetzt ab wird einfach jeder von der Kanzel verlesen, der versucht eine (dieses Wort wurde betont!) Unterschrift für die deutsche Gemeinschaftsschule zu erpressen!! (An dieser Stelle ließ sich der katholische Pöbel zu lauten Bravorufen hinreißen). Man wird euch in Versammlungen und Vorträgen und durch Jugendkundgebungen für die deutsche Gemeinschaftsschule zu beeinflussen versuchen. Hört nicht darauf, glaubt nicht, was darüber in der Zeitung steht! Ich verantworte das! Glaubt überhaupt keiner Zeitung, wenn sie sich mit sittlich-religiösen Dingen befaßt! Hört nicht darauf! Lest keine Zeitungen! Und jetzt wenn ihr hinausgeht, dann möchte ich, daß eine religiöse Welle von der Kirche aus sich auf die Straße ergießt und von der Straße aus in die einzelnen Häuser!

2. Predigt vom 2. Mai 1937

Geheime Staatspolizei
Staatspolizeileitstelle München

Predigt des P. Rupert Mayer, S.J. vom Sonntag, den 2. Mai nach dem Festgottesdienst um 10 h vorm. in der Michaelskirche.

Die Predigt war sehr gut besucht; in der Kirche befanden sich etwa 1100 Männer und Frauen. Die Stimmung war nur in den vorderen Sitzreihen eine sehr revolutionäre. Wie es scheint, waren in den vordersten Sitzreihen und im Chorgestühl am Hauptaltar eigene Chlaques aufgestellt, die die Aufgabe hatten, bei den besonders anzüglichen Stellen der Predigt zu klatschen! Schriften wurden nicht verteilt!

Liebe Freunde! Wenn wir heute in unserm Zyklus nicht weiterfahren, so liegt es daran, daß in allernächster Zeit die Veröffentlichungen zu den Sittlichkeitsprozessen[20] wieder Formen angenommen haben, zu denen wir Stellung nehmen müssen und weil ich mich verpflichtet habe, euch über die aktuellen Fragen aufzuklären!

In letzter Zeit lesen wir wieder so viel von Sittlichkeitsvergehen katholischer Priester und von Ordensleuten. Wenn das alles wahr ist, – ja liebe Freunde, – dann müssen wir schon sagen, dagegen muß eingeschritten werden! Es erfüllt uns mit großer Sorge, daß diese Vergehen gerade jetzt und bei den Lieblingen des Herrn vorkommen. Aber meine Lieben, es ist nicht alles wahr, was da in der Zeitung steht. Die Art und Weise der Darstellung ist so übertrieben und wird so aufgebauscht, und das, was in den christentums- und katholikenfeindlichen Zeitungen steht (mit deutlicher und unverkennbarer Anspielung auf den V.B.[21]), das wird erst recht aufgebauscht und ausgeweidet! Da steht auf der ersten Seite gleich die Anklage mit großen

20 Hockerts, *Die Sittlichkeitsprozesse*, 30 ff.
21 Völkischer Beobachter.

Schlagzeilen, dann kommt in der nächsten Nummer, auf der ersten Seite gleich die Verhandlung; was die Entlastungszeugen anführen, das lesen wir überhaupt nicht, und dann wird der Vorfall noch in der nächsten Nummer, wieder auf der ersten Seite als Leitartikel ausgeschlachtet! Da habe ich neulich in der Zeitung gelesen, von einem Geistlichen, der vor der Anklagebank stand, in der Zeitung eine ganz große Schlagzeile, – was aber der Angeklagte sich zuschulden hat kommen lassen, – ob er für schuldig befunden wurde, oder nicht, das habe ich bis jetzt noch nicht gelesen und ich warte gespannt darauf. –

Dann lesen wir überall von 1000 Sittlichkeitsverbrechen von Priestern und Ordensleuten! Die Zahl[22] ist bei weitem übertrieben und soviel ich weiß, sind es höchstens 500 Fälle, von denen ich gelesen habe, – vielleicht sind es auch nur 250! Aber wären es wirklich 1000, wir haben in Deutschland etwa 100 000 katholische Ordensleute und Priester, dann sind das 1%. Es ist ja schlimm genug, wenn das bei uns vorkommt, aber es ist nur 1%! Warum liest man das überhaupt nur bei katholischen und evangelischen Kreisen, von den andern hört und liest man nie etwas! Wer im Glashaus sitzt, soll nicht mit Steinen werfen![23] (Lautes Beifallsgemurre in den vorderen Reihen, worauf Mayer die erregten Gemüter in den ersten Reihen, unter dem Hinweis, daß diese Demonstrationen falsch verstanden werden könnten, besänftigte!).

Wogegen wir uns noch wehren, das ist die weitschweifende und verallgemeinernde Art und Weise der Darstellung! Mayer führte hierzu einige Artikel des V.B. an, in denen diese Zustände tatsächlich verallgemeinert wurden. Im Völkischen Beobachter habe ich kürzlich einen Artikel auch über die Sittlichkeitsverfehlungen gelesen und da hieß es zum Schluß: Jede deutsche Mutter und jeder deutsche Vater wird es sich nach diesen Vorgängen überlegen, ihr Kind derartig verdorbenen Brüdern anzuvertrauen! Und da heißt es im Völkischen Beobachter weiter: Die Klöster sind zu Brutstätten des Lasters und

---

22 Vgl. Brief an Inspektor Gambs, S. 370 f.

23 Offensichtlich eine Anspielung Mayers auf den Fall »Röhm«.

der Verkommenheit geworden. Es heißt also nicht Klöster, sondern die Klöster. Das heißt also, alle Klöster sind Brutstätten des Verbrechens! Mayer kam dann auf die klösterlichen Erziehungsinstitute und Lehrstätten zu sprechen. Diese Anstalten haben sich Jahrzehnte lang bewährt und warum haben dann gerade die besten Familien ihre Kinder in diese Schule gegeben? Warum haben sie diese zu den Ordensleuten gegeben? Ein großer Teil der Ordensgeistlichen stand im Felde, sollen sie sich diese Verallgemeinerung gefallen lassen? Wir müssen uns ganz entschieden dagegen wehren! Wir sind keine Revolutionäre, aber wenn das so weiter geht, dann werden wir katholische und evangelische Geistliche eine ganz gewaltige Stinkbombe dahinein werfen müssen! Wir lassen uns das nicht mehr gefallen, wir werden jetzt dagegen rückhaltlos kämpfen.

Szene von Christus am Oelberg![24] Die Leute sollen für die Schweinereien der Pfaffen Buße tun!

3. Predigt vom 24. Mai 1937

DSt. 511

München, den 24. 5. 1937.

Betr. Ueberwachung der Predigt des Paters Rupert Mayer am 23. 5. 37 um 20 Uhr in der Michaelskirche, anläßlich der Lichterprozession der Marianischen Männerkongregation. Anschließend kurze Predigt eines Priesters im Dom, anstelle des Kardinals Faulhaber.

Etwa von 19–20 Uhr füllte sich die Michaelskirche mit schätzungsweise 2000 Männern aus den verschiedenen Pfarreien Münchens. Etwa der fünfte Teil waren jüngere Männer. Alle rüsteten sich am Eingang mit einer Kerze aus. Pünktlich um 20 Uhr betrat Pater Rupert Mayer die Kanzel und hielt folgende Predigt: »Liebe Männer und Jungmänner! Wiederum ging ein Jahr vorüber. Leicht war es nicht, aber wir haben und durchge-

---

24 Mt 26, 36–46.

rungen. Wir haben uns in dieser schweren Zeit erhalten, ja, noch um ein kleines vermehrt. Wer die Schwierigkeiten kennt, denen wir ausgesetzt sind, der weiß, was das bedeutet. Wir haben im letzten Jahre 378 neu aufgenommen. Zu unserer großen Freude können wir sagen, daß wir in einer Gruppe eine Reihe ganz junger Männer gewonnen haben. Dies gereicht zur besonderen Freude. 222 sind mit Tod abgegangen. Wir gedenken ihrer in Treue. Ausgeschieden sind 126.

Gott sei Dank! Die Männer werden ans Opferbringen allmählich gewöhnt und verlieren mehr und mehr die Furcht vor Menschen. Wir wissen, unsere Sache steht und fällt mit dem kleinen Mann. Er ist das Rückgrat unserer großen marianischen Bewegung. Ein herzliches Vergelts Gott einem jeden, der selbstlos sich in den Dienst der Kongregation gestellt hat. Wir danken unserem lieben Präfekten, den wieder das Vertrauen der Männer mit starker ⅔ Majorität gewählt hat. Möge Gottes Segen auf seinem ernsten Bemühen ruhn.

Heute, liebe Freunde, muß es ein Wort der Mannestugend sein, was ihr von mir hören werdet. Die Apostel kämpften einst in finstrer Nacht gegen widrige Winde und hochgehende Wellen. Es war jedem schwer zu Mute, sie wußten nimmer wo ein und wo aus. In ihrer Angst schrieen sie. Der Heiland, der ruhig über die Flut dahin wandelte, rief ihnen zu: ›Habt Vertrauen, fürchtet Euch nicht!‹[25] Das will auch euch der Heiland sagen. Habt Vertrauen, fürchtet euch nicht! Es gibt manche Menschen, die lassen sich imponieren von unseren religiösen Feinden, durch große Töne, die sie anschlagen. Sie rühmen sich, was sie nicht alles vermögen, da sie nun endlich Methoden und Mittel gefunden haben, um den Katholizismus zu erledigen und ihm den Garaus zu machen. Sie rühmen sich ihrer Lichtfülle, die in ihnen stecke gegenüber diesen armseligen jungen Männern; verheißen einen neuen Glauben, eine neue Sittlichkeit, neue Religion, ein neues Leben . . .? noch nie geschehenes Leben heranzuführen vor dessen Glanz der Natur . .? . . un-

25 Mt 8,23–27.

natürliche Sittenlehre des Christentums allmählich zugrunde gehen muß. Liebe Freunde! Dem Unkundigen kann so was imponieren. Dem Kundigen aber sind diese Sprüche seit langem bekannt. Das ist die großsprecherische Art der Christus- und Kirchenfeinde von jeher gewesen. Diese Sprüche haben wir schon gehört in den Marxisten- und Freidenkerversammlungen[26] vor und nach dem Kriege. Und dieselben Sprüche klingen jetzt wieder an unser Ohr. Nicht immer hat der, der mehr Lärm macht, auch mehr Geist und Kraft! Das liebe Freunde wollen wir uns merken. Also, fürchtet euch nicht vor derartigen Reden.

Es kommt oft ganz anders als man denkt! Dann, liebe Freunde, habt Vertrauen! Ich weiß es. Manchem ist der Ausgang des Schulkampfes in München schwer auf die Nerven gefallen. Das hat ihm einen Schlag versetzt.[27] Da hat mancher zu zweifeln begonnen. Liebe Freunde, nur das nicht! Wäre ich im Lager unserer Gegner, ich hätte mich über einen mit so unredlichen Waffen erfochtenen Sieg nicht freuen können. Ich hätte mich eines solchen Sieges geschämt! Mit roher Gewalt kann man kein Recht zerstören und vernichten! So geht das nicht! Was der hl. Vater in seiner Enzyklika[28] sagt, trifft den Nagel auf den Kopf. Er schreibt von Schuleinschreibungen, die ein Zwangsprodukt sind, das jeglichen Rechtscharakter entbehre. Also, liebe Freunde, in dieser Sache ist das letzte Wort noch lange nicht gesprochen! Fürchtet Euch nicht und habt Vertrauen auf euere Priester und Ordensleute. Ja, aber, wird so mancher mir sagen, das hätten wir doch nicht gedacht, bei euch sieht es aber böse aus.

Liebe Freunde! Was schlecht ist und was Sünde ist, das empfinden wir zuerst als schlecht und als Sünde. Wir bedauern das, was war, aufs allertiefste! Gewiß, wir haben das Empfinden,

---

26 Vgl. Mayer in Versammlungen, S. 421, 423.

27 96,1 Prozent der Stimmen für die Gemeinschaftsschule; vgl. Sonnenberger, *Der neue »Kulturkampf«*, 310.

28 Enzyklika: *Mit brennender Sorge*, in: Kölner Aktenstücke, hrsg. von Corsten, 182.

also ob so etwas überhaupt gar nie vorkommen dürfte bei Priestern und Ordensleuten. Aber ihr Freunde, der Heiland macht uns darauf aufmerksam, daß eben manchmal doch ..?.. er spricht von Aergernissen.[29] Denn unter seinen 12 Aposteln war einer, der nichts taugte. Unter 12 einer! Liebe Freunde, dem gegenüber ist das gar kein Prozentsatz, der jetzt unter die Räder kommt. Die Zahl steht noch nicht genau fest. Sie wird aber wohl dem katholischen Volke zugänglich gemacht werden. Wir haben hier in Deutschland etwa 115 000 Priester und Ordensleute. Denkt an diese ungeheuere Zahl! Wenn da ein Prozent herauskommt, wäre das schon sehr sehr viel! Unter Hundert einer! Ihr wißt, auch das ist noch zu viel. Aber das ist noch etwas ganz anderes, was man jetzt dem katholischen Volk vorzulügen sucht.

Liebe Freunde, was uns wehe tut, das sind die Berichte über diese Skandalprozesse. Denn da müssen wir das eine sagen: Wir haben jetzt Beweise in der Hand, die genügen, um uns jeden Glauben an einen großen Teil der deutschen Presse zu nehmen und endgültig zu rauben (Zwischenrufe: »Bravo«). Wir wußten schon, daß man in diesen Prozessen für katholische Dinge überhaupt kein Verständnis hat. So einseitig, so unwahr und gehässig und so verlogen hat man immer über katholische Dinge geschrieben. Ich beweise ganz sicher folgendes: In einem Kloster, ich weiß wo, aber ich sage nichts darüber, da ...?.. die Nachricht, daß 24 Brüder dieser Gemeinschaft wegen Sittlichkeitsverbrechen angeklagt seien. 8 sind verhaftet worden und 2 wurden freigesprochen und 2 sind verurteilt worden, also von den 24 sind 2 verurteilt worden! Nun hat man sich an die Presse gewandt. Nicht eine Richtigstellung wurde aufgenommen (Zwischenrufe: »Hört«). Wir wissen, wenn im Inland gerade nichts los ist, dann schaut man ins Ausland. Es spielt eine große Rolle ein Prozeß gegen einen ehemaligen Benediktiner, ein Ungar. Er ist schon im Jahre 1924 aus dem Kloster entlassen worden.

---

29 Mt 18, 6–7.

Was hat denn der Mann noch mit dem Kloster zu tun? Das ist doch unglaublich! Aber das Schlimmste, was uns traurig stimmen muß ist folgendes: Aus Belgien wird am 26. 3. 37 berichtet. Sie haben alle selber davon gehört. Es wurde immer und immer wieder erwähnt und die schauerlichsten Bemerkungen daran geknüpft. Das belgische Außenministerium hat bei der deutschen Regierung auf diplomatischem Wege Protest eingelegt und folgende Richtigstellung verlangt: ›Der Mörder war nicht ein Klosterbruder, sondern ein Hausdiener, der zudem nicht ganz normal war. Die Schulbrüder hatten ihn aus Mitleid in ihr Haus aufgenommen, um einem bedürftigen Menschen zu helfen.‹ Das belgische Außenministerium hat verlangt, daß diese Richtigstellung in der Presse und im Radio zu erfolgen habe. Die deutsche Regierung hat was getan? Im Radio wurde die Notiz zwischen 6 und 7 Uhr morgens mitgeteilt (die Zuhörer lachen) und in einer Zeitung wurde auf der fünften Seite, versteckt unter kleinen Nachrichten, die Richtigstellung in 2 bis 3 Zeilen gebracht.

Liebe Freunde! Ich bin mir der Verantwortung dessen, was ich vorgelesen habe, vollständig bewußt. Ich nehme diese Verantwortung nach reiflicher Überlegung auf mich, im Interesse der unsterblichen Seele des Menschen. Kein anderer Gedanke leitet mich dabei, nur das eine, wie manche Menschen durch diese furchtbare Berichterstattung der Skandalprozesse innerlich im Glauben erschüttert wurden. Und um es den weitesten Kreisen zu zeigen, was man aus solchen Dingen macht, was die Berichterstattung ausmacht, wie man nicht der Wahrheit dienen will sondern dem Haß gegen die Kirche Vorschub leisten will, darum glaube ich, verpflichtet zu sein, das zu sagen.

Liebe Freunde. Wenn man nun diese Sache noch verallgemeinert, sodaß man das Gefühl hat, ja Herrschaft noch einmal, du kannst dich als Priester nächstens nicht mehr auf der Straße zeigen, so ist doch das etwas Entsetzliches. Ja, bedenken das die Leute nicht, daß sie damit 110–115 000 deutschen Männern und Frauen die Ehre nehmen?

Man sagt so gerne zu uns ›ihr könnt zufrieden sein, denn in

Spanien,[30] da hätte man euch schon längst an die Wand gestellt!‹ Ich sage aber ganz ruhig: Dem Tode hab ich hunderte Male ganz bewußt in die Augen geschaut. Das bin ich gewöhnt. Das ist nicht so schlimm! Aber wenn man einen Menschen geistig tötet (Zurufe »Sehr richtig!«), wenn man einen kaputt macht vor der Welt, das ist das Furchtbarste, was man sich vorstellen kann. Wenn die Menschen sehen, daß Priester und Ordensleute für ihren Glauben sterben müssen, dann weckt das auch noch in dem Letzten den Glauben an seine Religion wieder. Ganz anders ist es bei uns! Ja schließlich könnte es dazu kommen, daß sich die Menschen glatt von uns abwenden und sagen, mit solchen Menschen wollen wir nichts mehr zu tun haben. Das ging noch. Wer sich von den Dienern der Kirche abwendet, der hat gebrochen mit seinem Glauben an die Kirche! Das war der Grund warum wir das heute verlesen haben. Sie können das gebrauchen und sie können ruhig sagen, ich hätte das öffentlich bekanntgegeben.

Wir lassen uns deshalb nicht wankend machen in der . . . ?. . gegen den Staat, das gibt es nicht bei uns. Aus Gewissensgründen haben wir Ruhe und Ordnung unter . . ?. . gewahrt und man kann an keine Unruhe im revolutionären Sinne denken, weil das gegen unsere Grundgesetze verstößt. Aber dessen ungeachtet ist es notwendig darauf hinzuweisen, daß jetzt durch die deutsche Presse ein Haßfeldzug gegen Priester und Ordensleute geht, der seinesgleichen sucht. Darum, liebe Freunde, ist es aus und vorbei mit dem Glauben an den Großteil der deutschen Presse, wenn sie berichtet über religiös-sittliche Verhältnisse, über christlich-katholische Belange. Und nun liebe Freunde habt Vertrauen und fürchtet euch nicht! Denn darüber nach wie vor geschlossen der deutsche Episkopat in Glaubenssachen steht. Auch nicht einer der 23 Bischöfe denkt daran, andere Wege zu gehen. Einig und geschlossen sind sie die Leiter der Kirche in Deutschland. In Liebe vereint stehen die Bischöfe . . ?. . . mit dem hl. Vater zu Rom . . ?. . ein Herz und eine Seele.

---

30 Anspielung auf den spanischen Bürgerkrieg mit seinen schweren antikirchlichen Ausschreitungen.

Denkt was das bedeutet in unserer Zeit! Der Klerus steht hinter seinem Oberhirten, das ist überall so. Außenseiter gibt es immer, die sich nicht mehr auskennen. Das will noch heißen hinter dem Klerus steht das katholische Volk. Und wenn man weiß, wie jetzt die katholischen Menschen allmählich wach werden, wie sie merken, um was es geht, das tut einem im innersten Herzen wohl.

Darum keine Furcht! Habt Vertrauen! Vertrau auf Jesus Christus! Er ist unsere Lebensfreude, unsere Lebenskraft, unseres Lebens Trost. Er ist unser Freund, unser Alpha und Omega, Anfang und Ende. Vertrau auf ihn! Wie hat doch er all den Tausenden das Sterben leicht gemacht! Wie oft habe ich das mit eigenen Augen sehen und miterleben können. Da merkt man erst die Kraft unserer heiligen Religion. Habt Vertrauen auf ihn! Wie wunderschön sagt er oft: ›Vertraut, denn ich habe die Welt überwunden!‹[31]; denn der siegt, der die Welt überwindet. In erster Linie glaubt an Jesus Christus.

Darum liebe Freunde suchen wir mit Eifer und mit Ernst dem Heiland immer näher zu kommen. Das geschieht durch die Pflege eines ..?.. Lebens. Die Zeiten sind ernst. Und das verdanken wir den Feinden der Kirche, daß sie uns zur Selbstbesinnung gebracht haben, daß es nun viele wieder ernster nehmen mit der Erfüllung ihrer religiösen Pflichten. Die Predigten waren noch nie so gut besucht, so ist es mit den Gottesdiensten, so mit dem Empfang der kirchlichen Sakramente. Wie kostbar ist das! Nicht die äußeren Kämpfe bringen den Sieg! Nein! Unser Verhältnis zu Jesus Christus wird die Grundlage sein eines neuen Aufstiegs in religiöse Beziehung. Und wer innerlich gefestigt ist, der zeigt das unwillkürlich nach außen hin und hat nichts zu fürchten. Wenn Er mit uns ist. Und wenn die ganze Welt voll Teufel wäre, wir fürchteten uns nicht.[32] Ohne ihn können sie uns nichts anhaben. Darum möchte ich Ihnen die Monatskommunion ans Herz legen. Nicht zu vergessen die heiligen Exerzitien. Wer diese Schule hindurchgegangen ist,

---

31 Joh 16,33.

32 Anspielung auf das »Trutzlied« Martin Luthers.

der ist sicher, wir können darauf bauen. Wenn es hart auf hart gehen sollte, was Gott verhüten möge, dann wird es sich zeigen, daß der katholische Glaube in den Herzen von Millionen viel tiefer verankert ist als es manchmal zu sein schien. Und so liebe Freunde gehen wir mit frohem Mut der Zukunft entgegen. Wenn Christus mit uns ist, wer ist dann gegen uns?[33] Kein Mensch! Dann sind wir geborgen und gesichert für Zeit und Ewigkeit. Amen!« Anschließend sprach der Pater noch einige Worte zur bevorstehenden Fronleichnamsprozession: »Keiner darf zurückbleiben, weder bei der großen noch bei der Pfarrprozession, das ist Ehrensache eines jeden. Im Bürgersaal halten wir eine hl. Messe am Fronleichnamsfest morgens 6½ Uhr. Anschließend marschieren wir zur großen Prozession. Hier, in der Nähe der Kirche, werden wir uns eingliedern. Wir brauchen für die Prozession noch einige Ordner. Ich möchte bitten, daß sich noch ein Dutzend Herren an der Pforte der Michaelskirche meldet. Es wird genau gesagt, was jeder zu tun hat.«

Um 21 Uhr begann die Lichterprozession zum Dom. Der Ein-»Marsch« nahm eine Stunde in Anspruch. Nach Beendigung eines gemeinsam gesungenen Liedes wurde ein knapper geschichtlicher Umriß der Männerkongregation gegeben. Der Prediger verweilte bei der äußeren Pracht der Bittgänge vergangener Zeiten. Daß dies die echtesten Bittgänge waren, das könne man vielleicht nicht behaupten. Denn mancher sei mitgegangen, weil es zum guten Ton gehörte, weil er Amtswürde oder sonst was zeigen wollte. Es habe aber Jahre gegeben in denen die Prozession still und ernst dahinzog; in Jahren der Pest, der Kriegszeit, in Jahren, in denen religiöse Spannungen über den Menschen lagen und wo es den Anschein hatte, als sollte der Glaube entwertet werden. In solchen Jahren schwand die äußere Pracht. Aber wer da mitging der tat es aus innerster Überzeugung. Auch über dem heutigen Bittgang liege ein herber Ernst und in diesem Ernst liege seine Größe. Es ist keiner mitgegangen einem Menschen zuliebe, sondern hier war alles

33 Vgl. Röm 8,31.

mitgegangen um ein freies Mannesbekenntnis zum Glauben abzulegen, zum Glauben an den einen persönlichen Gott. Und niemand sonst sei wie Gott, alles andere sei das Werk seiner Hände. Der Prediger weist mit erhobener Stimme auf die Bedeutung der Mutter Gottes hin, auf die Marienverehrung, die so tief ins Volksbewußtsein eingedrungen sei. Wieder ein Zeichen der Tiefe der deutschen Seele, daß sie das Marienbild über alle Stürme mitgerettet habe und daß in unseren Tagen das Marienbild so groß und so leuchtend vor uns stehe. Wenn man in dieser späten Stunde Maria von neuem feiere, dann sei diese Feier ein Ausdruck des inneren Wollens. Der Prediger schließt seine Predigt mit einer Bitte an Maria, daß sie von ihrem Sohn Kraft erflehe.

Nachdem der Priester die Kanzel verlassen hatte, betrat Pater Rupert Mayer dieselbe noch einmal und forderte auf, die Kerzenreste in die bereitgestellten Körbe zu legen. Er dankte den Versammelten für das abgelegte Treuebekenntnis.

gez. W. Wilhelm
Zeitangestellter.

Der Geheimen Staatspolizei
Staatspolizeileitstelle II 1 B
vorgelegt. Der Prediger im Dom war nach einer Mitteilung der »Münchner Katholischen Kirchenzeitung« der Jesuitenpater Georg Waldmann[34] von der Michaelskirche.

München, den 31. Mai 1937

Polizeipräsidium
i. A. gez. Mayr.

34 Georg Waldmann SJ (1902–1979), 1937–1941 Oberer in St. Michael.

3. DER PROZESS GEGEN RUPERT MAYER VOR DEM SONDERGERICHT

Der Prozeß gegen P. Rupert Mayer vor dem Sondergericht (1937) ist in seinen einzelnen Schritten – von Haftbefehl und Verhaftung bis zum Urteil – dokumentarisch gut belegt. Die Dokumente, die in Archiven der Justiz und der Gestapo den Krieg überstanden, offenbaren die Spannung zwischen den beiden Institutionen; die Dokumente aus kirchlichen Archiven – der Erzdiözese München-Freising, der Oberdeutschen Provinz der Gesellschaft Jesu/München – weisen die Versuche auf, einen gerechten Prozeß für P. Mayer durchzusetzen und die zudem durch das Reichskonkordat (1934) gesicherten Rechte der römisch-katholischen Kirche festzuhalten. Mitschriften und Notizen bieten ein übriges Material, tragen noch Hintergrundinformationen bei.

Die einzelnen Schritte des Prozesses führen eine Justiz vor, die sich sowohl dem Recht verpflichtet weiß (bzw. wissen will) als auch zugleich sich dem wachsenden Druck der Gestapo zu entwinden sucht. Die Rolle der kirchlichen Obern – Kardinal Faulhaber, Provinzial Rösch – kann mit dem Begriff »Schadensbegrenzung« gedeckt werden: sie wollen einerseits nicht in die kalte Konfrontation mit dem nationalsozialistischen Staat kommen und andererseits die Folgen dieses Prozesses für P. Mayer erträglich machen. In all diesen Kompromissen und Händeln bleibt P. Mayer von entschiedener Härte; seine »Erklärungen« beweisen es. Am Ende beruft er sich auf das Zeugnis der Apostel, daß man »Gott mehr gehorchen müsse als den Menschen«, und daß niemand ihm ins Wort fallen dürfe, es sei denn die kirchliche Obrigkeit. Diese Geradlinigkeit – von der Gestapo abgewertet mit dem Hinweis, er wolle ein »Märtyrer werden« – macht die Winkelzüge des Prozesses durchsichtig. P. Mayer bleibt sich treu. Diese Tatsache ordnet (und wertet) die Dokumente und die einzelnen Schritte des Verfahrens gegen Rupert Mayer.

BayHStA/München Stanw. 9115/1–2, soweit nicht andere Quellen vermerkt. Der Text der folgenden Dokumente ist wortgetreu wiedergegeben, jedoch der heutigen Schreibweise angepaßt worden.

Erklärung von P. Mayer

Am 7. April 1937[1] wurde von der Gestapozentrale Berlin gegen P. Mayer ein »Redeverbot für das gesamte Reichsgebiet« verhängt, das Mayer allerdings nicht beachtete. Als am 28. Mai 1937 ein zusätzliches Predigtverbot (ausgenommen Predigten in St. Michael/München) erging und P. Mayer sich auch dieser Anordnung nicht fügte, wurde er am 5. Juni 1937 von der Gestapo verhaftet. Die Erklärung vom 9. Juni 1937 ist die Antwort Mayers auf das Angebot des SS-Oberführers Regierungsrat Dr. Walther Stepp (1898–1972, 1935–1937 Leiter der Münchner Gestapozentrale), sich im Predigen etwas zurückzuhalten und so in Frieden gelassen zu werden. Die an Entschiedenheit nicht zu unterschätzende Erklärung bildete die Grundlage für die Erhebung der Anklage.

Geheime Staatspolizei — München, 9. Juni 1937
Staatspolizeileitstelle München
B.Nr.

ERKLÄRUNG:[2]

Ich erkläre, daß ich im Falle meiner Freilassung trotz des gegen mich verhängten Redeverbotes nach wie vor, sowohl in den Kirchen Münchens als auch im übrigen Bayern, aus grundsätzlichen Erwägungen heraus, predigen werde.

Ich erkläre insbesondere, daß ich auch in Zukunft von der Kanzel herab in der bisherigen Form die Kirche gegen etwaige Angriffe mit aller Entschiedenheit und Offenheit und Schärfe, aber ohne persönlichen Angriff verteidigen werde.

---

1 Seit Frühjahr 1935 unterlag Rupert Mayer der besonderen Kontrolle der Gestapo. Am 7. Mai 1936 wurde er erstmals verwarnt. Nach einem Stillhalten von einem Jahr kam dann am 7. April 1937 aus dem Reichssicherheitshauptamt/Berlin die Verfügung, »über Mayer sei wegen seiner staatsschädigenden Reden Redeverbot für das gesamte Reichsgebiet verhängt«. Ungeklärt ist, wann P. Mayer von diesem Verbot unterrichtet wurde. Die Situation änderte sich radikal, als Mayer am 28. Mai 1937 in seiner Predigttätigkeit auf St. Michael beschränkt wurde; vgl. VOLK, *Mayer*, 7–8.

2 Mayer hatte bald nach der Verhängung des Redeverbots mit P. Provinzial Rösch die Situation besprochen. In seiner Einstellung, nicht nachzugeben, stand P. Rösch hinter ihm; im Hinblick auf die Freiheit der Kirche vgl. Seite 433 ff.

Ich werde auch weiterhin in der von mir bisher geübten Art und Weise predigen, selbst dann, wenn die staatlichen Behörden, die Polizei und die Gerichte, meine Kanzelreden als strafbare Handlungen und als Kanzelmißbrauch bewerten sollten.

Vorgelesen genehmigt und unterschrieben
Rupert Mayer SJ

Beschuldigten-Vernehmung

Am 9. Juni 1937 erstattete Kriminalinspektor Otto Gambs (geb. 1900) im Namen der Gestapo Anzeige gegen P. Mayer. Die Anzeige war begründet mit einem Ermittlungsbericht[3], der sich seitenlang bis ins Detail auf Mayers Predigten (in Ursberg, Aichach, Weißenhorn, München/St. Michael u. a.) bezog. Da Mayer den Ermittlungsbericht mit den ihm nötig erscheinenden Differenzierungen als richtig bestätigte, wurde gegen ihn ein Haftbefehl wegen Vergehens des Kanzelmißbrauchs in Tateinheit des fortgesetzten Vergehens gegen das Gesetz gegen Angriff auf Staat und Partei erlassen. Da bei der Justiz die Befürchtung bestand, Mayer werde die Freiheit erneut zu strafbaren Handlungen »mißbrauchen«, verblieb er in Untersuchungshaft.

Amtsgericht München — 1 b Js-So 100/37
Abteilung Strafgericht.
(Ermittlungsrichter)

Beschuldigten-Vernehmung
in der Untersuchung gegen Mayer Rupert
wegen Kanzelmißbrauch u. and.

---

3 Der zehnseitige Ermittlungsbericht der Gestapo (B.Nr. II 1 B g a) vom 9. Juni 1937 enthält Auszüge aus 12 Predigten Mayers. Diese Auszüge sind thematisch geordnet: 1. Zur Gemeinschaftsschule, 2. Zur deutschen Presse und zu ihrer Berichterstattung über die derzeit gegen die katholischen Geistlichen und Ordensangehörigen laufenden Sittlichkeitsprozesse. 3. Zu sonstigen innerpolitischen Vorgängen.

Gegenwärtig:
Der Amtsrichter
Dr. Mugler[4]
der stellv. Urkundsbeamte München, den 10. Juni 37
Schlecht

Der im Gerichtsgefängnis II vorgeführte Beschuldigte wurde gemäß § 136 StGO. vernommen, wie folgt:

Zur Person:
Mayer Rupert, übr. Pers. bereits erhoben.

Zur Sache:
Ich gebe die mir aus dem Bericht der Gestapo vom 9. 6. 37 vorgehaltenen Äußerungen, die im Bericht mit Rotstrich gekennzeichnet sind, zu. Wenn ich mich nach so langer Zeit auch an den Wortlaut im Einzelnen nicht mehr erinnern kann, so habe ich sie doch dem Sinne nach gemacht.

Was die Bemerkung über die Reichsregierung in der Predigt vom 11. 4. 37 in Weißenhorn anlangt, so möchte ich hierzu folgendes bemerken:

Ich glaube nicht, daß ich der Reichsregierung den Vorwurf gemacht habe, als ob sie bei dem Abschluß des Konkordats die Absicht gehabt habe, das Konkordat durch untergeordnete Stellen sabotieren zu lassen. Es liegt meiner ganzen Denkungsart völlig fern, einen Menschen oder sonst jemand eine schlechte Absicht bei seinen Handlungen zu unterschieben. Wenn ich je mich so ausgedrückt hätte, wie es in dem Bericht der Gestapo v. 9. 6. 37 heißt, so würde ich das bedauern, aus dem oben angegebenen Grunde.

Vor Rücksprache mit dem erzbischöfl. Ordinariat, meinem Ordensoberen u. meinem Verteidiger möchte ich zunächst keine Loyalitätserklärung abgeben, die weiterreicht, als die vom 9. 6. 37.

---

4 Dr. Hans Mugler (geb. 1904), Amtsgerichtsrat, 1953 Landgerichtsrat beim Landgericht München I, 1956 Oberlandesgerichtsrat beim Oberlandesgericht München, 1964 Oberlandesgerichtsrat beim Bayerischen Obersten Landesgericht.

Dem Vorgeführten wurde vor 13 Uhr... Min. eröffnet, daß gegen ihn

Haftbefehl

erlassen werde, und zur Begründung mitgeteilt, er erscheine eines fortges. Vergehens des Kanzelmißbrauchs nach § 130a I Str.G.B. in Tateinheit mit einem fortges. Verg. gg. § 1 des Ges.gg heimtück. Angriffs gg. Staat u. Partei v. 20. 12. 34 dringend verdächtig

Die Untersuch.Haft werde angeordnet, da angesichts seiner Erklärung v. 9. 6. 37 zu besorgen sei, daß er die Freiheit zu neuen strafb. Handlungen mißbrauchen werde.

Er wurde belehrt, daß er gegen den Haftbefehl Beschwerde einlegen könne. Er erklärte:

Über die Frage, ob ich gegen den Haftbefehl Beschwerde einlege, werde ich erst nach Rücksprache mit meinem Verteidiger eine Entscheidung treffen.

V.g.u.u. Rupert Mayer

I. Aufn. Verfügung wurde Gef. II erteilt.
II. An den Herrn Staatsanwalt Ref. 16.
Der Vermittlungsrichter I.

Am Rande: HAFT eilt! Dr. Mugler Schlecht

Erklärung von P. Mayer

Noch in der Untersuchungshaft in Stadelheim/München klärte P. Mayer weitere Details der Anklage, die gegen ihn vorbereitet wurde.

Geheime Staatspolizei München, am 5. Juli 1937
Staatspolizei – Leitstelle München
II 1 B ga.

P. Rupert Mayer, derzeit in Untersuchungshaft im Gerichtsgefängnis Stadelheim erklärt:

1. Z. P.:
Mayer Rupert, led. Jesuitenpater, kath.,
Reichsdeutscher,
geb. 23. 1. 1876 zu Stuttgart, S. v. Rupert Mayer
(gest.) und Emilie, geb. Wehrle,
wohnt in München Maxburgstraße 1.

2. Z. S.:
Ich habe am Sonntag den 28. 2. 1937 abends 6 Uhr in Eichstätt im Dom eine Predigt gehalten.

Ich habe damals auch über die Schulabstimmung gesprochen und dabei erwähnt, daß man bei dieser Gelegenheit verschiedentlich Druck ausgeübt habe und daß dieses Vorgehen, Sabotage am Reichskonkordat sei. Dagegen kann ich mir nicht denken, daß ich gesagt haben soll, wenn alles aufstehe, könne man nicht mehr gegen die Katholiken regieren. Ich kann höchstens ausgeführt haben, wenn alle zusammenhalten und für die kathol. Schule stimmen, dann bleibt die kathol. Schule und kann nichts passieren. Auch habe ich von niederträchtigen Mitteln gesprochen, mit denen die Abstimmung für die Gemeinschaftsschule in München gemacht wurde.

Mein Gedankengang war der, daß alles was katholisch ist, zusammenstehen soll, dann kann nichts passieren.

Ob ich gesagt habe: Wenn alles aufsteht und sagt, das lassen wir uns nicht mehr gefallen, man kann nicht gegen die Katholiken regieren, weiß ich nicht und glaube ich auch nicht.

G.w.o.
Gambs[5]
Krim.Insp.

V.g.u.u.
Rupert Mayer

Aufgenommen:
E. Rietz
Z.A.

---

5 Otto Gambs; vgl. S. 370ff.; E. Rietz nicht verifizierbar.

Anklageschrift

Fünf Wochen nach der Verhaftung wurde P. Mayer am 9. Juli 1937 die Anklageschrift des Oberstaatsanwalts beim Sondergericht München, Alfred Resch (1890–1968), vom 7. Juli zugestellt.

Akt.Zeich.: 1 c Js-So 100/37.

HAFT!

1. ANKLAGESCHRIFT

Ich erhebe öffentliche Klage

gegen

Mayer Rupert, geboren am 23. Januar 1876 in Stuttgart, Sohn von Rupert Mayer und Emilie Wörle,[6] ledig, Jesuitenpater in München,

nicht vorbestraft,

in dieser Sache vom 5.–10. Juni 1937 in Polizeihaft, seitdem in Untersuchungshaft im Strafvollstreckungsgefängnis Stadelheim,

welchen ich beschuldige

fortgesetzt öffentlich hetzerische Äußerungen über leitende Persönlichkeiten des Staates und deren Anordnungen gemacht zu haben, die geeignet sind, das Vertrauen des Volkes zur politischen Führung zu untergraben und durch die gleiche Handlung fortgesetzt als Geistlicher in Ausübung seines Berufes in Kirchen vor mehreren Personen Angelegenheiten des Staates in einer den öffentlichen Frieden gefährdenden Weise zum Gegenstand von Erörterungen gemacht zu haben.

6 Richtig: »Wehrle«; ein Schreibfehler, der öfters erscheint.

Tatbestand:

Der Beschuldigte Pater Rupert Mayer wirkt seit Jahren als Seelsorger und Kanzelredner in München und seiner näheren und weiteren Umgebung. Vor der nationalen Erhebung trat er wiederholt in politischen Versammlungen auf und kämpfte herzhaft gegen den Kommunismus; nach der Machtübernahme nahm er eine sich ständig verschärfende ablehnende Stellung gegen den Nationalsozialismus ein, so daß seine Predigten, Reden und Schriften wiederholt polizeilich beanstandet werden mußten.

Am 7. Mai 1936 wurde der Beschuldigte wegen einiger hetzerischer Äußerungen seitens der Staatsanwaltschaft München I verwarnt (Akt.-Zeich.: 16 a Js-So 430/36).

In letzter Zeit, insbesondere seit Beginn des Jahres 1937, hat sich der Beschuldigte in mehreren seiner öffentlichen Predigten mit dem Schulwesen, mit den Strafverfahren gegen katholische Geistliche und Ordensangehörige wegen sittlicher Verfehlungen, mit dem Pressewesen, mit dem Nationalsozialismus als solchem und mit dem nationalsozialistischen Schrifttum befaßt. Unter anderem wurden von ihm folgende Themen in seinen öffentlichen Predigten behandelt:

1. *Thema: Gemeinschaftsschule.*

a) *Predigt vom 3. Februar 1937* in der St. Josefskirche in München (Predigtensammlung Blatt 7/8, ferner Blatt 1 R., 34 der Akten):

»... Am letzten Montag wurde ein Sieg gefeiert, aber so ein Sieg ist noch nicht gefeiert worden, solang die Welt besteht! Ich muß schon sagen, ein Sieg war das, der denen, die ihn gefeiert haben, gewiß nicht zur Ehre gereicht! Ein Sieg war das, ein Terror! Dieser Sieg war ein Türkensieg, ein Gewaltsieg! ...«

b) *Predigt vom 29. März 1937* in Ursberg (Predigtensammlung Blatt 21–23; ferner Blatt 1 R., 34 der Akten):

»... In München sind die katholischen Erziehungsberechtigten gegen alles Recht und Gesetz um die katholische Bekenntnisschule gebracht worden. Da haben alle staatlichen und Parteidienststellen zusammengeholfen, mündlich und schriftlich...«

c) *Predigt vom 11. April 1937* in Weißenhorn (Predigtensammlung Blatt 24–28; ferner Blatt 2 R., 34 der Akten):
»... Ja, habt Ihr noch nichts gehört von Schulkämpfen! Die Menschen sollen genötigt werden, ihre Kinder in der Schule entkonfessionieren zu lassen... Es wurde in den Schulen gelogen, daß sich die größten Balken gebogen haben... Die Sache hat einen ernsten Hintergrund; es kommt einem gerade vor, als ob die Reichsregierung das Konkordat abgeschlossen habe, um es sabotieren zu lassen, von den untergeordneten Stellen...«

d) *Predigt vom 18. April 1937* in Kirchheim (Predigtensammlung Blatt 29–31; ferner Blatt 2 R., 35 der Akten):
»... Man will die Schule entkonfessionieren, sie darf auch nicht mehr christlich sein. Man sagt, man habe noch Religionsunterricht; in einem Jahr hat das Christentum in der Gemeinschaftsschule vollständig aufgehört, dann weht ein antikatholischer, antichristlicher Geist... Was in dem Schulkampf gelogen wurde von untergeordneter Stelle, da wurde gelogen, daß sich die Balken bogen... Wie man es diesen Menschen gemacht hat, sie wurden Volksfeinde und Landesverräter, die nicht da mittun wollen, das hörte man überall durch. Wenn einer diesen Staatsbetrug nicht ausüben wollte, dann hat man ihm dieses Schimpfwort zugeworfen...«

e) *Predigt vom 23. Mai 1937* in der St. Michaelskirche in München (Predigtensammlung Blatt 12–15; ferner Blatt 2 R., 35 der Akten):
»... Wäre ich im Lager unserer Gegner, ich hätte mich über

einen mit so unredlichen Waffen erfochtenen Sieg nicht freuen können. Ich hätte mich eines solchen Sieges geschämt! Mit roher Gewalt kann man kein Recht zerstören und vernichten...«

2. *Thema: Strafverfahren gegen katholische Geistliche und Ordensangehörige sowie Presseberichterstattung über diese Verfahren.*

a) *Predigt vom 24. Januar 1937* in der St. Michaelskirche in München (Predigtensammlung Blatt 1/2; ferner Blatt 3, 36 der Akten):
»... Die Zeiten sind vorbei, wo wir geglaubt haben, was in der Zeitung steht! Was über religiöse Dinge in der Zeitung steht, das glauben wir grundsätzlich nicht!... Glaubt überhaupt keiner Zeitung, wenn sie sich mit sittlich-religiösen Dingen befaßt! Hört nicht darauf! Lest keine Zeitungen! Und jetzt, wenn Ihr hinausgeht, dann möchte ich, daß eine religiöse Welle von der Kirche aus sich auf die Straße ergießt und von der Straße aus in die einzelnen Häuser!...«

b) *Predigt vom 2. Mai 1937* in der St. Michaelskirche in München (Predigtensammlung Blatt 9–11; ferner Blatt 3, 36 der Akten):
»... Aber, meine Lieben, es ist nicht alles wahr, was in der Zeitung steht. Die Art und Weise der Darstellung ist so übertrieben und wird so aufgebauscht, und das, was in den christentums- und katholikenfeindlichen Zeitungen steht, das wird erst recht aufgebauscht und ausgeweidet... Dann lesen wir überall von 1000 Sittlichkeitsverbrechen von Priestern und Ordensleuten! Die Zahl ist bei weitem übertrieben und soviel ich weiß, sind es höchstens 500 Fälle, von denen ich gelesen habe, vielleicht sind es aber auch nur 250!... Warum liest man das überhaupt nur bei katholischen und evangelischen Kreisen? Von den anderen hört und liest man nie etwas! Wer im Glashaus sitzt, soll nicht mit Steinen wer-

fen![7] ... Wir sind keine Revolutionäre, aber wenn das so weitergeht, dann werden wir katholischen und evangelischen Geistlichen eine ganz gewaltige Stinkbombe hineinwerfen müssen! Wir lassen uns das nicht mehr gefallen, wir werden jetzt dagegen rücksichtslos kämpfen! ...«

c) *Predigt vom 23. Mai 1937* in der St. Michaelskirche in München (Predigtensammlung Blatt 12–15; ferner Blatt 3 R., 37 der Akten):
»... Aber das ist noch etwas ganz anderes, was man jetzt dem katholischen Volk vorzulügen sucht. Liebe Freunde, was uns wehe tut, das sind die Berichte über diese Skandalprozesse. Denn da müssen wir das Eine sagen: Wir haben jetzt Beweise in der Hand, die genügen, um uns jeden Glauben an einen großen Teil der deutschen Presse zu nehmen und endgültig zu rauben. Wir wußten schon, daß man in diesen Prozessen für katholische Dinge überhaupt kein Verständnis hat. So einseitig, so unwahr und gehässig und so verlogen hat man immer über die katholische Kirche geschrieben ... Man sagt so gerne zu uns: Ihr könnt zufrieden sein, denn in Spanien hätte man Euch schon längst an die Wand gestellt! Ich sage aber ganz ruhig: Dem Tode habe ich hundertemale ganz bewußt in die Augen geschaut. Das bin ich gewöhnt. Das ist nicht so schlimm! Aber wenn man einen Menschen geistig tötet, wenn man ihn kaputt macht vor der Welt, das ist das Furchtbarste, was man sich vorstellen kann ... Darum, liebe Freunde, ist es aus und vorbei mit dem Glauben an den Großteil der deutschen Presse, wenn sie berichtet über religiös-sittliche Verhältnisse, über christlich-katholische Belange ...«

---

7 Anspielung auf die Röhm-Affaire vom 30. Juni 1934; vgl. Fischer, Ernst Julius Röhm, in: SMELSER/ZITELMANN, *Die braune Elite*, 212–22.

3. Thema: Nationalsozialismus. NS.-Schrifttum.

a) *Predigt vom 26. Januar 1937* in der St. Theresienkirche in München (Predigtensammlung 3–6; ferner Blatt 4 R., 38 der Akten):
»... In der Marxistenzeit habe ich viele Hetzschriften gelesen, weil man das nicht bekämpfen kann, was man nicht kennt! Meine lieben Freunde, ich muß sagen, es ist mir damals oft der Ekel aufgestiegen und es ist mir reichlich schwer gefallen, diesen Schmutz zu lesen. Aber das, was an nationalsozialistischer Literatur heute empfohlen wird – von maßgebenden Stellen heute empfohlen wird –, das ist ekelerregender denn je! ...«

b) *Predigt vom 24. Januar 1937* in Aichach (Predigtensammlung Blatt 18–20; ferner Blatt 5, 39 der Akten):
»... Es wird heute viel von nationalsozialistischer Weltanschauung gesprochen, drum müssen wir sie mal von unserer Seite aus ansehen. Ich beschäftige mich seit Monaten mit dem nationalsozialistischen Schrifttum, doch bin ich mir nicht klar geworden, was man darunter versteht. Euch, liebe Freunde, wird es auch so gehen! ... Nach diesen Beweisen ist der Nationalsozialismus der erbittertste Gegner der Kirche ... Ihm gegenüber steht die Erklärung der Reichsregierung vom Frühling 1933, das Konkordat und der Programmpunkt 24. Da kennt man sich nicht mehr aus, was richtig ist ...«

Wesentliches Ergebnis der Ermittlungen:

Der Beschuldigte Pater Rupert Mayer ist im großen und ganzen geständig; im übrigen wird der Sachverhalt durch die den fraglichen Predigten beiwohnenden Zeugen geklärt werden können.

Zu den einzelnen Predigten selbst gibt der Beschuldigte noch folgendes an:

Predigt vom 3. Februar 1937 in der St. Josephskirche in München (Ziffer 1 a des »Tatbestandes«):

Er habe die ihm zur Last gelegten Äußerungen wenigstens dem Sinne nach gebraucht; allerdings habe er nicht von einem »Türkensieg« sondern von einem »Pyrrhussieg« gesprochen.

Predigt vom 29. März 1937 in Ursberg (Ziffer 1 b des »Tatbestandes«):

Auch diese Äußerungen habe er dem Sinne nach gebraucht; er habe aber erklärt, alle städtischen (nichtstaatlichen) Stellen und Parteidienststellen hätten zusammengeholfen, mündlich und schriftlich.

Predigt vom 11. April 1937 in Weißenhorn (Ziffer 1 c des »Tatbestandes«):

Er habe hier nicht geäußert, es wurde in den Schulen gelogen, sondern es wurde im Schulkampf gelogen, daß sich die Balken gebogen haben. Entschieden aber müsse er bestreiten, ausgeführt zu haben: »Die Sache hat einen ernsten Hintergrund; es kommt einem gerade vor, als ob die Reichsregierung das Konkordat abgeschlossen habe, um es sabotieren zu lassen von untergeordneten Stellen«; sein Gedankengang, den er heute wortwörtlich nicht mehr wiedergeben könne, sei vielmehr folgender gewesen: Die Reichsregierung habe das Konkordat wohl abgeschlossen, aber die untergeordneten Stellen suchen es zu sabotieren.

Predigt vom 18. April 1937 in Kirchheim (Ziffer 1 d des »Tatbestandes«):

Die ihm zur Last gelegten Äußerungen habe er, im großen und ganzen, dem Sinne nach gebraucht; sein Gedankengang sei dabei folgender gewesen: Vor ein paar Jahren habe die Reichsregierung das Konkordat abgeschlossen und dann die katholische Schule gewährleistet; und wie sei es heute, die katholische Schule sei zum großen Teil vernichtet. So sage man jetzt, der katholische Religionsunterricht sei gesichert;

wie es in einem oder in zwei Jahren aussehe, sei eine ganz andere Sache.

Er bestreite, von einem »Staatsbetrug« gesprochen zu haben; er habe vielmehr von einem »Mordsbetrug« gesprochen. Ohne daß er sich noch an Einzelheiten erinnern könne, glaube er ausgeführt zu haben, wenn jemand von seinem Recht für die katholische Schule zu stimmen, Gebrauch gemacht habe, sei er geschimpft worden.

Predigt vom 23. Mai 1937 in der St. Michaelskirche in München (Ziffer 1 e des »Tatbestandes«):

Er habe damals ausgeführt: Wäre ich im Lager unserer Gegner, ich hätte mich über einen mit so unredlichen Waffen erfochteten Sieg nicht freuen können; er gebe zu, auch die übrigen ihm zur Last gelegten Äußerungen gebraucht zu haben.

Predigt vom 24. Januar 1937 in der St. Michaelskirche in München (Ziffer 2 a des »Tatbestandes«):

Die ihm zur Last gelegten Äußerungen gebe er zu.

Predigt vom 2. Mai 1937 in der St. Michaelskirche in München (Ziffer 2 b des »Tatbestandes«):

Er habe damals von den Sittlichkeitsvergehen der katholischen Priester und Ordensleuten gesprochen und betont, wenn das alles wahr sei, dann müsse man schon sagen, dagegen müsse eingeschritten werden; es erfülle uns mit großer Sorge, daß diese Vergehen gerade jetzt und bei den Lieblingen des Herrn vorkämen. Er habe dann über die redaktionelle Ausschlachtung gesprochen, die mit diesen Sittlichkeitsprozessen getrieben werde. Zu der Bemerkung: »Wer im Glashaus sitzt, soll nicht mit Steinen werfen« habe er anzugeben: Er wisse, daß in den verschiedensten Parteistellen und Parteigliederungen nach dieser Seite hin sehr viel vorgekommen sei und vorkomme; er sei der Ansicht, man solle nicht so pharisäerhaft andere an den Pranger stellen. Im Anschluß an diese Redewendung habe er die Redewendung gebraucht: »... Dann werden wir katholischen und evangelischen Geistlichen eine gewaltige Stinkbombe hineinwerfen müssen«; er wollte mit diesen Ausführungen den Gedanken klar aussprechen, daß, wenn das so weiter ginge, sich die Geistlichkeit aus religiöser Notwehr gezwungen sehe, auch einmal das Sündenregister von der anderen Seite aufzustellen; mit diesem Sündenregister meine er die sittlichen Verfehlungen auf der anderen Seite, die jetzt so pharisäerisch über die katholische Geistlichkeit schreibe; bis jetzt habe er dies aus christlicher Nächstenliebe unterlassen.

Predigt vom 23. Mai 1937 in der St. Michaelskirche in München (Ziffer 2c des »Tatbestandes«):

Er habe dargelegt, daß, wenn 1% schlechter Priester herauskomme, das schon sehr viel sei; aber das sei noch etwas ganz anderes, als das, was man jetzt dem katholischen Volke vorzulügen suche; er bemerkte ausdrücklich, daß er dabei über die Presseberichterstattung gesprochen habe; in diesem Zusammenhang habe er auch ausgeführt: »Liebe Freunde, was uns wehe tut, das sind die Berichte über diese Skandalprozesse. Denn da müssen wir das Eine sagen: Wir haben jetzt Beweise in der Hand, die genügen, um uns jeden Glauben an einen großen Teil der deutschen Presse zu nehmen und endgültig zu rauben. Wir wußten schon, daß man in dieser Presse für katholische Dinge überhaupt kein Verständnis hat. So einseitig, so unwahr und gehässig und so verlogen hat man immer über katholische Dinge geschrieben.«

Er erklärte ausdrücklich, daß er nicht davon gesprochen hatte, daß man in diesen Prozessen[8] für katholische Dinge überhaupt kein Verständnis habe.

8 Es bestand der begründete Verdacht, daß der Beamte der Gestapo »Prozesse« statt »Presse« niedergeschrieben hatte.

Predigt vom 26. Januar 1937 in der St. Theresienkirche in München (Ziffer 3 a des »Tatbestandes«):

Er habe damals unter anderem auch vom »Stürmer« gesprochen und dabei ausgeführt, eine Zeitung, die eine Auflage von 500 000 Exemplaren habe und die in jedem kleinen Ort Deutschlands ganz öffentlich im Schaukasten hänge, müsse doch ernst genommen werden; anschließend daran habe er die ihm insoweit zur Last gelegten Darlegungen gebracht. Sogar in den Jugendzeitschriften werde in der maßlosesten Weise Kirche und Religion beschimpft. Er wollte damit die nationalsozialistische Presse nur nach der religiösen Seite hin bekämpfen.

Predigt vom 24. Januar 1937 in Aichach (Ziffer 3 c des »Tatbestandes«):

Er habe damals über den Nationalsozialismus gesprochen, aber bloß von der religiösen Seite aus, wie er sich in Reden, im Schrifttum, im Theater und im Rundfunk über Kirche und Christentum geäußert habe. Er habe dann weiter ausgeführt, man könnte denken, der Nationalsozialismus sei der erbitterste Gegner der Kirche; das könne aber doch wieder nicht sein, denn dem stehe entgegen die Erklärung der Reichsregierung vom Frühjahr 1933, der feierliche Abschluß des Konkordats und der Punkt 24 des Parteiprogramms vom positiven Christentum; also die praktische Folgerung: Man wisse nicht, was der Nationalsozialismus nach der religiösen Seite hin eigentlich wolle; darum äußerstes Mißtrauen gegen alle Äußerungen in Wort und Schrift, die in religiös-sittlichen Fragen von nichtkatholischer Seite kommen; in allen politischen, wirtschaftlichen und sozialen Belangen seien und bleiben auch wir heute treue Stützen des Staates, aber in religiös-sittlichen Fragen seien unsere Führer der Papst und die Bischöfe.

Zusammenfassend erklärte der Beschuldigte Pater Rupert Mayer: Er habe sich nicht darüber den Kopf zerbrochen, ob er in seinen Predigten in Widerspruch geraten würde mit dem

Kanzelparagraphen (§ 130a RStGB.)[9] – von dessen Existenz er wohl wisse, den er aber bisher nicht weiter studiert habe – oder mit den Bestimmungen des Heimtückegesetzes; er würde auch jetzt, nachdem er entsprechend aufgeklärt sei, trotz dieser Bestimmungen fortfahren, auf Grund des Konkordats[10] die Belange der katholischen Kirche zu verteidigen, wie er es bisher getan habe; er halte sich hierzu in seiner Eigenschaft als katholischer Priester für verpflichtet und nach dem Konkordat auch für berechtigt.

Zu den persönlichen Verhältnissen des Pater Rupert Mayer hat die Geheime Staatspolizei Stattspolizeileitstelle München folgendes festgestellt: Der Beschuldigte entstammt einer Kaufmannsfamilie in Stuttgart; er studierte an der Universität Tübingen Theologie und wurde im Jahre 1899 zum Priester geweiht; als solcher gehört er dem Jesuitenorden an. Eigenes Einkommen besitzt er nicht.

Bei Ausbruch des Krieges 1914 meldete er sich als Seelsorger und fand zunächst Verwendung als Lazarettgeistlicher beim 1. Bayerischen Armeecorps. Am 5. Januar 1915 wurde er als Divisionspfarrer zur 8. Bayer. Reservedivision berufen. In den nach amtlichen Kriegstagebüchern bearbeiteten Werken »Das K.B. Reserve-Infanterie-Regiment Nr. 18« und »Das K.B. Reserve-Infanterie-Regiment 19« sind die Verdienste des Beschuldigten im Felde festgehalten: Er wird als äußerst tapferer und stets hilfsbereiter Seelsorger geschildert, der auch in vorderster Linie sein Leben eingesetzt habe und in seiner Pflichterfüllung oft weit über das Maß des Notwendigen hinausgegangen sei.

---

9 § 103 a 1. Kanzelmißbrauch: »Ein Geistlicher oder anderer Religionsdiener, welcher in Ausübung oder in Veranlassung der Ausübung seines Berufes öffentlich vor einer Menschenmenge, oder welcher in einer Kirche oder an einem zu religiösen Versammlungen bestimmten Orte vor Mehreren Angelegenheiten des Staates in einer den öffentlichen Frieden gefährdenden Weise zum Gegenstande einer Verkündigung oder Erörterung macht, wird mit Gefängnis oder Festungshaft bis zu zwei Jahren bestraft« (SCHWARZ, *StGB*, [5]1938, 214. Der Paragraph wurde am 10. Dezember 1871 in das StGB eingefügt.).

10 Reichskonkordat vom 20. Juli 1933, vor allem Art. 1, Abs. 1 und Art. 5, Satz 1.

Im Jahre 1915 wurde ihm das E.K. II, das Militärverdienstkreuz mit Krone und Schwertern und im Dezember des gleichen Jahres das E.K. I verliehen.

Im Jahre 1916 erhielt er das Ritterkreuz des Württembergischen Friedrichsordens und den Franz Josephorden.

Am 30. Dezember 1916 wurde er im Sultatal in Rumänien im Gefechtsbereich des Bayer. Reserve-Inf.Reg. Nr. 19 durch einen Schrapnellschuß am linken Unterschenkel schwer verwundet, so daß der linke Fuß amputiert werden mußte; er schied dann als Militärgeistlicher aus und war nach seiner Genesung als Seelsorger in München tätig.

Die tapfere Haltung des Paters Rupert Mayer an der Front ist in »Führung und Geleit«, ein Lebensgedenkbuch von Hans Carossa (Insel-Verlag Leipzig 1933), Seite 112–125, eingehend beschrieben.

Die oben geschilderten Handlungen erfüllen den Tatbestand eines fortgesetzten Vergehens gemäß § 2 Abs. 1 des Gesetzes vom 20. Dezember 1934[11] in Tateinheit mit einem fortgesetzten Vergehen gemäß §§ 130a, 73 RStGB.[12]

Die Strafverfolgung aus § 2[13] des Gesetzes vom 20. Dezember

11 Gesetz gegen heimtückische Angriffe auf Staat und Partei und zum Schutz der Parteiuniformen vom 20. Dezember 1934. § 1,1: »Wer vorsätzlich eine unwahre oder gröblich entstellte Behauptung tatsächlicher Art aufstellt oder verbreitet, die geeignet ist, das Wohl des Reichs oder das Ansehen der Reichsregierung oder das der Nationalsozialistischen Deutschen Arbeiterpartei oder ihrer Gliederungen schwer zu schädigen, wird, soweit nicht in anderen Vorschriften eine schwere Strafe angedroht ist, mit Gefängnis bis zu zwei Jahren und, wenn er die Behauptung öffentlich aufstellt oder verbreitet, mit Gefängnis nicht unter drei Monaten bestraft« (Reichsgesetzblatt Nr. 137 vom 29. Dezember 1934, S. 1269).

12 § 73 RSTGB: »Wenn eine oder dieselbe Handlung mehrere Strafgesetze verletzt, so kommt nur dasjenige Gesetz, welches die schwerste Strafe, und bei ungleichen Strafarten dasjenige Gesetz, welches die schwerste Strafe androht, zur Anwendung.«

13 § 2,1 des Gesetzes vom 20. Dezember 1934 lautet: »Wer öffentlich gehässige, hetzerische oder von niedriger Gesinnung zeugende Äußerungen über leitende Persönlichkeiten des Staates oder der NSDAP, über ihre Anordnungen oder die von ihnen geschaffenen Einrichtungen macht, die

1934 ist angeordnet laut JME. vom 17. Juni 1937 Nr. III g[II] 15611 a/37 (Blatt 28 der Akten).

Zur Aburteilung ist nach §§ 1, 2 der VO. vom 21. 3. 1933 über die Bildung von Sondergerichten – RGBl. I S. 135 – das Sondergericht München[14] zuständig.

Als Beweismittel bezeichne ich:

Zeugen:[15]

1.) Lahn Paul, Student in Augsburg, Ludwigsstr. B 191,
2.) Schön Fritz, Burtenbach i. Schw.,
3.) Meck, Stationsführer der Gendarmeriestation Weißenhorn,
4.) Dangl Xaver, Gendarmeriemeister der Gendarmeriestation Kirchheim, BA. Mindelheim – Schw.,
5.) Gerstmayr Anton, Gendarmeriehauptwachtmeister der Gendarmeriestation Kirchheim, BA. Mindelheim,
6.) Wilhelm W., Zeitangestellter beim Polizeipräsidium München,
7.) Seubert K., Lehrer in Mering bei Friedberg,
8.) Gambs Otto, Kriminal-Inspektor der Geheimen Staatspolizei
Staatspolizeistelle München.

Urkunden:
Strafliste.

Sonstige Beweismittel:
»Predigten des Jesuitenpaters Rupert Mayer (München Maxburg-Straße 1) 1937.«

Hans Carossa »Führung und Geleit«.
Ermittlungsakten der Staatsanwaltschaft München I (Akt. Zeich.: 16 a Js-So 430/36). Nur für den Gebrauch des Gerichts bestimmt.

---

geeignet sind, das Vertrauen des Volkes zur politischen Führung zu untergraben, wird mit Gefängnis bestraft.«

14 Zum Sondergericht, vgl. Anm. 143, S. 79.

15 Außer Xaver Dangl (1888–1940) und Otto Gambs wurden die Zeugen nicht verifiziert.

II. Formlose Mitteilung der Anklageschrift.

III. An den

HERRN VORSITZENDEN DES SONDERGERICHTS MÜNCHEN

mit dem Antrag auf Anordnung der Hauptverhandlung, Terminbestimmung und Fortdauer der Untersuchungshaft.

München, den 7. Juli 1937.
Der Leiter der Anklagebehörde[16]
bei dem Sondergericht München.
gez. Resch.

gez. Dr. Grosser.
(gez. Dr. Schnabl.)

16 Alfred Resch (1890–1968), 1935 Oberstaatsanwalt, 1943 Oberlandesgerichtsrat beim Oberlandesgericht, 1947 Landgerichtsdirektor beim Landgericht München I, 1948 Oberlandesgerichtsrat beim Bayerischen Obersten Landesgericht, 1950 Senatspräsident beim Bayerischen Obersten Landesgericht, 1954 Präsident des Oberlandesgerichts München. – Dr. Ernst Grosser (1901–1959), 1934 I. Staatsanwalt bei der Staatsanwaltschaft beim Landgericht München, 1946 I. Staatsanwalt bei der Staatsanwaltschaft beim Oberlandesgericht München, 1948 Oberstaatsanwalt bei der Staatsanwaltschaft beim Bayerischen Obersten Landesgericht, 1956 Präsident des Amtsgerichts München.

90 Quadratmetern das größte erhaltene seiner Art.
Rechts: An einem so prächtig aus der Bibel erzählenden Hungertuch wie dem Gurker *(abgebildet Szenen aus dem Alten Testament)* hatten die "nagenden" Fastenden recht kurzweilige Kost.

Altäre, deren Pracht man während der vorösterlichen Leidens- und Passionszeit als unpassend empfand.

Am Hungertuch nagen. Bis heute hat sich die Redensart "am Hungertuch nagen" erhalten. Dieser drastische Ausdruck für *hungern* oder *fasten* entwickelte sich aus der ursprünglicheren Redensart "am Hungertuch nähen". Diese anschauliche Ausdrucksweise verweist auf die kirchliche Bußpraxis des Mittelalters. Damals nahm das strenge Fasten einen weiten Raum ein. Wer sich dieser strengen Bußordnung während der vierzig Tage vor der Feier der

oder *Passionsvelum*, oder, in Anlehnung an den Tempelvorhang der anlässlich des Todes Jesu ent zwei riss, vom *velum templi*.

Erste Zeugnisse für eine Altar verhüllung durch ein *Fastenvelum* gehen auf die Wende von ersten zum zweiten Jahrtausend zurück. Die ältesten bekannten leider nicht mehr erhaltenen Hungertücher im deutschen Sprachraum entstanden zwischen 112 und 1149 im Kloster St. Ulrich und Afra zu Augsburg.

Wohl schon im frühen 12. Jahrhundert began man damit, au diesen Tücher die gesamte Heilsgeschichte in aneinander gereihte Bildfeldern darzu

Notizen von P. Mayer zur Anklageschrift

Die Notizen[17] wurden von P. Mayer in der Zeit zwischen dem 10. und 21. Juli 1937 im Gefängnis Stadelheim niedergeschrieben. Sie dienten der Vorbereitung der Verteidigung, wohl auch dem Gespräch mit dem Verteidiger Dr. Joseph Warmuth.

ARM/München: 17 handschriftlich eng beschriebene Blätter. Die Abkürzungen wurden ergänzt. Überschrift vom Herausgeber.

Allgemeines

1.) »Kampfhahn«. Mir kommt es vor, wie wenn ich als das angesehen würde: zuerst hat er sich mit dem Marx[isten] u[nd] Kommuni[sten] herumgebalgt, u[nd] nun hat er sich auf die Nation[alsozialisten] geworfen, sonst gibt er keine Ruhe.

Wie bin ich zu dieser Tätigkeit gekommen?

Im Jahr 1912 (Jan[uar]) nach M[ünchen] berufen zur Seelsorge der in die Großstadt Neu-Zuziehenden (23,000 jährlich), mit Hilfe der Arb[eiter]- Arbeiterinnen- u[nd] Dienstmäd[chen]-Vereine die Werktätigen in den Häusern aufgesucht u[nd] mit kirchl[ichen] Verhältnissen vertraut gemacht. Bei diesen Hausbesuch[en] stieß ich auf den relig[iös] unheilvollen Einfluß des Marxismus. Ich suchte ihn kennen zu lernen durch Versammlungen u[nd] Schriften mitsamt dem Freidenkertum. 1914 glaubte ich soweit zu sein, öffentlich dagegen auftreten zu können. Aber nur wenn relig[iöse] Fragen verhandelt wurden!

Nach meiner Genesung von der Verwundung hielt ich in Südbayern Vorträge gegen die Revolution 1917 u[nd] 18. Nach der Revolution in Stadt und Land Vorträge gegen den Marxismus, in der Rätezeit auf den Straßen verkleidet gegen den Unglauben, u[nd] dann – 33 in fast allen Versammlungen des Freidenkertums und Kommunismus; Jahr 1920 1mal in Gesellschaft des Herrn Reichskanzlers. In allen diesen Versammlun-

17 Die Notizen wurden erst 1989 wieder aufgefunden und werden hier erstmals in die Darstellung des Prozesses eingebracht. Vgl. die wörtlich entsprechenden Einlassungen Mayers während der Verhandlung.

gen war ich fast immer allein, darum ging ich hin und hielt die maßgebenden Stellen auf dem Laufenden; daneben zwischen 20–23 lernte [ich] den Nat[ional]Soz[ialismus] kennen, habe eifrig zugehört aber fast nur aus relig[iösen] Gründen und habe denselben dann nie ganz aus dem Auge verloren. Auch hier wieder fast allein wenigstens in den 1. Jahren. Als ich nun die relig[iösen] Gefahren sah, die aus der Bewegung hervorbrachen, mußte ich auch hier meine Pflichten erfüllen, zumal es ja doch nur wenige waren, die da ganz klar gesehen haben. Dabei mußte ich innerlich große Hemmungen überwinden, wenn mich die Not zwang, als Kämpfer aufzutreten, das war früher so, das ist auch heute noch der Fall. Ich fühle mich ganz und gar als Apostel des Friedens u[nd] darum war u[nd] ist es mir immer geradezu peinlich gegen andere zu kämpfen.

2.) Ich treibe »Politik«. Nichts wäre mir verhaßter, als wenn ich politisieren müßte. Ich spreche seit Jahren monatl[ich] etwa 70 Mal, habe aber noch nie eine polit[ische] Rede gehalten. Was ich behandelt habe u[nd] behandle, sind nur (höchstens sogen. gemischte) Fragen, die eine stark relig[iöse] Seite haben, u[nd] nur darüber habe ich gesprochen; dazu habe ich das Recht ja die Pflicht, schon desh[alb], weil wir jetzt gar keine andere Möglichkeit mehr haben über solch wichtige Dinge zu sprechen als die Kanzel.

a) Betrachten wir die Schulfrage, gewiß sie hat eine polit[ische] Seite, denn der Staat u.s.w. aber auch die K[irche] hat das größte Interesse daran, daß ihre Rechte gewahrt werden. Denn die Schulfrage ist auch eine eminent religiöse Frage: Auftrag Christi an die Kirche, alle Menschen zu lehren auch die Kinder. Im Gesetzbuch der Kirche niedergelegt 1374.

Der Deutsche Episko[pat] wiederholt eingehend seit Jahrzehnten sich darüber geäußert.

Darum ist es ein Unrecht zu sagen, ein Prediger treibe Pol[itik] wenn er . . .

Freilich alle nicht relig[iös] eingestellten oder in der Religion schlecht bewanderten Menschen sagen, man polit[isiere], wenn der Priester über die Schulfrage spricht. (Erlebnisse aus Marx[istischen] Zeit[en].)

Auch der Staat hat diese Auffassung sicher einmal gehabt, als er das Konkordat abgeschl[ossen] hat. Darum durchaus falsch, wenn man behauptet, ich kämpfe gegen den Staat, wenn ich für die Bekenntnisschule mich einsetze; ich war auch tatsächlich der Meinung bis vor ganz kurzer Zeit, einige untergeordnete Stellen in M[ünchen] würden selbständig vorangehen ohne den Willen der Reichsreg[ierung].

b) Heißt das Politik treiben, wenn ich über jene Skandalprozeßberichte mich geäußert habe. Hier stehen ja die größten relig[iösen] Interessen auf dem Spiel. Diese übertriebenen, verallgem[einernden], teilweise gänzlich unwahren Äußerungen in der Presse, auch wenn es sich um eine polit[ische] Presse handelt, [mußten] zurückgewiesen werden. Das ist keine Politik auf der Kanzel.

c) Und wenn man meint, ich hätte beim 3. Anklagepunkt Politik getrieben, muß ich das zurückweisen; ich habe alles von der relig[iösen] Seite her behandelt:

In Wort und Schrift heißt es seit Jahren: der Nat[ional]Soz[ialismus] wolle der K[irche] nichts anhaben, keinen Kulturkampf, noch nie so gut der K[irche] gegangen wie heute. Das muß ja einfache Leute ganz irre machen. Da mußte ihnen klar gezeigt werden, wie feindselig sich viele Redner in Versammlungen u[nd] Kursen, in Zeitungen u[nd] Zeitschriften u[nd] Büchern, im Radio u[nd] Theater gegen Christentum u[nd] K[irche] äußern u[nd] dies obgleich die Reichsregierung im Frühjahr 33 die für die christlichen Kirchen so beruhigenden Erklärungen [abgegeben] hat, trotz Konkord[at] u[nd] § 24 des Programms.[18]

Und der Zweck: dort dürfen sie keine relig[iöse] Belehrung erwarten, sondern dafür sind die relig[iösen] Führer da.

d) Und warum das: Die Gläubigen müssen darauf aufmerksam gemacht werden, daß der Nat[ional]Soz[ialismus] so wie er sich jetzt zeigt, in relig[iösen] sittl[ichen] Fragen uns nicht

---

18 § 24 des Parteiprogramms: »Die Partei als solche vertritt den Standpunkt eines positiven Christentums, ohne sich konfessionell an ein bestimmtes Bekenntnis zu binden.«

belehren kann, daß er uns in relig[iösen] Fragen nichts zu sagen hat, daß der sehr schlecht beraten ist, der meint, er könne in diesen relig[iösen] Belangen dort die Wahrheit finden. Er würde in große Irrtümer sich stürzen u[nd] sein Glaubensleben aufs schwerste schädigen. In relig[iösen] sittl[ichen] Fragen sind unsere Führer nur Papst u[nd] die Bischöfe u[nd] in ihrem Auftrag die Priester. In allen weltl[ichen], pol[itischen], wirtsch[aftlichen], sozialen Fragen erkennen wir voll und ganz an unsere polit[ischen] Führer, u[nd] leisten treue Gefolgschaft. Und das ist, was der Führer will: Er hat immer wieder betont, daß er kein relig[iöser] Reformator sein wolle, daß er keine Religion stiften wolle. Daran werden wir uns unbedingt halten. Ich habe auch hingewiesen, wie wichtig uns gerade jetzt die Kirchenzeitung ist, um in relig[iösen] Fragen gründl[ich] unterrichtet zu werden. Die Kirchenzeitung erscheint unter Oberaufsicht der kirchl[ichen] Behörden. Wir sind also sicher, da gut beraten zu werden.

Wenn ich alles Beiwerk weglasse, so wollte ich mit jenen beiden Predigten den Leuten zeigen, wie sich der Nat[ional]Soz[ialismus] – trotz des Wortes des Reichskanzlers u.s.w. – in der Praxis über Christentum und Kirche äußert:

Leider hat er darüber nie gute Worte, soweit ich das wenigstens feststellen konnte, sondern wenn er auf kirchl[iches] Christentum und Kirche zu sprechen kommt, so äußert er sich in ablehnendem Sinn u[nd] meistens sehr gehässig.

Nun habe ich das gezeigt an Reden, in Versammlungen, Schulungskursen – zahllose Menschen sind zu mir gekommen aus verschied[ensten] Gegenden und haben ihrem Kummer und Ärger darüber Luft gemacht. am Schrifttum: Büchern, Mythos,[19] Pfaffenspiegel[20] 1,250000 Auflagen vor mehreren Monaten.

---

19 Alfred Rosenberg (1893–1946), *Der Mythus des 20. Jahrhunderts*. München 1930.

20 »Der Pfaffenspiegel«: kirchenfeindliche Hetzschrift von Otto Corvin-Wiersbitzki (1812–1886); 1868 erstmals unter diesem Titel erschienen, 1940 erneut aufgelegt.

Wochenblättern: Stürmer,[21] über 500,000; Schwarzes Korps,[22] gegen 400,000; S.A. Mann,[23] einige 100,000; H.J., selbst mediz[inische] Fachschrift nicht ausgenommen.

Überall ist die Gesamthaltung gegen die Kirchen u[nd] dann erst einzelne Artikel!

Ja selbst im Theater wird gegen die Kirche gearbeitet,

auch im Rundfunk, wenn von Religiösem die Rede ist: entweder pantheisierend oder direkt antikatholisch.

3.) »hetzerisch, aufreizend«. Ach, wie froh wäre ich, [wenn ich] es erleben würde, auf der Kanzel eine andere Sprache führen zu dürfen. Die Zeiten sind vorüber, wo man auf der Kanzel mit einem Gesäusel durchkam; jetzt wo die K[irche] im schwersten Existenzkampf steht, wo es um ihre Lebensrechte geht, da muß das bei der Predigt zum Ausdruck kommen. Das Volk darf merken, daß der Priester lebt u[nd] stirbt für seine Sache, daß er keine Furcht hat, daß er den Kopf hinhält. Wir brauchen jetzt die Sprache des freien, deutschen Mannes auf der Kanzel. Wir werden niemand persönl[ich] angreifen, an die Wahrheit halten u[nd] berichtigen, wenn trotz gewissenhafter Prüfung einmal ein Irrtum mitunterläuft; aber sonst mit allem Nachdruck für die Wahrheit eintreten; zumal wir sonst kein anderes Mittel zur Verfügung haben, um das Christentum gegen die ungeheuerl[ichen] Angriffe zu verteidigen.

So wie im Feld, waren wir es jetzt zu Hause. Wir alten Feldsoldaten im Priesterrock haben uns das gelobt. Im Feld haben wir für das Vaterland unser Blut vergossen, jetzt stehen wir hier u[nd] kämpfen für das Mutterland die K[irche] mit noch größerem Opfermut, weil es auch dem Vaterland zum größten

21 »Der Stürmer«: antisemitische Wochenzeitschrift. 1920 gegründet, seit 1923 unter diesem Namen verlegt und in Nürnberg herausgegeben von Julius Streicher (1885–1946), auch als Wandzeitung verteilt. 1933 Auflage von 20 000, 1935 Auflage von 400 000.

22 »Das Schwarze Korps«: »Zeitschrift der Schutzstaffeln der NSDAP«, »Organ der Reichsführung der SS«. Erste Nummer im Februar 1935, Auflage von 70 000, 1944 Auflage von 750 000; vgl. Frei/Schmitz, *Journalismus im Dritten Reich*, 101–104.

23 »Der SA-Mann«: Zeitung der Parteiorganisation.

Nutzen gereicht, wenn das Christentum erhalten bleibt. Was tun andere.

4.) Staatsfeindliche Gesinnung?

Da gebe ich folgende Erklärung ab:

Wenn die Staatsführung sich einverstanden erklären würde mit den Konkordatsverletzungen bezüglich der Bekenntnisschule.

Wenn die St[aats]f[ührung] die einseitigen, gehässigen, unwahren, verallgemeinernden Artikel, die anläßlich von sittl[ichen] Verfehlungen von Priestern u[nd] Ordensleuten erscheinen, billigen würde.

Wenn die Staatsf[ührung] die rücksichtslose, hemmungslose Bekämpfung des Christentums u[nd] seiner Belange billigen würde, ohne uns dasselbe Recht in der Abwehr zuzugestehen,

dann würde ich in allen diesen Punkten dessenungeachtet meinen Weg weitergehen u[nd] mich dadurch nicht einschüchtern lassen. Nach wie vor würde ich aber auch diesem Staat gegenüber meine Pflichten erfüllen u[nd] das Volk dazu anleiten. Nicht aus äuß[erem] Zwang, sondern um Gottes willen: Gebt dem Kaiser . . .[24]

Nach diesem Heilandwort geben wir der rechtmäßigen Obrigkeit, was ihr gebührt, wir werden ihr also den Gehorsam leisten, der ihrem Amt zukommt, aber doch so, daß wir Gott geben, was Ihm gebührt u[nd] Ihm gebührt Alles: Leib u[nd] Seele, unser ganzes Sein. Daraus folgt einleuchtend, daß ich dem Staat nur in soweit Gehorsam leisten kann, daß ich den Ansprüchen Gottes nichts vergebe. Denn die Verpflichtung gegen Gott geht vor, sie ist die weit größere und heiligere. Wo ich also was tun soll, was Gott zu wider ist, hört die Gehorsamspflicht Menschen gegenüber auf. St. Petrus: Man muß Gott mehr gehorchen als den Menschen! Nun [ist] nach uns[erem] kath[olischen] Glauben die kirchliche Autorität von Gott unmittelbar eingesetzt, der Papst der Stellvertreter Christi, also haben wir in allen relig[iösen], sittl[ichen] Fragen nach dieser Autorität uns zu richten.

---

24 »Gebt dem Kaiser, was dem Kaiser gehört, und Gott, was Gott gehört« (Mt 22,20).

Das ist dem Staat nicht immer angenehm, aber der Staat hat doch den großen Vorteil, daß der gläubige Christ in seinem Gewissen verpflichtet ist, die staatl[iche] Autorität anzuerkennen u[nd] sich in allen Belangen, die den Staat angehen, nach ihm zu richten.

So gefährl[iche] Predigten mögl[ich]?

Feigling!

K[eine] Memmen.

K[eine] Feigl[inge] (...).

»Friedensstörer« gehört zum »Kampfhahn«.

Wenn einer eine[n] anderen in einem wundervollen, stillen Park überfällt u[nd] ihn würgt u[nd] der Arme schreit, u[nd] stört damit den Frieden, kann man dann wirklich sagen, Angegriffen[er] habe durch sein Schreien den herrlichen Frieden gestört. In der Lage ist jetzt die kathol[ische] Kirche, sie wird langsam, ganz still allmählich abgedrosselt, dann wundern sich Leute, daß sie sich wehrt u[nd] – so den »Frieden« stört.

Man darf nie übersehen, daß die in der Anklageschrift enthaltenen Sätze aus dem Zusammenhang herausgerissen sind. Darum sieht es auch so kraß aus.

Zu 1. Beifallsäuß[erung] einigemal vorgekommen, aber von mir unterdrückt worden; man darf auch nicht vergessen, in welcher Spannung die gläub[igen] Leute sich jetzt oft befinden: überall die gemeinen Anschläge, sie sehen, wie Schulkinder das alles lesen u[nd] ihre Bemerkungen daran knüpfen, es wird überall besprochen im Büro u.s.w. Die Ausschnitte vor als gläubig bekannte Menschen hingelegt u.s.w.

Hetzt die andere Seite nicht?

Eine wahre Erlösung ist es, wenn die Menschen in der K[irche] über diese ihnen auf der Seele brennenden Dinge etwas hören. Die Gegner der Kirche wollen das alles am liebsten ausschalten, sie möchten die Kirche vom Leben trennen. Sie soll allmählich einschlafen. Das Leben soll über sie hinwegbrausen.

Zu 3 hämischer Ton, Spott: und der Schulfrage, dessen soll sich der Prediger nicht bedienen; wird selten vorkommen; ich verlor mich so völlig in den Gegenstand, daß ich das was ich sagte, gänzlich innerlich miterlebte.

[. . .]: Denkschrift 36 u. 37

Zu 4 oben: In der Predigt habe ich vorher auseinandergesetzt, was man heute unter Konfession versteht und was es heißt: entkonfessionalisiert werden, das ist in der Gemeinschaftsschule so: alles kath[olische] muß totgeschwiegen werden, man darf nicht mehr darüber reden, ja wenn das alles wäre! Einfluß einer antichristl[ichen] erzogenen Lehrkraft; die Eltern können sich nirgends mehr hinwenden, wenn sie in dieser Beziehung Klagen haben, es müßte denn ein ganz krasser Fall vorliegen.

Zu 7 Staatsbetrug = Mords = großer Betrug.

in Württemberg wenigstens in Stuttg[art] gebraucht man statt Mordsaffäre: Staats; z. B. ein Staatsbub ist ein Mords, ein stattl[icher] Bub; hat also nichts zu tun mit dem Staat in uns[erem] Sinn.

Zu 8 Mitte: Von der Kanzel verlesen, wenn jemand eine Unterschrift für die Gemeinschaftsschule noch erpressen wollte!! Ich finde das eine große Gemeinheit.

Zu 9–11 Die Presse hat sich durch die Art der Berichterstattung u[nd] wie sie die Dinge ausschlachtet um jeden Kredit in rel[igiösen], sittl[ichen] Fragen gebracht.

So war zu lesen von dem Sumpf, von den Ordenshäusern als von Lasterhöhlen. Es heißt da: alles ist korrupt u[nd] faul; es zeige sich, daß das System verrottet sei, daß Eltern es sich überlegen müssen, ihre Kinder künftig noch Priestern u[nd] Ordensl[euten] zur Erziehung anzuvertrauen.

Was ist sicher bekannt geworden an Zahlen?

Und da wagt man eine solche Sprache zu führen. Seit vielen Generationen haben 10 000 der Eltern in Deutschland ihre Kinder Ordensleuten anvertraut. Was müssen alle die Menschen erbittert werden, über solche Vorwürfe.

Die Priester u[nd] Ordensleute stammen doch auch aus deutschen Familien. Nun müssen 100erte Eltern u[nd] Geschwister es erleben, daß ihre Kinder und Geschwister, vor denen sie die größte Hochachtung [hatten] so mit Schmutz beworfen werden.

Welche Verbrechen gegen die Volksgemeinschaft!

Und die Folgen für die Kirche?

Der Klerus u[nd] Ordensstand wird der öffentlichen Verachtung preisgegeben; wenn man allgemein diese Stände verachtet, ist die Kirche erledigt!

Ich habe schon Fälle erlebt!

Vater, der seinen Buben nach Schäftlarn bringen wollte! – Ich selber wurde verdächtigt von Nürnberg aus.[25] – Wie SS-Leute die Priester anschauen. Welche Verachtung liegt darin! Wie müssen also jetzt Nichtkatholiken über Priester u[nd] Ordensleute denken! Wie wird dadurch die Volksgemeinschaft vergiftet. Dann Fall Schülle!

Wie wurde B. v. Mainz wegen seiner Eidesverweigerung[26] u[nd] angebl[ichen] Nichteinschreitens heruntergerissen! u[nd] die Wahrheit!

Einem die Ehre nehmen ist schlimmer als der Tod! Desh[alb] an die Wand stellen lieber! Für die Seelen viel besser!

»kath. Priester in Dachau« u[nd] kein ehrl[icher] Widerruf!

Jesuitenpater als Urkundenfälscher!,[27] wielange hat es gedauert, bis ein Widerruf kam, ob wohl in allen Zeitungen?

Aber nie wird etwas Gutes gebracht!

Geistl[icher] Burggraf fast 50 Jahre in Neuhausen

Katechet Fischer [. . .] hingegeben, sich ganz dem dienenden Stand geopfert jahrzehntelang! u.s.w.

24 Brüder seien angeklagt wegen Sittlichkeitsvergehen; 8 verhört 2 verurteilt

Wie häßlich u[nd] verdreht wird über Kathol[iken] geschrieben!

»Unbefleckte Empfängnis« gegen die Frauenwürde

ebenso die Aussegnung der Mütter!!

Man scheint überhaupt alles schreiben zu dürfen, was man will!!

---

25 Anspielung nicht voll geklärt, vielleicht S. 72.

26 Albert Stohr (1890–1961), seit 17. Juli 1935 Bischof von Mainz. Offensichtlich gab es Probleme bei der Amtsübernahme.

27 Zum Jesuiten als Urkundenfälscher vgl. Rösch, *Kampf*, 241 (»Paßfälscherzentrale«).

Am 24. Mai in St. Michael: Kathol[ische] Pöbel fanatisiert

In fast theatr[alischer] Schwerfälligkeit! Ursberg (Augsb[urg]) angebl. Frontkameraden: Weissenhorn

[...] Priester: Eichstätt

Zu 13.14.15 Welche Einstellung hat man in vielen nat[ional]-soz[ialistischen] Reden, Schulungskursen, Zeitungen, Zeitschriften, Büchern, Theater, Rundfunk?

Versammlungen in einem Städtchen in Schwaben Mindelheim

nat[ional]-soz[ialistische] Redner: über hl. Ignatius und Kardinal immer wieder werden mir ähnliche Dinge mitgeteilt, auch von solchen, die einmal früher aktiv mitgetan haben: bei jeder Gelegenheit fallen spött[ische] höhn[ische] Reden Worte über die Kirche

Schulungskurse: Viel gehört, aber zu Neuhäusler geschickt!

Ich kann einiges erzählen!

Zeitungen, Zeitschriften: Schw[arzes] Korps: ich habe aber meine Ausschnitte nicht! Kirche und Kommunismus

Stürmer: im letzten Jahrgang am Ende

außerordentlich aufreizende relig[iöse] Dinge

Bücher: Pfaffenspiegel 1,250000 Aufl. [...]

Theater: »Der König reitet«[28] Ordinariat beschwert »Ordinariat!« Darf ich das gebrauchen?

Radio: Jesuitenstück[29] mitangehört!

Seite 31 sehr wichtig, bitte abschreiben lassen!

---

28 H. F. Anders, *Der König reitet*; vgl. dazu Anm. 104.

29 Jesuitenstück im Radio: nicht geklärt.

Erklärung von P. Mayer

Unmittelbar vor der Verhandlung am 22. Juli 1937 wurde P. Mayer mit einer Erklärung überrascht, die sein Verteidiger Dr. Warmuth mit P. Provinzial Rösch verabredet hatte. Absicht der Erklärung war, nach dem Urteil die Aufhebung des Haftbefehls zu erreichen. Am Beginn der Verhandlung ließ P. Mayer allerdings keinen Zweifel über seine grundsätzliche Einstellung aufkommen, als er ausführte, er könne diese Zusage nur machen, soweit es sein Gewissen ihm gestatte.[30]

Erklärung

Ich werde künftig wie bisher die katholische Kirche, ihre Glaubens- und Sittenlehre gegen alle Angriffe und Anfeindungen und Verleumdungen verteidigen. Das halte ich für mein Recht und für meine Pflicht als katholischer Priester. Ich werde dabei die staatlichen Gesetze achten und auch wie bisher meine Zuhörer zur Treue zum Staate auffordern. Ich werde mich trotz meines Temperaments als Volksprediger bemühen, auch in der Form den gesetzlichen Vorschriften gerecht zu werden.

Rupert Mayer S.J.
München, den 22. Juli 1937

30 Mayers Erklärung sollte die Richter günstig stimmen. Da Mayer jedoch in seiner Grundhaltung nicht wankte, konnte die Erklärung allerdings nichts bewirken.

Das Urteil des Sondergerichts

Das Urteil gegen Rupert Mayer und seine schriftliche Begründung wurden am 28. Juli 1937 ausgefertigt. Es liegt auf der Linie der mündlichen Begründung des Urteils während der Verhandlung.

Abschrift

1 b KMs-So. 32/37(144)
16 c Js. So. 548/37

Im Namen des Deutschen Volkes!

Das Sondergericht für den Bezirk des Oberlandesgerichts München bei dem Landgericht München I erläßt in der Strafsache gegen

Mayer Rupert, Jesuitenpater in München,
wegen Verg. g. d. Ges. v. 20. 12. 34 u. a.

auf Grund der Hauptverhandlung vom 22. und 23. Juli 1937, in der öffentlichen Sitzung vom 23. Juli 1937, an der teilgenommen haben:
1. der Vorsitzende: Landgerichtsdirektor Dr. Wölzl,[31]
2. die Beisitzer: Landgerichtsräte Schwingenschlögl und Dr. Wachter,
3. der Erste Staatsanwalt Dr. Grosser,
4. der stv. Urkundsbeamte: Referendar Schmieg,
folgendes

31 Dr. Robert Wölzl (1882–1966), 1936 Landgerichtsdirektor am Landgericht I; am 11. Dezember 1945 auf Anordnung der Militärregierung aus dem Dienst entlassen. – Michael Schwingenschlögl (1898–1977), 1936 Landgerichtsrat beim Landgericht München I, 1941 Oberlandesgerichtsrat beim Oberlandesgericht München, ab 1. September 1945 außer Dienst, 1952 Staatsanwalt bei der Staatsanwaltschaft Kempten, 1956 Landgerichtsrat beim Landgericht Kempten. – Dr. Ludwig Wachter (1901–1954), 1936 Landgerichtsrat beim Landgericht München I, 1944 Landgerichtsdirektor beim Landgericht München II, ab 8. Mai 1945 außer Dienst.

Urteil:

Mayer Rupert, geboren am 23. Januar 1876 in Stuttgart, ledig, Jesuitenpater in München, z. Zt. in Untersuchungshaft, wird wegen eines fortgesetzten Vergehens gegen § 130a StGB. in Tateinheit mit einem fortgesetzten Vergehen gegen das Gesetz vom 20. Dezember 1934 zur Gefängnisstrafe von sechs Monaten ab 6 Wochen Untersuchungshaft, sowie zur Tragung der Kosten verurteilt.

Gründe:

I.

Der Angeklagte ist nach 1½jähriger Tätigkeit als weltlicher Priester im Jahre 1900 in den Jesuitenorden eingetreten. Er hat am Weltkriege als Militärpfarrer teilgenommen und zwar seit Januar 1915 als Divisionspfarrer, hat dabei wiederholt in vorderster Linie sein Leben eingesetzt und wurde dafür im Jahre 1915 mit dem EK II, dem Bayerischen Militärverdienstkreuz mit Krone und Schwertern, mit dem EK I und im Jahre 1916 mit dem Ritterkreuz des würt. Friedrichsordens und dem Franz Josefsorden ausgezeichnet. Im Dezember 1916 wurde er im Gefechtsbereich eines von ihm seelsorgerisch betreuten Regiments durch einen Schrapnellschuß derart verwundet, daß der linke Fuß amputiert werden mußte. Der Angeklagte ist dann in der Folgezeit in München als Seelsorger tätig gewesen und zu einem weit über München hinaus bekannten Kanzelredner geworden. Er gibt selbst an, daß er in manchem Monat ca. 70 Predigten gehalten habe. Er ist aber darüber hinaus in den Jahren 1919 bis 1932 in politischen Versammlungen linksgerichteter Parteien, insbesondere der KPD., als Diskussionsredner aufgetreten, um der in der marxistischen Lehre liegenden Gefahr für die Religion entgegenzutreten. Er kam während dieser Zeit auch mit dem Nationalsozialismus in Berührung und begrüßte[32] die Bewegung, bis er annahm, daß sie geeignet sei, der

32 Mayer begrüßte die Bewegung höchstens insoweit, als er ein Deutschnationaler war.

katholischen Religion- und Weltanschauung Abbruch zu tun. Er wurde auch anläßlich seines 25-jährigen Priesterjubiläums im Jahre 1924 vom Führer durch ein Handschreiben beglückwünscht.

Die religiösen Bedenken brachten schließlich den Angeklagten in einen immer stärker werdenden Gegensatz zum Nationalsozialismus und diese Einstellung fand etwa vom Jahre 1934 ab in mehr oder weniger scharfer Form ihren Ausdruck in den Predigten, die der Angeklagte insbesondere in der St. Michaelskirche in München, aber auch an anderen Orten, hielt. Er wurde deshalb auch im Mai 1936 durch die Staatsanwaltschaft München I verwarnt.

II.

In den Monaten Januar mit Mai 1937 befaßt sich der Angeklagte in seinen in München und auswärts gehaltenen Predigten wiederholt mit dem Schulwesen, mit den Methoden im Kampf um die Bekenntnisschule, mit dem Pressewesen, insbesondere mit der Berichterstattung über die Verfahren gegen die katholischen Geistlichen und Ordensleute wegen sittlicher Verfehlungen, mit dem NS-Schrifttum und mit dem Nationalsozialismus als solchem. 9 dieser Predigten[33] führten dazu, daß der Angeklagte vom 5. bis 10. Juni 1937 in Polizeihaft genommen wurde, daß gegen ihn Anklage wegen eines fortgesetzten Vergehens des Kanzelmißbrauchs in Tateinheit mit einem fortgesetzten Vergehen gegen § 2 des Heimtückegesetzes erhoben wurde und daß er am 10. Juni 1937 wegen Wiederholungsgefahr in Untersuchungshaft genommen wurde, weil er am 9. Juni 1937 der Geheimen Staatspolizei gegenüber die Erklärung[34] abgab, er werde auch weiterhin in der von ihm bisher geübten Art und Weise predigen, selbst wenn die staatlichen Behörden, die Polizei und die Gerichte seine Kanzelreden als strafbare Handlungen und als Kanzelmißbrauch bewerten sollten.

33 Vgl. 202. Dort ist von zehn Predigten die Rede.

34 Vgl. S. 218.

In der Hauptverhandlung wurde folgender Sachverhalt festgestellt:

1. (Anklage Ziffer 1 a): Am 3. Februar 1937 hielt der Angeklagte abends in der St. Josefskirche in München vor Angehörigen der Männerkongration eine Predigt, in der er sich mit dem Ergebnis der Schuleinschreibung an den Volksschulen in München und späterhin mit der Begründung des Papsttums befaßte. Er begann diese Predigt nach seinem eigenen Geständnis mit folgenden Worten: »Am letzten Montag wurde ein Sieg gefeiert, aber so ein Sieg ist noch nicht gefeiert worden, solange die Welt besteht! Ich muß schon sagen, ein Sieg war das, der denen, die ihn gefeiert haben, gewiß nicht zur Ehre gereicht. Ein Sieg war das, ein Terror! Dieser Sieg war ein Pyrrhussieg, ein Gewaltsieg!«

2. (Anklage Ziffer 1 b): Am 29. März 1937 hielt der Angeklagte in der bis auf den letzten Platz besetzten Klosterkirche in Ursberg eine Predigt, in der er sich zunächst mit der geschichtlichen Entwicklung der christlichen Kirchen befaßte und dann zu der Frage »Bekenntnisschule oder Gemeinschaftsschule« überging. Er kam dabei auf die Schuleinschreibung in München zu sprechen und äußerte nach seinem eigenen Geständnis folgendes: »In München sind die katholischen Erziehungsberechtigten gegen alles Recht und Gesetz um die katholische Bekenntnisschule gebracht worden, da haben alle städtischen und Parteidienststellen zusammengeholfen, mündlich und schriftlich.« Er äußerte dann weiter: »Das Reich schließt Konkordate und diese treiben das Gegenteil«, und schloß die Predigt mit den Worten: »Aus Gewissensgründen achten wir die rechtmäßige Obrigkeit. Wir lassen uns in unserer Treue von niemandem übertreffen. In allen politischen, wirtschaftlichen, sozialen Fragen arbeiten wir mit allen Volksgenossen zusammen, aber in religiösen Fragen sagen wir zu den anderen ›Finger weg!‹.«

Der Hauptlehrer Schön aus Burtenbach bestätigte als Zeuge diesen Inhalt der Predigt, behauptete aber, daß der Angeklagte nicht von städtischen, sondern von staatlichen Stellen gesprochen habe. Das Gericht hielt das nicht für erwiesen, weil es immerhin möglich ist, daß sich der Zeuge verhört oder im Stenogramm verschrieben hat.[35]

3. (Anklage Ziffer 1 c): Am 11. April 1937 traf der Bischof von Augsburg begleitet von zahlreichen Geistlichen in der Stadtpfarrkirche in Weißenhorn ein und hielt dort auch eine kurze Ansprache. Außer ihm sprach noch zweimal der Angeklagte. Er befaßte sich in der zweiten Predigt (die erste Predigt ist nicht Gegenstand der Anklage) mit der geschichtlichen Entwicklung der christlichen Kirchen, mit dem, was die katholische Kirche mit der evangelischen Kirche gemeinsam habe, und schließlich damit, daß die Reichsregierung das Konkordat abgeschlossen habe, um dem deutschen Volke die religiösen Kämpfe zu ersparen, daß das aber manchem Gegner der Kirche nicht passe. Er fuhr dann fort: »Ja, habt Ihr noch nichts gehört von den Schulkämpfen? Die Menschen sollen genötigt werden, ihre Kinder in der Schule entkonfessionalisieren zu lassen.« Er kam dann auf die Schuleinschreibung in München zu sprechen und äußerte dabei: »Es wurde in den Schulen gelogen, daß sich die größten Balken bogen.« Er sprach dann davon, daß die Art und Weise, in der der Kampf um die Gemeinschaftsschule und gegen die Bekenntnisschule geführt worden sei, mit dem als Reichsgesetz geltenden Konkordats nicht vereinbar sei, führte Beispiele zum Beweise seiner Auffassung an und äußerte dann wörtlich: »Die Sache hat einen ernsten Hintergrund; es kommt einem gerade vor, als ob die Reichsregierung das Konkordat abgeschlossen habe, um es sabotieren zu lassen von den untergeordneten Stellen.«

Der Angeklagte gibt zu, von einer Sabotage des Konkordats gesprochen und auch die sonstigen Äußerungen gebraucht zu haben, er bestreitet aber ganz entschieden, gesagt zu sagen, die Reichsregierung habe das Konkordat geschlossen, um es sabotieren zu lassen. Er könne der Reichsregierung eine solche Absicht nicht unterstellen und habe sich daher auch nicht so

35 Hier stellt sich das Gericht hinter den Angeklagten (»in dubio pro reo«).

geäußert. Dem steht aber entgegen, daß die Zeugen Gendarmeriehauptwachtmeister Meck und Wildegger unter Eid und trotz wiederholten Vorhalts bekundeten, daß die Äußerung bestimmt dem Sinne nach so gelautet habe, wie es oben angeführt ist, daß der über die Predigt erstattete, diesen Satz enthaltende Gendarmeriebericht mindestens in diesem Punkte dem Wortlaut nach sich mit dem decke, was von mehreren Stenografen über diesen Punkt mitgeschrieben worden sei, und schließlich, daß auch der Zeuge Gambs, der als Kriminalinspektor der Gestapo dieser Predigt anwohnte, unter Eid bekundet hat, er habe die Worte »um zu« gehört.

Angesichts dieses übereinstimmenden Beweisergebnisses hatte das Gericht keinen Anlaß, dem Eventualantrag der Verteidigung auf Ladung des Dekans Schmid von Weißenhorn und einer der von ihm mit der stenografischen Aufnahme der Predigtbeauftragen Frauen stattzugeben. Der Antrag wurde damit begründet, daß der Dekan in einem »Gedenkblatt an den Bischofstag der Männer in Weißenhorn 11. 4. 37« die Äußerung über das Konkordat nur in der vom Angeklagten eingeräumten Form wiedergegeben habe und daß dieses Gedenkblatt unter Zugrundelegung des von ihm veranlaßten Stenogramms abgefaßt worden sei. Dieses Gedenkblatt ist aber keine wörtliche Wiedergabe der Predigt, sondern ein Auszug aus ihr. Es kann schon deshalb keinen Anspruch auf Beweiskraft erheben. Auch der Einwand des Angeklagten, er habe doch auch in anderen Predigten von einer Sabotage des Konkordats durch untergeordnete Stellen gesprochen, ohne der Reichsregierung den Vorwurf der Unaufrichtigkeit zu machen, war nicht stichhaltig, weil diese Tatsache keineswegs ausschließt, daß der Angeklagte doch in der den Gegenstand der Anklage bildenden Predigt vom 11. April 1937 seine Auffassung über diesen Punkt so formuliert hat, wie es von den Zeugen bekundet wurde.[36]

4. (Anklage Ziffer 1 d): Am 18. April 1937 hielt der Angeklagte

36 In diesem Fall hält das Gericht die schlimmere Lesart fest. Nur um eine härtere Strafe rechtfertigen zu können?

abends in der Pfarrkirche in Kirchheim für die katholischen Jungmänner und Männer eine gutbesuchte Predigt, in der er davon sprach, daß das Schicksal der Kirche in den Händen der Jungmänner liege, und dann wörtlich anführte: »Man will die Schule entkonfessionalisieren lassen, sie darf auch nicht mehr christlich sein. Man sagt, man habe noch Religionsunterricht; in einem Jahr hat das Christentum in der Gemeinschaftsschule vollständig aufgehört, dann weht ein antikatholischer, antichristlicher Geist.«

Er sprach dann über den Kampf um die Gemeinschaftsschule und äußerte dabei: »Was in dem Schulkampf gelogen wurde von den untergeordneten Stellen, da wurde gelogen, daß sich die Balken bogen. ... Wie man es diesen Menschen (die für die Bekenntnisschule eintraten) gemacht hat, sie wurden Volksfeinde und Landesverräter, die nicht da mittun wollen, das hörte man überall durch. Wenn einer diesen Staatsbetrug[37] nicht ausüben wollte, dann hat man ihm dieses Schimpfwort zugerufen.« Er schloß dann mit einer längeren Mahnung an das Landvolk, im Kampf um die Bekenntnisschule zusammenzustehen.

Der Angeklagte gibt diese Äußerung zu.

5. (Anklage Ziffer 1 2 und 2 c): Am 23. Mai 1937 hielt der Angeklagte abends in der St. Michaelskirche in München anläßlich der Lichterprozession der Männerkongregation eine Predigt, in der er sich zunächst mit den Aufgaben der Kongregation befaßte und dann auf den Schulkampf in München zu sprechen kam. Er äußerte dabei bei seinem eigenen Geständnis wörtlich: »Wäre ich im Lager unserer Gegner, ich hätte mich über einen mit so unredlichen Waffen erfochtenen Sieg nicht freuen können. Ich hätte mich eines solchen Sieges geschämt. Mit roher Gewalt kann man kein Recht zerstören und vernichten.« Er sprach dann über die sittlichen Verfehlungen von Geistlichen und Ordensleuten und brachte sein Bedauern darüber zum

---

37 Das Gericht läßt sich angesichts der hintergründigen »schwäbischen Formulierung« nicht auf die Klärung einer eindeutigen Definition ein.

Ausdruck, wies darauf hin, daß der Prozentsatz der sittlich entgleisten Priester und Ordensleute doch ein sehr geringer sei und fuhr dann fort: »Aber das ist noch etwas ganz anderes, was man jetzt dem katholischen Volk vorzulügen sucht. Liebe Freunde, was uns wehe tut, das sind die Berichte über die Skandalprozesse. Denn da müssen wir das eine sagen: Wir haben jetzt Beweise in der Hand, die genügen, um uns jeden Glauben an einen großen Teil der deutschen Presse zu nehmen und endgültig zu rauben. Wir wußten schon, daß man in dieser Presse für katholische Dinge überhaupt kein Verständnis hat. So einseitig, so unwahr und gehässig und so verlogen hat man immer über die katholische Kirche geschrieben.« Er führte dann 2 Beispiele an, darunter die Presseberichte über die Ermordung des Klosterzöglings in Manage (Belgien), behauptete, daß die Art der Berichterstattung über die Sittlichkeitsprozesse eine schwere Schädigung des Vertrauens zum Priesterstand und zur Kirche zur Folge habe, und erklärte dann wörtlich: »Man sagt so gerne zu uns: Ihr könnt zufrieden sein; denn in Spanien hätte man Euch schon längst an die Wand gestellt. Ich sage aber ganz ruhig: Dem Tode habe ich schon hundertemale ganz bewußt in die Augen geschaut. Das bin ich gewöhnt. Das ist nicht so schlimm. Aber wenn man einen Menschen geistig tötet, wenn man ihn kaput(!) macht vor der Welt, das ist das Furchtbarste, was man sich vorstellen kann.«

Alsdann wies er nach Betonung des Grundsatzes der Treue gegenüber dem Staat nochmals darauf hin, daß durch die deutsche Presse ein Haßfeldzug gegen Priester und Ordensleute gehe und fügte hinzu: »Darum liebe Freunde ist es aus und vorbei mit dem Glauben an den Großteil der deutschen Presse, wenn sie berichtet über religiös-sittliche Verhältnisse, über christlich-katholische Belange.«

Der Angeklagte gibt auch diese Äußerung zu. Der Zeuge Wilhelm meinte gehört zu haben, daß der Angeklagte gesagt habe, daß man in diesen »Prozessen« für katholische Dinge kein Verständnis habe, er mußte aber die Möglichkeit einräumen, sich verhört zu haben. Das Gericht folgte deshalb der Darstellung des Angeklagten und nahm an, daß er von dieser

»Presse« gesprochen hat, zumal das auch mehr in den Zusammenhang hineinpaßt.[38]

6. (Anklage Ziffer 2a): Am 24. Januar 1937 hielt der Angeklagte in der St. Michaelskirche in München nach dem Hochamt eine Predigt, in der er sich über die Presseberichte zum Fall »Schülle« beklagte und dabei ausführte: »Die Zeiten sind vorbei, wo wir geglaubt haben, was in der Zeitung steht. Was über religiöse Dinge in der Zeitung steht, das glauben wir grundsätzlich nicht.« Er wandte sich dann gegen die Methoden des Kampfes um die Gemeinschaftsschule, wies darauf hin, daß eine Beeinflussung durch Versammlungen, Vorträge und Jugendkundgebungen zu erwarten sei, warnte davor, das zu glauben, was darüber in den Zeitungen stehe, und schloß mit den Worten: »Glaubt überhaupt keiner Zeitung, wenn sie sich mit sittlich-religiösen Dingen befaßt! Hört nicht darauf! Lest keine Zeitungen! Und jetzt, wenn Ihr hinaus geht, dann möchte ich, daß eine religiöse Welle von der Kirche aus sich auf die Straße ergießt und von der Straße aus in die einzelnen Häuser.«

Der Angeklagte gab auch diese Äußerungen zu.

7. (Anklage Ziffer 2b): Am 2. Mai 1937 hielt der Angeklagte in der St. Michaelskirche(!) in München nach dem Hauptgottesdienst eine sehr stark besuchte Predigt, in der er sich mit den Presseberichten über die Strafverfahren gegen katholische Geistliche und Ordensleute wegen sittlicher Verfehlungen befaßte und dabei ausführte: »Aber, meine Lieben, es ist nicht alles wahr, was in der Zeitung steht. Die Art und Weise der Darstellung ist so übertrieben und es wird so aufgebauscht, und das, was in den christentums- und katholikenfeindlichen Zeitungen steht, das wird erst recht aufgebauscht und ausgeweidet ... Dann lesen wir überall von 1000 Sittlichkeitsverbrechen von Priestern und Ordensleuten! Die Zahl ist bei weitem übertrieben und soviel ich weiß sind es höchstens 500 Fälle,

38 In diesem Fall folgt das Gericht wieder dem Zeugen.

von denen ich gelesen habe, vielleicht sind es aber auch nur 250. – Warum liest man das überhaupt nur bei katholischen und evangelischen Kreisen? Von den anderen hört und liest man nie etwas. Wer im Glashaus sitzt, soll nicht mit Steinen werfen!«[39] Er wandte sich dann gegen verallgemeinernde Werturteile in der Presse und fügte hinzu: »Wir sind keine Revolutionäre, aber wenn das so weitergeht, dann werden wir katholischen und evangelischen Geistlichen eine ganz gewaltige Stinkbombe hineinwerfen müssen. Wir lassen uns das nicht mehr gefallen, wir werden jetzt dagegen rücksichtslos kämpfen.«

Der Angeklagte gibt auch diese Äußerungen zu.

8. (Anklage Ziffer 3 a): Am 26. Januar 1937 hielt der Angeklagte abends in der St. Theresienkirche in München eine »Predigt für Männer und Jungmänner über Probleme der Zeit«. Er befaßte sich darin mit dem Nationalsozialismus und seinem Schrifttum, führte Klage darüber, daß der »Stürmer« ein Bild gebracht habe, auf dem sich ein Priester und ein Bolschewist die bluttriefenden Hände reichen und fuhr fort: »In der Marxistenzeit habe ich viele Hetzschriften gelesen, weil man das nicht bekämpfen kann, was man nicht kennt. Meine lieben Freunde, ich muß sagen, es ist mir damals oft ein Ekel aufgestiegen und es ist mir reichlich schwer gefallen, diesen Schmutz zu lesen. Aber das, was an nationalsozialistischer Literatur heute empfohlen wird, von maßgebenden Stellen heute empfohlen wird, das ist ekelerregender denn je.« Er wandte sich in diesem Zusammenhang noch gegen die neuerliche Verbreitung des Pfaffenspiegels. Gegen Ende der Predigt betonte er noch, daß er das alles nicht sage, um die Zuhörer gegen dem Staat aufzuhetzen oder weil er sich gegen den Staat auflehne.

Der Angeklagte räumt auch diese Äußerungen ein.

---

39 Mayers Anspielung auf Röhm und seine »Kumpanei«.

9. (Anklage Ziffer 3 b): Am 24. Januar 1937 hielt der Angeklagte in Aichach eine sehr gut besuchte Predigt, in der er alsbald auf die nationalsozialistische Weltanschauung zu sprechen kam. Er führte dabei aus: »Es wird heute viel von nationalsozialistischer Weltanschauung gesprochen, drum müssen wir sie mal von unserer Seite aus ansehen. Ich beschäftige mich seit Monaten mit dem nationalsozialistischen Schrifttum, doch bin ich mir nicht klar geworden, was man darunter versteht. Euch, liebe Freunde, wird es auch so gehen.« Er wandte sich dann dagegen, daß in nationalsozialistischen Schulungskursen gegen die Kirche und den christlichen Glauben gekämpft werde, daß im Theater und im Rundfunk ein kirchenfeindliches Stück gebracht worden sei, daß die Presse einen Bericht über einen im Konzentrationslager Dachau befindlichen Geistlichen und dessen Eingeständnis sittlicher Verfehlungen gebracht habe, obwohl sich gar kein Priester dort befunden habe, und fuhr fort: »Nach diesen Beweisen könnte man glauben, daß der Nationalsozialismus der erbittertste Gegner der Kirche sei. Demgegenüber steht die Erklärung der Reichsregierung vom Frühling 1933, das Konkordat und der Programmpunkt 24. Da kennt man sich nicht mehr aus, was richtig ist.«

Der Angeklagte gibt zu, diese Äußerungen gebraucht zu haben.

Daß der Angeklagte, wie die Anklage annahm, behauptet hat, der Nationalsozialismus »sei« der größte Feind der Kirche, konnte nicht festgestellt werden.

III.

1. Bei der rechtlichen Würdigung dieses Sachverhalts unter dem Gesichtspunkt des § 130 a StGB. hatte das Gericht zunächst zu prüfen, was objektiv der Sinn der Äußerungen des Angeklagten gewesen ist. »Es kam dabei nicht entscheidend darauf an, welchen Sinn der Angeklagte seinen Worten geben wollte, sondern darauf, welcher Sinn ihnen nach der natürlichen Auffassung der Zuhörer bei Berücksichtigung ihrer geistigen Aufnahmefähigkeit, des Zusammenhangs der Äuße-

rungen und der Umstände, unter denen die gemacht wurden, zukommen mußte.« (vergl. Urteil des Reichsgerichts vom 20. Oktober 1936 I D 350/36 – JW. 1937 S. 699 Nr. 13). Dabei mußte auch berücksichtigt werden, unter welchen Zeitverhältnissen die Äußerungen gefallen sind und welche – wenn auch sprachlich nicht zum Ausdruck gekommene – Gedankenverbindungen den Äußerungen zugrunde lagen und den Zuhörern erkennbar waren (vergl. Urteil des Reichsgerichts vom 1. August 1935 5 D 505/35 – JW. 1935 S. 3383 Nr. 12).

Davon ausgehend kam das Gericht zu folgenden Feststellungen.

Die Äußerungen des Angeklagten zum Schulkampf (Predigten 1–5) gingen eindeutig dahin, daß im Kampf »Gemeinschaftsschule oder Bekenntnisschule« Lüge und Gewalt zum Siege der Anhänger der Gemeinschaftsschule geführt hätten, daß sich auch die Lehrkräfte zugunsten der Gemeinschaftsschule an diesem Kampf beteiligt und der hemmungslosen Lüge als Kampfmittel bedient hätten (bes. Predigt 2, 3 und 4), daß es eine Schande sei, sich eines mit solchen Mitteln erfochtenen Sieges zu freuen (bes. Predigt 1 und 5) und daß die Schuleinschreibung rechtlich nicht wirksam sei (Predigt Nr. 5 »Mit roher Gewalt kann man kein Recht zerstören und vernichten«). Die Predigt 3 enthielt aber darüber hinaus den Vorwurf, die Reichsregierung habe schon beim Abschluß des Konkordats vom 20. Juli 1935 die Absicht gehabt, sich nicht daran zu halten, sondern es durch die untergeordneten Stellen sabotieren zu lassen (»Die Sache hat einen ernsten Hintergrund: es kommt einem gerade vor, als ob die Reichsregierung das Konkordat abgeschlossen habe, um es sabotieren zu lassen, von den untergeordneten Stellen«). Kein unbefangener Zuhörer von normalem Urteilsvermögen konnte der festgestellten Äußerung eine unverfänglichere, die Reichsregierung nicht oder weniger belastende Deutung geben. Der Kriminalinspektor Gambs hat allerdings bekundet, daß er auf Grund seiner genaueren Kenntnis des Angeklagten und weil er diesem eine derartige Unvorsichtigkeit nicht zutraute, als Zuhörer zu der Annahme kam, der Angeklagte habe nur untergeordneten Stellen den Vorwurf der

Sabotage machen wollen und sich dabei im Ausdruck vielleicht vergriffen. Auch er hat aber bekundet, daß ein anderer Zuhörer sehr leicht zu einer anderen Auffassung kommen konnte. Daß der Angeklagte in der gleichen Predigt vorher davon sprach, daß die Reichsregierung dem deutschen Volke die religiösen Kämpfe ersparen wollte und deshalb das Konkordat angeschlossen habe, steht zwar im Widerspruch mit dem später gegen die Reichsregierung erhobenen Vorwurf, konnte aber dessen Wirkung auf die inzwischen durch scharfe Angriffe gegen die Methoden des Schulkampfes und die angeblichen Ziele der Gemeinschaftsschule mißtrauisch gewordenen Zuhörer nicht abschwächen oder gar aufheben. In der Predigt 4 wurde der Vorwurf erhoben, die Schuleinschreibung sei das Ergebnis eines Betrugs und der Staat habe an diesem Betrug mitgewirkt (»Wenn einer diesen Staatsbetrug nicht ausüben wollte«). Der Angeklagte hat erklärt, daß er das Wort »Staatsbetrug« gebraucht habe, um damit entsprechend dem Sprachgebrauch seiner schwäbischen Heimat zum Ausdruck zu bringen, daß es ein großer Betrug, »ein Mordsbetrug« gewesen sei, wie man ja auch einen recht großen Menschen oft als »Staatskerl« bezeichne. Dieser Vergleich hinkt. Wer als Staatskerl bezeichnet wird, wird damit wohl in keinem Falle in Beziehung dem Staate gebracht. Wenn aber im Zusammenhang mit einer scharfen Kritik über den Schulkampf behauptet wird, die untergeordneten Stellen hätten gelogen, daß sich die Balken bogen, und wenn dann das alles als »Staatsbetrug« bezeichnet wird, dann wirkt dieses Wort auch in einem schwäbischen Ort wie Kirchheim auf einen natürlich auffassenden Zuhörer als Vorwurf des Betrugs, begangen durch den Staat.

Die Predigten 3 und 4 enthielten noch den Vorwurf, es sei beabsichtigt, die Kinder durch die Gemeinschaftsschule um ihre Religion zu bringen. Schon das Wort »entkonfessionalisieren« mußte bei der Mehrzahl der Zuhörer diesen Eindruck hervorrufen. Wer keine höhere Schulbildung genossen hat und mit den Schlagworten im Schulkampf nicht vertraut ist, hört aus dem Worte »entkonfessionalisieren« nur heraus, daß die Schulkinder um ihr religiöses Bekenntnis gebracht werden sollen. Die Predigt 4 führte auch noch aus, daß in einem Jahre das Christentum in der Gemeinschaftsschule vollständig aufgehört habe und daß dann ein antikatholischer, antichristlicher Geist wehe. Darin liegt der Vorwurf, die Gemeinschaftsschule diene der Beseitigung der christlichen Bekenntnisse.

Die Predigten 6 und 7 und der zweite Teil der Predigt 5 erhoben gegen die Presse den Vorwurf der Unzuverlässigkeit und Unwahrhaftigkeit bei der Behandlung religiös-sittlicher Dinge. Die Zuhörer mußten den Eindruck bekommen, als sei mehr oder weniger alles unwahr und entstellt, was in der Presse über die Strafverfahren gegen katholische Geistliche und Ordensangehörige wegen sittlicher Verfehlungen berichtet wurde. Die Predigt 6 gipfelte sogar in der Aufforderung, gar keine Zeitungen mehr zu lesen. Die Predigt 7 ging noch einen Schritt weiter. Sie deutete an, daß die nationalsozialistischen Kreise allen Anlaß hätten, zu schweigen, weil bei ihnen auf sittlichem Gebiet vieles nicht in Ordnung sei, und enthielt die Androhung von Enthüllungen solcher Verfehlungen (»Wer im Glashaus sitzt, soll nicht mit Steinen werfen ... Wenn das so weitergeht, dann werden wir ... eine ganz gewaltige Stinkbombe hineinwerfen müssen«). Damit war aber auch zwangsläufig zum Ausdruck gebracht, daß die Regierung in den Reihen ihrer Anhänger nicht nach dem Rechten sehe. Was der Angeklagte über Spanien und im unmittelbaren Zusammenhang damit über sich selbst gesagt hat, brachte nach Ansicht des Gerichts nur zum Ausdruck, daß er selbst lieber getötet als ehrlos gemacht werden wolle.[40] In der Predigt 8 wurde die nationalsozialistische Literatur mit dem marxistischen Schrifttum verglichen und als noch ekelerregender bezeichnet. Es wurde ferner den »maßgebenden Stellen« vorgeworfen, derartiges auch noch zu empfehlen. Dieser Vorwurf richtete sich in seiner Allgemeinheit nicht nur gegen irgendwelche untergeordneten Stellen von Partei oder Staat, sondern gegen die Staatsführung als solche. Zum mindesten mußte die Äußerung

40 Hier sucht das Gericht die mildere Lesart vorzuziehen.

bei den Zuhörern den Eindruck erwecken, als richte sie sich gegen die Regierung selbst.

Die Predigt 9 wies darauf hin, daß entgegen der Regierungserklärung, entgegen dem Konkordat und entgegen dem Punkt 24 des Parteiprogramms überall kirchenfeindliche Tendenzen erkennbar seien, daß man sich daher nicht mehr auskenne und meinen könne, der Nationalsozialismus sei der erbitterste Feind der Kirche. Was der Angeklagte in der Predigt 9 über den Nationalsozialismus als solchen ausführte, bezog sich erkennbar nur auf den religiösen Teil dieser Weltanschauung. Auf ihn bezieht sich auch die Äußerung des Angeklagten, er sei sich nicht klar geworden, was man unter nationalsozialistischer Weltanschauung verstehe.

Man könnte daran denken, daß die oben näher begründete Annahme, die Predigt 8 habe sich gegen die Staatsführung als solche gerichtet, dadurch widerlegt sei, daß der Angeklagte am Schluß dieser Predigt ausführte, er sage das alles nicht, um die Zuhörer gegen den Staat aufzuhetzen oder weil er sich gegen den Staat auflehne. Dieser Schlußsatz hat aber den erkennbar gegen die Staatsführung erhobenen Vorwurf, ekelerregende Literatur zu empfehlen, keineswegs eingeschränkt, sondern zeigt nur, daß der Angeklagte sich selbst bewußt war, daß seine vorausgehenden Ausführungen als Angriff gegen die Staatsführung gewirkt hatten.

2. Es war nun weiter zu prüfen, ob durch die festgestellten Äußerungen Angelegenheiten des Staates zum Gegenstand einer Erörterung gemacht wurden und, wenn ja, ob dies in einer den öffentlichen Frieden gefährdenden Weise geschehen ist.

Sieht man die einzelnen Predigten daraufhin an, so muß man feststellen, daß sich in den zum Gegenstand der Anklage gemachten Punkten die Predigten 1–5 mit dem Schulwesen und die Predigten 6–9 und die Predigt 5 im zweiten Teil mit dem Pressewesen befaßten.

Eine Erörterung über das Schulwesen liegt nicht nur vor, wenn über die Schulen als solche, über ihren Aufbau, ihren Lehrplan, über die das Schulwesen regelnden gesetzlichen Normen oder über die Zusammensetzung und das Wirken der an den Schulen tätigen Lehrkräfte gesprochen wird, sondern auch dann, wenn, wie im vorliegenden Falle der Schulkampf, seine Methoden und seine wirklichen oder vermeintlichen Ziele im Vordergrund der Erörterung stehen. Auch hier werden Angelegenheiten besprochen, die den Staat als solchen angehen, bei denen es sich um seine Rechte und Pflichten, seine Interessen und Aufgaben handelt, die durch die Gesetze des öffentlichen Rechtes geordnet und gestaltet werden. (vergl. schon RGStr. Bd. 27, S. 430). Daß auch die Anordnungen untergeordneter Stellen nicht von dem Begriff der Staatsangelegenheiten ausgeschlossen sind, hat schon ein Urteil des Reichsgerichtes in Strafsache Bd. 18 S. 406 hervorgehoben.

Die Verteidigung hat eingewendet, nicht Staat und Partei hätten den Schulkampf geführt, sondern ein im Vereinsregister eingetragener Verein, die »Deutsche Schulgemeinde«. Dem ist entgegenzuhalten, daß sich der Angeklagte keineswegs auf eine Kritik von Maßnahmen der Deutschen Schulgemeinde beschränkt hat und daß überdies das Schulwesen und seine Entwicklung auch dann Angelegenheiten des Staates sind und bleiben, wenn sich vorübergehend oder dauernd irgend welche öffentlich-rechtliche oder privatrechtliche Verbände für bestimmte schulische Ziele kämpferisch einsetzen und damit an der Gestaltung und Umformung des Schulwesens mitwirken. Daß das Schulwesen auch eine Angelegenheit der katholischen Kirche ist (vgl. bes. Art. 21, 23 ff. des Reichskonkordats v. 20. Juli 1933), ändert nichts an der Tatsache, daß es in erster Linie eine Angelegenheit des Staates ist.

Auch das Pressewesen gehört zu den Angelegenheiten des heutigen Staates,[41] der von dem Grundsatze hemmungsloser Pressefreiheit abgerückt ist und in der Presse eines der bedeutsamsten Mittel sieht, das Volk im nationalsozialistischen Geiste

41 In der Tat, die Presse spielte von Anfang an in der Nationalsozialistischen Politik eine entscheidende Rolle; vgl. 22. September 1933: Gesetz zur Errichtung einer Reichskulturkammer; 4. Oktober 1933: Schriftleitergesetz usw. Vgl. dazu FREI/SCHMITZ, *Journalismus im Dritten Reich,* 20–38.

aufzuklären und zu schulen. Daraus und aus der Erkenntnis der Gefahren, die die uneingeschränkte Pressefreiheit für die Einigkeit und Geschlossenheit eines Volkes mit sich bringt, ist die mannigfaltige Einflußnahme auf die Presse und ihre Überwachung zu erklären. Daraus erklären sich auch die Bestimmungen des Schriftleitergesetzes vom 4. Oktober 1933, das im § 1 dem Schriftleiter »eine in ihren beruflichen Pflichten und Rechten vom Staat durch dieses Gesetz geregelte öffentliche Aufgabe« zuweist. Das Reichsgericht hat in der von der Verteidigung vorgelegten Entscheidung vom 1. Juni 1937 1 D 174/36 ausgesprochen, daß durch die geschichtliche Wendung zum nationalsozialistischen Staat der Bereich des staatlichen Lebens erweitert wurde, daß daher z. B. alles, was über den Begriffsinhalt von Blut, Boden (und) Rasse sowie über ihre Auswirkungen und Anforderungen für das Leben der Gesamtheit und des Einzelnen ernsthaft öffentlich vorgetragen oder gelehrt wird, in der Regel die nationalsozialistische Bewegung und daher auch den von ihr getragenen nationalsozialistischen Staat angeht und daß zu den »Angelegenheiten des Staates« auch die Ordnung des Pressewesens, sowie die Einflußnahme auf die Verbreitung insbesondere der Presse gehört, die das Volk im nationalsozialistischen Geiste aufklären und schulen will. Das Reichsgericht hat in diesem Urteil weiter ausgesprochen, daß selbst Angelegenheiten, mit denen sich der Staat bisher noch nicht befaßt hat, dadurch im Sinne des § 130a STGB. in den Kreis »der Angelegenheiten des Staates« hereingezogen werden können, daß sie der Sprecher z. B. durch die Behauptung, der Staat habe gegenüber dieser oder jener Angelegenheit eine bestimmte Einstellung oder Wirkungsweise, zum Staate in Beziehung bringt. Davon ausgehend, kann es keinem Zweifel unterliegen, daß sich nicht nur die Kritik der Presseberichte über die Strafverfahren gegen katholische Geistliche und Ordensleute, sondern auch die Kritik sonstiger Veröffentlichungen der nationalsozialistischen Zeitungen und Zeitschriften aber auch die allgemeine Kritik des NS-Schrifttums mit Angelegenheiten des Staates im Sinne des § 130a StGB. befaßt hat. Daß der Angeklagte wiederholt seine Kritik auf die Veröffentlichungen über religiös-sittliche Dinge beschränkt hat, ändert daran schon deshalb nichts, weil der Staat an den von diesem Begriff umfaßten Dingen und an den Veröffentlichungen darüber nicht weniger interessiert ist.

Bei der Prüfung der Frage, ob der Angeklagte in einer den öffentlichen Frieden gefährdenden Weise gesprochen hat, war davon auszugehen, daß eine solche Gefährdung vorliegt, wenn das Gefühl der Sicherheit, das unter dem Schutz einer sicheren Rechtspflege, eines machtvollen Staates bei allen Staatsangehörigen vorhanden zu sein pflegt, in seinem Bestand gefährdet wird, oder wenn der Zustand der allgemeinen Rechtssicherheit durch die Gefahr der Entstehung von Unruhen oder von Angriffen auf die Rechte anderer bedroht wird, und daß in beiden Fällen auch schon das Herbeiführen einer entfernten Gefahr hinreichend ist (vergl. das oben angeführte Urteil des Reichsgerichts vom 1. Juni 1937 und die dort angezogene Rechtssprechung). Eine Entscheidung des Reichsgerichts in Strafsachen Bd. 18 S. 314, die sich mit Äußerung wie »Rechtsbeugung« und »Unterdrückung« zu befassen hatte, führt aus, daß es eine Gefährdung des öffentlichen Friedens bedeute, wenn in einer die Leidenschaften erregenden Weise die gegenwärtigen Rechtszustände als ein verwerfliches und wieder zu beseitigendes Unrecht hingestellt werden und durch solche Erörterungen die Gemüter verhetzt werden und Unfrieden ausgesät wird. Daß es nicht allein auf die in einer einzelnen Äußerung liegende Gefahr, sondern auch darauf ankommt, daß sie gerade von der in § 130a StGB. angeführten Stelle aus geschieht und in der darin liegenden Gefahr, ist in dem bereits einmal erwähnten Reichsgerichtsurteil vom 20. Oktober 1936 hervorgehoben. Eine solche Gefahr kann durch den Inhalt der Äußerung aber unter Umständen auch schon durch ihre Form herbeigeführt werden.

Unter Berücksichtigung aller dieser Gesichtspunkte kam das Gericht zu der Überzeugung, daß der Angeklagte in allen Fällen den öffentlichen Frieden und zwar das Gefühl der Rechtssicherheit gefährdet hat. Der Angeklagte hat in den 9 Predigten, soweit er sich mit Angelegenheiten des Staates befaßte, nur negative Kritik geübt und zwar in äußerst scharfer Form. Er hat seine hinsichtlich des Schulkampfes erhobenen Vorwürfe ebenso verallgemeinert wie seine Vorwürfe gegen die Presse und gegen das NS-Schrifttum. Er hat dem Staate Hinterhältigkeit (Predigt 3), Betrug (Predigt 4), Schonung verbrecherischer Anhänger (Predigt 7) und Förderung von Schund- und Schmutzschriften (Predigt 8) vorgeworfen. Diese und die anderen in Ziffer III 1 näher bezeichneten Vorwürfe waren geeignet, in den den Worten des Angeklagten blind vertrauenden Zuhörern nicht nur Unruhe und inneren Widerstreit hervorzurufen, sondern darüber hinaus das Vertrauen zum Staate und zur staatlichen Rechtsordnung in der schwersten Weise zu erschüttern und zwar weit über das religiös-sittliche Gebiet hinaus. Das gilt von jeder der 9 Predigten. Auch wo der Angeklagte nur unter Anführung von Beispielen davon sprach, man könnte meinen, der Nationalsozialismus sei der erbitterste Feind der Kirche, man kenne sich da nicht mehr aus was richtig sei (Predigt 9) waren seine Äußerungen geeignet, bei den Zuhörern allgemeine Unzufriedenheit und allgemeines Mißtrauen nicht nur gegen die Partei, sondern auch gegen den von ihr getragenen Staat hervorzurufen und das Ansehen staatlicher Stellen zu untergraben.

Die Verteidigung berief sich darauf, daß im Urteil des Reichsgerichtes vom 1. Juni 1937 ausgeführt sei, eine packende Predigt oder eine andere öffentliche Aussprache über weltanschauliche oder religiöse Fragen könne die Gewissen der Zuhörer bis in den tiefsten Grund aufrühren und in große sittliche oder religiöse Erregung oder Unruhe bringen; solche Erscheinungen des geistigen Kampfes der Weltanschauungen oder der religiösen Bekenntnisse, der nach aller geschichtlicher Erfahrung gerade der deutschen Volksseele immer ein Bedürfnis gewesen sei und bleiben werde, bräuchten den öffentlichen Rechtsfrieden nicht zu stören oder in eine auch nur entfernte Gefahr zu bringen. Damit kann sich aber der Angeklagte nicht entlasten. Er hat sich nicht nur mit weltanschaulichen und religiösen Fragen auseinandergesetzt. Er hat sich zu Äußerungen hinreißen lassen, die unmittelbar in den politischen Tageskampf eingriffen und in ihrer Wirkung einer Mißtrauenserklärung und z. T. auch einer Kampfansage gegen den Staat gleichkamen.

3. Daß der Angeklagte in allen 9 Predigten als Geistlicher in Ausübung seines Berufes in einer Kirche und vor Mehreren gesprochen hat, bedarf keiner weiteren Erörterung. Das Gericht kam auch zu der Überzeugung, daß der Angeklagte vorsätzlich gehandelt hat. Vorsatz liegt schon vor, wenn der Prediger das Bewußtsein hat, seine Äußerungen seien geeignet, den öffentlichen Frieden zu gefährden und wenn er seine Äußerungen auf diese Gefahr hin gebraucht. Dieses Bewußtsein hatte der Angeklagte zweifellos. Er wußte als erfahrener Kanzelredner, wie sich derartige Predigten bei den Zuhörern auszuwirken pflegen, er wußte, welch uneingeschränkte Autorität er bei der großen Masse seiner Zuhörer genoß, er wußte, daß diese Zuhörer seine Äußerungen nicht nur als Kritik an einzelnen von ihm beispielsweise angeführten Vorkommnissen, sondern, um ein Schlagwort zu gebrauchen, als Kritik am ganzen »System« auffaßten und daß damit die Gefahr einer schweren Erschütterung des Vertrauens zum Staat und zur staatlichen Rechtsordnung heraufbeschworen wurde. Er hat dies in Kauf genommen. Er gab selbst an, er habe es als seine Aufgabe angesehen, die Leute mit Mißtrauen gegen die Berichterstattung über religiöse Dinge in der völkischen Presse zu erfüllen. Daß von diesem Mißtrauen zum Mißtrauen gegen die Presse überhaupt und von da aus zum Mißtrauen gegen den die Presse überwachenden Staat nur ein kleiner Schritt ist, war dem Angeklagten sicherlich bewußt. Das gleiche gilt vom Schulkampf. Auch hier konnte es dem Angeklagten nicht entgehen, daß seine Charakterisierung des Schulkampfes, seine Prophezeiungen über die Entwicklung der Gemeinschaftsschule, seine Angriffe gegen die untergeordneten Stellen, gegen die städtischen Lehrkräfte, letzten Endes zum tiefsten Mißtrauen gegen den heutigen Staat führen mußten, mindestens aber sehr leicht führen konnten. Daß der Angeklagte in der einen oder anderen Predigt den Zuhörern Treue zum Staate empfahl, war nicht geeignet, die Wirkung seiner das Vertrauen zum Staate erschütternden Äußerungen merklich abzuschwächen, denn Treue setzt Vertrauen voraus. Dazu kommt, daß der Angeklagte, wie bereits dargetan, in vier Predigten (Predigt 3, 4, 7, 8) die Staats-

führung unmittelbar angegriffen hat. Das konnte ihm selbst in der Erregung nicht entgangen sein. Wenn er das Wort Staatsbetrug in dem von ihm angegebenen Sinne gebraucht hat, so kam ihm nach Überzeugung des Gerichts doch sofort zum Bewußtsein, daß viele Zuhörer dieses Wort anders auffassen konnten und in dem Zusammenhang sogar anders auffassen mußten. Er hätte dann die Pflicht gehabt, sich zu berichtigen. Wenn er das unterließ, so hat er schuldhaft gehandelt. Das gleiche gilt für die anderen 3 Äußerungen, insbesondere von der Äußerung über das Konkordat in der Predigt 3.

4. Es steht somit fest, daß der Angeklagte in allen 9 Fällen den äußeren und den inneren Tatbestand des § 130a StGB. erfüllt hat.

IV.

Der Reichsminister der Justiz hat durch Entschließung vom 17. Juni 1937 Nr. III g ^{II}5611 a/37 die Strafverfolgung aus § 2 des Gesetzes vom 20. Dezember 1934 angeordnet. Es war daher auch zu prüfen, ob und inwieweit der Angeklagte sich gegen diese Gesetzesbestimmung verfehlt hat.

Es ist bereits wiederholt ausgeführt, daß sich 3 Äußerungen des Angeklagten in den Predigten 3, 4, 7 und 8 unmittelbar gegen die heutige Staatsführung richteten und welche Vorwürfe sie enthielten. Die in Frage kommenden Stellen sind schon in Ziffer II des Urteils durch Unterstreichung gekennzeichnet. Daß diese Äußerungen geeignet waren, das Vertrauen des Volkes zur politischen Führung zu untergraben, und daß sich der Angeklagte dessen auch bewußt war, bedarf keiner weiteren Ausführung mehr. Es darf insoweit auf Ziffer III 2,3 des Urteils verwiesen werden. Was dort über die Gefährdung des öffentlichen Friedens und über das Bewußtsein der Friedensgefährdung gesagt wurde, ist auch eine Begründung dafür, daß diese Äußerungen zersetzenden Charakters waren und daß sich der Angeklagte dessen bewußt war. Daß keine der leitenden Persönlichkeiten namentlich genannt wurde, ist rechtlich bedeutungslos. Diese 4 Äußerungen waren aber auch nach Form und Inhalt hetzerisch. Sie ließen die Absicht erkennen, bei den Zuhörern Mißtrauen und Unzufriedenheit gegen das Verhalten der Staatsführung auf den in den Äußerungen berührten Gebieten hervorzurufen, und wirkten damit hetzerisch. Auch hier gilt wieder, daß es Pflicht des Angeklagten gewesen wäre, unbedachte Entgleisungen richtig zu stellen, und daß er durch die Unterlassung einer solchen Richtigstellung schuldhaft gehandelt hat.

Nach der bisherigen Rechtssprechung zu § 2 des Gesetzes vom 20. Dezember 1934 wären diese 4 Äußerungen auch dann als Hetzreden im Sinne dieser Strafbestimmung angesehen worden, wenn sie in einem ähnlichen Zusammenhang an anderer Stelle und nicht von einem Geistlichen gebraucht worden wären. Im vorliegenden Falle aber darf insbesondere nicht übersehen werden, daß der Angeklagte als hochgebildeter, erfahrener Kanzelredner weit mehr als irgend ein anderer auch unter Wahrung der Belange der Kirche in der Lage gewesen wäre, selbst in der größten seelischen Erregung sich bei seinen Äußerungen die Mäßigung aufzuerlegen, die von ihm als Prediger verlangt werden muß.

Die 4 Predigten waren jedermann zugänglich und von einem größeren durch keinerlei engeren Beziehungen zusammengehaltenen Personenkreis besucht. Der Angeklagte war sich dessen bewußt. Er hat somit in 4 Fällen öffentlich über leitende Persönlichkeiten des Staates und deren Anordnungen hetzerische Äußerungen gemacht, die geeignet waren, das Vertrauen des Volkes zur politischen Führung zu untergraben (§ 2 Abs. 1 des Gesetzes vom 20. Dezember 1934).

V.

Der Angeklagte und die Verteidigung haben sich noch darauf berufen, daß ein Fall religiöser Notwehr vorgelegen sei, die Notwehr sei auch nicht überschritten worden, denn das Maß der Abwehr werde durch das Maß des Angriffs bestimmt. Es wurde dazu ausgeführt, daß im Schulkampf entgegen den der

Kirche im Konkordat gegebenen Zusicherungen auf die Eltern in unzulässiger Weise eingewirkt worden sei, um sie zu bestimmen, entgegen ihrer inneren Überzeugung ihre Kinder zur Gemeinschaftsschule anzumelden, daß sich die unrichtigen Presseberichte über katholische Geistliche und Ordensleute und die gegen die Kirche und ihre Diener gerichteten Artikel so gehäuft hätten, daß der Angeklagte keine andere Wahl gehabt hatte, als im Interesse der Kirche und des katholischen Glaubens von der Kanzel aus in entschiedener Form zu diesen Vorkommnissen Stellung zu nehmen, zumal Vorstellungen kirchlicher Stellen bei den zuständigen Reichsbehörden erfolglos, ja sogar unbeantwortet geblieben seien.

Nun hat allerdings das Reichsgericht anerkannt, daß auch zugunsten juristischer Personen des privaten oder öffentlichen Rechts Notwehr geübt werden könne, wenn rechtswidrige Angriffe gegen ihre geschützten Rechtsgüter erhoben werden (RG. Str. Bd. 63 S. 220). Voraussetzung für die Annahme einer Notwehrhandlung ist aber immer, daß sich die Verteidigung gegen den Angreifer richtet und nicht die Rechte Dritter verletzt. Äußerungen, die sich in ihrer Wirkung gegen den Staat richten, die geeignet sind, den Staat zu schädigen, Kanzelmißbrauch und zersetzende Hetzreden sind auch dann keine Notwehr, wenn einem Angreifer gegenüber Notwehr (auch Ehrennotwehr) zulässig wäre. Schon aus diesem Grunde muß dem Angeklagten abgesprochen werden, daß seine Äußerungen als Notwehrhandlungen zu gelten haben.

Artikel 33 des Reichskonkordates weist auf den Weg hin, der der Kirche offensteht, wenn sie einzelne Bestimmungen des Konkordats für verletzt hält. Es geht aber nicht an, daß die einzelnen Priester je nach ihrem Gutdünken von der Kanzel aus das Kirchenvolk in den Kampf der Meinungen verwickeln und unter Inanspruchnahme der kirchlichen Autorität in eine innere Kampfstellung zum Staate bringen.

Dem Angeklagten kann auch nicht zugebilligt werden, daß er in vermeintlicher Notwehr gehandelt habe. Er kannte auch sehr wohl die Grenzen, die ihm bei seinem Wirken als Prediger durch die Gesetze des Staates gezogen waren.

Da schon aus allen diesen Gründen der Einwand der Notwehr ausscheidet, war der Angeklagte schuldig zu sprechen.

Soweit Verfehlungen gegen das Gesetz vom 20. Dezember 1934 vorliegen, stehen sie in Tateinheit mit den Verfehlungen gegen § 130 a StGB., da durch ein und dieselbe Handlung beide Strafgesetze verletzt wurden.

Das Gericht hat angenommen, daß der Angeklagte aus einem einheitlichen von vornherein auf den Gesamterfolg gerichteten Vorsatz heraus gehandelt hat, da er selbst angibt, daß er sich auf Grund seiner religiösen Überzeugung für verpflichtet hielt, in der von ihm geübten Art und Weise zu predigen und da er sogar noch am 9. Juni 1937 erklärt hat, er werde weiterhin so predigen, gleichviel wie seine Predigten strafrechtlich bewertet werden.

Der Angeklagte war deshalb wegen eines fortgesetzten Vergehens nach § 130 a StGB. in Tateinheit mit einem fortgesetzten Vergehen nach § 2 des Gesetzes vom 20. Dezember 1934 zu verurteilen.

VI.

Straferschwerend kam in Betracht, daß der Angeklagte schon einmal verwarnt wurde, daß er sich um insgesamt 9 Predigten handelt, die zur Verurteilung führten, daß die Äußerungen des Angeklagten ihrem Inhalt nach und teilweise auch ihrer Form nach besonders schwerwiegend und gefährlich waren, daß die Zuhörermenge jeweils eine sehr große war und daß demgemäß auch die staatsabträgliche Wirkung der Äußerungen eine äußerst weitgehende war, daß sich der Angeklagte bewußt war, daß das Kirchenvolk seinen Äußerungen eine weit stärkere Bedeutung beimaß als den Äußerungen irgend eines mehr oder weniger unbekannten Geistlichen.

Strafmildernd fiel außer der Straflosigkeit ins Gewicht, daß der Angeklagte sich im Felde äußerst tapfer benommen hat, daß er schwer kriegsbeschädigt ist, daß er unter vollem Einsatz seiner Persönlichkeit gegen den Kommunismus aufgetreten ist, daß er sich offen zu seinen Äußerungen bekannt hat und daß er nicht aus grundsätzlicher Abneigung gegen den Staat, sondern auf Grund religiöser Besorgnisse zu seinen Äußerungen gekommen ist.

Die Strafe war gemäß § 73 StGB. aus § 2 des Gesetzes vom 20. Dezember 1934 zu entnehmen. Eine Gefängnisstrafe von 6 Monaten erschien schuldentsprechend. Es erschien angezeigt, ihm die Untersuchungshaft in Höhe von 6 Wochen auf die Strafe anzurechnen.

Kosten: §§ 464, 465 StPO.

Der Vorsitzende:
(L. S.) gez. Dr. Wölzl
Landgerichtsdirektor

Die Beisitzer:
Schwingenschlögl Dr. Wachter
Landgerichtsräte.

Verhandlung gegen Jesuitenpater Rupert Mayer vor dem Münchner Sondergericht.

Mitschrift von Josefa Huber.

Vom Prozeß gegen Rupert Mayer existieren etliche protokollartige Mitschriften, so von Domvikar Josef Thalhammer (1900–1973), von Gerichtsassessor Otto Gritschneder (geb. 1914), von der Studentin Josefa Huber (1906–1966). Hier wird das Protokoll von Josefa Huber übernommen, vor allem, weil es P. Mayer kritisch gelesen und mit einigen handschriftlichen, stilistischen Korrekturen versehen hat.

ARM/München. Maschinengeschriebenes Original mit handschriftlichen Eintragungen Mayers. Zwischentitel vom Herausgeber.

VERHANDLUNG

gegen Jesuitenpater Rupert Mayer vor dem Münchner Sondergericht

am 22. und 23. Juli 1937.

Der Vorsitzende des Sondergerichts, Landgerichtsdirektor Wölzl eröffnet die Verhandlung mit den Worten:

Ich eröffne hiermit die Verhandlung vor dem Sondergericht

München am Donnerstag, den 22. 7. 37, gegen Pater Rupert Mayer, Jesuitenpater in München. Verteidiger: Justizrat Warmuth, München, und Dr. Bandorf, München.

A. Vernehmung des Angeklagten (Persönliche Verhältnisse, Punkte der Anklage)

RICHTER: Die Zeugen bitte ich vorzutreten, Namensverlesung. Ich mache die Zeugen darauf aufmerksam, daß sie möglicherweise vereidigt werden, sie wollen sich also ihre Aussagen genau überlegen und streng bei der Wahrheit bleiben.

RICHTER: Herr Pater Mayer, bitte, wollen Sie sich setzen.

PATER MAYER: Nein.

RICHTER: Wenn Sie sich aber dann später setzen wollen, wollen Sie das bitte sagen.

Es wird Klage erhoben gegen Mayer Rupert, geboren 23. Januar 1876 in Stuttgart, Sohn von Rupert Mayer und Emilie Wörle,[42] lediger Jesuitenpater in München, deutsche Staatsangehörigkeit, noch nie bestraft, aber einmal verwarnt worden, letztes Jahr im Mai, nicht wahr, vom Staatsanwalt, der heute auch hier sitzt, am 7. Mai 1936, wegen verschiedener Äußerungen, die Sie in Ihren Predigten gemacht haben, heute vor dem Sondergericht beschuldigt, fortgesetzt hetzerische Äußerungen über leitende Persönlichkeiten des Staates und deren Anordnungen gemacht zu haben, die geeignet sind, das Vertrauen des Volkes zur politischen Führung zu erschüttern und als Geistlicher in Ausübung Ihres Berufes Angelegenheiten des Staates in einer den öffentlichen Frieden gefährdenden Weise zum Gegenstand Ihrer Erörterungen gemacht zu haben. In dieser Sache waren Sie vom 5. bis 10. Juni in Polizeihaft und seit dem 10. Juni 1937 in Untersuchungshaft im Strafvollstreckungsgefängnis Stadelheim.

Der Angeklagte wirkt seit Jahren als Seelsorger und Kanzelredner in München und seiner näheren und weiteren Umge-

42 »Wehrle«; fehlerhafte Schreibweise; vgl. Anm. 6.

bung. Vor der nationalen Erhebung trat er wiederholt in politischen Versammlungen auf und kämpfte herzhaft gegen den Kommunismus. Nach der Machtübernahme nahm er eine sich ständig verschärfende Stellung gegen die nationale Regierung ein, sodaß seine Predigten, Reden und Schriften wiederholt polizeilich beanstandet werden mußten. Am 7. Mai 1936 wurde der Angeklagte wegen hetzerischer Äußerungen verwarnt seitens der Staatsanwaltschaft München I. In letzter Zeit besonders seit Beginn des Jahres 1937 hat sich der Beschuldigte in mehreren seiner öffentlichen Predigten mit dem Schulwesen mit dem Strafverfahren gegen kathol. Geistliche und Ordensangehörige wegen sittlicher Verfehlungen mit dem Pressewesen, mit den dem Nationalsozialismus als solchem, mit dem Nationalsozialistischen Schriftentum befaßt. Unter a. wurden von ihm folgende Themen in seinen öffentlichen Predigten behandelt:

I. Thema: Gemeinschaftsschule:

a) Predigt am 3. Februar 1937 in der St. Josefskirche in München.

Am letzten Sonntag wurde ein Sieg gefeiert, aber so ein Sieg ist noch nicht gefeiert worden, solange die Welt besteht! Ich muß schon sagen, ein Sieg war das, der denen, die ihn gefeiert haben, gewiß nicht zur Ehre gereicht. ein Sieg war das, ein Terror! Dieser Sieg war ein Türkensieg, ein Gewaltsieg.

b) Predigt vom 29. März 1937 in Ursberg:

In München sind die kath. Erziehungsberechtigten gegen alles Recht und Gesetz um die kath. Bekenntnisschule gebracht worden. Da haben alle staatlichen Parteidienststellen zusammen geholfen mündlich und schriftlich.

c) Predigt am 11. April 1937 in Weissenhorn:

Ihr habt noch nichts gehört von Schulkämpfen? Die Menschen sollen genötigt werden ihre Kinder in der Schule entkonfessionieren zu lassen. Es wurde in den Schulen gelogen, daß sich die größten Balken gebogen haben. Die Sache hat einen ernsten Hintergrund. Es kommt einem gerade vor, als ob die

Reichsregierung das Konkordat abgeschlossen habe, um es sabotieren zu lassen von den untergeordneten Stellen.

d) Predigt vom 18. April 1937 in Kirchheim:

Man will die Schule entkonfessionieren, sie darf auch nicht mehr christlich sein. Man sagt, man habe noch Religionsunterricht, in einem Jahr hat das Christentum in der Gemeinschaftsschule vollständig aufgehört, dann lebt ein antikatholischer, ein antichristlicher Geist. Was in dem Schulkampf gelogen wurde von untergeordneten Stellen, da wurde gelogen, daß sich Balken bogen. Wie man es diesen Menschen gemacht hat, sie wurden Volksfeinde und Landesverräter, die da nicht mittun wollen, das hört man überall durch. Wenn einer diesen Staatsbetrug nicht ausführen wollte, dann hat man ihm diese Schimpfworte zugeworfen.

e) Predigt vom 23. Mai 1937 in St. Michael in München:

Wäre ich im Lager unserer Gegner, ich hätte mich über einen mit so unredlichen Waffen erfochtenen Sieg nicht[43] freuen können. Ich hätte mich eines solchen Sieges geschämt. Mit roher Gewalt kann man kein Recht zerstören und vernichten.

II. Thema: Strafverfahren gegen kath. Geistliche und Ordensleute sowie Presseberichterstattung über diese Verfahren:

a) Predigt vom 24. Januar 1937 in der St. Michaelskirche zu München:

Die Zeiten sind vorbei, wo wir geglaubt haben, was in der Zeitung steht. Was über religiöse Dinge in der Zeitung steht, das glauben wir grundsätzlich nicht. Glaubt überhaupt keiner Zeitung, wenn sie sich mit sittlichen, religiösen Dingen befaßt! Hört nicht darauf. Lest keine! Und jetzt wenn ihr hinausgeht, dann möchte ich, daß eine religiöse Welle von der Kirche aus sich auf die Straße ergießt und von der Straße aus auf die einzelnen Häuser.

b) Predigt vom 2. Mai 1937 in St. Michael in München:

43 »Nicht« von Mayer handschriftlich eingefügt.

Aber meine Lieben, es ist nicht alles wahr, was in der Zeitung steht. Die Art und Weise der Darstellung ist so übertrieben und wird so aufgebauscht und das was in den Christentums- und katholikenfeindlichen Zeitungen steht, das wird erst recht aufgebauscht und ausgeweidet, dann lesen wir überall von 1000 Sittlichkeitsverbrechen von Priestern und Ordensleuten. Die Zahl ist bei weitem übertrieben und soviel ich weiß, sind höchstens 500 Fälle, von denen ich gelesen habe. Vielleicht sind es aber nur 250. Warum liest man das überhaupt nur bei kath. und evangl. Kreisen, von den anderen hört und liest man nie etwas. Wer im Glashaus sitzt, soll nicht mit Steinen werfen. Wir sind keine Revolutionäre,[44] aber wenn das so weiter geht, dann werden wir kath. und evangel. Geistlichen eine ganz gewaltige Stinkbombe hineinwerfen müssen. Wir lassen uns das nicht mehr gefallen. Wir werden jetzt dagegen rücksichtslos kämpfen.

c) Predigt vom 23. Mai 1937 in der St. Michaelskirche in München:

Aber das ist noch etwas ganz anderes, was man jetzt dem kath. Volk vorzulügen versucht, liebe Freunde, was uns wehe tut, das sind die Berichte über die Skandalprozesse, denn da müssen wir das eine sagen: Wir haben jetzt Beweise in der Hand, die genügen, um uns jeden Glauben an einen großen Teil der deutschen Presse zu nehmen und endgültig zu rauben. Wir wußten schon, daß man in diesen Prozessen für kath. Dinge überhaupt kein Verständnis hat. So einseitig, so unwahr und gehässig und so verlogen hat man immer über die kath. Kirche geschrieben. Man sagt so gerne zu uns: Ihr könnt zufrieden sein, denn in Spanien[45] hätte man euch schon längst an die Wand gestellt. Ich sage aber ganz ruhig, dem Tode habe ich hundertmale ganz bewußt in die Augen geschaut, das bin ich gewöhnt, das ist nicht so schlimm, aber wenn man einen Men-

---

44 Zu dieser Auffassung vgl. auch Bischof Clemens August von Galen, *Akten, Briefe und Predigten 1933–1946*, 859.

45 Anspielung auf den spanischen Bürgerkrieg (1936–1939) und die Grausamkeiten auf beiden Seiten der Kriegsparteien.

schen geistig tötet, wenn man ihn kaputt macht vor der Welt, das ist das Furchtbarste von der Welt, das man sich vorstellen kann. Darum, liebe Freunde, ist es aus und vorbei mit dem Glauben an den Großteil der deutschen Presse, wenn sie berichtet über religiös-sittliche Verhältnisse über christliche kath. Belange.

III. Thema: Nationalsozialismus und nationalsoz. Schrifttum:

a) Predigt vom 26. Jan. 1937 in der St. Theresienkirche von München:

In der Marxistenzeit habe ich viele Hetzschriften gelesen, weil man das nicht bekämpfen kann, was man nicht kennt. Meine lieben Freunde, ich muß sagen, es ist mir damals oft der Ekel gekommen und es ist mir reichlich schwer gefallen, diesen Schmutz zu lesen, aber das was an nat.soz. Literatur heute empfohlen wird – von maßgebenden Stellen heute empfohlen wird – das ist ekelerregender denn je.

b) Predigt vom 24. Januar 1937 in Aichach:

Es wird heute von nat.soz. Weltanschauung gesprochen, darum müssen wir sie einmal von unserer Seite aus ansehen. Ich beschäftige mich seit Monaten mit dem nat.soz. Schrifttum, doch bin ich mir nicht klar darüber geworden, was man darunter versteht, euch, lb. Freunde, wird es auch so gehen. Nach diesen Beweisen ist der Nat. Sozialismus der erbittertste Gegner der Kirche. Ihm gegenüber steht die Erklärung der Reichsregierung vom Frühling 1933, das Konkordat und der Programmpunkt 24, da kennt man sich nicht mehr aus, was richtig ist.

Diese oben geschilderten Handlungen erfüllen den Tatbestand eines fortgesetzten Vergehen[s] gemäß § 2 Abs. 1 des Ges. vom 20. Dez. 1934 in Tateinheit mit einem fortgesetzten Vergehen gem. § 130 a, 73 des RStr. G. B. Durch Entschließung vom 7. 7. 37 ist die Verhandlung angeordnet worden, Terminsbestimmung und Fortdauer der Untersuchungshaft. Das Sondergericht München ist zuständig.

Richter: Sie haben sich gegen den Haftbefehl beschwert.[46] Es bestand aber die Besorgnis, daß Sie auch weiterhin die Freiheit dazu benützen würden, Predigten in dieser Form zu halten. Das war der Grund für die Aufrechterhaltung des Haftbefehls, Sie haben aber heute die Erklärung abgegeben, daß Sie Ihre Pflicht als Geistlicher und Priester zwar erfüllen werden, aber der Form und dem Inhalt nach die staatl. Gesetze nicht mehr verletzen werden.[47]

Pater Mayer: Soweit ich das mit dem Gewissen vereinbaren kann. Und wenn ich das nicht mehr kann, dann werde ich mich selbst dem Staatsanwalt melden, daß das meinen Beruf schwer schädigt und daß ich in Zukunft eben nicht mehr so haarscharf auf das achten kann, inwieweit das mit dem Gesetz vereinbar ist oder nicht.

Richter: Sie erklären also, daß Sie künftig wie bisher die kath. Kirche in Glaubens- und Sittenlehren gegen Angriffe, Anfeindungen und Verleumdungen verteidigen werden.

Pater Mayer: Jawohl.

Richter: Das ist auch Ihr gutes Recht. Das wird Ihnen niemand nehmen, der objektiv und gerecht ist. Aber Sie werden die staatlichen Gesetze achten müssen und werden in einem Konfliktfall immer vorher mit der zuständigen Behörde sich ins Benehmen setzen und Ihre Zuhörer zur Treue zum Staat auffordern. Ich kann verstehen, daß Sie sich bemühen werden.

Pater Mayer: Soweit katholische Interessen nicht geschädigt werden. (Hier sagte P. M. außerdem noch ungefähr: er werde sich jeweils mit einem Juristen ins Benehmen setzen.) Ich darf mich aber doch zur Anklage äußern.

Richter: Das kommt noch. Das ist die Grundlage, die uns einander näher bringt. Nun wollen wir die einzelnen Sachen durchgehen. Es stehen also 10 Predigten zu drei verschiedenen Themen zur Frage. Aber wollen Sie sich jetzt nicht setzen?

---

46 Haftbeschwerde von Dr. Warmuth am 12. Juni 1937.

47 Vgl. Erklärung S. 218.

Pater Mayer nimmt an.

RICHTER: Ist der Stuhl geeignet für Ihre Verletzung? (Er läßt einen bequemen Lehnstuhl holen).

Also drei Themen: Gemeinschaftsschulen, Strafverfahren gegen katholische Geistliche und Ordensleute und Presseberichterstattung darüber und Nat. Soz. und Nat. Soz. Schrifttum. Darüber haben Sie 10 Predigten gehalten. Am 3. 2. 1937 in der Josefskirche in München. Am letzten Montag wurde ein Sieg gefeiert, aber so ein Sieg ist noch nicht gefeiert worden, solange die Welt besteht. Ich muß schon sagen, ein Sieg war das, der denen, die ihn gefeiert haben gewiß nicht zur Ehre gereicht. Ein Sieg war das, ein Terror. Dieser Sieg war ein Türkensieg,[48] ein Gewaltsieg.

Sie haben sich damit gegen §130a des Gesetzes vergangen.

PATER MAYER: Wenn Sie erlauben, werde ich einige allgemeine Bemerkungen vorausschicken, damit Sie eine Auffassung bekommen über mein Innenleben dieser Sache gegenüber, sonst kann man das nicht beurteilen. Die Anklagepunkte sind aus dem Zusammenhang gerissen, teilweise entstellt wiedergegeben, besonders was gegen den Nat. Soz. geht, ist ohne jeden Sinn zusammengeschrieben. Ich habe jetzt die schönste Zeit meines Lebens verbracht. Das sollte man nicht für möglich halten. Ich war so glücklich, so restlos glücklich, wie noch nie im Leben. Nur jetzt, wie diese Sache kam, daß ich mir Gedanken machen mußte über ... ich habe gar nicht gewußt, daß ich das Vaterland so lieb habe, wie es tatsächlich ist. Was mich quält, ist die Zukunft unseres Vaterlandes.

RICHTER: Wir können also anknüpfen, Sie haben also Theologie studiert in Tübingen und Freiburg, dann sind Sie eineinhalb Jahre Weltpriester gewesen.

PATER MAYER: Und dann bin ich in den Orden eingetreten 1900.

RICHTER: Im Weltkrieg sind Sie eingetreten.

---

48 Mayer meinte einen Pyrrhussieg. Pyrrhus II. (König von Epirus, 319–272 v. Chr.) besiegte 279 die Römer bei Ausculum in Apulien unter extremen Verlusten.

PATER MAYER: Freiwillig.

RICHTER: Zunächst als Feldgeistlicher im 1. bayer. Armeekorps und dann vom 15. 1. 15 ab als Divisionspfarrer der 8. bayer. Div. An Auszeichnungen haben Sie erhalten im Jahre 1915 das E.K. II, das Militär-Verd. Kreuz mit Krone und Schwertern und im Dezember des gleichen Jahres das E.K. I., im Jahre 1916 das Ritterkreuz des Württemb. Friedrichsordens und den Franz Josefsorden, am 30. Dez. 1916 wurden Sie in Rumänien im Sultatal durch einen Schrapnellschuß am linken Unterschenkel schwer verwundet, sodaß der linke Fuß amputiert werden mußte und s. Z. sind Sie dann ausgeschieden. Sie waren dann noch in München als Seelsorger tätig.

PATER MAYER: Ja, in der Türkenkaserne. Ich hatte da die Leute in Ordnung zu bringen, bis eine regelmäßige Seelsorge aufgenommen wurde.

RICHTER: In der Anklageschrift und auch von der politischen Polizei hat die tapfere Haltung P. R. M. im Felde als Div. Geistlicher alle Anerkennung gefunden (stadt- und landbekannt). Es sind auch verschiedene Bücher darüber geschrieben: Hans Carossa, »Führung und Geleit« und dann die Regimentsbücher und nach dem Krieg.

PATER MAYER: Ich bin seit 25½ Jahren ununterbrochen in München.

RICHTER: Sie sind dann auch in der Kampfzeit der Nat. Soz. Bewegung auch neben dem Führer als Kämpfer gegen den Kommunismus aufgetreten.

PATER MAYER: Einmal zusammen mit ihm gegen einen Diskussionsredner in einer Kommunistenversammlung.

RICHTER: Und Sie haben auch selbst dann in der tapfersten Weise . . .

PATER MAYER: Bei allen Freidenkerversammlungen war ich anwesend. Ich habe immer das Wort ergriffen, soweit das menschenmöglich war. Ich möchte ein Wort sagen, warum ich das getan habe, dann kann man meine jetzige Einstellung verstehen.

RICHTER: Und das 25jährige Priesterjubiläum haben Sie gefeiert?

PATER MAYER: 1924.

RICHTER: Sie haben dazu ein Handschreiben vom Führer und Reichskanzler bekommen? Haben Sie es da?

PATER MAYER: Ich habe alles vernichtet. Ich kann nur sagen: Ich bin der alte geblieben so wie ich im Felde war bis jetzt. Ich habe immer eine Richtung gehabt, Vaterland und Religion und nichts weiter gewollt. Und wer mich im Felde gekannt hat, hat gewußt, daß ich ein durch und durch vaterlandsliebender nationaler Mann bin, aber mit ebenso großer Liebe beseelt zur Kirche und zur unsterblichen Menschenseele. Die Richtung habe ich beibehalten bis zum heutigen Tage. Und jetzt überlegen Sie einmal selbst wie merkwürdig das doch jetzt ist:

Wenn ich das Unglaubliche tun würde und würde so zu erkennen geben, daß ich doch mit Rom nicht mehr so in Kontakt bin, daß ich auch die Auffassung habe, daß man da ein bißchen Druck ausübt auf Deutschland und, immer uns etwas beikommen möchte, wenn ich zu erkennen gäbe, daß ich liebäugle mit einer deutschen Kirche, dann wäre ich der Held des Tages, dann würde ich auf einmal ein vaterlandsliebender tapferer Mensch sein, ein ausgezeichneter Redner, dann würde mir die Zukunft offen stehen. dann würde ich geehrt werden und angesehen sein. Eine glänzende Zukunft stünde mir bevor. Wenn ich also das täte, daß ich selbst mich zu tiefst verachten müßte und daß dann jeder kath. Mensch vor mir ausspucken müßte, er hätte das Recht dazu. Wenn ich so wäre, ein Wortbrüchiger, ein Eidbrüchiger, dann wäre ich der Held des Tages. Und weil ich nun grundkatholisch eingestellt bin und mit Leib und Seele und Leben dafür eintrete und weil ich suchte, gegen diesen furchtbaren Kampf um das Lebensrecht der kath. Kirche Stellung zu nehmen, den Leuten die Augen aufzumachen, obwohl es immer heißt, ein Kulturkampf fällt uns gar nicht ein, um den Leuten zu zeigen, daß alle Kräfte zusammengenommen werden müssen, um die Existenz der katholischen Kirche in Deutschland zu sichern, darum bin ich jetzt vor dem Gericht, weil ich, (der Schluß des Satzes ist nicht ganz sicher) nach dem subjektiv nicht aber objektiv richtigen Urteil umsichtige Persönlichkeiten (?) obiger Kläger und der in der Staatspolizei neben der Form nach manches gesagt habe, obgleich es wahr ist, was man nicht durchgehen lassen kann.

Mir hat wunderbar geholfen das Wort, das der Führer gesagt hat, »deutsch sein heißt wahr sein«. Wenn ihm ein Wort der Herrgott eingegeben hat, dann war es das. Das ist für mich eine Rechtfertigung nach oben und unten. Wenn es zur deutschen Art gehört, wahr zu sein, dann muß man doch auch die Wahrheit sagen dürfen und dann müssen doch die Leute auch die Wahrheit ertragen müssen. Es ist immer alles so herausgekommen, daß die Leute wußten, daß ich ein vaterländischer Mensch bin. Ich habe immer gesagt: aber selbstverständlich: es ist unsere Gewissenspflicht, der rechtmäßigen Obrigkeit Gehorsam zu leisten in allen erlaubten Dingen. Wir leben jetzt, das kann man doch ruhig sagen, in schwierigen Verhältnissen. Ich kümmere mich nicht um Politik. Ich werde darüber noch einiges sagen, aber das ist notwendig, daß ich mich von [. . .] Seite unterrichten lasse. Es ist keine Kleinigkeit sich durchzuringen, für das deutsche Volk Stimmung im Ausland zu machen. Wir hätten allen Grund zusammenzuhalten und zusammenzustehn wie Stahl und Eisen. u. w. Katholiken, wir gläubigen Menschen wären die ersten, die sich von niemanden an Opferfreudigkeit übertreffen ließen. Das müssen wir. Dazu sind wir von Kindheit an erzogen. Aber jetzt wirft man derartigen Zwist in unser Volk hinein. Diese unglaubliche Hetze gegen die Kirche, gegen alles [. . .] Wo soll das hinführen? Und das ist der Kummer, der mich quält und mir keine Ruhe mehr läßt. Das ist es, was mich im Gefängnis gequält hat, aber ich habe alles weggeschoben, nur studiert und gebetet und war glücklich und selig. Jetzt wieder Prozeß. Wieder hineinvertiefen alles wieder zum Bewußtsein bekommen. Wenn man doch das einsehen wollte, warum haben Sie das nicht früher gesagt? Ich bin ein Mensch, der sich nicht aufdrängen kann. Ich bringe das einfach nicht fertig zu den hochgestellten Persönlichkeiten zu gehen. Minderwertigkeitsgefühle. Wenn ich Gelegenheit hatte, habe ich das gesagt. Am Caritastag wurde ein Student blutig geschlagen, den ich für die Sammlung gewonnen hatte. Ich ging in das Polizeipräsidium – Saustall – soll das möglich sein in einem geordneten Staatswesen. Leider konnte ich bloß einen Regierungsrat antreffen, der Mann hat mich gedauert, er hat nichts dafür bekommen, habe ihn ganz kurz abgefertigt (dann sagte er, er habe versucht, Minister Wagner zu erreichen, er war aber nicht zu sprechen), ich hätte ihm genau dasselbe gesagt.

Dann die Schuleinschreibung 1935 oder 1936. Ich ging in Versammlungen, da konnte man noch ein Wort sagen. Bürgerbräukeller. Ich habe einiges aufgeschrieben, zur Diskussion kam ich nicht. Man hat mich verhaftet mit einigen Studenten. Am anderen Tag ging ich aufs Polizeipräsidium. Der Präsident war selbst da. Ich komme nicht wegen meiner Person, das ist mir gleich. Sie können machen mit mir, was sie wollen. Unerhört, was man da gehört hat. (Kardinal Faulhaber hängt ihn auf, an den Galgen mit ihm, dutzendmale gerufen.) Von den Ordnungsleuten, die aufgestellt wurden, hat kein Mensch etwas gesagt. Unerhört, wenn man derart das Volk verhetzen läßt. Hat man denn keine Ahnung, was das für Folgen hat, das sagte ich. Seien wir doch vernünftig, halten wir doch zusammen. Wir sind bereit, durch dick und dünn zu gehen mit dem Staat, aber Finger weg von der Religion. Inspektor Gambs wird bestätigen können, wie ich losgelegt habe mit diesen Gedankengängen, daß es mir doch nur um die Religion geht, daß ich jederzeit bereit bin, dafür Rede und Antwort zu stehen. Dann gehen Sie hin und schreiben mit und wenn ich wieder einmal was gesagt habe, können Sie mich dann belangen. Ich halte gern den Kopf hin, wenn etwas nicht nach dem Gesetz war. Der lb. Gott hat mir zu erkennen gegeben – und ich bin ein Verstandesmensch – in diesen Wochen, daß er mit mir zufrieden ist. Das macht mich so glücklich, alles andere kann mich nicht beunruhigen. Wenn ich ein paar Monate im Gefängnis bin, glaube ich, daß ich auch zu der Meinung komme, laßt die Leute doch machen, was sie wollen. Wenn sie ins Verderben gehen wollen.

Zu dem Entschluß ringe ich mich noch durch. Das ist meine Einstellung zum Staat – Ich sage alles aus dem Herzen. Mir ist alles gekünstelte und gemachte Zeug zuwider. – Nun wird so mancher sagen, wenn man das liest: Er ist ein Kampfhahn dieser Pater Mayer, zuerst hat er die Kommunisten angepackt, jetzt hat er nichts mehr und jetzt geht er gegen den Nat. Sozialismus vor. Es gibt so Leute, die immer etwas zu schaffen haben müssen. Friedensstörer, wie mir einmal so schön gesagt wurde, das paßt gerade für mich. Meine Herren, wie bin ich denn überhaupt in diese Bewegung hineingekommen? Ich bin 1912 hierher berufen worden noch unter Kardinal Bettinger, mit Erlaubnis meiner Oberen und zwar wurde mir die Seelsorge für die Zugereisten anvertraut, der 23 000 die jährlich nach München gekommen sind, vor allem der Arbeiter, Arbeiterinnen und Dienstmädchen. Da habe ich Organisationen geschaffen und aufgebaut, Hausbesuche gemacht und habe die Leute für die kath. Kirche gewinnen müssen. Ich habe täglich mindestens ein halbes Dutzend Besuche gemacht. Da habe ich gesehen, welchen Schaden der Kommunismus in religiöser Beziehung anrichtet, in den Herzen der Menschen. Aber ich wußte damals bloß vom Studium her etwas vom Kommunismus.

Ich habe mich hingesetzt und habe den Atheismus und Kommunismus studiert in den Versammlungen. Bis 1914 habe ich ihnen angewohnt[49] und bin darin öffentlich aufgetreten und so habe ich meinen schweren Kampf in den politischen Versammlungen durchgerungen, aber bloß religiös. Dagegen bin ich losgegangen, immer vorgegangen und das habe ich fortgesetzt. Überall bin ich hingegangen und habe alles vorausgesagt, wie es kommt. Kein Mensch hat mir damals geglaubt. Ob ich mit Freude in die Versammlungen ging? Gerade das Gegenteil. Sie glauben nicht, wie ich an den Lokalen vorbeigegangen bin, so oft ich schon drinnen war und habe ich gefragt, soll ich hineingehen? Jetzt sind sie ruhig

49 vgl. S. 56 ff.

und jubeln, wenn ich komme, geht es los: Saupfaff elender, dann geht alles drunter und drüber, der ganze Friede ist dahin. Aber ich sagte mir, es ist meine Pflicht, es ist niemand da. Ich muß es tun. Denn ich wußte, ein Drittel ist drinnen, die keine Stellung mitgenommen haben, um die zu retten, um ihnen zu zeigen, daß man dagegen auch etwas sagen kann, bin ich hineingegangen immer wieder. So habe ich mich gequält Jahr und Tag und bei der Gelegenheit bin ich mit dem Nat. Soz. bekannt geworden. Ich laß die Anschläge, ich habe dem Ordinariat regelmäßig Bericht gegeben, wie es aussieht. Anfangs habe ich mich riesig gefreut über die nat. Begeisterung, dann aber habe ich die Äußerungen gehört, die sagten mir, daß darin eine schwere Gefahr für das Christentum liege. Ich sagte mir, entweder ist er[50] so dumm, daß er nicht weiß, daß das wesentliche vom Christentum abweicht, oder er will ... Das hat mir große und schwere Bedenken gemacht. – Los von Rom – Ich habe mir das Buch angeschafft und gesehen, daß da ein vollständiger Kampf gegen die Kirche angesagt ist, 1923 schon. Ich habe zu einem Mitbruder gesagt: Gehen Sie doch einmal mit, sehen Sie einmal. Ich bin hingegangen. Es war ein furchtbarer Spektakel, kann ein Katholik Nat. Soz. sein? Ich mußte geschützt werden, sonst wäre ich gesteinigt worden. Zuerst hat man gejubelt, aber man hatte zu früh geschrien und dann gings los. Und so ist es weitergegangen, ich habe immer nach der religiösen Seite hin gekämpft. Anderes interessierte mich nicht. Ich war nie Politiker, ich habe der Politik nie etwas getan. Seither rede ich ca. 70 mal im Monat, Sonntags 6–7 mal, aber niemals habe ich eine politische Rede gehalten, niemals. In politischer Beziehung bin ich ein unbeschriebenes Blatt. Was mich auf die Bahn gerufen hat, das war die Religion, das war der Kampf gewisser Elemente, die aber eine mächtige Rolle spielen im Nat. Sozialismus. Jetzt kommt ja auch die Schulfrage. Man setzt zuviel an der Form aus. Gewiß.

---

50 Anspielung auf Dr. Georg Schott; vgl. S. 59–60.

RICHTER: Wollen Sie auf die Einzelheiten kommen (Er weist hin auf die Stelle: ein Sieg war das, ein Terror... Predigt vom 7. 2. 37.) Sie werden vielleicht selbst zugeben, daß dieser Ausdruck etwas scharf ist.

PATER MAYER: Es tut mir furchtbar leid, aber ich habe selbst diese Schriften alle gelesen und habe die ganze Sache verfolgt. Zu mir sind die Leute gekommen und haben geklagt und gejammert, daß sie um die Stellung kommen, (es war ein Staatsbeamter). Einem anderen hat man gesagt, wenn das so weiter geht, sind Sie ja kein vaterländisch gesinnter Mann, wenn Sie Ihre Kinder in die Konfessionsschule schicken u.s.w. Es ist doch unerhört, wenn die Leute, in dieser Weise beeinflußt werden.

RICHTER: Wenn Sie von der Kanzel aus Stellung nehmen wollen, dann sollen Sie es auch tun können, aber in einer Form und einem Inhalt, der tragbar ist.

PATER MAYER: Das ist furchtbar schwer.

RICHTER: Aber es muß sein, weil wir die Gesetze haben.

PATER MAYER: Deutsch sein heißt wahr sein!

RICHTER: Sie haben Äußerungen gebraucht, die den öffentlichen Frieden gefährden, darum dreht es sich, deshalb sind wir ja hier. Sie müssen eine andere Form wählen, nicht Gewaltausdrücke, nicht Terror, Gewaltsieg, das kann der Staat sich nicht gefallen lassen.

PATER MAYER: Der Herr Kirchenminister[51] hat es versprochen, daß es nicht mehr so sein sollte.

RICHTER: Es ist Sache des Ordinariats, auf legalem Wege dies zu erreichen, wir haben hier nur zu sagen, daß das nicht geht.

PATER MAYER: Es gibt kein zweierlei Recht.

RICHTER: Das wollen wir auch nicht.

PATER MAYER: Nicht wahr! Also dann haben Sie doch... Herr Vorsitzender haben Sie schon einmal die Schrift gelesen von

---

51 Hanns Kerrl (1887–1941), seit 1935 Reichskirchenminister; vgl. VOLK, *Katholische Kirche und Nationalsozialismus*, 27–30.

Ludendorff:[52] »Das große Entsetzen – die Bibel nicht Gottes Wort?« Sie ist in hunderttausenden von Exemplaren hinausgeschleudert worden, wissenschaftlich derart schlecht, daß ein Fachgelehrter den Kopf schüttelt, daß eine derartige Hetzschrift verbreitet wird und wenn man dann die Reden hört, wie andere es tun . . .

RICHTER: Das kann ich alles nicht untersuchen, hier handelt es sich nur um das eine: Wir müssen uns daran halten. Wir wären Ihnen dankbar, wenn Sie uns in Zukunft ersparen würden, daß wir hier zusammen kommen.

PATER MAYER: Ich bin viel lieber Angeklagter als Richter!

RICHTER: Das glaube ich! Aber wir können nicht anders, wenn Sie wieder kommen, müssen wir Sie wieder verurteilen. Damit dienen Sie Ihrer eigenen Sache gar nicht. Gerade bei Ihrer Rednergabe, Ihrer Gabe, das Volk zu fassen, in religiösen Dingen. Es wäre schade, wenn . . .

PATER MAYER: Das Gefängnis für mich ist besser als tausend Vorträge für das katholische Volk, für die Apologie, für das Evangelium, viel besser, als wenn ich wunderwas vortragen würde. Das sind die Sachen, von denen man immer gesagt hat. . . . Vorgestern habe ich einen wunderschönen Satz bei Paulus im Philipperbrief gelesen! »Ihr sollt wissen, daß meine Lage mehr zum Fortschritt des Evangeliums beigetragen hat, im ganzen Lager, wie auch sonst überall wurde bekannt, daß ich meine Fesseln um Christi willen trage. Die Mehrzahl der Brüder im Herrn faßte das Vertrauen durch meine Bande und wagte es um so mehr, ohne Furcht das Wort Gottes zu verkünden.«[53] Ist das nicht wunderbar!

RICHTER: Sehr schön, aber ich weiß . . . Nach unseren Gesetzen ist es nicht erlaubt. Ich habe Sie darauf aufmerksam gemacht, daß das nicht geht, daß Sie in dieser Form arbeiten, können wir nicht dulden. Wenn Sie deshalb bestraft werden, sind Sie kein Martyrer.

---

52 LUDENDORFF, *Das große Entsetzen – Die Bibel nicht Gottes Wort. Vom »verzeihlichen Betruge«*. München 1936.

53 Phil. 1,12.

PATER MAYER: In Ihren Augen nicht!

RICHTER: Auch in den Augen vernünftiger Leute nicht. Jeder wird sich sagen, wenn man es ihm gesagt hat, so muß er es halt tun. Der Staat kann sich doch nicht selber aufgeben und muß sich seine Autorität bewahren.

PATER MAYER: Ich werde mit einem Juristen das alles durchbesprechen und nach bestem Gewissen werde ich mich, soweit das geht, ohne das Evangelium zu vernachlässigen...

RICHTER: Da bin ich Ihnen sehr dankbar, wenn Sie das tun. Sie bekennen sich also zu diesen Ausdrücken?

PATER MAYER: Mir kommt es viel ehrlicher vor, als wenn ich durch alle möglichen Phrasen mich durchwinde, um dann das Gleiche zu sagen. Hier wissen die Leute: So ist es, und es ist auch so.

RICHTER: Es muß halt eine gewisse Form haben. (Der Richter meint, man müsse doch nicht gleich grob werden).

PATER MAYER: Mir ist das Grobe lieber! Ich habe immer betont, in allen Dingen die nicht gegen Gottes Gesetze gehen, die Autorität zu achten. Das nicht aus Zwang, sondern weil Gott es haben will. »Gebt Gott, was Gottes ist.« Gewiß ich muß dem Staat geben, was ihm gebührt, aber deswegen weil ich Gott gebe, was Gottes ist, der Herrgott hat das erste Anrecht auf uns. Wir sind vollständiges Eigentum von ihm. Mit Leib und Seele gehören wir ihm an. Deswegen darf ich nie etwas tun, auch wenn es der Staat verlangt, was gegen Gottes Willen ist. Gottes Rechte sind die tiefen und eingeschaffenen und die geheiligten, und wenn der Staat von mir etwas verlangt, was ich nicht tun darf, von Gott aus, dann ist es aus und vorbei.

RICHTER: Es handelt sich um Ihre Äußerungen. Das muß anderswo ausgetragen werden als hier.

PATER MAYER: Die Leute müssen in der Beziehung feinfühliger werden, sie wollen nicht um ihre Schulen gebracht werden.

RICHTER: Die Leute werden es auch in anderer Form verstehen. Im Gegenteil, die Leute werden sogar sagen, das ist schön, daß er die Sache verfeinert, was ihn drückt. (Er fragt, ob er sich zu seinen Aussagen bekennt.)

Pater Mayer: Er sagt, daß er nicht staatlich, sondern »städtisch« gesagt habe. Ich habe ja bloß die Verhältnisse in München gekannt.

Auf den Zeugen Fritz Schön wird verzichtet.

Pater Mayer: Ich bekenne mich zu allen diesen Ausdrücken, im ersten Punkt, aber da kommt etwas darin vor, was ich nicht gesagt habe. (P. M. verweist auf eine Vernehmung, er habe nicht von einem Türkensieg, sondern von einem Pyrrhussieg gesprochen; die ihm zur Last gelegten Äußerungen habe er wenigstens dem Sinne nach gebraucht.)

Staatsanwalt: Es ist notwendig festzuhalten, daß der Zusammenhang eindeutig der war, daß die Äußerungen sich auf die Schuleinschreibung bezogen haben.

Verteidiger: Die Predigt wurde offenbar gehalten im Anschluß an einen Artikel über die Schuleinschreibung im Völkischen Beobachter.[54] Auf den Zeugen wird verzichtet.

Richter: Wir kommen zu Punkt 1 b. Predigt vom 29. März 37 in Ursberg: »In München sind die kath. Erziehungsberechtigten gegen alles Recht und Gesetz um die kath. Bekenntnisschule gebracht worden, da haben alle staatlichen und parteidienstlichen Stellen zusammengeholfen, mündlich und schriftlich.« Von der Kanzel wieder etwas aufreizend.

Pater Mayer: Es war aber doch so!

Richter: Das kann der Staatsanwalt sich doch nicht gefallen lassen, da mag er noch so kath. eingestellt sein. Man soll es halt nicht machen, gegen Gesetze verstoßen.

Pater Mayer: Das ist sehr schwer!

Richter: Natürlich ist das sehr schwer. Mit der Zeit kommen wir schon zusammen. Sie sollten nicht in Ihrem Rechte beschnitten werden, als Priester Ihr Recht zu vertreten. Aber diese Ausfälle hier gegen den Staat ...

Verteidiger: Ich möchte zu dieser Predigt feststellen, daß er am Schluße gesagt hat: »Aus Gewissensgründen achten wir die rechtmäßige Obrigkeit. Wir lassen uns in unserer Treue

---

54 Artikel aus dem Völkischen Beobachter, vor dem 7. Februar 1937.

von niemandem übertreffen, in allen politischen, wirtschaftlichen, caritativen Fragen arbeiten wir zusammen mit allen Volksgenossen. Aber in allen religiösen Fragen sagen wir: Finger weg!«

RICHTER: Das läßt sich natürlich nicht ganz vereinbaren, da Sie vorher einen Stoß versetzt haben.

PATER MAYER: In religiösen Fragen ist es aber für mich...

RICHTER: Herr Pater, das ist keine religiöse Frage.

PATER MAYER: Es wurde nach der religiösen Seite hin verletzt.

RICHTER: Aber die Äußerung verletzte auch nach der politischen Seite. Sie haben es wieder gutgemacht, aber wenn einer früher weggegangen ist, hat er es nicht mehr gehört.

B. Erhebung der Beweise – Vernehmung der Zeugen

STAATSANWALT: Es kommt mir nicht darauf an, den Zeugen deshalb vernehmen zu lassen, um den Wortlaut festzustellen, sondern ich hätte ein Interesse, von den Zeugen den Eindruck zu vernehmen, den sie hatten. Ich schlage vor, nach Ermessen des Gerichtes den einen oder anderen Zeugen zu hören, Zeugen nicht nur aus München, sondern auch aus der Provinz.

VERTEIDIGER: Ich bitte dringend davon absehen zu wollen, den Zeugen Lahn[55] zu vernehmen.

– Schön Fritz wird hereingerufen, muß Personalien angeben, 1899 geboren, Hauptlehrer in Burtenbach. –

RICHTER: Ist Ihnen Pater Mayer bekannt?

SCHÖN: Vom einmaligen Sehen in einer Predigt vom 29. März 1937 in Ursberg.

RICHTER: Sie haben der Predigt beigewohnt?

SCHÖN: Ja, nachmittags 3 Uhr.

RICHTER: War die Predigt gut besucht?

SCHÖN: Ja, sehr gut, Massenkundgebung.

RICHTER: Zunächst doch eine Predigt. Ich bitte Sie, Schärfen zu

55 Grund der Ablehnung ist unbekannt.

vermeiden und objektiv auszusagen, um dem Angeklagten gerecht zu werden. Was hat die Predigt für einen Eindruck gemacht auf Sie?

SCHÖN: Ich war selbstverständlich empört! Nicht nur als Nationalsozialist, sondern auch als deutscher Erzieher und Vater deutscher Kinder.

RICHTER: Wie hat die übrige Zuhörerschaft sich verhalten?

SCHÖN: Teilweise zustimmend, teilweise ablehnend.

RICHTER: Ist es laut geworden?

SCHÖN: Zustimmen ja, Ablehnung in lauter Form, nein.

– Auf weitere Fragen des Richters antwortet der Zeuge, daß die Zuhörer sich nachher ausgiebig darüber unterhalten haben. Es seien sehr erbitterte Worte gefallen, die Bevölkerung sei katholisch und kirchentreu. Gut gesinnte kath. Leute hätten sich auch abstoßend gefühlt. –

VERTEIDIGER: Herr Hauptlehrer haben Sie Ihr Stenogramm dabei?

SCHÖN: Ja.

VERTEIDIGER: Geben Sie es doch!

SCHÖN: Das ganze?

VERTEIDIGER: Nur die Stelle, staatlich, städtisch (Die Stelle wird vom Richter und Verteidiger geprüft).

RICHTER: Was hat Sie veranlaßt, die Predigt mitzustenographieren?

SCHÖN: Ich habe gehört, daß ungefähr 10 Tage vorher eine große kath. Kundgebung war und daß dort auch Schulfragen besprochen worden sind in schärfster Form. Selbstverständlich habe ich die Gelegenheit wahrgenommen, P. M. so bald als möglich zu hören.

Auf die Frage des Richters, ob er von sich aus in die Predigt gegangen sei, bestätigte Schön dies. Er sagt, er sei mit dem Vorwand hineingegangen, sich genaue Unterlagen zu verschaffen. –

RICHTER: Sie wurden also nicht erst auf die Ausführungen veranlaßt?

SCHÖN: Nein, ich habe die Absicht gehabt und auch andere Predigten mitgeschrieben. Ich habe allerdings meine übergeordnete Parteistelle darauf aufmerksam gemacht, daß ich hingehe und gefragt, ob es zweckmäßig sei, daß ich als Parteigenosse teilnehme und es ist mir dann gesagt worden, ich solle teilnehmen.

VERTEIDIGER: Sie haben den Ausdruck gebraucht, P. Mayer sei mit theatralischer Schwerfälligkeit auf die Kanzel gehinkt.

SCHÖN: Es hat jedenfalls auf die Leute einen psych. Eindruck gemacht.

RICHTER: Vielleicht lassen wir derartige Verschärfungen.

VERTEIDIGER: Es soll keine Verschärfung sein, aber es dient zur psych. Klarstellung der Wahrheit.

RICHTER: Pater Mayer hat also seine Ausführungen gemacht und sagte dann, das wäre das Werk der untergeordneten Stellen. Das Reich schließe Konkordate ab, und diese schreiben dann das Gegenteil...!

VERTEIDIGER: Es liegt mir viel daran, daß der Zeuge bestätigt, daß P. M. davon gesprochen habe, daß die untergeordneten Stellen diesen Kampf geführt haben.

P. MAYER (zum Zeugen): Jetzt hören Sie mal, haben die Priester ein Recht, auf der Kanzel über die Schulfragen zu sprechen?

SCHÖN: Darüber habe ich als Zeuge nicht zu entscheiden. (Vereidigung des Zeugen)

RICHTER: Punkt 1 c, Predigt vom 11. April 1937 in Weissenhorn: »Ja Ihr habt noch nichts gehört von Schulkämpfen? Die Menschen sollen genötigt werden, ihre Kinder in der Schule entkonfessionieren zu lassen... Es wurde in den Schulen gelogen, daß sich die größten Balken gebogen haben... Die Sache hat einen ernsten Hintergrund. Es kommt einem gerade vor, als ob die Reichsregierung das Konkordat geschlossen habe, um es sabotieren zu lassen von den untergeordneten Stellen.« Haben Sie diese Äußerung gemacht?

PATER MAYER: Diese Äußerung bezüglich des Konkordats habe ich nicht gemacht. Ich habe immer geglaubt, ich habe ein schlechtes Gedächtnis. Jetzt habe ich aber gemerkt, daß es nicht der Fall ist. (Er verweist auf die angebliche Äußerung Staatsbetrug.) Ich habe mich darüber besonnen über diesen Staatsbetrug. Ich habe erst geglaubt, ich hätte dies nicht gesagt. Nach langer Überlegung, ist es mir gekommen, daß ich es tatsächlich gesagt habe. Und ich weiß auch warum. (Er erklärt, daß in Württemberg Staatskerl ist gleich Mordskerl, Staatsbetrug ist gleich Mordsbetrug, großer Betrug ist). Ich habe mich auch darüber (s. obige Äußerung) hin und her besonnen. Es ist ausgeschlossen, daß ich [das] auch gesagt habe, aus folgendem Grund: Ich müßte mich in den Boden hineinschämen, wenn das nicht wahr wäre. Aber hier ist es notwendig. Alle die mich ganz genau kennen, oft mit mir zusammenkommen, werden mir das bestätigen, daß ich nie über einen anderen Menschen etwas schlechtes sage, daß ich nie einen anderen Menschen kritisiere, ihn heruntersetze wegen irgend etwas. Und wenn ich etwas sagen muß, dann sage ich es milde und suche der ganzen Sache die Spitze abzubrechen. Das ist mir eine Lebensgewohnheit geworden. Ich weiß, warum ich das tue, das ist eine der wenigen guten Eigenschaften, die ich habe. In diesem Falle hätte ich nicht bloß etwas gesagt, daß die Reichsregierung Schlechtes getan habe, sondern ich hätte der Reichsregierung eine schlimme Absicht unterschoben, die ich gar nicht kontrollieren kann. Etwas derartiges liegt meinem Wesen fern.

. . . .

RICHTER: Es ist nicht möglich, daß Ihnen im Feuereifer der Rede das vorkommt.

PATER MAYER: Ich spreche nicht schnell, sondern überlege. Ich weiß genau, was ich sage. Ich bin fast 62 Jahre alt und predige tausendemal und glaube nicht, daß es möglich ist, daß mir ein solches Versehen unterlaufen ist. Ich weiß ja, daß ich kontrolliert werde, das weiß ich seit Jahr und Tag. Einen anderen hätte das derart nervös gemacht, daß er nicht mehr auf die Kanzel gestiegen wäre. Man läuft mir nach, kontrolliert mir die Post bis heute...

RICHTER: Aber passen Sie auf! Sie haben ja, wie wir schon gesehen haben, in der Rede in Ursberg etwas ähnliches gesagt...

PATER MAYER: Ja, das habe ich gesagt.

RICHTER: Führt die Stelle aus: »Es kommt einem gerade so vor, als ob die Reichsregierung das Konkordat abgeschlossen habe, um es sabotieren zu lassen.« Und Sie, Herr Pater, wollen gesagt haben: Die Reichsregierung hat das Konkordat abgeschlossen und die untergeordneten Stellen sabotieren es.

PATER MAYER: Es ist richtig, das gebe ich zu, die untergeordneten Stellen tun das Gegenteil, was das Konkordat fordert. Nur das möchte ich bestätigen.

RICHTER: Das könnte man natürlich auch anders ausdrücken. Nun haben Sie aber nochmals sich so ähnlich geäußert.

PATER MAYER: Das ist für mich auch das Rätsel, was ich nie verstehen kann.

RICHTER: In Eichstätt: Diese Vorgänge innerhalb des Deutschen Reiches sind Sabotage am Reichskonkordat.

PATER MAYER: Das habe ich nicht gesagt.

RICHTER: Sie sagen also, Sie hätten nicht die Absicht gehabt.

STAATSANWALT: Es ist dem Angeklagten noch vorzuhalten, daß er das früher nicht mit dieser Entschiedenheit bestritten hat, daß er vielmehr erklärt habe, er glaube nicht, daß er es gesagt habe, wenn aber doch, bedauere er es. Er hat also die Möglichkeit zugegeben.

PATER MAYER: Ich glaube, daß ich das nicht gesagt habe. Wenn ich es gesagt hätte, würde ich es glatt zugeben. Ich habe etwas von Wahrheitsfanatiker in mir.

RICHTER: Ist möglich.

PATER MAYER: Wenn ich etwas gesagt habe, habe ich es gesagt. Dann bedauere ich es. Das glaube ich nicht. Ich möchte ein Gedächtnis haben, so treu, daß ich mich nach einigen Monaten noch an einzelne Ausdrücke erinnere.

Zeuge Meck wird hereingerufen: Personalien: Georg Meck, 41 Jahre alt. Stationsführer der Gendarmeriestation Weissenhorn.

RICHTER: Wieviele Predigten haben Sie gehört?

ZEUGE: Zwei Predigten, am 11. April 1937.

RICHTER: Haben Sie mitgeschrieben?

ZEUGE: Ich habe nicht mitgeschrieben. Ich habe beim Bezirksamt gefragt nach einigen guten Stenographen.

RICHTER: Es haben also mehrere mitstenographiert? Der Richter fragt nach der Äußerung: »Es kommt einem vor, als ob die Regierung das Konkordat abgeschlossen habe, um es sabotieren zu lassen.«

ZEUGE gab an: daß sie dem Sinne nach gefallen sei.

RICHTER: Haben Sie der ganzen Predigt beigewohnt?

ZEUGE: Allen zwei.

RICHTER: Wie war die Stimmung bei den Leuten?

ZEUGE: Zweierlei, den einen war es recht, die anderen haben geschimpft.

RICHTER: Kam es zu Beifallskundgebungen?

ZEUGE: Nein, das Gegenteil auch nicht, aber großes Interesse.

RICHTER: Wenn P. Mayer predigte, war es ja immer so, daß alles zusammengeströmt ist. Was haben Sie gehört?

ZEUGE: Hauptsächlich in Parteikreisen habe ich gehört, daß es eine Schandpredigt sei, die das Volk aufhetze. In anderen Kreisen: der hat es ihnen gesagt.

RICHTER: Gab es Unruhe in der Bevölkerung? Auseinandersetzungen?

ZEUGE: Nicht gerade, aber Unruhe.

– Der Zeuge sagt, daß ein gewisser Mißmut gegen die Partei aufgekommen sei. –

RICHTER: Wer ist in der Mehrzahl? Die Partei oder die anderen?

ZEUGE: In der Ortschaft ist die Partei in der Minderzahl.

RICHTER: Da wird sie manches zu hören bekommen, denn die Mehrzahl hat ja immer Schneid. Aber ernstliche Auseinandersetzungen hat es nicht gegeben.

ZEUGE: Nein.

RICHTER: Kann es möglich sein, daß der Angeklagte auch gesagt hat, sie haben das Konkordat abgeschlossen und die anderen haben es sabotiert?

ZEUGE: Nein. Es ist schon gesagt worden, man könnte meinen, die Regierung habe es nur abgeschlossen, um es von untergeordneten Stellen sabotieren zu lassen.

RICHTER: Sie haben aber offenbar miteinander darüber gesprochen. Ist das, was Sie jetzt sagen, Ihre eigene Meinung oder eine andere Meinung? Ich muß sagen, das geht bei einem

Ohr hinein, beim anderen heraus. Da könnte ich nicht darauf schwören, wenn ich nicht mitschreibe.

ZEUGE: Gleich nach der Predigt wurden die Stenogramme zusammengestellt und niedergeschrieben.

RICHTER: Dann haben Sie es also einheitlich bekommen?

ZEUGE: Ich meine schon, aber beschwören will ich es dem Sinne nach.

STAATSANWALT: Die Anzeige wurde aus fünf verschiedenen Stenogrammen zusammengestellt. Erinnern Sie sich, ob sie übereinstimmten oder ob bestimmte Widersprüche da waren.

RICHTER: Können Sie selbst stenografieren?

ZEUGE: Ja, aber nicht gut.

RICHTER: Dann wissen Sie auch nicht, ob die Stenogramme zusammengestimmt haben. Sie müssen vorsichtiger sein, was Sie sagen; das können Sie nicht sagen.

STAATSANWALT: Zeuge wird vereidigt.

VERTEIDIGER: Ich möchte einen Passus aus einer Predigt von 1935 bringen: »Die Reichsregierung wollte dem Deutschen Volke Religionskämpfe ersparen, im schroffen Gegensatz dazu gibt es staatliche Stellen, die unerläßlich daran arbeiten...« Das deckt sich auch mit seinem Gedankengang in seiner Predigt vom 10. Jan. 1937 in Dillingen. Ich will sagen, wenn er 3 mal oder 4 mal so sagte, muß man annehmen, daß er auch beim 5. mal so gesagt hat.

Zeuge Wienecker[56] wird gerufen; 35 Jahre alt, aus Weissenhorn.

RICHTER: Kennen Sie Pater Mayer?

ZEUGE: Von der Predigt her.

RICHTER: Haben Sie mitstenographiert? Was für eine Stenografie? Wie viele Silben? Sind Sie mitgekommen?

Zeuge sagt, er habe mitstenographiert, schreibe Einheitsstenographie, 60 Silben.

RICHTER: Und da wollen Sie mitgekommen sein?

ZEUGE: Ich habe mitstenographiert, was gegen den Staat war.

56 Laut Urteil »Wildegger«; vgl. S. 253.

RICHTER: Haben Sie das Stenogramm dabei?

ZEUGE: Nein.

RICHTER: Haben Sie diese Stelle auch mitgeschrieben?

ZEUGE: Jawohl. Es hat noch jemand mitgeschrieben. Einer vom Bezirksamt (um es sabotieren zu lassen).

RICHTER: Haben Sie das Stenogramm nachgesehen?

ZEUGE: Nein, ich habe es auswendig gewußt.

PATER MAYER: Es handelt sich um ein Wort. Man weiß ja wie das geht. Wenn man mehrere Stenogramme nebeneinander hat.

An dieser Stelle ereignete sich ein Zwischenfall. Einer der früher vernommenen Zeugen bringt einen Text dieser Predigt, auf Veranlassung des Dekans von einer Dame mitgeschrieben. Die betreffende Stelle lautet darin ganz anders. Diese Nachschrift soll angefertigt sein nach der 2. Predigt.

RICHTER: zum Zeugen: Ist Ihr Bericht der Inhalt der beiden Predigten oder nur der zweiten?

ZEUGE: Hauptsächlich der zweiten (Unruhe und Lachen im Saal).

RICHTER: Sie können doch nichts nach Willkür hineinsetzen.

PATER MAYER: Wenn man soviel redet, paßt man kolossal auf, denn man weiß, daß einem jedes Wort angekreidet wird.

RICHTER: Dann wären Sie aber heute nicht hier.

VERTEIDIGER: Es gibt sich doch daraus, daß Pater Mayer fast stereotyp diesen Gedanken zum Ausdruck gebracht hat.

– Der Zeuge wird vereidigt –

VERTEIDIGER: Ich beantrage, daß Dekan Schmidt als Zeuge vernommen wird darüber, daß die Konkordatsäußerung so gemacht wurde.

2. VERTEIDIGER: Ich möchte diesem Antrag entgegentreten. Wir haben bereits zwei Zeugen gehört, daß die Anzeige auf Grund des übereinstimmenden Wortlautes von 5 Stenogrammen gemacht worden ist, also der Nachweis in ausreichendem Maße erbracht zu sein scheint. Aber hauptsächlich scheint es für mich sicher zu sein, daß die hier vorgelegte Predigt gar nicht ein wörtliches Stenogramm ist. Für mich scheint es festzustehen, daß das eine von Herrn Dekan überarbeitete Wiedergabe ist. Deshalb glaube ich, daß die Aus-

sage des Herrn Dekan in diesem Punkt nicht von maßgebender Bedeutung ist.

VERTEIDIGER: Ich habe den Antrag auch nur vorsorglich gestellt.

RICHTER: Zu der Predigt vom 18. April 1937 in Kirchheim: »Man will die Schule entkonfessionieren, sie darf auch nicht mehr christlich sein. Man sagt, man habe noch Religionsunterricht, in einem Jahr hat das Christentum in der Gemeinschaftsschule vollständig aufgehört, dann weht ein antikatholischer, antichristlicher Geist... Was in dem Schulkampf gelogen wird von untergeordneter Stelle, da wurde gelogen, daß sich die Balken bogen. Wie man es diesen Menschen gemacht hat. Sie wurden Volksfeinde und Landesverräter, die nicht mittun wollen, das hört man überall durch. Wenn einer diesen Staatsbetrug nicht ausüben wollte, dann hat man ihm dieses Schimpfwort zugeworfen.« Das ist schon arg scharf.

PATER MAYER: Aber alles richtig. Staatsbetrug im Sinne von Mordsbetrug, das ist bei uns in Württemberg ganz gang und gäbe. Staatskerl, Mordskerl.

RICHTER: Aber wenn zu mir einer sagt, ich bin ein Staatsbetrüger!

PATER MAYER: Aber es kommt darauf an, ich kann beweisen, daß es richtig ist. Es war ein Mordsbetrug.

RICHTER: Das ist Ihre Auffassung, aber äußern dürfen Sie das nicht.

PATER MAYER: Mehr als ein großer Betrug im großen ist vor sich gegangen, und wenn man die Akten durchliest, muß man sagen...

RICHTER: Nun, das haben Sie gemeint. Aber es kommt nicht darauf an, welchen Sinn Sie Ihren Worten geben wollen, sondern wie Ihre Worte wirken und das gewöhnliche Volk, das wenig gebildete, versteht darunter, daß der Staat eine Betrügerei gemacht hat.

VERTEIDIGER: Es kommt zweifellos zum Ausdruck, daß der Kampf gegen die Konfessionsschule von untergeordneten Stellen geführt worden ist. Die Ausführungen richten sich nicht gegen den Staat, sondern die, die den Kampf insceniert haben.

RICHTER: Aber auch gegen die, die dazu berufen sind.

VERTEIDIGER: Ich habe gestern noch das Vereinsregister eingesehen. Da ist ein Verein eingetragen »Deutsche Schulgemeinde e. V.«.[57] Diese Deutsche Schulgemeinde ist die Trägerin des Kampfes gegen die Konfessionsschule. Das ergibt sich aus der Abschrift der Regierungsentschließung vom 9. Juni 1937.[58] Es sei ausdrücklich zum Ausdruck gebracht, daß der Kampf von dieser Schulgemeinde, einem privaten Verein, geführt war.

RICHTER: Davon steht nichts drin in der Predigt.

VERTEIDIGER: Doch, Herr Direktor, das steht ausdrücklich wörtlich drin.

RICHTER: Wer sagt es, daß dieser Verein den Kampf geführt hat?

VERTEIDIGER: Das habe ich festgestellt, ich stehe auf dem Standpunkt, daß nicht der Staat und die Partei den Kampf gegen die Konfessionsschule geführt haben, sondern die Schulgemeinde. Der Kampf war nicht eine staatliche oder Parteiangelegenheit, sondern eine Angelegenheit aufgezogen von dieser deutschen Schulgemeinde e. V.

RICHTER: Das gebe ich ja zu, aber das kommt hier nicht zum Ausdruck, es heißt allgemein hier untergeordnete Stellen, aber auch Staatsstellen, die sie beschützen.

VERTEIDIGER: Ja, wenn sie ein staatliches Ziel verfolgen. Das ist ja ausdrücklich vermieden worden, um den Staat und die Partei nicht zu engagieren, dazu wurde diese Parteiorganisation aufgezogen.

RICHTER: Die hat für sich gearbeitet.

VERTEIDIGER: Ich weise Ihnen nach, der Stadtschulrat Bauer hat triumphierend verkündet: Ich habe nicht als Schulrat von München den Kampf geführt, sondern als Vater von schulpflichtigen Kindern. Er hat die private Seite betont. Daß Minister Wagner dies begrüßt hat, ist richtig. Aber er hat

---

57 Deutsche Schulgemeinde e. V.; vgl. SONNENBERGER, *Der neue »Kulturkampf«*, 282 f.

58 Vgl. VOLK, *Akten IV*, 275–282.

sich nicht eingeschaltet in dem Kampf der deutschen Schulgemeinde. Sie hat ihn nach eigener Faust und nach ihrer Methode geführt.

RICHTER: Aber er hat es nicht zum Ausdruck gebracht, sondern allgemein gesagt.

VERTEIDIGER: Der Staat und die Partei haben mit Rücksicht auf die Bindung durch das Konkordat den Kampf nicht geführt.[59] Den hat die Deutsche Schulgemeinde als privater Verein geführt als Träger.

RICHTER: Aber andere haben auch mitgetan.

VERTEIDIGER: Der Staat steht nicht auf dem Standpunkt, daß die Konfessionsschule zerschlagen werden muß.

RICHTER: Aber eine Reihe anderer Leute haben auch mitgetan.

VERTEIDIGER: Ich habe die Entschließung der Regierung vom 6. und 19. 7. 37 vorgelegt. Ich halte die Sache für so wichtig, daß ich Sie herzlich bitte den Wortlaut dieser Bestimmung bekannt zu geben. (Beil. 9 meines ersten Schriftsatzes vom 14. 7. 37 zum Thema I).

– Der Richter liest vor: –

RICHTER: Wir wollen doch nicht darauf herumreiten.

VERTEIDIGER: Ich kann nicht reiten, ich will es nur unterstreichen.

PATER MAYER: Ich habe das ausgeführt in Voraussicht dessen, was kommen wird. Jetzt haben wir noch den Religionsunterricht, es ist das unsere Sache, das Volk darauf aufmerksam zu machen, daß das auch schwinden wird. Wir haben bis jetzt immer nachgehinkt. Wir haben niemals gedacht, das deutsche Episkopat hat immer gesagt: Seid nur ruhig, laßt geschehen! Wir haben ja die Konfessionsschule und kein Bischof hat ja gedacht, daß die Konfessionsschule ihnen genommen werden könnte. Nachdem das aber nun passierte, ist es unsere Aufgabe, das Volk aufzuklären. Es hat ja keinen Wert zu sagen, der Religionsunterricht bleibt ja, das ist nicht richtig! Er wird fallen! Der Bischof von Rottenburg schreibt

59 Im Art. 23 des Reichskonkordats war die Bekenntnisschule gewährleistet worden.

an Wurm,[60] daß jetzt schon in Thüringen der Religionsunterricht gegeben wird von Lehrern und zwar mit einem Lehrinhalt, daß weder Katholiken noch Protestanten dem Unterricht noch beiwohnen können. Das Ziel ist klar ausgesprochen, das hat der Bischof gesagt. Ich kenne ihn genau. Es muß daraus sich bilden der sogenannte gemein-deutsch-christliche Religionsunterricht, der pflichtmäßig von allen Kindern besucht werden muß. Aber jetzt können sie ihn noch nicht so nennen, darum nennen sie ihn: »gemein-deutsch-christlich«. Es ist aber nichts anderes als ein national-sozialistischer Religionsunterricht gegeben von einem Lehrer. Der Priester darf erst in den letzten 2 Jahren in die Schule hinein. Und zwar nicht pflichtmäßig müssen die Kinder den Religionsunterricht besuchen, sondern nur privat. Das habe ich aus dem geschlossen, daß das projektiert ist, das kommt und das Volk muß aufmerksam gemacht werden.

RICHTER: Aber sie schwärzen.

PATER MAYER: Das ist schon Faktum!

RICHTER: Es sind vielleicht Übergriffe vorgenommen, aber nicht ...

PATER MAYER: Der Führer kann auch das nicht billigen, was in München geschehen ist, würde er auch nicht tun. Der Reichserziehungsminister Rust hat noch 1935 erklärt: »Was wir versprochen haben, halten wir.«[61] 1935! Und jetzt, wie sieht es aus? Und darum habe ich mich verpflichtet gefühlt, darauf hinzuweisen, daß es damit nicht getan ist, daß man sagt, ihr habt den Religionsunterricht! Es stehen noch ganz andere Sachen bevor. Man kann nicht mehr bauen auf das, was man einem verspricht!

RICHTER: Sie dürfen natürlich die Leute nicht von der Kanzel aufhetzen, sondern müssen andere Wege versuchen! Die Kanzel ist nicht der geeignete Platz.

---

60 Brief von Bischof Johannes B. Sproll (1870–1949) an Erzbischof Berning vom 13. Juli 1937. Dort auch Berufung auf Landesbischof Theophil Wurm (1868–1953). Letzterer wurde in dieser Sache am 15. Juli 1937 in Berlin vorstellig. Vgl. VOLK, *Akten IV*, 240.

61 Vgl. dazu Anm. 91.

Pater Mayer: Die Leute sollen auf der Hut sein!

Richter: Aber Staatsbetrug ist nun einmal ein starker Ausdruck!

Pater Mayer: Und dann ist die andere große Schwierigkeit, daß die Lehrer derart antikirchlich beeinflußt werden in ihrer ganzen Haltung. Schulungskurse. Wenn einer kommt und setzt die Geistlichkeit herunter in einer Weise, die unerhört ist. Das ist furchtbar! Was gibt das für Lehrkräfte! Die katholischen Eltern sind gezwungen, ihre Kinder solchen Lehrkräften anzuvertrauen! Das ist ja furchtbar!

Richter: Wir verstehen auch diese Ihre Besorgnis!

Pater Mayer: Das ist der antichristliche, der antikatholische Geist!

Verteidiger: Ich möchte noch darauf hinweisen, daß es hier die Zeitschrift ...[62] Diese Dinge liegen ihm am Herzen.

Richter: Das wird ihm alles zugebilligt, diese Besorgnis! Aber er darf sie halt nicht auf der Kanzel in dieser Form herausbringen.

Der Zeuge Dangl Xaver wird hereingerufen, Gendarmeriewachtmeister der Gendarmeriestation Kirchheim:

Richter: Sind Sie von sich aus in die Predigt von P. Mayer gegangen?

Zeuge: Ja.

Richter: Haben Sie mitgeschrieben, stenographiert?

Zeuge: Auszugsweise, nur das Wesentliche, deutsche Einheitskurzschrift.

Richter: Können Sie gut schreiben?

Zeuge: Nein, alles niederzuschreiben war nicht meine Absicht.

Richter: War die Predigt gut besucht?

Zeuge: Ziemlich voll.

Richter: Wie sind die Verhältnisse dort? Sehr viel Parteigenossen?

Zeuge: Parteigenossen in der Minderzahl ...

Richter: Kam es zu zustimmenden Kundgebungen?

---

62 Zeitschrift nicht verifiziert.

ZEUGE: Nein, Mißfallenskundgebungen auch nicht. (Unruhe) auch nicht.

RICHTER: Und nachher?

ZEUGE: Ich habe mit einem Manne gesprochen, d. h. es lief ein N.S. Film. Ich habe mit verschiedenen Leuten gesprochen. Es wurde gesagt: »Er hat gar nichts Unrechtes gesagt!«

RICHTER: Aber Ihnen ist es aufgestoßen?

ZEUGE: Ja, mir selbst schon.

RICHTER: Haben Sie die Absicht gehabt, aufzupassen?

ZEUGE: Ja, wir sind allgemein verpflichtet, dorthin zu gehen und uns...

Das Stenogramm ist nicht vorhanden.

Der Zeuge wird vereidigt.

RICHTER: Zu Punkt 1 der Predigt vom 23. Mai 1937 in der St. Michaelskirche in München. »Wäre ich im Lager unserer Gegner, ich hätte mich über einen mit so unredlichen Waffen erfochtenen Sieg nicht freuen können. Ich hätte mich eines solchen Sieges geschämt, mit roher Gewalt kann man kein Recht zerstören und vernichten...«
Das ist natürlich ein bißchen stark und hat Unruhe in das Volk getragen, die die Sicherheit im Staate beeinträchtigt. Ein etwas starker Ausdruck.

PATER MAYER: Die Leute wissen ja, um was es sich handelt! Sie haben ja den Schulkampf erlebt.

RICHTER: Es gibt auch noch andere Zuhörer.

PATER MAYER: Es sind wenig andere da, bloß die Aufpasser!

– Es wird eine Pause von etwa einer halben Stunde eingeschoben. –

II. Thema: Strafverfahren gegen katholische Geistliche und Ordensangehörige sowie Pressestimmen darüber:

RICHTER: Predigt: vom 24. Januar 1937 in der St. Michaelskirche in München. »... Die Zeiten sind vorbei, wo wir geglaubt haben, was in der Zeitung steht! Was über religiöse Dinge in der Zeitung steht, das glauben wir grundsätzlich nicht! ... Glaubt überhaupt keiner Zeitung, wenn sie sich mit sittlichen religiösen Dingen befaßt! Hört nicht darauf! Lest keine Zeitung! Und jetzt, wenn Ihr hinausgeht, dann möchte ich, daß eine religiöse Welle von der Kirche aus sich auf die Straße ergießt und von der Straße aus in die einzelnen Häuser!«

Pater Mayer: Ich habe immer gesagt, was über religiöse Dinge in der Zeitung steht, das glauben wir nicht.

Richter: Nun kommt allerdings der Satz »Lest keine Zeitung!« Nun wenn ihr jetzt hinausgeht, dann möchte ich, daß eine religiöse Welle ...

Pater Mayer: Darf ich vielleicht sagen, was mich veranlaßt hat? Ich möchte einmal betonen und eingehend bestätigen, daß ich jederzeit das Recht zu sprechen [habe], ohne Rücksicht auf die Stellung desjenigen, auch wenn es sich um einen Priester handelt. Wer ein Verbrechen begangen hat, muß sich verantworten auch vor dem Staat und vor der Kirche. – Was mich zu dieser Äußerung veranlaßt hat, waren Berichte über die Sittlichkeitsprozesse in der Nat. Soz. Presse. Da möchte ich gerne unterscheiden:

1) Vollständig unwahre Sachen, die, auch wenn man darauf aufmerksam machte, nicht widerrufen wurden
2) übertriebene Berichte
3) verallgemeinerte Berichte

Es gibt da eine gewisse Skala! »Der katholische Pfarrer in Dachau.« Wer das gelesen hat und geglaubt hat, hat die schwersten Zweifel bekommen müssen, derart gemein war das berichtet (Konzentrationslager Dachau), kath. Pfarrer (Sittlichkeitsverbrechen). Das steht in der Zeitung mit einer Gleichgültigkeit und einem Zynismus! »Jahrelang bei den Jesuiten! Rom!« Das stand in der Zeitung, aber alles ist verlogen, aber alles ist verlogen, erfunden ...[63] Ich bin fort und habe Schritte unternommen, es hat sich herausgestellt, daß alles Schwindel war! Man hat nichts erreicht, daß das widerrufen wurde. Man hätte bloß sagen brauchen, wir sind einem

63 Anspielung auf katholischen Pfarrer in Dachau nicht geklärt.

Schwindel zum Opfer gefallen! Alles war Schwindel! Man hat aber nicht erreicht, daß das zurückgenommen wurde...

Das nächste Mal gings über mich in einer Weise! Wie ich da heruntergezogen wurde! Das berührt mich nicht, aber es hat wiederum die Sache bestätigt. Da kann man überhaupt nicht mehr reden! Uns steht kein Mittel zu Gebote. Dann der Fall Schülle.[64] Man hat nicht erreicht trotz aller Beschwerden an allen Stellen, daß in der Presse gesagt wurde, das war der Hauptpunkt – Die kirchliche Behörde, das erzbischöfliche Ordinariat hat nicht erlaubt, daß dieser Mensch Theologie studiert und nicht unterstützt worden ist. Das hat man nicht erreicht! Das ist der Hauptpunkt. Daß das in der Zeitung zurückgenommen wurde. Das war gar kein Theologe, sondern... Er wollte Theologe werden, sobald das Ordinariat wußte, wurde ihm gesagt: »Theologe kannst du niemals werden.« Das ist der Sachverhalt und was hat man daraus gemacht! Nicht möglich war es, das zu erreichen! Das spottet jeder Beschreibung! Und wieviele Leute sind zu mir gekommen und haben mich gefragt, ist es möglich, daß ein solcher Mensch Priester werden kann! Ich sagte Ihnen darauf: Sehen Sie doch im kirchlichen Recht nach, ausgeschlossen!

Richter: Nun das sind einzelne Fälle!

Pater Mayer: Aber eine ganze Reihe!

Richter: Wir wollen aber nicht alle Fälle aufführen.

Pater Mayer: Weist hin auf den Fall des angeblichen Mitbruders, eines Jesuitenpaters und Urkundenfälschers Friedrich Schmidt[65] und erklärt auch das als Schwindel. In allen deutschen Provinzen ist kein Friedrich Schmidt. Man ging zu einem Schriftleiter. Es hieß: Tut uns sehr leid, aber es wurde nicht zurückgenommen. Es hat geheißen, am nächsten Tag kommt es dran, nichts! Wochenlang hat es gedauert bis man in einer Presse eine kleine Berichtigung machte, aber so verschämt! Und da soll man Vertrauen haben zu dieser Presse in religiösen Sachen!

---

64 Zum Fall Schülle vgl. Hockerts, *Die Sittlichkeitsprozesse,* 125–132.

65 Zum Urkundenfälscher Schmidt SJ vgl. Rösch, Anhang S. 436.

RICHTER: Das sind einzelne Fälle.

PATER MAYER: Aber eine ganze Kolonne!

RICHTER: Sie haben aber hier ganz allgemein gesprochen.

PATER MAYER: Es kommt aber noch mehr!

RICHTER: Sie haben ja auch verallgemeinert.

PATER MAYER: Wenn man solche Menge Stoff hat wie ich zuhause!

RICHTER: Sie dürfen das nicht verallgemeinern.

PATER MAYER: In religiösen Sachen, dann komme ich zu den übertreibenden Berichten.

RICHTER: Wir wollen aber nicht alles durchbesprechen.

PATER MAYER: Und zu den verallgemeinerten . . .

RICHTER: Das ist hier alles nicht breit zu treten. Es gibt überall Dreck und Schmutz, nicht wahr! Das brauchen wir nicht vor der Öffentlichkeit auszutragen.

PATER MAYER: Ich dachte, ich könnte zu meiner Entschuldigung noch etwas sagen und für die katholische Kirche. Wenn es heißt, daß alle Klöster kaputt und faul sind, nicht nur einige, sondern die Klöster!

RICHTER: Nun ja, das ist . . .

PATER MAYER: Dann ist die Kirche erledigt!

RICHTER: Auch eine Verallgemeinerung, die nicht zutreffen wird!

PATER MAYER: Die Klöster hat es geheißen![66]

RICHTER: Das ist nicht richtig!

PATER MAYER: . . .

RICHTER: Recht und gut, aber von der Kanzel herunter dürfen Sie das nicht tun!

PATER MAYER: Wenn in der Kirche lauter Sexualverbrecher sind, dann ist die Kirche erledigt, man läßt sich doch nicht von Sexualverbrechern . . .

RICHTER: Das gebe ich Ihnen ja zu, daß es nicht richtig ist, aber man darf das nicht verallgemeinern.

PATER MAYER: Darum habe ich das Recht, daß ich auf der Kanzel zurückweise.

---

66 vgl. auch Brief an Gambs 370 f.

RICHTER: Aber nicht verallgemeinern diese Äußerungen.

PATER MAYER: Ich muß die Leute mit Mißtrauen erfüllen gegen die religiöse Berichterstattung in der völkischen Presse, mir tut das sehr leid ... mir tut das sehr leid, daß ich das sagen muß, aber so ist es. Denn wenn sie darauf hereinfallen, handelt es sich um die Existenz der kath. Kirche. Darf ich noch etwas sagen?

RICHTER: Aber keine Einzelfälle.

PATER MAYER: Nein, aber etwas sehr Wesentliches. Warum mich das so furchtbar erregt hat, weil es Gift ist für die Volksgemeinschaft. Es sind die 130 000 Klosterleute und Priester auch nicht einsam auf der Welt, sie haben auch Verwandte und Angehörige und sind meist diejenigen, die man man liebsten hat in der Verwandtschaft. Ist es nicht furchtbar, derartige Äußerungen zu hören zu lesen? Dann gibt es 10 tausende und 100 tausende von Leuten, die in Klosterschulen gegangen sind, die noch heute zu solchen Ordensleuten in Beziehung stehen, ihnen ihr ganzes Glück verdanken. Wieviel Gift und Galle hat das ausgelöst bei diesen 100 tausenden, die dort erzogen worden sind und nur Gutes dort erfahren haben ...

RICHTER: Aber Sie müssen zugeben, daß viele Fälle vorgekommen sind, die selbst auch ...

RICHTER: Aber nicht, wenn es sich um ein paar hundert handelt und nicht um 130 000.

RICHTER: Priester und Geistliche, die ein solches Verbrechen begehen, sind schlimmer als andere Nichtgesalbte. Es hat mich selbst so fürchterlich abgestoßen, weil ich es nicht glauben konnte und wollte, aber es war doch so.

PATER MAYER: Aber wieviele sind das.

RICHTER: Mir genügen schon 10 ...

PATER MAYER: Aber man soll keine solchen Anschläge machen, die Kinder gelesen haben.

PATER MAYER: Immer ein falsches Urteil!

Richter erzählt den Fall des Pfarrers von Finsing[67]. Diese 58 wiegen wie 58 Millionen!

---

67 Fall des Pfarrers von Finsing nicht geklärt.

Pater Mayer: Das stimmt, aber damit darf man nicht den Priesterstand verurteilen.

Richter: Das sage ich auch, das ist falsch und ungerecht, aber es wirkt entsprechend, die Auswirkung ist so kolossal, obwohl viele Priester gewußt haben, wie die Gläubigen, das Volk an ihnen hängt...

Pater Mayer: Aber durch solche Artikel wird das untergraben!

Richter: Es war ja früher auch nicht anders.

Pater Mayer: Da hat man sofort den belangt, der eine derart verallgemeinerte Anklage gemacht hat.

Richter: Wer die Macht hat, der ließ sich nicht benachteiligen. Unter Stützel[68] z. B. war es einfach nicht möglich zu seinem Recht zu kommen (Er betonte er spreche aus Erfahrung). Wollen wir aber das beiseite lassen. Diese Verallgemeinerungen, die Sie berichten, da sie nicht gerecht seien, dürfen Sie auch nicht selbst ausführen.

Pater Mayer: Es kommen noch viele andere Sachen dazu, ich könnte aus meiner Erfahrung sagen, wie es wirkt. Ich war noch drüben im Wittelsbacher Palais, da wurde ich gerufen, vorgeführt in ein anderes Zimmer als sonst. Der Kommissar schaute mich von oben bis unten an. Was wollen Sie? Der Kommissar fragte ihn, ob er sich an einen jungen Mann, so oder so erinnere, Pater Mayer kann sich nicht erinnern. Der Kommissar erklärt, es sei ein Protestant gewesen, dann kann Pater Mayer sich erinnern, daß er bei ihm war. Was war los? Es stellt sich heraus, daß er solches Zeug gemacht hat, als Mittäter wurde Pater Mayer verdächtigt.[69]

Wann hätte man das früher gewagt, wenn es sich um einen 62jährigen Priester handelt? Es ist unerhört! Diese Luft wird hineingetragen (Erlebnis in Schäftlarn[70]). S.S. – Mit welcher

68 Dr. Karl Stützel (1872–1935), 1924–1933 Bayerischer Innenminister, als Dienstherr der Polizei den Nationalsozialisten besonders verhaßt; vgl. Ziegler, *Kirchliche Lage in Bayern IV*, 35.

69 Mayer wurde als Homosexueller verdächtigt; vgl. 72, 107.

70 Anspielung unklar.

Verachtung die den Schwarzen ansehen, ich habe ihnen doch nichts zuleide getan, aber ...

RICHTER: Das sind die Auswirkungen.

PATER MAYER: Der Presse.

RICHTER: Nicht bloß der Presse, schon auch der Priester und Geistlichen. Mir ist es jedesmal peinlich, wenn ich auf der Straße einem Ordensbruder begegne. Schaue ich weg, schaue ich ihn an?

PATER MAYER: Aber Herr Direktor, man darf doch nicht wegen dieser paar kath. Ordenspriester der 10 000 von edlen guten Menschen ansehen.

RICHTER: Die Wirkung ist so, weil es Gesalbte sind, Vorbilder!

PATER MAYER: Wie mir das weh tut, hat man je gelesen von den guten Taten des Priesters?

RICHTER: Wir haben auch vermißt, daß von diesen Leuten mit keinem Wort deutlich abgerückt wird.

PATER MAYER: Selbstverständlich, ich weiß nicht, ob nicht irgendwie doch ...

RICHTER: Wenigstens nicht das, was man ein deutliches Abrükken von solchen Verbrechern, die den ganzen Priesterstand schänden, nennen kann.

PATER MAYER: Die Bischöfe haben das wiederholt erklärt und ich habe das bei allen Äußerungen vorausgeschickt.[71]

RICHTER: Es handelt sich darum, daß die Kritik nicht verallgemeinert werden darf, auch Sie nicht.

PATER MAYER: Ich habe zu Hause Stöße gesammelt von derart traurigen ...

RICHTER: Aber die Kanzel darf man nicht dazu gebrauchen

RICHTER: Punkt 2 Predigt vom 2. Mai 1937 in St. Michael in München. »Aber meine Lieben, es ist nicht alles wahr, was in der Zeitung steht. Die Art und Weise der Darstellung ist so übertrieben und wird so aufgebauscht, und das, was in den Christentums- und Katholikenfeindlichen Zeitungen steht,

---

71 Erste Stellungnahme der Bischöfe bereits 1936; zum gemeinsamen Prozeß-Hirtenbrief des deutschen Episkopats von 1936 vgl. W. Corsten, Nr. 113.

das wird erst recht aufgebauscht und ausgeweidet. Dann lesen wir überall von tausend Sittlichkeitsverbrechern, von Priestern und Ordensleuten, die Zahl ist bei weitem übertrieben und soviel ich weiß, sind es höchstens 500 Fälle von denen ich gelesen habe. Vielleicht sind es aber nur 250... – Warum liest man das überhaupt nur bei katholischen und evangelischen Kreisen? Von den anderen hört man und sieht man nie etwas. Wer im Glashaus sitzt, soll nicht mit Steinen werfen... Wir sind keine Revolutionäre, aber wenn das so weiter geht, dann werden wir kath. und evangel. Geistlichen eine ganz gewaltige Stinkbombe hereinwerfen müssen, wir lassen uns das nicht mehr gefallen, wir werden jetzt dagegen rücksichtslos kämpfen.«

Das ist natürlich in der Form sehr scharf.

PATER MAYER: Das ist religiöse Notwehr im äußersten Fall.

RICHTER: Sie sprechen es als religiöse Notwehr[72] an. Ich gebe Ihnen zu, daß Sie es im guten Glauben gemacht haben. Aber darf im Gotteshaus das in der Form gebraucht werden? Ruhiger, dem Inhalt nach weniger scharf! Bestreiten Sie diese Äußerungen?

PATER MAYER: Nein, nein, ich gebe zu.

RICHTER: Punkt 2c Predigt vom 23. Mai 1937 in St. Michael in München. »Aber das ist schon etwas ganz andres, was man jetzt dem kath. Volk vorzulügen versucht. Liebe Freunde, was uns weh tut, das sind die Berichte über die Skandalprozesse. Denn da müssen wir das eine sagen. Wir haben jetzt Beweise in der Hand, die genügen, um uns jeden Glauben an einen großen Teil der deutschen Presse zu nehmen und endgültig zu rauben. Wir wußten schon. Daß man in diesen Prozessen in kath. Dingen überhaupt kein Verständnis hat, so einseitig, so unwahr und gehässig und so verlogen hat man über die katholische Kirche geschrieben... Man sagt so gerne zu uns, ihr könnt zufrieden sein, denn in Spanien hat man euch an die Wand gestellt! Ich sage aber ganz ruhig:

72 Begriff der »religiösen Notwehr« in der Auslegung umstritten.

Dem Tode habe ich schon 100 mal ganz bewußt ins Auge gesehen, das bin ich gewöhnt, das ist nicht so schlimm, aber wenn man einen Menschen geistig tötet, wenn man ihn kaputt macht vor der Welt, das ist das Furchtbarste, was man sich vorstellen kann... Darum liebe Freunde ist es aus und vorbei mit dem Glauben an den Großteil der deutschen Presse, wenn sie berichtet über religiös sittliche Verhältnisse, über christlich kath. Belange.«

PATER MAYER: Das habe ich nie gesagt: »Wir wußten schon, daß man [in] diesen Prozessen für kath. Dinge überhaupt kein Verständnis hat«, sondern in dieser Presse. Ich habe ja gar keinen Prozeß angehört und habe also kein Recht das zu sagen. Da habe ich »Presse« gesagt. Mir wäre es viel lieber, wenn man mich an die Wand stellte, als daß man mir meine Priesterehre nimmt!

RICHTER: Das wollen wir ja auch gar nicht. Aber wir müssen die Sache hier durchfechten – das andere geben Sie zu!

PATER MAYER: Alles bis auf »Prozesse«.

Der Zeuge Wilhelm wird hereingerufen. Personalien: Wilhelm Wilhelm (Vor- und Zuname), Angestellter der politischen Polizei München. Schreibt Einheitsstenographie 200 Silben in der Minute.

RICHTER: Da sind Sie ja ein Künstler, haben Sie wörtlich mitstenographiert.

ZEUGE: Ja.

RICHTER: Es ist ja möglich, daß Sie sich da (Prozesse – Presse) getäuscht haben im Gehör, oder in der Niederschrift.

P. M.: Es kommt darauf an.

RICHTER: Ich möchte nur festgestellt haben, ganz ausgeschlossen ist die Sache nicht, es verschärft natürlich die Sache.

P. M.: Das ist ein kolossaler Unterschied, das kann ich doch gar nicht gesagt haben, weil ich Prozesse nicht mitgemacht habe!

III. Thema: Nationalsozialismus u. nationalsozialistisches Schrifttum:

a) Predigt vom 26. Januar 1937 in der St. Theresienkirche in München. »In der Marxistenzeit habe ich viele Hetzschriften gelesen, weil man gar nicht bekämpfen kann, was man nicht kennt. Meine lieben Freunde, ich muß sagen, es ist mir damals oft ein Ekel aufgestiegen und es ist mir reichlich schwer gefallen, diesen Schmutz zu lesen. Aber das was an nat. soz. Literatur heute empfohlen wird – von maßgebenden Stellen heute empfohlen wird – das ist ekelerregender denn je!«

RICHTER: Das ist arg scharf, das geben Sie ja zu.

P. M.: Das war mir furchtbar!

RICHTER: Man darf es auch nicht verallgemeinern!

P. M.: Was ich gelesen habe, war eingestellt gegen die kath. Kirche! (Schwarzes Korps etc.)

RICHTER: Passen Sie auf Herr Pater, wenn 500 oder 50 oder 20 kath. Nat. Sozialisten drinnen sind, die sich sonst freuen Sie anzuhören, wenn sie das hören, muß es ihnen doch aufstinken, wenn Sie sagen, daß das, was an Nat. Soz. Schrifttum heute empfohlen wird von maßgebenden Stellen ekelerregender ist, denn je.

P. M.: Bloß nach der religiösen Seite hin.

RICHTER: Aber es ist halt hier das Religiöse zu stark mit dem politischen vermischt

P. M.: Ich habe die ganze Literatur durchgesehen ...

RICHTER: Das ist ja wohl die schärfste Äußerung. Sie bestreiten es aber nicht.

P. M.: Nein, ich habe es gesagt, wahr ist es!

RICHTER: Aber schon zu stark

P. M.: Ich habe eine ganze Anzahl von Blättern, die ich regelmäßig nach der weltanschaulichen ...

Auf den Zeugen wird verzichtet

»Es wird heute viel von Nat.soz. Weltanschauung gesprochen, darum müssen wir sie mal von unserer Seite aus ansehen. Ich beschäftige mich seit Monaten mit dem Nat.Soz. Schrifttum, doch bin ich mir nicht klar geworden, was man darunter versteht. Euch lb. Freunde wird es auch so gehen. Nach diesen Beweisen ist der Nat.Soz. der erbittertste Gegner der Kirche. Ihm gegenüber steht die Erklärung der Reichsregierung vom Frühling 1933 das Konkordat und der Programmpunkt 24. Da kennt man sich nicht mehr aus, was richtig ist...«

P. M.: Da ist ein großer Fehler drin! Ich habe nicht gesagt: »Nach diesen Beweisen ist der Nat. Soz. der erbittertste Gegner der Kirche, sondern... könnte man meinen, daß der Nat.Soz. der erbittertste Gegner der Kirche sei.« Das andere kann ich ja nicht sagen.

Richter: Das wäre natürlich etwas schwächer! Aber in der Fassung ist es schon sehr stark!

P. M.: Das kann ich nicht sagen! Das ist nicht richtig! Ich habe gesagt: Man könnte meinen, es sei es, aber demgegenüber Erklärungen des Führers, die programmatische Erklärung, daß der deutsche Staat aufgebaut sei auf den christlichen Konfessionen, Programmpunkt, daß die Partei aufgebaut sei auf positivem Christentum[73], Abschluß des Konkordats! Also kann das eigentlich, wenn Worte überhaupt noch etwas gelten, nicht die Grundauffassung der Reichsregierung sein! Aber in der Praxis, meine Herren, ich muß das konstatieren, oder in der Literatur, in Büchern, Zeitschriften, ganz egal, welche Zeitschrift Sie nehmen, sobald von Religion zu hören ist, bekommt die Kirche ihre Rippenstöße. Ich habe keine Schrift gelesen, die sich um Religion gedreht hätte und die nicht die Kirche ablehnend behandelt hätte! Und dann werden Bücher verbreitet wie der »Pfaffenspiegel«! In großen Betrieben werden Unterschriften gesammelt, wo die Leute sich einschreiben sollen, im Völkischen Beobachter wurde

73 Vgl. Parteiprogramm der NSDAP § 24.

dieses Buch längere Zeit empfohlen! Als ich 1912 oft zu Kommunisten kam, da war dies die Bibel der Kommunisten! Damals habe ich den »Pfaffenspiegel« durchstudiert. Jetzt sehe ich auf einmal das empfohlen in Nat.Soz. Zeitungen. Da hört sich einmal alles auf! Empfohlen mit diesen Aufrufen »Jeder deutsche Mann muß den Pfaffenspiegel gelesen haben!« Das Buch ist verfaßt von einem angeblichen Oberst ...[74] Ein Oberst, wenn man das Wort nur hört, schlägt man die Haken zusammen, wenn man auch nur mehr einen hat und meint, es sei eine Persönlichkeit! Aber was war das für ein Oberst? Ein Revolutions-Oberst! Er wurde als preussischer Leutnant aus dem Militärdienst herausgeschmissen! Dann in der Revolution von 1848 wurde er Oberst! Dann bekam er Zuchthaus wegen Verrat des Vaterlandes und heute wird dieses Buch von Völkischen Zeitungen warm empfohlen! Da kann man einfach nicht mehr reden! Verfaßt ist das Buch von diesem Manne, abgeschrieben aus vier Werken, die ich genau feststellen kann, von abgefallenen Priestern und Ordensleuten um 1850 herum. Das war dieser Oberst von ...

RICHTER: Ausgeführt haben Sie das aber nicht.

P. M.: Das habe ich behandelt in der Predigt! Ja freilich!

RICHTER: (Die Frage des Richters nicht verstanden)

P. M.: Jawohl

RICHTER: Aber immer ein bißchen allgemein gebracht

P. M.: Eine ganze Reihe: Mythos des 20. Jahrhunderts, Stürmer, Schwarzes Korps. Was da gesündigt wird, wenn man Kommunismus und die kath. Kirche auf eine Ebene stellt ...!

RICHTER: Es gibt schon Artikel, die sehr schwarz sind, aber auch viele andere, die sehr artig sind!

P. M.: Bloß antireligiös!

RICHTER: Ich habe selbst schon verschiedene gelesen, die tragbar sind. Solche Artikel sind früher auch schon erschienen

74 Oberst Otto von Corvin-Wiersbitzki, ein Anhänger Voltaires, benutzte Bücher des Enzyklopädisten Carl Julius Weber als Vorlage; vgl. BAUMGÄRTNER, *Weltanschauungskampf,* 158.

und dann möchte ich auch daran erinnern, in welch niederträchtiger Weise man den Führer heruntergezogen hat.

P. M.: Hier handelt es sich um Religion!

RICHTER: Freilich

P. M.: Um übernatürliche ewige Werte!

RICHTER: Die Leute greifen eben das an, was einem heilig ist!

P. M.: Damals konnte man die Zeitungen belangen, heute nicht mehr!

RICHTER: Nur zum Teil! Aber man ist nicht immer zu seinen Rechten gekommen, das weiß ich aus meiner eigenen Praxis. Sie haben also auch hier verallgemeinert. »Da kennt sich wirklich niemand mehr aus!« Sie wollten also sagen »Man könnte meinen, der Nat.Soz. sei der erbittertste Gegner der Kirche«.

P. M.: Das konnte ich nur sagen! Und gerade das Gegenteil wird getan in der Praxis, in der Presse!

RICHTER: »Ist der erbittertste Gegner« oder »könnte man annehmen, daß ...«

P. M.: Das kann ich doch gar nicht sagen.

RICHTER: Das konnten Sie auch sagen!

P. M.: Das konnte ich nicht sagen; das ist nicht richtig.

RICHTER: Wir wollen mal den Zeugen vernehmen.

P. M.: Ich habe immer nach der religiösen Seite hin gesprochen. Ich weiß auch heute noch nicht ...

VERTEIDIGER: ....

RICHTER: Na ja, das wollen wir nicht sagen. Von der Kanzel aus ist es nicht angängig, daß Sie das sagen, weil der jetzige Staat vom Nat. Soz. getragen ist und da geht es nicht an, daß man dem Volke das erklärt.

VERTEIDIGER: Aber der Schluß der Predigt. »Wir arbeiten mit der Regierung in allen Fragen zusammen, in politischen, sozialen, wirtschaftlichen Fragen Hand in Hand, bloß in einer Frage erkennen wir die Führung nicht an, in religiös-sittlichen Belangen. Da hat uns der Herrgott den Papst und die Bischöfe dazu als Führer gegeben!« Das hat P. M. am Schluß der Predigt ausdrücklich betont.

Der Zeuge wird hereingerufen. Seubert K., Lehrer in Mering

bei Friedberg, geb. 1907, hat nicht mitgeschrieben; die hauptsächlichsten Stellen hat er sich wortwörtlich gemerkt. Einige Minuten später niedergeschrieben. Besprochen mit Kameraden!

RICHTER: Es geht darum, ob die Stelle geheißen hat: Der Nat.-Soz. *ist* der erbittertste Gegner der Kirche – oder man könnte meinen, daß der Nat. Soz. der erbittertste Gegner der Kirche ist. Es wäre kein Wunder, wenn Sie das heute noch sagen könnten! (Er sagte das zum Zeugen.) Es ist natürlich ein erheblicher Unterschied – das können Sie also nicht sagen (zum Zeugen); mitgeschrieben haben Sie ja nicht.

STAATSANWALT: Ich bitte den Zeugen Gam[b]s vernehmen zu wollen, mehr allgemeiner Art.

Zeuge Gam[b]s wird hereingerufen: Kriminalinspektor Gam[b]s München.

RICHTER: Kennen Sie den Angeklagten persönlich?

ZEUGE: Ich kenne ihn persönlich; ich habe öfters mit ihm verhandelt. Aufgeschrieben.

RICHTER: Was haben Sie für einen Eindruck gewonnen bei den Predigten?

ZEUGE: Pater Rupert Mayer ist sehr gerade. Er macht keinerlei Versuche abzustreiten oder zu verschleiern und umzudrehen. Fair, gerade, offen steht er ein für das, was er gemacht hat.

RICHTER: Seit wann ist Ihnen seine Tätigkeit aufgefallen?

ZEUGE: Seit 1934/35. 1933 hat er sich noch nicht so antinational.soz. betätigt. Ich war immer in der Michaelskirche – Berichte kontrolliert. –

RICHTER: Welchen Eindruck hatten Sie?

ZEUGE: Er sprach sehr scharf und ging schon über das übliche gewohnte Maß. M[eines] Erachtens zu weit hinaus.

RICHTER: Beifallskundgebungen?

ZEUGE: Zwischenrufe, auch Mißfallenskundgebungen, auch auf dem Lande. Ich hatte den Eindruck, daß die Sache nicht mehr rein kirchlich, sondern versammlungsgemäß aufgezogen ist ...

Die Predigten sind in der Bevölkerung sehr lebhaft diskutiert worden. »Der hat sich mal getraut«, »Der sagt's ihnen mal wieder richtig«. Tätlichkeiten sind mir nicht zu Ohren gekommen.

Schluß der Zeugenvernehmung

C: Rede des Staatsanwaltes

Ich sehe mich veranlaßt, eine kurze Erklärung vorauszuschikken. Ich werde meine Ausführungen als Vertreter des Staates und der staatlichen Autorität und auf Grund meiner Überzeugung machen, ohne Rücksicht auf die Anwesenheit irgendwelcher Personen in diesem Saal, entsprechend meiner Auffassung, daß das, was jetzt zur Sprache kam und noch zur Sprache gekommen ist, durchaus geeignet ist, in aller Öffentlichkeit erörtert zu werden, entsprechend dem Satze, den auch der Herr Reichsminister in seiner bekannten Rede in der Deutschlandhalle geprägt hat: Es gibt kein Problem, das nicht [in] aller Öffentlichkeit vor dem Deutschen Volke erörtert werden könnte.[75] Das setzt selbstverständlich voraus, daß auch die Presse, gleichgültig welcher Richtung, die hier vertreten ist, der heutigen Verhandlung im vollsten Umfange Gerechtigkeit widerfahren läßt und aufs deutlichste und eindringlichste es widerlegen wird, was je der deutschen Presse zum Vorwurf gemacht worden ist, das gilt selbstverständlich auch für die Vertreter einer Außerdeutschen Presse. Ich spreche auch nicht auf Grund einer gebundenen Weisung, sondern was ich für notwendig halte im Interesse von Recht und Gerechtigkeit.

Und nun zu den eigentlichen Ausführungen, zur Behandlung des Falles: In meiner Erinnerung steht vor mir jene Stunde, in der in diesem Hause in meinem Amtsraume der Angeklagte mir gegenüber gesessen ist und ich ihn im Auftrage des Justizministeriums zu verwarnen hatte[76], wegen Äußerungen, die eine Beanstandung gefunden hatten in politischer Beziehung, die aber nicht zur Ausführung eines Strafverfahrens

---

75 Rede von Reichsminister Goebbels in der Deutschlandhalle in Berlin am 28. Mai 1937; vgl. HOCKERTS, *Sittlichkeitsprozesse,* 112–117.

76 Verwarnung vom 7. Mai 1936.

damals geführt hatten. Diese Verwarnung hatte bei weitem den Rahmen einer solchen Belehrung, Verwarnung gesprengt und hat dazu geführt, daß ich mich eingehend auseinandergesetzt habe mit dem Angeklagten, der mir schon damals seine Idee und Gedankengänge und Überzeugung entwickelt hat. Als er meinen Amtsraum verlassen hatte, war mir klar, daß über kurz oder lang mein amtlicher Weg und der Weg des Pater Rupert Mayer sich wieder kreuzen würden, daß der Angeklagte mit dem Gericht einmal in Konflikt geraten würde, denn ich habe damals schon seinen starren, unbeugsamen Sinn erkannt, der ihn immer wieder, meiner Auffassung nach, dazu führen mußte, von meinem Standpunkt aus mit den Forderungen des neuen Staates in Konflikt zu geraten. Meine Voraussicht, von damals, hat sich erfüllt. Er steht heute vor Ihnen um aus Ihrem Munde sein Urteil zu erfahren über sein Vergehen der letzten Wochen und Monate in München und Auswärts. Und mit ihm steht ein Mann vor Ihnen, der in den weitesten Kreisen Münchens hinaus bekannt und geachtet ist als Kanzelredner, Prediger, der einen bedeutenden Ruf genossen hat, dessen vaterländische Gesinnung auch bekannt ist und von dem man allgemein weiß, daß er sie seinerzeit mit seiner Gesundheit im Felde bezahlt hat.

Meine Herren! Ich halte es deshalb für notwendig, in aller Kürze [auf] die tieferen Ursachen und Zusammenhänge und Hintergründe einzugehen, die dazu geführt haben, daß dieser Mann überhaupt vor Ihnen sich verantworten muß. Als vor 4 Jahren, 1933, die Nat. Soz. Bewegung, die politische Macht in Deutschland übernahm, ist damit nicht nur eine Umformung des politischen Lebens, eine Umformung und Umstellung auf den Gebieten der Verwaltung und Gesetzgebung erfolgt, sondern die Nat. Soz. Staatsführung [hat] in konsequentester Durchführung ihres Gedankens, daß es sich dabei nicht nur um ein politisches Partei-Programm, sondern um eine Weltanschauung handelt, stets für sich in Anspruch genommen, diese Weltanschauung zur Geltung zu bringen und Kunst u. Wissenschaft, Handel und Verkehr und Industrie und alle die Beziehungen, in denen Menschen in einem Volkskörper zu einander stehen, sind umgestaltet worden im Nat. Soz. Sinne. Es mußte dabei selbstverständlich auch aufgeräumt werden mit manchen überkommenen Begriffen und Anschauungen aus früherer Zeit. Es ist selbstverständlich, daß bei einer so grundlegenden Umgestaltung des ganzen völkischen Lebens, die in der Verwirklichung des Gedankens von der Totalität des Staates ihren Ausdruck gefunden hat, Zusammenstöße erfolgen mußten mit jenen Mächten, die außerhalb des Nat. Soz. eine Einflußnahme auf diesen Gebieten für sich forderten. Es erwies sich in der Folgezeit, daß gerade die katholische Kirche, oder noch allgemeiner [der] politische Konfessionalismus in Deutschland eine behindernde Macht war, die sich gegen diese Bestrebungen des Nat. Soz. als Weltanschauung gestellt hat. Die Reichsregierung hat in dem Bestreben, sowohl nach innen, wie nach außen nach der Revolution eine friedliche Revolution treten zu lassen bald nach der Machtübernahme, schon im Jahre 1933 das Konkordat mit dem hl. Stuhl angeschlossen, um dadurch eine Befriedung des interkonfessionellen Lebens zu erreichen. Dabei ist sie selbstverständlich von der Voraussetzung ausgegangen[77], daß die katholische Kirche ihrerseits mitarbeiten würde in der inneren Befriedung des deutschen Volkes. Diese Erwartung hat sich nicht im vollen Umfange erfüllt, im Gegenteil! Es mußten mehr und mehr Beobachtungen gemacht werden, daß zum Teil von vielleicht kurzsichtigen Stellen, zum Teil von einzelnen Aktionen, die hier vorgestoßen sind – das will ich zugeben – über allgemeine Anweisungen hinaus Widerstände geltend gemacht worden sind, die sich der Staat nicht gefallen lassen konnte. Denn der Nat. Soz. Staat ist aus einer 14 jährigen Kampfzeit hervorgegangen. Es ist selbstverständlich, daß sich dieser Staat nun die Früchte seiner Kampfzeit nun, nachdem er das Ziel erreicht hatte, nicht entwinden lassen konnte, von irgend welcher Macht, woher solche Versuche auch immer kommen mochten. Der Staat war damit von vornherein in eine Kampfstellung gegenüber derartigen Versuchen,

77 »aus« von Mayer eingefügt.

das Deutsche Volk mit der Nat. Soz. Weltanschauung von innen heraus zu durchdringen, gestellt. Und der Staat hat in der eben so richtigen Erkenntnis wie die Kirche gewußt, daß angesetzt werden müßte in erster Linie bei der Jugend, daß in sie der Same gelegt werden muß für die spätere Entwicklung. Es ist überflüssig und unzweckmäßig bei der alten Generation anzufangen, die in ihren Begriffen aufgewachsen sind, bei denen eine Umstellung wohl nicht mehr erwartet werden konnte. So hatte der Staat aus dieser Erkenntnis heraus sich besonders um die deutsche Jugend angenommen und besonderen Einfluß auch auf dem Gebiete der Erziehung, des Unterrichts, der Kameradschaft etc. gefordert; denn die Jugend ist der zukünftige Träger des deutschen Staatsgedankens.

Ebenso hat die Kirche erkannt, daß ihre Macht in erster Linie in der Jugend verankert sein muß. Die Jugend ist begeisterungsfähig, tatenfähig, so ist von Anfang an die Kampfstellung da, die in letzter Zeit zu immer schärferer gegenseitiger Befehdung geführt hat. Es hat keinen Sinn zu leugnen – im Interesse der Wahrheit – daß tatsächlich[78] von beiden Seiten ein Kampf geführt wird. Vom Staat, um von seiner Idee, seinen Bestand, seiner völkischen Grundsätze willen, und daß dieser Kampf besonders sich annimmt um die Jugend. So hat der Nat. Soz. Staat das allergrößte Interesse auch an der Schulbildung, an der Gestaltung des Schulwesens. Deshalb gebe ich ohne weiteres zu, daß es der Wille des Staates ist, daß die Konfessionalisierung der Jugend, die der Staat als eine Störung der Volksgemeinschaft empfunden hat, ausgeschaltet werden sollte, schon in der Jugend. Wenn der Wille des Staates sich dahin geltend gemacht hat, daß die deutsche Gemeinschaftsschule gefordert werden soll, so wurde in der heutigen Verhandlung dagegen eingewendet, daß dieser Kampf nicht von staatlicher Stelle aus geführt würde, sondern von einem eigens hierzu geschaffenen eingetragenen Verein, besonders von der deutschen Schulgemeinde e. V. Es seien also dies nicht Dinge des Staates. Ich halte das als

78 Von Mayer »hauptsächlich« in »tatsächlich« verändert.

ein Vorbeigehen an den richtigen und zutreffenden Zusammenhängen. Gewiß, die deutsche Schulgemeinschaft ist gegründet worden zur technischen Durchführung des Kampfes und der einzelnen Methoden, wie diese Werbung organisiert werden sollte. Aber über allem ist der Wille des Staates gestanden, die deutsche Schulbildung in den nat. soz. Volksverband hinein zu organisieren und deshalb ist es aus schon dieser grundsätzlichen Erwägung nicht angängig, hier zu trennen zwischen derselben und dem Staate. Wir haben eine Reihe von Erklärungen maßgebender leitender Persönlichkeiten,[79] das außerordentlich kräftige Eintreten des Ministers Wagner für die Gemeinschaftsschule und darin, daß Reichsminister Goebbels erklärt hat, die deutsche Jugend soll nicht in erster Linie zu katholischen und protestantischen Menschen, sondern zu Deutschen erzogen werden! Der Angeklagte hat also hier, wenn er sich in scharfer Weise, die noch zu erörtern sein wird, gegen die Werbungen und Maßnahmen der deutschen Gemeinschaftsschulen ausgelassen hat, gegen den ihm bekannten Willen des Staates verstoßen, damit staatliche Angelegenheiten in den Kreis seiner Erörterungen hereingezogen, sodaß, wie das selbstverständlich ist und ohne weiteres einleuchten wird, der Staat mitzureden hat; wobei ich nicht verkennen will, daß auch die Kirche ihrerseits selbstverständlich ein Recht beanspruchen kann, hier mitzureden. Es sind die sogenannten »gemischten« Angelegenheiten[80], wo sowohl der Staat, als auch die Kirche mitreden können und wollen. Wo besonders wünschenswert gewesen wäre, daß hier eine tragbare Basis für ein gemeinsames Zusammengehen gefunden worden wäre.

Der Staat hat weiterhin seinen Grundsatz von der Totalität des Staates[81], von der umfassenden Einflußnahme auf die Wil-

79 Erklärungen: Schreiben von Adolf Wagner an alle bayerischen Kreisregierungen vom 24. Februar 1937 (vgl. VOLK, *Faulhaber II*, 299; vgl. auch SONNENBERGER, *Der neue »Kulturkampf«*, 294).

80 Gemischte Angelegenheit (res mixta): in staatlicher und kirchlicher Zuständigkeit.

81 Auch der Kreisauer Kreis war entschieden gegen einen »totalitären Staat«.

lensbildung des deutschen Volkes in der richtigen Erkenntnis von der Bedeutung der Propaganda und der Presse geprägt. Der deutsche Staat, der nat. soz. Staat hat bewußt Abstand davon genommen, daß die Presse ein Fel[d] sein soll, wo die verschiedensten Meinungen ausgetragen werden sollen, auf dem Rücken des deutschen Zeitungslesers, der sich selbst seine Meinung bilden soll, ob er von dieser oder jener Richtung beeinflußt werden soll. Die deutsche nat. soz. Regierung will bewußt in ihrem Sinne, in ihrer Auffassung nach ihren weltanschaulichen Grundsätzen das deutsche Volk erziehen und bedient sich dazu der deutschen Presse. Es ist abgerückt worden von dem früheren Grundsatz der freien Meinungsäußerung. Wenn auch hier irgend etwas wie Recht an der Wahrheit im Interesse der einheitlichen Erziehung des deutschen Volkes unterdrückt werden soll – das gebe ich zu –, so ist das gerechtfertigt im Sinne der hohen Staatsauffassung, geboten im Sinne der Nat. Soz. Weltanschauung, so ist es auch zu verstehen, daß da und dort sich Dinge in der Zeitung eingeschlichen haben, die nicht gebilligt werden können, die verurteilt werden müssen, aber das hat zurückzutreten gegenüber dem großen Ziel, dem einheitlichen großen uniformen Ziel, der Erziehung des deutschen Volkes.

Ich habe das vorausgestellt, um darzutun, daß es nicht darum geht, daß der Angeklagte in dem einen oder anderen Falle nachweisen kann, daß er sich berechtigt hielt, vermeintliche Mißstände, Unrichtigkeiten, Irrtümer vielleicht aufzudecken. Selbstverständlich es kommen überall Fehler vor, Unrichtigkeiten, so ist es lächerlich zu meinen, daß[82] in einem jungen Staatsleben vollkommene Unfehlbarkeit herrsche ... Aber das hat zurückzutreten und hat keine Bedeutung im Rahmen des Großen und Ganzen. So kann die deutsche Staatsregierung mit allen zu Gebote stehenden Mitteln verlangen, daß der deutsche Staatsbürger sich ihren Gesetzen, die er selbst in Wahlen und Abstimmungen erworben hat, sich unterwirft und nicht irre gemacht

82 »als« von Mayer gestrichen.

wird, von irgend welcher Seite. Schon durch die Tatsache allein, daß der Angeklagte Dinge des Staates (Schule und Presse) auf der Kanzel in der Öffentlichkeit vor einem Forum von Gläubigen erörtert hat und zwar in einer zersetzenden Weise hat er gegen die Interessen, gegen den eindeutigen Willen des Staates verstoßen. Es ist nicht notwendig, in den einzelnen Fällen einen bestimmten Verfallensverstoß nachzuweisen.

Ich glaube, ich [habe] damit im Großen und Ganzen das Bild schon entworfen, das heute aus dieser Verhandlung sich ergeben hat und ich brauche nur noch an Hand der Anklage, der einzelnen Predigtworte, dieses Bild in den einzelnen Strichen nachzuzeichnen und Ihnen die gesamte Würdigung des Falles anheim zu stellen. Ich halte mich hier an die Anklage, will aber nicht die ganzen Predigten wiederholen, nur in Kürze herausgreifen, worin im besonderen diese Einflußnahme des Angeklagten gegen die Interessen des Staates zu sehen ist.

Zum Thema 1a Predigt am 3. 2. 1937 in der St. Josefskirche.

»... am letzten Montag wurde ein Sieg gefeiert, ja so ein Sieg ist noch nicht gefeiert worden, solange die Welt besteht! Ich muß schon sagen, ein Sieg war das, der denen, die ihn gefeiert haben gewiß nicht zu Ehre gereicht, ein Sieg war das, ein Terror. Dieser Sieg war ein Türkensieg, ein Gewaltsieg.«

Damit ist zum Ausdruck gebracht, daß dieser Sieg mit unredlichen Mitteln erkämpft wurde. Es mag in den Methoden über das Ziel hinausgegangen worden sein, aber in die Zuhörer ist der Zweifel hineingetragen worden, die Skepsis: Glaubt das nicht! Genau das Gleiche in den anderen Predigten; z. B. in der Predigt vom 29. 3. 1937 in Ursberg:

»In München sind die katholischen Erziehungsberechtigten gegen alles Recht und Gesetz um die katholische Bekenntnisschule gebracht worden, da haben alle staatlichen Parteistellen zusammengeholfen, mündlich und schriftlich.

Dann Predigt vom 11. 4. 37 in Weissenhorn:

»...ja habt ihr noch nichts gehört von Schulkämpfen. Die Menschen sollen genötigt werden, ihre Kinder in der Schule entkonfessionieren zu lassen. Es wurde gelogen, daß sich die größten Balken bogen...«

Der Staatsanwalt fährt fort: Das ist eine Auslassung die auch in ihrer Form in den Rahmen nicht hineinpaßt, in welchem der Angeklagte gesprochen hat. Ich habe mich gewundert, daß er in der Heiligkeit der Kirche solch drastische Ausdrücke gebracht hat. Aber auf die Form will ich gar keinen so großen Wert legen. Man soll nicht den Eindruck bekommen, daß er wegen einiger Entgleisungen, die ihm in der Hitze des Gefechtes von der Zunge geflogen sind, verurteilt wird, sondern um des Ausdruckes willen, den die Rede gemacht hat, um den Sinn der Rede, der den Willen des Staates nicht geachtet hat.

Weitere Äußerungen: »... Die Sache hat einen ernsten Hintergrund, es kommt einem gerade vor, als ob die Reichsregierung das Konkordat abgeschlossen habe um es sabotieren zu lassen von den untergeordneten Stellen.« Der Angeklagte hat seinen Standpunkt eingehend vorgetragen, dem ist entgegenzuhalten, daß dieses »um« bestätigt worden ist unter Eid und durch übereinstimmende Stenogramme von 5 Personen. Man könnte hier daran denken, daß der Angeklagte gerade diese Stelle abspricht, weil sie für ihn besonders gravierend ist. Es ist klar, er weiß es selbst, daß er hier in einer viel deutlicheren und unmittelbaren Form der Staatsregierung eine ehrlose Handlung, einen gewollten Vertragsbruch, also ein falsches doppelsinniges Spiel vorwirft. Ein außerordentlich schwerer Vorwurf! Ich könnte sagen, daß er um diese Bedeutung zu entkräften »Um« in Abrede stellt. Ich will das nicht tun. Ich habe den bestimmten Eindruck, daß er, wenn er das so gesagt hätte und sich dessen bewußt wäre, es auch zugeben würde. Daß seine Wahrheitsliebe – er hat sich selbst als ein Wahrheitseiferer bekannt – soweit gehen würde, das zuzugeben. Die Lösung dieses Widerspruchs ist wohl darin zu finden, daß er so etwas sagen wollte, es aber in anderer Weise zum Ausdruck gebracht hat, wie ja auch der Zeuge Gam[b]s in seiner Aussage bestätigt hat. Für die subjektive Seite die Willensrichtung ist dies von Bedeutung; für die objektive Seite [der] Wirkung auf die Zuhörerschaft ist das ohne Bedeutung. Es ist klar, daß diese Worte bei unbefangenen Zuhörern, die vielleicht die Person des Angeklagten nicht so gut kennt, den Eindruck hervorrufen mußten, als habe er damit den vorhin gekennzeichneten Vorwurf gegen die Reichsregierung erheben wollen.

Die weiteren Äußerungen des Angeklagten liegen in gleicher Linie. Es sind fast wörtliche Wiederholungen. Er hat von einem »Staatsbetrug« gesprochen, ich will nicht um Worte und Silben und Buchstaben feilschen. Der Angeklagte behauptet, er habe »Staatsbetrug« im Sinne von Mordsbetrug, von großem Betrug gemeint. Ich gebe ihm zu, daß er von sich aus nicht behaupten wollte, der Staat als solcher habe betrügerisch gehandelt; aber die Wirkung auf die Zuhörer war natürlich wieder die gleiche, daß er dem Staat ein betrügerisches Handeln vorwerfen wollte.

Schließlich hat er auch von »unredlichen Waffen« gesprochen und davon, daß man mit »roher Gewalt« kein Recht zerstören könnte. Das ist eine außerordentlich scharfe aggressive Form.

Im zweiten Teil der Anklage, Äußerungen über katholische Geistliche und Ordensangehörige (Strafverfahren) sowie Berichterstattung darüber, konnte ich von alledem, was der Angeklagte vorbrachte am allerwenigsten folgen, den hier hat er zweifellos nicht Recht, wenn er sagt: Die große Störung (Ruhestörung) der Öffentlichkeit, der Einigkeit, die Untergrabung des Vertrauens gegenüber der Kirche und ihren Angehörigen werde erzielt durch diese Art der Presse und Berichterstattung. Da glaube ich, hat er doch der Wahrheit nicht genügend die Ehre gegeben. Bei richtiger Beurteilung muß man sagen, das heißt die Sache umkehren. Denn erwiesen ist, daß in so und soviel Fällen Verurteilungen wegen scheußlicher Verfehlungen erfolgt sind, die berechtigte Entrüstung und Empörung hervorgerufen haben. Dies ist es natürlich, was hier das Vertrauen zur Kirche und ihren Würdenträgern untergräbt, nicht die Art der Berichterstattung – wir leben in einem Kampf, in dem es hart auf hart geht, Kampfblätter! – noch scharf unterstrichen herausgegeben worden sind. Das ändert aber nichts daran, daß das eben doch wahr ist und daß die Kirche und der Angeklagte bei gerechter Beurteilung an der Wahrheit dieser Tatsache nicht vorübergehen kann, wenn er selbst nicht Wege gehen will, die seinen geradem Wesen widerstreben mußten. Auch davon abgesehen, daß er sich in seiner Ausdrucksweise einer Verallgemeinerung bedient die gegenüber einzelnen Mißgriffen und Übertreibungen, die vorgekommen sein können, nicht angebracht waren... Glauben wir grundsätzlich nicht! Es wurde hier entgegengehalten nur in religiösen Dingen! An der Einschränkung aber darf man nicht vorbeigehen... Der Angeklagte hat durch sein Verhalten bewiesen, daß er all diese Dinge insbesondere den Schulkampf, der in erster Linie eine staatliche Angelegenheit ist, als eine religiöse sittliche Sache aufgefaßt, daß hier die Grenzen verschieden sind, je nach der Auffassung von der einen oder anderen Seite und daß keine scharfe Trennungslinie gezogen werden kann, zwischen Staat und Kirche, sondern ein Hinüber- und Herübergreifen von Interessen möglich ist. Der Angeklagte kann von seinen Zuhörern nicht die feine Unterscheidung verlangen! Auch der Appell; »Lest keine Zeitungen« liegt auf der gleichen Linie. Der weitere mißverständliche Hinweis in der Predigt vom 2. Mai 1937 »Von den andern hört und liest man nichts, nie etwas...« »Wer selbst im Glashaus sitzt...« kann nur ganz deutlich hinweisen darauf, daß die heute an der Macht befindlichen Stellen es nicht nötig hätten, die Sittlichkeitsprozesse in dieser Weise aufzuzeigen. Damit hat er in seiner Zuhörerschaft wiederum das Mißtrauen, den Zweifel hineingetragen gegenüber der Staatsführung. Es ist richtig, es läßt sich nicht leugnen, aber wir Menschen sind alle Menschen nur und unterliegen Irrtümern und Fehlern. Es ist nicht möglich, daß sofort mit einer Umformung des Lebens auch all die Schattenseiten des Lebens nun auf einmal ausgemerzt sind. Solange es Menschen gibt, werden sie Fehler machen und Verbrechen begehen. Aber diese Dinge werden auch zur Rechenschaft gezogen werden.

Ich habe auch gegen sittliche Dinge auf anderen Gebieten hier gesprochen. Aber sie hier absichtlich hervorzuheben, herauszustellen gegenüber der erwiesenen Tatsache von Sittlichkeitsverfehlungen von Geistlichen, ist Absicht, ein ganz bestimmtes Ziel, das der Angeklagte verfolgt hat, um das Vertrauen in die Kräfte, die die Staatsführung verkörpert, zu stören. Der Staat, das muß ich hier wieder betonen, kann von sich aus, kraft seiner Autorität und Totalität, verlangen, daß auch einmal etwas, was dem Volke nicht zuträglich ist, von unberufener Seite nicht an die große Glocke gehängt wird.[83] Das ist keine Vertuschung der Wahrheit, das ist notwendig im Interesse der Auffassung, die heute in unserem Staate vertreten wird, und die ich hier zu vertreten habe. Dann möchte ich noch einen Ausdruck streifen, der in der Form eine grobe Entgleisung darstellt. »Wir werden eine Stinkbombe werfen.« Ein Ausdruck, den ich hier in seiner Ungehörigkeit nicht weiter zu erörtern brauche. Der Angeklagte hat weiterhin von Lügen gesprochen, daß man dem katholischen Volke etwas vorzulügen versuche, daß es Beweise gäbe, die genügen würden, ihm jeden Glauben an einen Großteil der deutschen Presse zu nehmen. Ich unterstelle hier die Äußerung: »Dann ist es aus und vorbei mit dem Vertrauen auf einen Großteil der deutschen Presse.« Das ist eine Verallgemeinerung, die nicht berechtigt ist. Der Angeklagte hat eine Reihe von Fällen aufgeführt, die eine sehr unrichtige Berichterstattung erfahren haben. Ich will nicht für diese Art der Berichterstattung eintreten, obwohl es begreiflich ist, daß in einer bewegten Zeit auch Irrtümer vorkommen. Aber der Angeklagte hätte der Gerechtigkeit diese Ehre geben müssen und zugeben, daß wo die deutschen Gerichte befaßt worden sind, mit solchen Fällen, die all das ihre getan haben, um diese Gerechtigkeit zu erfüllen. Heute vor einer Woche wurde hier ein Fall abgeurteilt wegen Aufstellung einer unwahren Behauptung über einen kath. Geistlichen![84] Also den Gerichten kann nicht der Vorwurf gemacht werden, wo ein strafbarer Tatbestand an sie herangetragen wird. Weiter der Fall von der Wasserburger Zeitung![85] Es müßte auch hier der Wahrheit die Ehre gegeben

83 Demnach darf – wie Goebbels sagt – der totalitäre Staat die Presse »manipulieren«.

84 Fall ungeklärt.

85 Im Wasserburger Anzeiger hatte Schriftleiter Ludwig König wider besseres Wissen verleumderische Behauptungen über den Kooperator Peter Gries (1894–1977; 1931–1939 Kooperator in Wasserburg, 1939–1970 Dekan in Laufen) zugelassen. Erst nach langwierigen Verhandlungen

werden, daß in Form eines gerichtlichen Vergleiches die betreffende Berichterstattung jene Äußerung zurückgenommen hat. Also das zu verschweigen ist auch nicht im Sinne der Wahrheit. Man merkt eben doch, daß es dem Angeklagten in seiner kämpferischen Einstellung darum zu tun war, nur das zusammenzustellen und zusammenzutragen, was als Gegenstand gegenüber dem Staat zusammengetragen werden konnte.

Zum letzten Punkt: Predigt vom 26. 1. 37 über das nat. soz. Schrifttum; grobe verunglimpfende Sätze: daß ihm in der Marxistenzeit schon der Ekel aufgestiegen sei, daß aber das noch weit übertroffen wurde durch das, was heute von der nat. soz. Literatur gebracht würde. Der Angeklagte bringt vor: natürlich nur auf religiösem Gebiet! Aber es ist da eine Trennung sehr schwer zu führen. In der Form ist eine derartige Trennung nicht zu ersehen. Bei den Worten mußten diese Worte den Eindruck hervorrufen, daß das nat. soz. Schrifttum in Bausch und Bogen abgelehnt werden müsse.

Die letzte Rede ist weniger schwerwiegend. Ich möchte nur auf die letzten Worte der Anklage hinweisen. Der Angeklagte hat selbst gesagt: »Da kennt man sich nicht mehr aus, was richtig ist.« Damit hat er selbst sein ganzes Verhalten in all diesen Predigten gekennzeichnet. Er hat in seine Zuhörer den Zweifel hineingetragen, so daß sie nicht mehr wissen, was recht ist. Zweifel an der Richtigkeit, Klarheit, Notwendigkeit der nat. soz. Staatsführung um sie irre zu machen. Er hat heute selbst gesagt: »Ich muß die Leute mit Mißtrauen erfüllen gegenüber der Presse.« Darin kann ich ihm nicht beistimmen. Es ist nicht meine Aufgabe, ihm darzustellen, wie er hätte predigen können. Aber ich kann mir gut vorstellen, daß ein Mann von diesen Fähigkeiten und Geistesgaben sehr wohl einen Weg finden könne, der auf der einen Seite die Belange des Staates wahrt, auf der anderen Seite auch all das sagen kann, ohne daß es notwendig wäre die Methoden des Staates anzugreifen und herabzuwürdigen und Zweifel und Mißtrauen zu säen.

---

wurde er zum Widerruf in seiner Zeitung verpflichtet (Urteil vom 25. Mai 1937). Dazu vgl. Warmuths Brief vom 15. Juli 1937 (Beilage 3 in der Akte).

Der Angeklagte hat nach all dem, was ich aufgeführt habe, als Priester der Kirche, als Verkünder des Wortes Gottes Angelegenheiten des Staates in mehrfacher Hinsicht erörtert und zwar in einer Weise, die geeignet sein mußte, den inneren Frieden zu gefährden, d. h. das Gefühl bei den unbefangenen Zuhörern heraufzubeschwören, daß die rechtliche Sicherheit, der Rechtsfrieden und die Rechtsgarantie nicht in den rechten Händen läge, daß sie die Gewalt mißbrauche auf verschiedenen Gebieten der Lebensäußerung und daß mit einer Gefährdung des inneren Friedens eine Beeinträchtigung des Gefühles des Schutzes gegeben und das Bewußtsein des Schutzes innerhalb dieses Staatswesens bei den Zuhörern erschüttert werden mußte. Das war dem Angeklagten nicht nur bekannt, sondern er hat das beabsichtigt, wie seine Worte »Ich muß die Leute mit Mißtrauen erfüllen« bekunden. Er hat sich damit in objektiver und subjektiver Weise eines Vergehens des Kanzelmißbrauchs nach § 130a schuldig gemacht. Er kann sich nicht darauf berufen und will es auch nicht tun, daß für ihn als Geistlichen andere Rechte gelten würden als für andere Menschen. Dafür ist er selbst zu sehr gerechtigkeitsliebend. Er kann sich aber nicht darauf berufen, daß er hier im Sinne eines Notstandes gehandelt habe, er hat die Gesetze des Staates zu respektieren, dem er angehört und in dem er wirkt. Er darf in keiner Weise gegen diesen Staat vorgehen und wenn er glaubt, daß Belange der Kirche, der Religion, des Glaubens in Gefahr sind, so muß es für ihn andere Mittel und Wege geben (Vorstellungen bei seinen kirchlichen Obern, bei den staatlichen Machthabern etc.) das zu erreichen, was sein Ziel und Zweck ist. Aber er darf nicht das Volk hin- und herreißen zum Spielball widerstreitender Gefühle machen.

Der Angeklagte hat sich aber über diese Vergehen des § 130a hinaus auch noch eines Vergehens gegen das Heimtückegesetz vom 20. Dezember 1934[86] schuldig gemacht, das sich der Staat geschaffen hat, um derartige Querschüsse von vornherein zu

86 Zum Heimtückegesetz vgl. Anm. 11.

hintertreiben, um abzuhalten, daß die klare Linienführung einer Politik weltanschaulicher Erziehung beeinträchtigt werden könnte. Der Angeklagte hat in hetzerischer Weise, also mit der Absicht, mit dem Bewußtsein, einen Zwiespalt hereinzutragen, das Vertrauen des Volkes zur Staatsführung zu untergraben versucht, versucht, den großen Kampf der schwebt hier auflodern zu lassen und das Volk zu einer Stellungnahme für und gegen zu entflammen, also in aufwühlender Stellungnahmen der Absicht gehandelt und zwar gegen Maßnahmen staatlicher Stellen, wobei es nicht notwendig ist, gerade die betreffenden Personen im einzelnen festzuhalten, es genügt, im allgemeinen darauf hinzuweisen, daß alle diese Anordnungen vom Staat nicht nur gebilligt werden, sondern ausdrücklich gewünscht werden – also gegen Anordnungen und Einrichtungen maßgebender Persönlichkeiten des Staates und des Nationalsozialismus gekämpft in der Absicht, das Vertrauen des Volkes zur politischen Führung zu untergraben. Seine Aufführungen waren auch geeignet, dieses Ziel zu erreichen, daher ein Vergehen gegen § 2 Abs. 1 des Gesetzes vom 20. Dezember 1934 vorliegt.

Ich beantrage den Angeklagten wegen dieser beiden Vergehen auf Grund eines einheitlichen Willensentschlusses, bei jeder sich ihm bietenden Gelegenheit wegen fortgesetzten Vergehens nach dem St.G.B. 130a und § 2 Abs. 1 des Gesetzes vom 20. Dezember 1934 zu verurteilen.

Ich muß auf diese strafmildernden und erschwerenden Gründe eingehen, die hier in besonderer Weise eine Bedeutung haben und Beachtung verdienen, aber auch schwer zu fassen sind. Zu Gunsten des Angeklagten sprechen eine Reihe von Umständen, zunächst die Tatsache, daß er mit 61 Jahren nicht vorbestraft ist, daß er makellos durch das Leben gegangen ist, wie das allerdings bei einem Geistlichen selbstverständlich ist oder doch sein sollte; er ist im Felde gestanden und hat sich in besonderer Weise als tapferer und vaterlandsliebender Mann hervorgetan, was ich hier nicht näher zu schildern brauche, weil von den beiden Verteidigern eingehend darauf hingewiesen werden wird. Auch Verleihung von Orden! Er war auch in der Folgezeit ein mutiger Kämpfer gegen den Bolschewismus, er hat sich damit tatkräftig mit seiner ganzen Kraft hinter den völkischen deutschen Gedanken gestellt. Ich kann hier nicht an einer Bemerkung vorübergehen, die ich im Interesse der Gerechtigkeit für notwendig erachte. Ich möchte dem Angeklagten gerade als Anwalt des Staates, dem er angehört, auch den Schutz des Staates zukommen lassen und erkläre, daß ich von einer Bemerkung ausdrücklich abrücke, in der der Angeklagte als Handlanger des Bolschewismus bezeichnet worden ist. Ich möchte mich nicht [damit] identifizieren! Der Angeklagte hat aber vor allen Dingen gehandelt – und das wird besonders ausschlaggebend sein – nicht aus einer Lust zersetzend zu wirken, den Staat als solchen zu untergraben, sondern das muß man ihm zubilligen, aus einer glühenden inneren Überzeugung fast fanatisch, religiösen gläubigen Einstellungen heraus, die ihn immer wieder dazu drängte, hinzutreten und das, was er für recht hält, von seinem Standpunkt aus zu verkünden. Diese Überzeugung können wir als Menschen achten, aber sie kann nicht dazu führen, daß der Staat ihn aus einer falschen Gefühlsbetonung sich derartige Dinge bieten lassen kann. Der Staat muß rücksichtslos über Persönlichkeiten hinweggehen, die man nicht in eine Linie setzen kann mit Verbrechern, die aber doch für den Bestand des Staates eine Gefahr bedeuten. Man hat auch mit derartigen Ansichten aufzuräumen. Darum liegt in diesen Milderungsgründen, wie überhaupt bei fast allen Milderungsgründen zugleich ein besonderer Erschwerungsgrund für den Angeklagten, denn mit der Überzeugung, mit der er für seine Idee eingetreten ist, hat ihn auch dazu geführt, daß er mit einer ganz besonderen Hartnäckigkeit, Eifer, Verbissenheit sich eingesetzt hat für das, was er glaubte, den Leuten sagen zu müssen, und daß durch die ganze Kraft der Überzeugung, die hinter ihm steht, auch ein ganz besonderer Eindruck hervorgerufen worden ist, der weit gefährlicher ist, bei der Persönlichkeit des Angeklagten, als bei einem irgend unbekannten kleinen, unbedeutenden Mann, der einmal seine eigene Meinung in den Wind hinausgeredet hat.

Hinter dem Angeklagten steht eine große Macht, die Macht seiner Persönlichkeit, seiner Überzeugung, der Kirche. Auch der letzte Punkt darf nicht übersehen werden, daß in die Bevölkerung der Glaube hinausgetragen wird, daß Uneinigkeit in Deutschland besteht, daß die kirchlichen Stellen den Staat bekämpfen, daß die beiden großen Machtfaktoren einander entgegenarbeiten, statt daß sie an einem Strang ziehen. Das ist natürlich eine ganz besondere Gefahr, die in der Bevölkerung hervorgerufen wird. Erschwerend wirkt auch, daß sich der Angeklagte einer großen Häufung seiner hetzerischen Äußerungen schuldig gemacht hat, an verschiedenen Stellen, Orten und Zeiten, immer wieder in diesem Sinne gepredigt hat, vor einer großen begeisterten und aufnahmefähigen Menschenmenge in München und anderswo, und daß man schließlich bei dem Bildungsgrad des Angeklagten erwarten konnte, daß ihm das Unrichtige seines Verhaltens in besonderer Weise vom Standpunkt des Staates aus aufgegangen wäre.

Ich fasse all die Gründe, die zu Gunsten und zu Lasten des Angeklagten sprechen, zusammen und beantrage gegen den Angeklagten, da er in Strafe zu nehmen ist, wegen einem fortgesetzten Vergehen § 2 Abs. 1 des Ges. vom 20. 12. 34 in Tateinheit mit einem fortgesetzten Vergehen gemäß § 130a des RStG eine Gefängnisstrafe von 6 Monaten auszusprechen. 1 Monat Untersuchungshaft ist anzurechnen. Der Notwendigkeit, mich zu der Frage zu äußern, ob mit Rücksicht auf die Überzeugungstat des Angeklagten im Rahmen des § 130a u. U. eine Festungshaft hier angezeigt wäre, bin ich enthoben, weil ja die Strafe nicht dieses Gesetz allein betrifft, sondern auch das Gesetz vom 20. 12. 34 zum Schutze von Volk und Staat, so daß die andere Frage hier nicht mehr aufgeworfen werden kann.

Der Angeklagte befindet sich in Haft. Ich sehe ab, den Antrag zu stellen auf Haftfortdauer für den Angeklagten, aus folgender Erwägung: Für die Verhängung der Haft war eine Erklärung des Angeklagten maßgebend, die er von sich gegeben hat, daß er gleichgültig wie Gericht, Staatsanwalt und Polizei darüber denken, weiterhin fortfahren werde, das zu verkünden, was er für richtig hält und daß er sich nicht abhalten lassen, von dem was er getan in Zukunft abzusehen. Es ist dadurch zum

Ausdruck gebracht, daß er sich nicht abhalten lasse, von dem was er getan hat, in Zukunft abzustehen. Er ist heute ja von dieser Auffassung abgegangen, er hat heute früh, zu Beginn der Verhandlung eine Erklärung abgegeben, daß er unter aller Wahrung seiner Überzeugung ... doch die Annahme gerechtfertigt erscheinen läßt, daß er unter Berücksichtigung der Belehrung, die ich ihm damals erteilen konnte und mußte und die er auch den [mit] Worten des Vorsitzenden [bekommen] hat, unter dem Eindruck der Gerechtigkeit, die hier in diesem Sitzungssaal vom ersten bis zum letzten Augenblick gewaltet hat, in strenger Objektivität, von seiner Einstellung abrücken wird und in Zukunft alles versuchen wird, zu unterlassen, was irgendwie Interessen [des Staates] gefährden wird.

Aus dieser Erwägung heraus hoffe ich, daß der Angeklagte die Freiheit nicht mißbrauchen wird, sodaß deshalb ein Grund für die Fortdauer der Haft nicht besteht.

D. Plädoyers und Anträge der Verteidigung

Rede des 1. Verteidigers des Herrn Justizrat Dr. Warmuth

Meine Herren! Ich danke ohne Vorbehalt für die ruhige und sachliche und vorbildliche Führung des Prozesses und anerkenne auch, daß der Staatsanwalt sich vor allem bemüht hat, der Bewertung des Tatbestandes objektiv gerecht zu werden, wenn ich auch einschränkend sagen muß, daß er nach meiner Ansicht nicht ganz der juristischen Bewertung gerecht geworden ist. Solche Vorbilder verpflichten. Ich werde deshalb auch ruhig und sachlich plädieren. Ich sehe deshalb auch davon ab, daß eine Zeitung des Herrn P. Rupert Mayer als »Bundesgenossen des Bolschewismus«[87] beschimpft hat.

Vielleicht ist ein Berichterstatter für den Stürmer heute im Prozeß anwesend. Vielleicht sorgt dieser Herr dafür, daß diese Beschimpfung korrigiert wird. Ich bin gespannt, ob mein Optimismus sich als gerechtfertigt erweisen wird. Ich beschränke

87 Aussage im »Stürmer« nicht verifiziert.

mich darauf, die Gesichtspunkte vorzutragen, die nach meiner Ansicht wesentlich sind.

Ich sage Ihnen nichts Neues, wenn ich erkläre, daß die Anklage gegen P. R. M. eine Auswirkung ist der bedauerlichen Spannung zwischen Staat und Kirche.[88] Als katholischer Deutscher bedauere ich diese Spannung tief. Ich wünsche sehnlichst, daß für diese Spannung bald eine Lösung sich findet zum Besten des Staates und im Interesse der Kirche.

Ich bin jetzt mit Herrn P. R. M. 25 Jahre befreundet. Es gehört zu den Höhepunkten meines beruflichen Lebens, daß ich ihn verteidigen darf. Ich weiß, daß die Jesuiten viel angefeindet werden. Mich stört das nicht. Mir sind sie sympathisch. Ich habe gestern und vorgestern erst gesagt, daß ich die Jesuiten ansehe als die S.S. der katholischen Kirche. Das soll ein Kompliment sein für die SS, aber auch für die Jesuiten.

Mir ist verbürgt folgende Episode erzählt worden: Der Gefechtsbereich steht unter schwerstem feindlichen Feuer. Alles hat Deckung gesucht. Drüben liegt noch ein verwundeter Kamerad, der nicht rechtzeitig hat geborgen werden können. P. M. geht aufrechten Ganges zu dem Verwundeten und deckt ihn während der ganzen Dauer der Beschießung mit seinem Körper. Ich bewundere solche Größe. P. M. deckt mit seiner ganzen Person das bedrohte Gut der kath. Kirche. P. M. ist ein deutscher Mann. P. M. ist ein katholischer Mann! Meine Herren, ich bitte sie, das Bild von dem Manne, der den verwundeten Kameraden deckt, mit in ihr Beratungszimmer zu nehmen, das ist der richtige Wegweiser für den richtigen Weg zum richtigen Urteil!

Herr P. M. ist kein politisierender Geistlicher; politische Motive haben bei ihm noch nie eine Rolle gespielt. Gott und Vaterland sind die Pole seines Lebens. Für ihn ist Gottesdienst auch Dienst am Vaterlande. Herr P. M. ist ein Mann von großer Gesinnung und tiefer Überzeugung, seine religiöse und patriotische Leidenschaft ist in meinen Augen verehrungswürdig. Bei

88 Warmuth sah deutlich, daß es im konkreten Fall um die Definition des Grundverhältnisses zwischen Kirche und Staat ging.

P. Mayer darf auch nicht im entferntesten Zusammenhang das Schlagwort vom politischen Katholizismus, d. h. Mißbrauch der Religion zu politischen Zwecken [gebraucht werden]. Zu einem solchen Mißbrauch fehlt es bei P. M. an jeder Voraussetzung. Herr P. M. ist in meinen Augen ein großer katholischer Deutscher. Ich persönlich bedauere, daß sein Vorbild für mich unerreichbar ist.

Das wollte ich vorausschicken, bevor ich mich zu den Einzelheiten der Anklage äußere. Ich folge dem Aufbau der Anklage und beschäftige mich im Nachfolgenden mit den einzelnen Themata.

Der Tatbestand ist bezüglich aller drei Themata eindeutig festgestellt. Und zwar durch Erklärung, die P. M. gegeben hat. Durch seine Darstellung ist die Feststellung des Tatbestandes wesentlich erleichtert worden. Ich habe mich herzlich gefreut über die Bekundung des Herrn Inspektor Gambs. Er hat erklärt, daß P. M. keine Winkelzüge macht, keine Verschleierungsversuche, daß er offen und gerade sei und zu dem stehe, was er gesagt hat. Meine Herren, die Anklage hat angenommen, daß P. M. in der Predigt vom 3. 2. 37 von einem Türkensieg gesprochen hat, das muß heißen: »Pyrrhus-Sieg«. Ich gebe ohne weiteres zu, daß es sachlich ziemlich gleich ist, ob das eine oder andere angenommen wird. In der Predigt vom 29. 3. 37 habe er gesprochen u. a. »da haben alle zusammengeholfen, mündlich und schriftlich ...«. Ich bin der Ansicht, daß auf Grund des Ergebnisses [der] Hauptverhandlung angenommen werden kann, daß P. M. nicht von staatlichen Stellen, sondern von städtischen Stellen gesprochen hat. Der Unterschied ist nicht besonders groß, aber doch nicht ohne Bedeutung in dem Zusammenhang, in dem ich weiter unten mich äußern werde. –

In der Predigt vom 11. 4. 37 in Weißenhorn hat P. M. nicht gesagt, daß es einem so vorkomme, als ob die Reichsregierung das Konkordat abgeschlossen habe, um es sabotieren zu lassen von den untergeordneten Stellen. Der Zeuge hat allerdings gemeint, dem Sinne nach so ähnlich habe P. M. sich geäußert, dann hat er am Schlusse gemeint: um ein Wort kann er heute nicht mehr streiten. Er hat also das Wörtlein »um« in seiner finalen absichtlichen Bedeutung so ziemlich preisgegeben. Das Wörtchen »um« in seiner finalen Bedeutung kann auch gar nicht durch Berufung auf die 5 Stenogramme gerettet werden. Keines von den 5 Stenogrammen ist da! Ich habe immer ein[en] Horror vor Stenogrammen, die nicht da sind, weil Stenogramme Geburtshilfe geleistet haben, ist ein Beweis, daß das »um finale« eine Geburtshilfe ist. In dieser Überzeugung werde ich gestärkt dadurch, daß feststeht, daß P. M. auch in Ursberg, Eichstätt und Dillingen ähnliche Gedanken ausgesprochen hat. Er hat dort die Auffassung vertreten und in den Fällen fast gleichlautend, daß die fürchterlichsten Kämpfe Religionskämpfe waren, deshalb habe auch die Reichsregierung das Konkordat abgeschlossen, um Religionskämpfe zu vermeiden. Er hat der Reichsregierung auch dafür gedankt, andererseits auch im gleichen Zusammenhang seinem Schmerz darüber Ausdruck gegeben, daß die untergeordneten Stellen nach seiner Überzeugung das Konkordat sabotieren. Den Schlüssel hat Herr Inspektor Gambs gegeben. Ich habe nicht gewußt, daß Herr Inspektor Gambs ein so großes Interesse an den Predigten des Herrn P. M. bekundet hat, daß er sogar nach Weissenhorn gefahren ist. Das ist mir ein absolutes Novum. Aus dem Akt hat sich das nicht ergeben. Er war in Weissenhorn und hat erklärt, das habe er nicht gehört, er hat nur konstatiert, daß er sich dem Sinne nach so geäußert hat.

Herr P. M. hat in seiner absoluten Wahrheitsliebe heute im Gegensatz zu seiner früheren Meinung gesagt: »Es ist mir jetzt eingefallen, daß ich tatsächlich in der Predigt vom 18. 4. 37 in Kirchheim von einem ›Staatsbetrug‹ gesprochen habe.« Er habe früher gemeint, er habe von einem Mordsbetrug gesprochen. Heute sagt er, er kann sich erinnern, daß er von einem Staatsbetrug gesprochen habe, aber nur in dem Sinne, wie es bei uns in Württemberg üblich ist, von Mordsbetrug und vom großen Betrug. Er hat das ja heute früh drastisch illustriert. Meine Herren, seine Interpretation wird meiner Überzeugung nach zwingend unterstützt durch den übrigen Inhalt der Predigt. Er spricht von den untergeordneten Stellen; denen sagt er einen Staats- mordsgroßen Betrug nach. Mit diesen Einschränkungen und Vorbehalten steht fest, in welchem Zusammenhang P. M. zu dem Thema »Gemeinschaftsschule« sich geäußert hat.

Ich möchte dazu noch einige historische, rechtliche und staatspolitische Reminiszenzen vortragen. Ich habe Ihnen eine Broschüre vorgelegt und glaube der Verfasser heißt Frör, eine Broschüre vom evangelischen Standpunkt aus und zwar wegen der Bekenntnisschule.[89] Ein großer Teil Protestanten nehmen in Fragen der Konfessionsschule den gleichen Standpunkt ein wie die kath. Kirche. Und hier hat der Verfasser angegeben, daß der Reichsleiter Rosenberg früher selbst in seinem Kommentar zum Programm der NSDAP auf Grund der Ziffer 24 des Programmes christliche Volksschulen, konfessionell paritätisch vereint, verlangt hat. Ich habe ein Exemplar dieses Programmes des Reichsleiters Rosenberg von der Staatsbibliothek eingegeben und mich mit eigenen Augen davon überzeugt, daß dieses Zitat tatsächlich richtig ist. Der Führer hat am 23. 3. 33 in sakraler Form vor dem Reichstag erklärt: »Die Nationalsozialistische Regierung sieht in den beiden Konfessionen tragende Säulen für unser Volkstum.« In Bayern sind – waren, muß man jetzt sagen, – nach der Verordnung vom 26. 8. 33 die Volksschulen regelmäßig Konfessionsschulen. Ich verweise auf Art. 6 des bayr. Konkordats. Dort ist die Konfessionsschule konkordatsmäßig gesichert, garantiert. Das gleiche ist der Fall in Art. 23 des Reichs. K. Dort ist auch bestimmt, daß die Länderkonkordate aufrecht erhalten bleiben. Es ist also eine doppelte Existenzsicherung der Konfessionsschule in Bayern gegeben. Meine Herren! Es ist vielleicht nicht überflüssig, wenn ich sage, daß das Reichs.K. die Bedeutung eines innerstaatlichen Gesetzes hat. Ich trage Ihnen das vor, um Ihnen das Terrain zu illustrieren, auf dem P. M. seinen Kampf für die Konfessionsschule juristisch gekämpft hat. Er steht nach dem, was er ausgeführt hat, auf dem Standpunkt, daß die Bekenntnisschule eine durch Landes- und Reich.K. geschützte öffentliche Einrichtung ist,

89 Kurt Frör, *Der notwendige Kampf um die Bekenntnisschule.*

ein Recht, das nach der feierlichen Zusicherung des Führers nicht angetastet werden soll. Diese Zusicherung des Führers ist auch respektiert worden bei der Durchführung des Kampfes zur Vernichtung der Konfessionsschule. In diesem Zusammenhang ist es bedeutungsvoll, worauf ich heute morgen schon hingewiesen habe, daß nicht der Staat oder die Partei den Kampf organisiert und durchgeführt haben, sondern ein privat aufgezogener bürgerlich rechtlicher Verein. Meine Herren! Ich brauche Ihnen nicht zu sagen, auf welchem Standpunkt der Codex juris Can[onici][90] steht, in der Frage der Konfessionsschule. Es ist Amtspflicht für den kath. Geistlichen, für die Konfessionsschule einzutreten. Ich darf auch noch hinweisen auf das Schlußprotokoll zu dem Art. 32 des R.K. Meine Herren! Der Herr Reichserziehungsminister Rust hat 1935 auf einer Gautagung der Kurmark erklärt[91]: wir haben in einem Konkordat die Konfessionsschule zugebilligt, was wir versprochen haben, das halten wir auch. Meine Herren! Das hat P. M. gewußt! Er hat gewußt, daß die offiziellen Stellen zu dem, was im Konkordat zugesichert worden ist, stehen, daß das gehalten wird! Er hat gewußt, daß der Kampf zur Vernichtung der Konfessionsschule getragen worden ist, von der Deutschen Schulgemeinde e. V. mit dem Sitze in München. Und Herr Staatsanwalt hat heute morgen gesagt: In der Kirche darf er darüber nicht reden. Er muß den Weg der Vorstellungen wählen und sehen, daß er sonst Mittel und Wege findet, um zu seinem Ziel, die Konfessionsschule zu erreichen. Meine Herren, ich habe Ihnen 2 ausführliche Denkschriften des Ordinariates vorgelegt.[92] Ich will nicht die Einzelheiten dieser Denkschriften wiederholen. Ich will nur das Eine sagen, P. M. hat bei seinen Predigten die Denkschrift vom Jahre 1936 gekannt und hat

90 Can. 1374 CIC schreibt die katholische Konfessionsschule vor.

91 Bernhard Rust (1883–1945), Reichserziehungsminister, sagte am 1. Juni 1935 auf dem Gauparteitag in Guben: »Wir haben in einem Konkordat die konfessionellen Schulen zugebilligt. Was wir versprochen haben, das halten wir ...« (Lt. Völkischer Beobachter vom 3. Juni 1935), in: Evangelisches Schulblatt 69 (1935) Heft 7, Seite 135.

92 Denkschrift vom 20. März 1936 und 15. Mai 1937.

auch später Kenntnis bekommen von der Denkschrift des Jahres 1937. Er hat die Einzelheiten, die sich in dem Schulkampf zugetragen haben, nicht nur gekannt aus den Denkschriften. Zu ihm sind die Leute scharenweise in seine Zelle gekommen, haben bei ihm ihr verkümmertes Herz ausgeschüttet, P. M. hat gewußt, daß die Denkschrift von 1936 auch heute noch unbeantwortet ist, und jetzt weiß er, daß auch die Denkschrift 1937 bis heute unbeantwortet geblieben ist. Der Weg, den der Herr Staatsanwalt skizziert hat, ist nach Ansicht des Herrn P. M. nicht gangbar gewesen. Auf dieser Grundlage hat P. M. sich eingesetzt für die kath. Konfessionsschule; er war in größter Sorge für die Konfessionsschule. Daß seine Sorge berechtigt war, das hat ja dargetan die weitere Entwicklung, die in den Monaten Mai, Juni und Juli 1937 eingesetzt hat und abgeschlossen worden ist. Meine Herren! Wenn Pater M. der Ansicht war, daß die Konfessionsschule ein religiöses Erfordernis ist, das auch den Interessen des Volkes und des Staates gerecht wird, dann durfte er seine Kraft einsetzen zur Abwehr des gegen die Konfessionsschule gerichteten Vernichtungsschlages. Meine Herren! Zwischen dem Herrn Staatsanwalt und mir besteht gar keine Meinungsverschiedenheit in der Frage, ob die Jugenderziehung eine Angelegenheit des Staates ist. Selbstverständlich ist die Jugenderziehung des Staates eine ganz eminente, vielleicht die eminenteste. Meine Herren! Ich gebe auch zu, daß die Gemeinschaftsschule ein Ziel des nat. Staates ist. Ein Ziel. Dadurch wird aber die Tatsache, daß die Konfessionsschule im bayr. Konkordat u. verzahnt im Reichs.K[onkordat] in ihrer Existenz garantiert ist, nicht berührt. So lange das Konkordat besteht, kann nach meiner Ansicht auch der Kampf gegen die Konfessionsschule keine Angelegenheit des Staates sein. Das Ziel der Gemeinschaftsschule ist eine Angelegenheit des Staates. Aber der Kampf gegen die Konfessionsschule, der Vernichtungskampf gegen die Konfessionsschule kann doch, solange das Konkordat besteht, unmöglich eine Angelegenheit des Staates sein, denn der Staat kann doch nicht Rechte, die er selbst in einem Konkordat garantiert hat, einseitig vernichten. Meine Herren! Ich habe heute morgen gesagt, und sage es wieder, ich will nicht darauf herumreiten, aber ich halte es für notwendig zu sagen, daß: die deutsche Schulgemeinde ist die Trägerin des Kampfes gegen die Konfessionsschule. Es handelt sich hier nicht – das will ich nochmal sagen – um das Ziel der deutschen Schulgemeinde, sondern um die Frage des Kampfes gegen die Konfessionsschule und der ist nach meiner Ansicht nicht eine Angelegenheit des Staates. Auf jeden Fall ist er in den Augen des P. M. zumindesten auch eine kirchliche Angelegenheit, eine gemischte Angelegenheit. Er war der Ansicht, daß der von der deutschen Schulgemeinde getragene Kampf gegen die Konfessionsschule keine Angelegenheit des Staates ist. Meine Herren! Ich sage mit Nachdruck, die einschlägigen Äußerungen des P. M. richten sich gegen die, die es angeht, nicht gegen den Staat. Ich habe eigens das Vereinsregister eingesehen. Was ich dabei festgestellt habe, das habe ich heute morgen gesagt, und auch schriftlich bekanntgegeben. Ich habe Ihnen auch das vertrauliche Rundschreiben des Bezirksschulrates vorgelegt[93]. Von wem ich das bekommen habe, das weiß ich, aber wie es derjenige bekommen, der es mir gegeben hat, das weiß ich nicht. Aber es bestätigt, in seiner Einleitung und in seinem vertraulichen Charakter, das, was ich gesagt habe. Meine Herren! Wogegen richtet sich eigentlich der Kampf des P. M. für die Konfessionsschule? Es ist doch eindeutig und unzweifelbar, daß seine Abwehr sich nur richtet gegen die Methoden des Kampfes zur Vernichtung der Konfessionsschule. Das kann doch ernstlich nicht bezweifelt werden. Die Methoden sind das Abwehrobjekt des P. M. und auf gar keinen Fall können die Methoden der deutschen Schulgemeinde eine Angelegenheit des deutschen Staates sein; denn P. M. war zutiefst überzeugt, daß alles das vorgekommen ist, was ihm bekannt geworden ist. Und meine Herren! Wenn das alles wahr und wenn auch nur ein kleiner Bruchteil davon wahr ist, dann war diese Abwehrkritik post festum. Es war doch nicht so, als ob die Schlacht für die Konfessionsschule schon verloren gewesen wäre, verloren

93 Vertrauliches Rundschreiben des Bezirksschulrats von Regen/Viechtach über »Die Deutsche Schulgemeinde«.

ist die Schlacht erst geworden nach den Predigten des P. M. zur Zeit, wo er bereits in Stadelheim sich »erholt« hat. P. M. hat mit seinen Alarmrufen das Ziel verfolgt, noch das letzte Unglück nach seiner Überzeugung [abzu]wenden. Es ist also nicht eine Kritik um der Kritik willen, die gar kein sachliches Ziel hätte, haben können, er wollte das Letzte verhindern und habe Ihnen die Entscheidung des Reichsgerichtes vom 1. Juni 1937 vorgelegt, dort ist der Begriff der Gefährdung des öffentlichen Friedens im Sinne des § 130a authentisch neu interpretiert. Ich brauche das Urteil im einzelnen in seinem Inhalt nicht zu wiederholen. Ich will nur darauf hinweisen, daß hier das Reichsgericht den Standpunkt vertritt, daß nur [in] Frage kommen kann, die Gefährdung des öffentlichen Reichsfriedens. Es kommt also nur darauf an, ob und inwiefern der Angeklagte durch seine Predigten den Bestand des Staates oder seine Macht oder das öffentliche Vertrauen gefährdet hat. Objektiv sind diese Voraussetzungen auf jeden Fall nach meiner Ansicht subjektiv nicht gegeben. Ich weiß, daß das Reichsgericht in diesem Urteil auch den Standpunkt vertreten hat, daß unter Umständen schon in der Form der Äußerungen von der Kanzel herab eine Gefährdung des öffentlichen Rechtsfriedens gegeben sein kann. Aber ich bitte Sie doch, darauf Rücksicht nehmen zu wollen, daß P. M. der Überzeugung war, daß er berechtigt und verpflichtet ist, gegen die Gefahr, die der Konfessionsschule drohte, zu kämpfen. Er hat gekämpft in der Abwehr. Meine Herren! Der Kampf in der Abwehr verfolgt nur das Ziel, das Schutzobjekt, dem sein Ziel gilt, zu schützen vor der Gefahr. Bei der Einstellung des P. M. ist gar nicht daran zu denken, daß er die Absicht hätte, oder auch nur an die Möglichkeit [gedacht hätte, daß] der öffentliche Friede gefährdet werde. Der Kämpfer für das Recht denkt doch bloß daran, daß [er] das gefährdete Recht schützen will.

Der Herr Staatsanwalt hat, ich bitte das nicht übelnehmen zu wollen, ganz mit sachlicher Berechtigung einige schärfere Formulierungen etwas pädagogisch behandelt. Da sage ich: Die Formulierungen, das Temperament und ganz besonders beeinflußt durch den Angriff, den es abzuwehren gilt. Es ist eine

Naturnotwendigkeit, daß der scharfe Angriff bei einem, der kein Schwächling ist, eine scharfe Abwehr zur Folge hat. Die Schärfe der Abwehr ist nur das Echo der Schärfe des Angriffes. Ich habe das bereits gesagt. Die Gemeinschaftsschule ist ein Ziel des Staates. Ein klares Ziel. Das verstehe ich; aber bis jetzt ist die Gemeinschaftsschule nur ein Ziel und keine Einrichtung und keine Anordnung des Staates oder einer leitenden Person des Staates. Es fehlt also an der ersten Voraussetzung des § 2 des Heimtückegesetzes. Wenn der Herr Staatsanwalt die Anklage aufrecht erhält, muß er natürlich den Standpunkt vertreten, daß P. M. sich ketzerische Äußerungen zuschulden kommen hat lassen. Ich nehme das dem Herrn Staatsanwalt nicht übel, aber mir persönlich hat es weh getan, daß P. M. in die Kategorie der Hetzer, der politischen Hetzer, eingereiht wird. Ich vertrete die naive Ansicht, und naive Absichten haben immer die Vermutung der Richtigkeit für sich, daß derjenige, der aus Überzeugung für ein heiliges Recht eintritt, nicht als Hetzer angesprochen werden darf. Die Tatsache der Verteidigung eines Rechts muß schützen vor dem Vorwurf der politischen Hetze im Sinne des § 2 des Heimtückegesetzes.

Meine Herren! Sie wissen, wie die Situation ist. Sie wissen, daß P. M. für seinen Abwehrkampf keine andere Arena hat, als Kirche und Kanzel. Ich vertrete den Standpunkt, daß die Fairness im Kampf der Geister es unerläßlich verlangt, daß die Abwehr in der einzig möglichen Arena gestattet sein muß. Es ist nicht bloß eine Frage, sondern meine innerste Überzeugung, wenn ich sage: P. M. hat das, was er im Kampfe für die Konfessionsschule gesagt hat, in Notwehr, in berechtigter religiöser Notwehr getan.

Ich komme zum 2. Thema: Strafverfahren gegen kath. Geistliche und Ordensangehörige sowie Presseberichterstattung über diese. Dank der Geradheit und Offenheit des P. M. ist auch hier der Tatbestand so gut wie eindeutig festgestellt. P. M. hat zu diesem Thema drei Predigten gehalten. Eine am 24. 1. 37 in München, in der hat er sich mit dem Fall Schülle auseinandergesetzt. Ich brauche mich über den Fall Schülle ausführlich nicht zu verbreiten. Ich habe Ihnen zu Ihrer Information das

Material vorgelegt. Die Berichterstattung für den Fall Schülle war meiner Ansicht nach objektiv nicht richtig. In der 2. Predigt vom 2. 4. 37 hat P. M. sich gewendet gegen die übertriebene Art und Weise der Darstellung, Aufbauschung und Einseitigkeitstendenz. Er hat hier das Wort Stinkbombe gebraucht. Meine Herren! Der Gebrauch dieses Wortes ist ein überzeugender Beweis dafür, wie erschütternd die Berichterstattung auf ihn gewirkt hat. In der Predigt vom 23. 5. 37 hat P. M. gesagt, wir wüßten schon, daß man in dieser Presse für kath. Dinge überhaupt kein Verständnis habe. Die Annahme der Anklageschrift, daß P. M. von diesen »Prozessen« gesprochen habe, ist gegenstandslos geworden, daß der Herr Staatsanwalt sich selbst auf den Standpunkt gestellt hat, daß nicht von den »Prozessen«, sondern von der Presse gesprochen worden ist. Im übrigen steht der Tatbestand insoweit eindeutig fest. Ich weiß, wie sehr P. M. leidet unter den schweren sittlichen Verfehlungen von Priestern und kath. Ordensangehörigen. Ich teile die Auffassung des P. M.: Diese sittlichen Verfehlungen sind ein großes katholisches Unglück, aber auch ein deutsches Unglück. P. M. denkt nicht daran in diesen Fragen irgendeine gekünstelte Arithmetik zu treiben ob es hundert oder 40 oder 20 sind. Der Herr Vorsitzende sagt schon, es langen 10. Ich bin vollständig dieser Ansicht. Mir würden schon 5 langen. Ich habe mir über mittag die päpstliche Enzyklika vom 15. 3. 37[94] besorgen lassen. Hier spricht sich allerdings nur kurz der Papst selbst gegen die Sittlichkeitsverfehlungen aus. Auf jeden Fall haben die deutschen Bischöfe ganz ohne jeden Vorbehalt ihre Ansicht zum Ausdruck gebracht über diese sittlichen Verfehlungen. Ich habe die einschlägigen Hirtenbriefe des Gesamtepiskopats vorgelegt.[95] Die Auffassung des P. M. weicht auch nicht um ein Jota von der Auffassung des Gesamtepiskopats ab. Ich weiß, welche erschütternde Wirkung diese sittlichen Ver-

94 Enzyklika »Mit brennender Sorge« vom 15. März 1937.

95 Hirtenbriefe deutscher Bischöfe zu den neuen Sittlichkeitsprozessen: Bischöfe von Bayern (9. Mai 1937), von Freiburg (23. Mai 1937), von Berlin (27. Mai 1937), von Mainz (im Mai 1937), von Limburg (27. Juni 1937) usw.

fehlungen auf P. M. ausgeübt haben und ausüben. Ich weiß, wie sehr er unter der aufbauschenden, übertreibenden, tendenziösen Berichterstattung leidet, förmlich körperlich leidet. Das ist keine Übertreibung, sondern wahr! Und zwar deshalb leidet, weil er die Rückwirkung kennt. Es ist ja heute morgen davon gesprochen worden. P. M. hat selbst darauf hingewiesen, mit welchem Maße die kath. Geistlichen jetzt angesehen werden. Der Herr Vorsitzende selbst hat bekannt gegeben, wie er selbst reagiert auf diese Dinge. Und es ist dies alles richtig. Gerade weil diese Wirkung so unendlich darüber, daß das Unglück noch größer gemacht wird. Ich darf darauf hinweisen und nachdrücklichst, weil das wesentlich ist, die drei Predigten liegen in extenso vor. Es ist absolut eindeutig, daß P. M. sich nur religiös-sittlich äußerte, kein Wort ist gegen die Gerichte gesprochen, kein Wort über Art der Prozesse gesagt worden, nicht ein Wort. Das ist echt P. R. M. Er sagt, darüber kann ich doch nicht reden, ich habe ja keinen Prozeß miterlebt, ich war nicht dabei. P. M. ist der Überzeugung, daß es die Pflicht des Staates und des Gerichtes ist, diese Pest auszurotten aber der Ansicht, daß man die Pest nicht noch mehr verpesten soll, durch Aufbauschen, Übertreibung und Tendenzberichterstattung, das ist sein Gedankensgang; von dem aus hat er in diesen drei Predigten sich zu diesem Thema geäußert.

P. Rupert Mayer hat heute morgen kurz, aber mit erschütternder Deutlichkeit den Fall des Pfarrers von Dachau angeführt. Ich kenne den Fall persönlich, beruflich. Wenn P. M. ein scharfes Messer der Kritik ansetzt, bin ich der Ansicht, daß er auch vom Staatsanwalt daran nicht gehindert werden sollte. Der Herr Staatsanwalt hat heute einen Fall kurz gestreift, der in den letzten Tagen behandelt worden ist. Ich kenne den Fall. Das, was Herr Staatsanwalt als entscheidend bezeichnet hat, ist in dem Zusammenhang nicht entscheidend. Entscheidend für den Gedankengang des P. M. ist nur der Gesichtspunkt, daß es nicht möglich war, auf loyale Weise eine Berichtigung in seinem Urteil aussprechen. Mit dem Herrn Staatsanwalt bin ich ganz der Meinung, daß selbstverständlich die Presse eine Angelegenheit des Staates ist. In § 14 des Schriftleitergesetzes[96] ist vorgesehen, daß der Schriftleiter ein öffentliches Amt bekleidet. Das ist richtig so. Diese unverantwortlichen Schreibereien der früheren Zeit haben doch Gott-sei-Dank aufgehört. Aber meine Herren! Im Schriftleitergesetz ist den Schriftleitern auch das absolute Gebot der absoluten Wahrheitspflicht auferlegt. Es ist eine Selbstverständlichkeit, daß die Verletzung der Wahrheitspflicht keine Angelegenheit des Staates sein kann und nur die von P. M. angenommene, nach seiner Überzeugung vorhandene Verletzung der gesetzlich moralisch vorgeschriebenen Wahrheitspflicht hat er sich in der Abwehr geäußert. Schon deshalb ist nach meiner Ansicht die Möglichkeit der Annahme, daß er eine Angelegenheit des Staates in einer den öffentlichen Frieden gefährdenden Weise zum Gegenstand einer Erörterung gemacht haben könnte, ausgeschlossen. Ich wiederhole das, was ich vorher zum ersten Thema des Prozesses einschlägig gesagt habe: Notwehr, notwendige Abwehr kann kein Kanzelmißbrauch sein und kann kein heimtückischer Angriff sein. Gegen welchen führenden Mann des Staates oder der Bewegung könnte er etwas gesagt haben, wenn er die Verletzung der Wahrheitspflicht unterstreicht und bekämpft? Ich bin der Ansicht, daß auch hier kein Kanzelmißbrauch, kein heimtückischer Angriff angenommen werden kann. P. M., ich sage es noch einmal, sollte geschützt sein gegen die Unterstellung, er gehöre zu den staatsoppositionellen Wühlmäusen, er gehöre zu den heimtückischen Angreifern, er gehöre zu den Zersetzern. P. M. hat heute morgen das Wort des Führers zitiert: Deutsch sein heißt wahr sein! Wer nach diesem Modus lebt und kämpft u[nd] sich äußert, ist kein heimtückischer Angreifer.

Ich komme zum letzten Punkt der Anklage mit dem Thema: Nationalsozialismus und nat. soz. Schrifttum. Auch hier ist der Tatbestand sachlich klargestellt. Es wird von Ihnen angenom-

96 Schriftleitergesetz vom 4. Oktober 1933, § 14: »Schriftleiter sind insonderheit verpflichtet, aus den Zeitungen alles fernzuhalten: ... 3. was gegen die Ehre und Würde eines Deutschen verstößt« (vgl. ALTMEYER, *Katholische Presse unter NS-Diktatur,* 3).

men werden müssen, daß P. M. in der Predigt vom 25. 1. 37 in Aichach gesagt hat, nicht »Nach diesen Beweisen ist der Nat. Soz. der erbittertste Gegner der Kirche«, sondern »Nach diesen Beweisen konnte man annehmen, daß der Nat. Soz. der erbittertste Gegner ist«. Aber er hat ja auch sofort hinzugefügt: Das kann nicht richtig sein, deshalb nicht, weil der Führer die feierliche Erklärung am 23. 3. 33 abgegeben hat und weil ja die Ziff. 24 des Partei-Programmes das ausspricht. Er hat darauf hinweisen wollen, daß es ein Unglück ist, daß trotz dieser Säule, diese kirchenfeindlichen Bestrebungen sich in einem Teil der Nat. Soz. Presse so auslassen.

Was hat P. M., wie er in diesen beiden Predigten sein tief bekümmertes Herz ausgeschüttet hat, im Auge gehabt? Ich kann Ihnen unmöglich alle einzelnen Bekümmernisse hier aufzählen, ich habe Sie mit Material schon so fest überhäuft. Ich habe außerordentlich große Ansprüche an Sie gestellt durch die Zumutung, diese Vorlagen zu studieren, aber glauben Sie mir, ich hätte das Material nach dem, was ich zur Verfügung hatte, noch verdreifachen können.[97] Ich habe mich darauf beschränkt, die dicksten Brocken Ihnen vorzulegen. Ich habe das kleine Büchlein »Religionsfreiheit«[98] vorgelegt, es enthält amtliche Dokumente und Worte führender Männer. In diesem Büchlein ist das enthalten, was P. M. als offizielles Programm bezeichnet hat. Daran hält sich P. M.; daraus ergibt sich sein Entsetztsein darüber, daß sich in der breiten Presse, auf dem Theater, in den Versammlungen so starke kirchenfeindliche Strömungen bemerkbar machen. Sie kennen alle den »Pfaffenspiegel«. Es ist ein ganz altes aschgraues Repertoirstück des Kommunismus im Kampfe gegen die kath. Kirche. Es ist für einen kath. Deutschen entsetzlich, wenn er sehen muß, daß jetzt in der Nat. Soz.

97 Warmuth hatte viele Beilagen zu seinen Briefen an das Sondergericht beigefügt: Brief vom 15. Juli 1937 mit 18 Beilagen, vom 14. Juli 1937 mit 10 Beilagen, vom 20. Juli 1937 mit 12 Beilagen, vom 21. Juli 1937 mit 4 Beilagen.

98 »Religionsfreiheit. Amtliche Dokumente führender Männer«. Leider befindet sich die Schrift nicht mehr in der Akte.

Presse Propaganda für den »Pfaffenspiegel« gemacht wird. Nicht bloß in der Presse! Das Reichsbahnausbesserungswerk in Freimann hat die Geschmacklosigkeit, in einem Anschlag Propaganda zu machen für den »Pfaffenspiegel« neben dem Werk des Führers! Wenn P. M. darüber das Gleichgewicht verliert, dann habe ich dafür das größte Verständnis. Ich habe Ihnen die Nr. 46 des Stürmers vorgelegt mit dem Fipszeitspiegel.[99] Da sind 9 Bilder drin, da ich nicht Bildersachverständiger bin, will ich mich gutachtlich und kritisch zu den Bildern, die ich nicht begreife, gar nicht äußern, aber das ist sicher, daß P. M. das Gleichgewicht verliert, wenn er solche Emanationen des Fips sieht. Wenn Sie Interesse daran haben, rege ich an, daß die 9 Bilder in die Ausstellung entartete Kunst[100] gebracht werden. Sie können dann hier durchbesprochen werden. Ich habe Ihnen die Nr. 49 der Bewegung vorgelegt, das Organ des Nat.Soz. Studentenbundes,[101] darin ist eine Blütenlese schwerster Vorwürfe enthalten gegen Kardinal Faulhaber. P. M. weiß, daß kein einziger dieser Vorwürfe auch nur irgend wie das Merkmal der Wahrheit an sich trägt. Ich habe Ihnen die erste Folge des Schwarzen Korps vom 7. 1. 37[102] vorgelegt und verwiesen auf den Artikel »Geisteskrise«; dort wird das Christenum expressis verbis als eine volksfremde Irrlehre bezeichnet.

Welche Wirkung ein solcher Angriff auf P. M. auslöst, das brauch ich nicht weiter auszumalen. Sehen Sie sich die Bilder »Schwarzer Dolchstoß« 5.[103] Folge Schwarzes Korps vom 25. 2. 37 an. Ich habe auch vorgelegt das Stück »Der Kö-

---

99 »Der Stürmer«, Zeitspiegel von »Fips«, Folge 31.

100 Ausstellung »Entartete Kunst« am 19. Juli 1937 in den Hofgarten-Arkaden eröffnet, von 30000 Besuchern angeschaut. War gegen Oskar Kokoschka, Max Beckmann, Emil Nolde, Otto Dix u. a. gerichtet; vgl. Preis, *München unterm Hakenkreuz,* 84–86; vgl. *Nationalsozialismus und »Entartete Kunst«.*

101 »Die Bewegung« (München), Zentralorgan des NSD-Studentenbundes vom 2. Dezember 1936, Nr. 49: »Ein römischer Kirchenfürst auf deutschem Boden« (eine Art Erwiderung auf Faulhabers Antwort zum »Mephisto«-Artikel).

102 »Schwarzes Korps« vom 7. Februar 1937; vgl. S. 241.

103 »Schwarzes Korps« vom 25. Februar 1937.

nig reitet«, das von Mitgliedern der D.A.F. aufgeführt worden ist.[104]

Meine Herren! Ich könnte in dieser Blütenlese fortfahren, ich will es nicht tun, es reicht meiner Ansicht nach schon aus, um Sie zu informieren über die Seelenstimmung des P. M.

Meine Herren! Wenn P. M. sagt »hier ist die Kirchenfeindlichkeit mit Händen zu greifen«, wird man ihm nicht Unrecht geben können und wird es ihm nicht verwehren können, daß er sich mit letzter Kraft dagegen zur Wehr setzt. Kampfobjekt ist für ihn nicht die Nat.Soz.Weltanschauung, aber der Nat.Soz. erstreckt sich nicht auf den religiösen Bezirk; ich verweise auf Worte führender Männer, wie sie im Büchlein dokumentarisch festgestellt sind, das ich Ihnen vorgelegt habe: Religionsfreiheit. Meine Herren! Die hier einschlägigen Äußerungen richten sich nicht gegen das Nat.soz. Schrifttum, nicht gegen die Nat.Soz. Weltanschauung, sie richten sich gegen diejenigen Nat.soz. Blätter, Zeitungen, Zeitschriften und Broschüren u.s.w., die sich kirchenfeindliche Angriffe zu Schulden kommen lassen. Das wird man P. M. nicht vorwerfen können, daß er sich mit letzter Kraft, mit dem letzten Blutstropfen zur Wehr setzt.

Diese Dinge sind doch keine Angelegenheiten des Staates! Diese Ausführungen richten sich nicht – unmöglich können sie sich richten – gegen leitende Persönlichkeiten des Staates oder der Partei, ihre Einrichtungen und Anordnungen. Berechtigte notwendige Abwehr ist hier gegeben. Nur in Notwehr, in berechtigter Abwehr hat P. M. das Wort ergriffen, in heiligster Überzeugung von der Notwendigkeit zur Abwehr.

---

104 Frau H. F. Anders, Der König reitet. Schauspiel in fünf Akten. Am 3. November 1936 im Prinzregententheater in München aufgeführt. Vgl.: Das Programm. Blätter des Bayerischen Staatstheaters in München, hrsg. von der Generalintendanz, Spielzeit 1936–1937, Nr. 4/1936. – Im Bericht über den Schulungsabend der Deutschen Glaubensbewegung am 28. Oktober 1936 im Augustiner-Bräu heißt es am Ende: »Kurzer Inhalt: In unserem Lande ist Unfrieden, Frieden kann nur hergestellt werden, wenn die Fremdlinge, die Römlinge beseitigt sind . . . Die Verfasserin, eine Frau namens Anders, früher Kommunistin, ist jetzt an leitender Stelle der deutschen Glaubensbewegung tätig« (Beilage 9 a).

Meine Herren! Für mich ist der Gedanke, daß hier von einem Staatsfeind, von einem heimtückischen Hetzer gesprochen werden könnte, eine absolute Unmöglichkeit. Ich wiederhole es noch einmal:

Die Schärfe der Abwehr ist nur die Auswirkung, das Echo der Schärfe des Angriffs. Er kann nicht stumm bleiben, wenn sein Heiligstes bedroht ist, er kann nicht mit Platzpatronen schießen, wenn Bomben geworfen werden. Er wird immer in vorderster Front stehen, und mit seinem Körper, mit seiner Person die heiligen Interessen schützen, deren Pflege und Betreuung ihm Gott anvertraut hat. Nicht der ist verantwortlich, der abwehrt, sondern der Angreifer! Meine Herren!

Ich beantrage die Freisprechung des Pater Rupert Mayer und bitte Sie um Aufhebung des Haftbefehls!

Rede des 2. Verteidigers Dr. Bandorf

Hier ist ein Mann, dem es am allerschwersten ist, daß man über ihn spricht, dem es vielleicht am allerschwersten wird, daß man seine Handlung verteidigt.

Es war im Jahre 1915, wir kamen im 3. Bat. des bayer. Res. Regiments 18 neu formiert an die Front, kamen in eine Stellung in den Vogesen, die noch gar nicht ausgebaut war und unter ständigem französischen Artilleriefeuer lag. Da kam die Meldung, um 11 Uhr kommt der Div. Geistliche Pater Mayer. Als verantwortlicher Kompanieführer habe ich gesagt: Was will der Pfarrer bei uns; es ist ja ausgeschlossen, daß ich in dieser ungesicherten Stellung meine Mannschaft zurückführe zu einem Gottesdienst. Es ist direkt unverantwortlich, daß man das Leben der Mannschaft auf diese Weise der Gefahr aussetzt. Um 11 Uhr kam der Pfarrer Mayer. Aber das macht nichts, ich gehe mit Ihnen durch den Graben und werde mit den Leuten ein paar Worte sprechen. Er ist dann zum ersten Maschinengewehr und hat gesagt: Leute, habt ihr eine schlechte Stellung, bei euch ist ja noch gar nichts gemacht, da müssen wir wirklich schauen, daß ihr in den Graben hineinkommt, sonst ist euer Maschinengewehr beim Teufel. Dann hat er mit ihnen ein »Vater unser« gebetet, so ist dieser Mann mit mir durch meine Stellung gegangen.

Ich habe gesehen, wie Soldaten, junge und alte, auf einmal einen ganz eigenartigen Blick bekommen haben und wie es nach 8 Tagen geheißen hat: Pfarrer Mayer kommt wieder zum Gottesdienst, hat sich keiner halten lassen und alle sind sie nach rückwärts, um bei diesem Divisionsgeistlichen ihren Gottesdienst zu hören. Das war der erste Eindruck.

Um nun zu verstehen, daß dieser Mann in seinen Predigten diese Äußerungen gemacht hat, die ihm vorgeworfen sind, muß ich Ihnen zwei Erlebnisse erzählen:

Es steht in unserer Regimentsgeschichte – ich gebrauche sie nur, um Ihnen die Zahl der Toten urkundenmäßig vorlegen zu können, damit der, der nicht an der Front war weiß, wie schwer diese Kämpfe waren. Nachdem der Berg im Münstertal von unserem Regiment erstürmt war, haben die Franzosen mit ihren Elitetruppen den Alpenjägern den Versuch gemacht, diesen Berg, der ein ganz wichtiger Stützpunkt war, mit allen Mitteln und aller Gewalt wieder zu nehmen. Auf dieser Höhe lag die 5. Kompanie unseres Regiments. Im Mai 1915 hat unser Regiment sein erstes schweres Trommelfeuer aus 32 cm[105] Geschützen mitgemacht.[106] Der Kompanieführer hatte gemeldet: Ich kann die Stellung nicht mehr halten, die Zahl der Toten ist erschreckend und ich kann Ihnen sagen: Die eine Kompanie hat an einem Tag 15 Tote, die andere am selben Tag 19 Tote gehabt. Wir haben monatelang in Großkämpfen gelebt und haben im Monat nicht soviel Tote in einer Kompanie gehabt, wie hier an einem Tage. Nachdem der Kompanieführer gemeldet hatte: Wir können die Stellung unmöglich halten, kommt in diese Hölle ein Mann, ruhig, bescheiden und geht in den ersten Unterstand. Da klagen ihm die Leute, daß es nicht mehr zu ertragen ist. Da steht dieser Mann gedrückt im Unterstand hält ein Kreuz in der Hand und sagt: »Leute, haltet aus, tut eure Pflicht! Haltet aus, ich bleibe bei Euch!« ... Damals hat der junge Leutnant auf Antrag der Division den höchsten bayer. Tapferkeitsorden, den Max-Josefs-Orden, bekommen.

105 Vermutlich »22 cm«.
106 »mit«gemacht: Korrektur Mayers.

Von ihm weiß ich die Begebenheit und der Leutnant hat damals in seinem Bericht über diesen Gefechtstag hineingeschrieben: Daß meine brave tapfere Kompanie überhaupt hat aushalten können, das verdanken wir allein dem Div. Pfarrer Pater R. Mayer.

Das dritte Erlebnis! Da ist etwas richtig zu stellen. Es war nicht so, wie Herr Justizrat Warmuth es gebracht hat, sondern in diesen furchtbaren Sommekämpfen 1916, die so furchtbar waren, daß mein Bataillon, das mit 900 lebenden Bayern nach vorne gegangen war, nach 8 Tagen auf 220 Mann zusammengeschossen wurde, dann nochmals aufgefüllt mit neuen Kräften auf 700 Mann mit knapp 100 Mann herausgekommen ist. In diesen furchtbar harten Kämpfen war ein Mann in der Division, der vom ersten bis zum letzten Tage des Einsatzes, vom 30. 6. bis 30. 8. 1916, in der vordersten Linie versucht hat, die Munition nachzubringen, versucht hat, das Essen herzuschaffen, versucht hat, die eingeebneten Gräber einigermaßen zu vertiefen, damit man halten kann, ist dieser Mann gekommen mit sämtlichen Sanitätern der Division und hat Nacht für Nacht die Verwundeten zurückgeschafft, was das heißt, kann nur der Feldsoldat ermessen. Wenn so ein Überfall an der Somme gekommen ist, da hat jeder Infanterist in sein Loch kriechen können, die Verwundetentransporte mußten durch diese Sperrfeuer hindurch. Es ist begreiflich, daß jeder Sanitäter seine Tragbahre zum Teufel geworfen hat und in das nächste Loch verschwunden ist. Es war unmöglich, in diesem Feuer-Überfall überhaupt zu atmen. Ein Verwundeter liegt auf seiner Bahre draußen, beide Beine waren ihm abgeschossen, er konnte nicht herunter. Die Sanitäter, die totfroh waren, in einem Granattrichter zu sein, haben vielleicht das Wimmern nicht gehört: Nehmt mich mit! Auf einmal legt sich über diesen Mann ein anderer und sagt: »Sei still, Kamerad, wenn es einen trifft, trifft es mich zuerst!« Jener Mann – sonst hätte ich es nie erfahren, hat es mir 1920 erzählt.

Darf ich an das Bild anknüpfen, das Justizrat Warmuth bereits gebraucht hat: Wer so handelt, deckt mit seinem Körper die Angriffe der Kirche. Meine sehr verehrten Herren Richter!

Ich habe mich über die tapfere Rede des Herrn Staatsanwalts gefreut. In dieser Rede ist offen und wahr erklärt worden, daß ein Kampf besteht und zwar ein harter Kampf. Nun glaube ich, daß kein Mensch in Deutschland, der guten Willens ist, dem kath. Priester verwehrt, daß er in diesem Kampf in vorderster Linie steht. Ich kann vielleicht freier sprechen als Herr Justizrat Warmuth, denn ich bin konfessionell in keiner Weise gebunden. Wir haben im Krieg in Todesnot oft über die letzten Dinge gesprochen, wenn man nicht weiß, ob in der nächsten Viertelstunde man noch atmet und das Herz noch schlägt, da ist man frei und spricht ganz frei über die letzten Dinge, über Gott, über Sterben und Leben. Ich bin in gar keiner Weise gebunden, aber ich billige dem Priester, mag er in welchem religiösen Lager auch immer stehn, das absolute Recht zu, in diesem Kampf, den der Herr Staatsanwalt anerkannt hat, in vorderster Linie zu kämpfen.

Sondern ich möchte Sie bitten, ein anderes Bild zu sehen und zwar nehme ich da wieder ein herrliches Wort des Herrn Staatsanwaltes: »In glühender innerer Religiosität hat dieser Mann gehandelt!« Das sind die Worte des Herrn Staatsanwaltes; man kann es eigentlich nicht wunderbarer fassen. In welcher innerer Einstellung dieser Mann in diese Predigt gegangen ist und in den Predigten gesprochen hat. In glühender innerer Religiosität und da war kein böser häßlicher Gedanke gekommen, kein einziges häßliches Wort, er war innerlich erfüllt von dem, was er predigte. Und da muß ich nun Herrn Inspektor Gambs, der von Beruf verpflichtet war, diesem Mann nachzugehen, ihn zu beobachten, anerkennen, daß er wie ein ehrlicher Kämpfer dem anderen ehrlichen Kämpfer gegenüber nicht die Hochachtung versagt hat, auch er hat Ihnen gesagt: »Auch ich habe vor diesem Mann Hochachtung!« Ich darf erwähnen, in dem ganzen Prozeß war niemand, gar niemand, der diesem Mann nicht höchste Anerkennung und Achtung und Verständnis gezollt hat. Und wenn jemand heute das häßliche Wort gesprochen hat »das Hinausgehen des Priesters auf die Kanzel habe theatralisch gewirkt«, dem kann ich nur wünschen, daß er einen Tag fühlt, was dieser Mann jahrelang hat fühlen müssen.

Ich habe 1922 erreicht, daß dieser Mann von München weg auf einige Monate in Urlaub ging, nachdem er in[107] all den Jahren 1917, 1918, 1919, 1920, 1921, 1922 auf einem wunden Stumpf herumgelaufen ist. Ich habe einmal beobachtet, als P. M. zu mir als Feldkamerad kam, um für einen anderen Feldkameraden etwas zu erbitten, wie der dicke Schweiß heruntergekommen ist. »Herr Pater, was ist Ihnen, sie schwitzen so furchtbar.« »Nichts.« Es hat mir keine Ruhe gelassen, daß dem Manne solche Schweißperlen auf der Stirn sitzen, während er vor mir sitzt. Vielleicht dachte ich mir, es ist seine Prothese. Da habe ich gegen seinen Willen seine Prothese angeschaut, solange wie mein Finger ist, war wildes Fleisch am Stumpf. Ich möchte dem Mann, der diese häßlichen Worte gesprochen hat, nur wünschen, daß er an einem Tage diese Schmerzen ertrage.

Und nun fragt es sich, verurteilen Sie diesen Mann? Wenn ja, aus welchen Gesichtspunkten? Der Herr Justizrat hat versucht, einen Standpunkt darzulegen und ich darf ihn wohl mit einem Charakteristikum bezeichnen als den kirchlichen Standpunkt. Ich muß mich auf den kirchlichen und staatlichen Standpunkt stellen. Dann weiß ich ganz genau, daß nicht ein kirchliches Gericht, ein kanonisches Gericht, sondern ein staatliches Gericht diesen Fall abzuurteilen hat. Meine Herren Richter! Es ist die erste Frage und zwar die prinzipielle. Ist es zwingend gesetzlich, daß auf den ganzen Tatbestand hier der § 2 des Ges. v. 20. 12. 34 angewendet werden muß? Darin schließe ich mich in den einzelnen Ausführungen des Herrn Justizrat vollständig an, möchte Sie aber in einem Punkte noch ergänzen. Das Gesetz gegen heimtückische Angriffe, d. h. in unserer Justizsprache das Heimtückegesetz. Es ist vielleicht das wundervollste Recht des Richters, daß er nicht blind an irgend einen Paragraphen gebunden ist, sondern den Geist des Gesetzgebers erfaßt und anwenden muß. Wenn man nun hört von Herrn Inspektor Gambs, daß dieser Mann kerzengerade zu allen Anschuldigungen ge-

107 »in«: Einfügung Mayers.

standen hat, dann ist mit dem ganzen Verhalten dieses Mannes das Wort und der Begriff »Heimtücke« überhaupt nicht vereinbar. In Heimtücke liegt das Wort »heimlich« darinnen. Neid und Tücke die Eigenschaft, die wie keine diesem Manne fehlt. Der kann den Begriff Tücke überhaupt nicht in sich aufnehmen, geschweige denn in Gedanken und Worten ihn zum Ausdruck bringen.

Ich möchte Sie schon von diesem allgemeinen Gesichtspunkt her bitten mit größter Vorsicht an die Anwendung dieses Gesetzes heranzugehen. Zur Anwendung der Ausführung dieses Gesetzes ist notwendig, daß [über] eine leitende Persönlichkeit irgendetwas gesprochen worden ist oder über Anordnung dieser leitenden Persönlichkeit, d. h. es in diesem Gesetz ausdrücklich. Also nicht irgendeine Anordnung oder von ihnen geschaffene Einrichtung. Das scheidet aber hier vollkommen aus. Ich möchte Sie wirklich bitten aus dieser richtigen und allgemeinen Erwägung heraus das Heimtückegesetz nicht anzuwenden, denn der Mann hat in breitester Öffentlichkeit, wissend, daß er von der Gestapo kontrolliert wird, die Äußerung gemacht, von deren innerer Wahrhaftigkeit er so überzeugt war, daß er überhaupt nicht auf den Gedanken kommen konnte, man zeihe ihn in einem Satz der Unwahrheit... Ich darf Sie bitten, dieses Gesetz zu vermeiden. Dann komme ich gleich zu dem Strafmaß, das dem vorliegenden Falle gerecht wird.

Für § 2 des Heimtückegesetzes steht in Frage nur Gefängnis, im vorliegenden Fall, wo ein Mann, ich muß noch einmal das wundervolle Wort des Herrn Staatsanwalts anführen, aus »einer glühenden inneren Religiosität« heraus seine Äußerungen getan hat, ist das gegeben, daß man diese innerste Überzeugung nicht mit Gefängnis, sondern mit der Ehrenhaft der Festung bestraft.

Dann komme ich auf ein paralleles Bild. Unser Führer schreibt, wie er heimgekehrt ist aus dem Krieg als Kriegsblinder und wie er hört, daß die Revolution in Deutschland ausgebrochen sei und ein vollkommen wehrloser, hilfloser Mann in seinen Kissen mit seinen blinden Augen bitterste Tränen weinte, um das

Land, das er vier Jahre lang verteidigt hat und das er liebt.[108] Wie dieser Mann P. R. M. Deutschland liebt, das kann ich auch erzählen, in den ersten Novembertagen 1918 als schwerkranker Mann aus den letzten Kämpfen heimgekommen, saß ich, ein wirklich gebrochener Mensch in meinem Lehnstuhl. Da hat mich dieser Mann gefragt, wie wir die letzten Kämpfe überstanden haben, was wir noch ertragen mußten, da habe ich gesagt: Herr Pater! Lassen Sie das, das ist nicht die größte Sorge, sondern, und dann fiel er mir ins Wort und sagte: »Ja die Heimat ist die größte Sorge, das Vaterland, ja das weiß ich.« Da habe ich gefühlt, wie diesen Mann die Sorge brennt um Deutschland, u[nd] in den nächsten Wochen ist dieser Mann, damals hatte er noch keine Prothese, sondern einen Stelzfuß, vielleicht weiß das in München niemand außer mir, in Arbeitersiedlungen, in Arbeiterwohnungen gegangen und hat gehorcht auf die Stimmung der Arbeiter und hat gehorcht auf die Stimmung der Revolutionäre. Ob man da noch helfen kann! Und wie man helfen kann! Und da haben wir unsere braven heimkehrenden Soldaten zusammengerufen und dieser Mann und ich, wir haben überlegt, ob wir diese braven Soldaten uns nicht irgendwie ... Ich kann Ihnen sagen, ich habe den Gedanken aufgegeben, als mir einer meiner Offiziere ins Gesicht geschleudert hat, ich bin meines Eides los. Da habe ich nichts mehr sagen können. P. M. ist Tag für Tag, Woche für Woche in die Versammlungen der UPSD[109], SPD und KPD gegangen und er hat nicht nur gehört, sondern er war einer der wenigen, die damals den Mut hatten, ohne diese Rücksicht auf sein Leben immer in diese Versammlungen zu gehen und zu reden. Ich habe gesehen, wie sie ihn mit seinem Stelzfuß einmal heruntergerissen haben und wie ihm ein Weib vorne die Soutane aufgerissen hat und ihn angespieen, eine andere Frau ihm ihr kleines Kind ans Gesicht gehoben und gesagt hat: »Mein Kind sollst du nie in Deine Krallen bekommen.« P. M. hat heute morgen ge-

108 ADOLF HITLER, *Mein Kampf*, 223 f.; vgl. auch FEST, *Hitler*, 114–115.

109 USPD: Unabhängige sozialdemokratische Partei Deutschlands (1917 Abspaltung von der SPD).

sagt, er habe oft lange vor den Versammlungslokalen gestanden u. überlegt, ob er hineingehen soll. Meine Herren! Vielleicht begreifen Sie jetzt! Mit ihm ist unser Führer selbst einmal zusammengetroffen, wie Sie gehört haben. Diese Einstellung muß man bei der Beurteilung dieses Prozesses vielleicht als die wichtigste Grundlage betrachten. Denn es kann bei P. M. ein »schuldig« nur darin liegen, daß er in einem berechtigten Kampf sich in den Mitteln vergriffen hat. Und da will ich eines sagen: Wir wissen oder wir haben in unserer Literatur manchen großen Prediger und einer, der vielleicht am populärsten ist, der vielleicht am tiefsten im Bewußtsein des Deutschen Volkes lebt ist Abraham a Santa Clara.[110] Wir wissen, daß der Kernpunkt dieses Mannes der Wesenspunkt seine ganz herben, harten, soldatischen Ausdrücke waren. Meine Herren! Sie können es einem Prediger, der 1912 sich der Zugereisten, besonders der Dienstmädchen, Arbeiter und Heimatlosen angenommen hat, der während des großen Krieges mit dem einfachen Mann Not und Tod geteilt, der mit dem einfachen Mann die ganze Not geteilt hat, nicht übel nehmen, aber auch gar nicht vielleicht aus einem überspitzten Bildungsgefühl heraus, wenn er sagt: Da wurde gelogen, daß sich die Balken bogen, oder wir werden eine Stinkbombe werfen; das darf man nicht, wenn ein Mann aus innerster religiöser Überzeugung den Kampf führt. Wenn ich die einzelnen Sätze mir noch einmal rasch vergegenwärtige: Eine hetzerische Äußerung ist hier wirklich nicht enthalten. Es hat P. M. recht, wenn er sich am allermeisten gegen den einen Satz wehrt. Es sieht fast so aus, als ob die Reichsregierung das Konkordat abgeschlossen hätte, um es dann von den untergeordneten Stellen sabotieren zu lassen. Sogar Inspektor Gambs bekennt – der monatelang die Predigten dieses Mannes gehört und sich in die innere Welt dieses Priesters eingelebt hat – daß P. M. nicht beabsichtigte zu sagen: Das Konkordat wurde von der Reichsregierung abgeschlossen, um es . . ., sondern, daß die Version von P. M. stimme. Siehe dazu die 5 Stenogramme, aus

---

110 Abraham a Sancta Clara (1644–1709), Augustiner, bedeutender Kanzelredner.

denen sich obengenannter Text ergeben soll! Wenn ein ruhig diktiertes Stenogramm oft völlig sinnstörend übertragen wird, wie will man da in einer Predigt, wo die Persönlichkeit auch den Gegner faßt, wo auch der Gegner mithört, so exakt etwas niederschreiben. P. M. hat recht, wenn er seine Richter bittet zu glauben, daß es seinem Wesen fremd ist, einen solchen nicht offenen Kampf auszuüben. Glauben Sie mir: der Mann kann einen solchen verdeckten Angriff nicht machen. Wenn ich vielleicht noch auf eine Äußerung eingehen darf: »Nach diesen Beweisen ist der Nat.Soz. der erbitterste Gegner der Kirche!« wenn ich [mich] recht akademisch, theoretisch äußern würde, könnte ich sagen: Der Nat.Soz. bekämpft die kath. Weltanschauung. Nun hat aber P. M. gesagt: Man könnte meinen, daß der Nat.Soz. der erbitterste Gegner der Kirche ist. Nun ist in der Beweisaufnahme zum mindesten die Möglichkeit nachgewiesen, daß auch die hier gemachte Äußerung dieses Mannes wahr ist. Und darf ich an den Kriminalrichter, Strafrichter appellieren, auch Sie werden anerkennen, daß dieser Mann mit einer seltenen Offenheit sich bekennt zu dem, was er gesagt und was er getan hat. Wer so offen, ehrlich, wahrheitsfanatisch und wahrheitsliebend auch das bekennt, was gegen ihn wirkt und spricht, den darf man nicht einem solchen Moment vertrauen und sagen: Ich Richter, unterstelle bei der Beurteilung deiner Handlung und Äußerungen und Predigten das, was du mir bekennst, dann fällt der § 2 des Ges. v. 20. 12. 34 (Heimtückegesetz) absolut weg. Ich komme zum Schluß.

Wenn Sie diesen Mann, den der Herr Staatsanwalt in einer vornehmen, objektiven Weise anerkennt und bestätigt und den jeder als wahrheitsliebend anerkennen muß und der aus innerster Überzeugung heraus nur das predigt – in vielleicht zu scharfer Form, was er für absolut wahr hält – verurteilen, dann kann man noch nach dem § 130a ihm die Strafe geben, die man dem ehrlichen Gegner, der mir ehrlich mit seiner Überzeugung aber auch Tatkraft entgegentritt, zubilligt: Ehrenhaft. Sie als Vertreter des Dritten Reiches unseres Staates, der die Ehre des Einzelnen ganz besonders hoch stellt, der seine Weltanschauung ganz besonders auf die Ehre des Mannes, auf die Tapferkeit, auf die Gesinnung aufbauen will, dürfen einen solchem Manne diese Ehrenhaft geben. Ich bitte Sie daher, wenn sie dem Antrag des Herrn Justizrates stattgeben, um Freisprechung!

Es heißt hier in einem Anklagepunkt: Es möge eine religiöse Welle aus der Kirche, auf die Straße und da in die einzelnen Häuser gehen. Ich habe mich gewundert, wie dieser zu tiefst religiöse Gedanke anders aufgefaßt werden kann, als er gemeint war. Wenn ein freisprechendes Urteil gesprochen würde, dann würde aus diesem Saal eine Welle der Beruhigung hinausgehen, das wäre wunderbar!

Meine Richter! Ich darf nochmals sagen: Ich bin konfessionell und religiös diesem Manne gegenüber in keiner Weise gebunden. Aber draußen im Feld, als keiner von uns beiden wußte, ob er in 5 Minuten noch atmet, da hatte dieser Mann mir von seinem Glauben gesprochen. Da habe ich ihm gesagt: Herr Pfarrer, ich trage meinen Herrgott so tief im Herzen wie Sie, ich stehe in der Verbundenheit mit Gott so tief, daß ich keinen Mittler brauche, das war damals schon ein deutsches Bekenntnis. Wir haben beide uns achten gelernt. Es ist das wundervollste, daß jeder, der diesen Manne im Felde kennengelernt hat, heute mit einer unerschütterlicher Treue zu ihm steht. Noch gestern hat mir ein Batteriechef unseres Regiments in wunderbarer Soldatensprache geschrieben: »Hals und Beinbruch für die Verteidigung unseres Paters!«

Weil ich so eingestellt bin, darf ich mich zum Sprecher der anderen machen. Tausende haben nach dem Kriege, in den Nöten der Inflation verarmt, sodaß sie oft nicht wußten, wovon am nächsten Tage zu leben, seelisch verlumpt und verarmt, daß sie gar keinen Halt mehr an etwas höherem hatten, bei diesem stillen Mann Zuflucht gefunden. – Und keiner ist mit leeren Händen von ihm gegangen. Einmal, 1923, hat dieser Mann jemand, der mir nahe stand in seiner 5-Zimmer-Wohnung besucht. Diese Familie war so erarmt, daß sie auf dem nackten Boden schlief! Das hat mir dieser Pater damals nur als Einzelfall der erbittertsten Not erzählt. Und alle diese Menschen, diese Tausenden von Menschen, haben materielle Hilfe bei ihm gefunden. Auf der anderen Seite sind es Tausende von Menschen, die seelisch bei ihm Stärke gefunden haben. Eine dieser Kommunistenweiber, die damals im Mathäser ihn angepackt hat, ist später zu ihm gekommen. Ihr Mann hat sie so mißhandelt, geschlagen, daß sie in ihrer Verzweiflung sich an den Mann erinnert, der damals im Mathäser für Gott, für die gute Moral und für die guten Instinkte im Menschen gesprochen hat. Und sie hat die Kraft gefunden. Obwohl sie ihn besudelt hatte, [ist sie] zu ihm zu kommen und sie hat Hilfe bei ihm gefunden.

Meine Herren Richter! Tausende haben in seinen Predigten Kraft gefunden. Ich habe in dieser Zeit einen Stoß von Briefen bekommen, vielleicht kann dienlich sein der Brief eines 60-jährigen städtischen Beamten, alten Kämpfers der Partei, Inhaber des goldenen Ehrenzeichens, ein nahezu ständiger Hörer der Sonntagspredigten vom P. M., auch jener vom 30. Mai 1937.[111]

Sollten Sie auf Grund der Predigten, wegen welcher P. M. verhaftet wurde, eines Entlastungszeugen bedürfen, so steht auf seinen Wunsch ein Mann als objektiver Berichterstatter zur Verfügung, der klar, objektiv katholisch zu denken weiß, ohne sich kirchlich gebunden zu fühlen.

Ich muß sagen, viele Tausende haben bei diesem Manne materiellen Trost und Hilfe gefunden, ich übertreibe nicht, wenn ich sage: Durch die Hände dieses Mannes sind Millionen Mark gegangen, ohne daß die rechte Hand wußte, wohin die linke sie gab. Ich möchte nur einen solchen Fall erwähnen. In der höchsten Periode der Inflationszeit im September/Oktober 1923 hat eine Amerikanerin diesem Manne 3000 Dollar gegeben, sie hatte eine einzige Predigt von ihm gehört und hat das warm schlagende Herz für die Not des deutschen Volkes herausgefühlt. Und sie legte ihm diese ungeheure Summe in die Hand und geht fort, es war eine Protestantin. Und dieser Mann hat Tausenden auch seelisch geholfen.

Gibt es etwas Schöneres, etwas Edleres, daß die deutsche Seele dankbar ist, daß sie dem Manne, der so viel geholfen hat, innerliche Dankbarkeit, treue Dankbarkeit entgegenbringt. Ich plädiere auf

111 Brief eines Parteigenossen – nicht geklärt.

Freispruch!

Meine Herren! Ich weiß, wie hart es manchmal dem Richter wird, daß er an das Gesetz gebunden ist, ich weiß, wie hart es manchem Richter wird, ein Gesetz anwenden zu müssen. Aber meine Herren! Wenn Sie meinen, in diesem Falle müssen Sie ein Gesetz anwenden, dann bitte ich um die Ehrenhaft und die Strafe in Erwägung der ganzen Persönlichkeit dieses Mannes milde festzustellen. Ich möchte schließen mit den Worten des Führers: Deutsch sein heißt wahr sein! Die Wahrheit ist wie alles Menschliche relativ. Es heißt: Du sollst nicht töten und wir haben töten müssen, auf der einen Seite ist es wahr: Du darfst nicht töten und auf der anderen Seite wahr (absolut wahr), mußt du töten, um dein Volk, dein Land zu retten. Alles ist relativ, aber wahr, absolut wahr ist: Deutsch sein heißt eine ganze Persönlichkeit sein, eine Persönlichkeit der innersten Überzeugung und des Lebens nach dieser innersten Überzeugung.

Was dieser Mann getan hat, das war nichts als eine glühende Liebe zu Gott und Deutschland.

In Erwägung dieser Umstände beantrage ich

Freispruch!

E. Urteilsverkündigung

Mayer Rupert wird wegen eines fortgesetzten Vergehens wegen § 130 a in Tateinheit, eines fortgesetzten Vergehens gegen § 2 des Heimtückegesetzes zur Gefängnisstrafe von 6 Monaten unter Anrechnung der 6 wöchentlichen Untersuchungshaft verurteilt. Der Haftbefehl wird aufgehoben, weil ein gesetzlicher Haftgrund nicht besteht.

Urteilsbegründung.

Durch die Beweisaufnahme wurde der Sachverhalt, der der Anklage zugrunde gelegt ist, im wesentlichen festgestellt, Abweichungen gegenüber der Anklageschrift hat die Hauptversammlung nur in einzelnen wenigen Punkten gezeigt: zu Ziffer 1a und b und 2b.

Der Angeklagte hat 10 Reden gehalten über die Gemeinschaftsschule über die Berichterstattung über die Strafverfahren gegen kath. Geistliche und Ordensleute, sowie über den Nat.-Soz. und das Nat.Soz. Schrifttum.

Das Schul- und Pressewesen einschließlich des Nat.Soz. Schrifttums sind nach Auffassung des Gerichts zweifellos und eindeutig Angelegenheiten des Staates. Der Angeklagte hat sich aber in den Predigten in einer Weise damit befaßt, die geeignet ist, den öffentlichen Frieden zu gefährden. Namentlich durch Worturteile, die nicht anders als verallgemeinernd bezeichnet werden müssen, durch Wortlaute, die z. Teil aufhetzerischer Art sind, mußte der Eindruck bei den Zuhörern erweckt werden, bei einzelnen oder einem größeren Teil, als herrsche im heutigen deutschen Reich Unordnung. Solche Ausführungen mußten das Gefühl einer Beunruhigung hervorrufen und zwar dahin, daß die der Bevölkerung durch die Rechtsordnung garantierten Interessen nicht mehr geschützt seien. Solche Ausführungen sind geeignet, das Vertrauen zum Staat, zur Staatsordnung und namentlich zur Staatsführung in schwerster Weise zu untergraben. Es mußte der Eindruck erweckt werden, als würde ein Gegensatz zwischen Anhängern und Gegnern der Regierung bestehen. Solche Predigten sind nicht mehr allein eine Verkündigung des Wortes Gottes, sondern das ist eine Verletzung der staatlichen Obrigkeit und ihrer Belange.

Es ist in der Hauptverhandlung aufgefallen, daß sich der Angeklagte in seiner Verteidigung empört hat über die Klosterprozeßberichte der Presse. Nichts haben wir gehört, daß er sich empört und eindeutig abrückt von den Tätern und Verbrechern und deren Taten.[112] Das ist etwas, was wir sowohl in den Äußerungen anderer Persönlichkeiten wie in denen des Ange-

112 Mayer ist im Gegenteil eindeutig von den »Klosterverbrechen« abgerückt.

klagten vermißt haben. Der Angeklagte hat bei allen seinen Predigten in der Richtung des § 130a vorsätzlich gehandelt; er hat, wenn er auch nicht die Absicht einer Friedensstörung hatte, doch das Bewußtsein, daß seine Äußerungen in einer Weise aufgefallen sind, die den öffentlichen Frieden gefährdet. Er hat seine Äußerungen selbst auf die Gefahr hin gemacht, der Gefährdung des öffentlichen Friedens. Seine Äußerungen sind, wie er sie von der Kanzel aus verschiedentlich gemacht hat, nicht mehr pflichtmäßige Verkündigung, die sich innerhalb der Grenzen des Strafgesetzes gehalten hätte. Der Angeklagte hat hier teils schon der Form nach den öffentlichen Frieden gefährdet; dabei war es nicht entscheidend, ob er diesen oder jenen Sinn seinen Worten geben wollte, sondern es kam darauf an, wie seine Zuhörer den Sinn nach ihrer Aufnahmefähigkeit aufnehmen mußten. Wie sie nach den Zusammenhängen und Zeitumständen diese Dinge beurteilen mußten, vom Gesichtspunkt aus, wie sind die derzeitigen Zeitumstände beschaffen, nach denen solche Ausführungen gemacht werden.

Der Angeklagte hat sich in mehreren Predigten auch gegen das Heimtückegesetz verfehlt. Auch hier hat der Angeklagte vorsätzlich gehandelt und er hat gewußt, daß er öffentlich predigt und mußte das Bewußtsein haben, daß seine Worte geeignet sind, das Vertrauen zur politischen Führung, ihrer Gerechtigkeit zu untergraben und zu erschüttern.

Nun zu den einzelnen Punkten.

1. Gemeinschaftsschule. Hier hat der Angeklagte zum Schulwesen gesprochen. Dies ist eine Angelegenheit des Staates, aber auch der Kirche; auch die Fragen des Aufbauens der Schule sind Angelegenheiten des Staates. Nun hat aber der Angeklagte zu diesen Schulaufbaufragen gepredigt, insbesondere zu Schuleinschreibung und zwar in einer Weise, die den Zuhörern ein Gefühl der Rechtsunsicherheit bringen mußte. Er gebrauchte Worte: wie Gewalt und Terror. Staatsbetrug ... u. a. In der Predigt vom 29. 4. 1937 hat er davon gesprochen, daß die Kinder entkonfessionalisiert werden sollen; er erweckt den Eindruck, als ob die Kinder überhaupt um die Religion gebracht

werden sollen. Die Zuhörer beurteilen das, daß es sich hier darum handelt, den Kindern die Religion zu nehmen. Die Wirkung auf die Zuhörer war die, daß das Vertrauen auf die Rechtssicherheit erschüttert ist.

Er hat weiter von einer Lüge gesprochen, daß das Konkordat abgeschlossen worden sei, um es dann von den untergeordneten Organen sabotieren zu lassen. Äußerungen, die für den Großteil der Bevölkerung mißverständlich waren . . .

2. Heimtückegesetz: Da sind Worte gefallen, wie Terror und Gewalt – – – daß alles zusammenhilft gegen alles Recht und Gesetz . . . Konkordat abgeschlossen um es sabotieren zu lassen . . . daß es sich um einen Staatsbetrug handle . . . Stinkbombe . . .

Der Angeklagte hat diese Äußerungen gemacht, ohne sie pflichtmäßig richtig zu stellen. Damit hat er gegen § 2 des Heimt. Ges. verstoßen. Diese Äußerungen sind als Hetzerische zu bezeichnen und waren nach diesem Gesetz zu bestrafen.

P. R. Mayer hat sich zu den Verfahren gegen kath. Geistliche geäußert. Es sollen keine Zeitungen gelesen werden . . . Diese Äußerungen sind eine Mißtrauenskundgebung gegen die Zeitungen. Damit ent[steht] die Gefahr der Erschütterung des Vertrauens in der Presse, die dem Einfluß und der Überwachung des Staates untersteht. Er hat davon gesprochen, es möge von der Kirche eine Welle . . . Dies ist eine Gefährdung des öffentlichen Friedens. Er sprach davon: »Wer im Glashaus sitzt, soll nicht mit Steinen werfen« und »wir kath. und evang. Geistlichen werden eine Stinkbombe . . .« Das sind Drohungen mit Aufdeckung von Mißständen. Er sagte: »Wenn man einen Menschen geistig tötet . . .« Diese Äußerung hat der Angeklagte sicher nur persönlich [gemeint], aber sie waren nicht geeignet, in dieser Form von der Kanzel gesagt zu werden. Mit den Äußerungen zu Ziff. 2 hat der Angeklagte nach Meinung des Gerichts nicht gegen § 2 des Heim. Ges. verfehlt, keine Vorwürfe gegen die Regierung erhoben, wenn auch gegen die Presse, daß die Straftaten nicht verfolgen würden . . .

3. Hier hat der Angeklagte sich mit dem Nat.Soz. Schrifttum befaßt und dazu auch den Pfaffenspiegel gerechnet. Damit hat er den Vorwurf erhoben, als fördere der Staat derartige Schriften. Der Angeklagte hat gesagt, man könne meinen, der Nat.Soz. Staat sei der erbitterste Gegner. Die Angriffe sind nicht als Verhöhnung des Nat.Soz. Staates zu betrachten, der Angeklagte hat aber dadurch gegen § 130a gefehlt. Bei den Zuhörern mußten zum mindesten Zweifel gegen das Nat.Soz. Schrifttum bestehen. Die Äußerung, daß maßgebende Stellen diese Schriften empfehlen, ist auch ein eindeutiger Vorwurf gegen die Reichsregierung. Er hat damit in aufhetzerischer Weise gewirkt und ist nach § 2 des Heim.Ges. zu bestrafen.

Ich muß feststellen, P. R. Mayer ist ein außerordentlich volkstümlicher Prediger, im Weltkrieg war er einer der tapfersten unter den Tapferen. Aus eigenem Antriebe hat er sich geopfert. Er wurde auch schwer verwundet und mit dem E. Kreuz 1. Kl. ausgezeichnet. Er hat in der Nachkriegszeit ohne jeden Zweifel mit vollem Einsatz der Person neben dem Führer gegen den Kommunismus gekämpft. Er ist ein Priester von echter u[nd] tiefer Religiosität, ein stets hilfsbereiter Mensch und hilfreich für viele, für alle Menschen, die in seelischer und materieller Not ihn um seine Hilfe gebeten haben.

Auch in der Verhandlung hat sich der Angeklagte als ganzer Mann gezeigt und die Straftaten zugegeben und Einsicht gezeigt, daß seine Predigten nach Inhalt und Form zu weit gegangen.

Er mußte bestraft werden, trotz seiner Verdienste als Persönlichkeit, die nur beim Strafausmaß in Betracht gezogen werden konnte. Es war nicht leicht, das zu tun bei dieser Persönlichkeit des Angeklagten, wie sie selber als Angeklagter in dieser Form vorgekommen ist. Wer ein Haus in Brand steckt, muß wegen Brandstiftung verurteilt werden, auch wenn er früher einmal selbst hervorragend mitgeholfen hat, einen Brand im gleichen Haus zu löschen. Ein Staat, der sich behaupten will, muß jeden Angriff auf seine Autorität deutlich zurückweisen, um so deutlicher, wenn die Nation damit gegenüber dem Ausland bloßgestellt werden kann, oder gar, was ich nicht behaupten will, bloßgestellt werden soll. Er hat erklärt, daß er seiner Kirche die Treue halten wolle, damit muß aber die Treue gegen den Staat verbunden sein, der diese Kirche stützt...

Es war zu berücksichtigen, daß er noch nicht vorbestraft ist, er war im Felde als wirklicher und tüchtiger Frontkämpfer und hat gegen den Bolschewismus furchtlos gekämpft und hat sich in der Hauptverhandlung als ein aufrichtiger Mensch gezeigt. Hingegen war zu berücksichtigen, daß der Angeklagte in aller Anerkennung seiner tiefen religiösen Einstellung ebenso hartnäckig immer wieder Angriffe unternommen hat, die mehr oder weniger scharf waren. Die ihm zweifellos bekannte große Einflußmöglichkeit gegenüber seinen Zuhörern und der Umstand, daß er bei seiner tiefen Bildung die Grenzen wissen mußte, die seinen Äußerungen gezogen sind. Dabei ist der Angeklagte von einer selten tiefen Bildung – einer Bildung des Herzens und des Geistes, die sich ja auch schon in seinen Geisteszügen ausprägt – und gerade deshalb mußte er erkennen können, was [andere] schon erkennen müssen. Der Angeklagte wurde schon einmal verwarnt, weil er sich in abfälliger Weise geäußert hatte... Dem Angeklagten waren die Kosten des Verfahrens aufzuerlegen.

Das Gericht hat ernstlich erwogen, ob der Haftbefehl aufgehoben werden soll. Nehmen wir an, er würde am nächsten Sonntag eine Predigt halten – und dabei könnte er sich wieder zu ähnlichen Äußerungen hinreißen lassen oder es könnte zu Demonstrationen und Kundgebungen kommen, die der Staat nicht dulden kann... Das alles hat das Gericht stundenlang nach allen Seiten hin erwogen. Aber der Angeklagte hat gestern schriftlich eine Erklärung abgegeben, in der er eindeutig sagt, daß er sich gegen die Gesetze nicht mehr verstoßen wird und daß er einen Juristen zu Rate ziehen wird, wieweit er gehen kann. Angesichts dieser Erklärung mußte der Haftbefehl aufgehoben werden, der damit begründet war, daß der Angeklagte seine Freiheit benützen würde, um wiederum solche Predigten zu halten. Der Haftbefehl wurde früher aufrecht erhalten, weil der Angeklagte erklärte: Er würde in gleicher Weise predigen, trotzdem gesagt worden war, daß er sich damit strafbar mache. Diese Einstellung hat der Angeklagte nicht fortgeführt.

Gegen das Urteil des Sondergerichtes ist keine Revision und keine Appellation an das Reichsgericht möglich.[113] Was unser Urteil ebenso bestätigt.

Ich habe gestern nach der Verhandlung in einem vegetarischen Restaurant gegessen. Die Kassiererin, die mich immer bedient, wußte, daß ich die Verhandlung P. Rupert Mayer führe und sagte mir gestern: »Ja, den Pater Rupert Mayer habe ich immer so viel gern predigen hören. Ich habe mir aber immer gedacht, daß er noch einmal in Dachau landet.«[114] Diese Äußerung dieses Mädchens ist der deutliche Beweis dafür, wie die Predigten des Angeklagten selbst auf Leute gewirkt haben und die sagten, wie gerne sie ihn hörten.

Ich hoffe und erwarte, daß der Angeklagte, der durch die Aufhebung des Haftbefehls zunächst seine Freiheit wieder erlangt, daß das Gericht nicht damit belastet wird, daß man ihm zum Vorwurf macht, der hält sein Versprechen doch nicht! Ich habe diese Befürchtung nicht. Der Eindruck, den ich von dem Angeklagten gewonnen habe, ist der, daß er zu diesem Wort auch steht, und ich bitte den Angeklagten auch bei seinen geistlichen Amtsbrüdern hinzuwirken, daß seine Wiederholung derartige Prozesse erübrigt.

F. Letztes Wort des Angeklagten

RICHTER: Nun, Pater Rupert Mayer, haben Sie noch etwas zu sagen?

P. R. MAYER: Ich bin mit dem Urteil sehr zufrieden. Ich danke den Herren für die Mühe und Arbeit, die sie mit mir gehabt haben.

113 Bei Sondergerichten gab es weder Berufung noch Revision.

114 Anspielung auf Dachau zeigt, was das einfache Volk von einem KZ wußte und was es von ihm hielt.

4. IN GEFÄNGNISSEN

Während des Dritten Reichs hatte P. Mayer die zweifelhafte Ehre, etliche Gefängnisse von innen kennenlernen zu müssen. Es sind der chronologischen Ordnung nach diese:

Erste Haft

Wittelsbacher Palais (Gestapo):	5. Juni 1937 bis 10. Juni 1937.
Cornelius-Gefängnis:	10. Juni 1937.
Gefängnis Stadelheim:	11. Juni 1937 bis 21. Juli 1937.
Gefängnis Neudeck:	21. Juli 1937 bis 23. Juli 1937.

Zweite Haft

Wittelsbacher Palais (Gestapo):	5. Januar 1938 bis 15. Januar 1938.
Gefängnis Stadelheim:	15. Januar 1937 bis 17. Januar 1937.
Gefängnis Landsberg:	17. Januar 1938 bis 3. Mai 1938.

Dritte Haft

Wittelsbacher Palais (Gestapo):	3. November 1939 bis 23. Dez. 1939.
KZ-Oranienburg (Gestapo):	24. Dezember 1939 bis 7. August 1940.

Aus allen Gefängnissen hat Rupert Mayer Briefe zu schicken versucht. Oft wurde ihm dies verwehrt. Jene Post, die dennoch in die Freiheit gelangte – zu Angehörigen und Freunden –, handelte von alltäglichen Dingen, bezeugte einen ungebrochenen Glauben und gibt noch heute einen beeindruckenden Blick auf den Häftling Mayer frei.

Erste Haft

MAYER/WITTELSBACHER PALAIS
AN P. SUPERIOR GEORG WALDMANN SJ 8. Juni 1937.

Der Weg von St. Michael zum Wittelsbacher Palais, dem Quartier der Gestapo, ist nicht weit. Trotzdem schien es Probleme mit der Kommunikation zu geben. P. Mayer hatte nämlich einige Wünsche.

ARM/München: Fotokopie des handgeschriebenen Originals.

Hochw. l[ie]b[er] P. Sup[erior]!
Ich danke Ihnen herzl[ich] für alle die Schätze! Sie glauben es nicht, wie verwahrlost ich aussehe; bei »Vorführungen« ist das nicht angenehm. Seelisch geht es mir sehr gut. Daß der l[iebe] Gott gut ist, habe ich immer gewußt, aber daß Er so gut ist, habe ich in diesen Tagen erfahren, wie noch nie in meinem Leben! – Gestern habe ich schon mit dem Koffer gerechnet, es scheint eben nicht möglich gewesen zu sein. – Frau B.[1] hätte die Erlaubnis gehabt, mich zu sehen u[nd] zu sprechen. Der H[err] Oberreg[ierungsrat] u[nd] Oberführer SS[2] hat es mir ausdrücklich zugesichert. Fr. B. möge mir Bormelin mitbringen (im and[eren] Zimmer). Ich brauche es notw[endig], um Nasenbluten zu verhindern. Sie möge meinen Wandkalender mitbringen wegen der Stipendien. Spätestens kann Fr. B. am Freitag den 11. kommen nachmittags zwischen 1/2 2 u[nd] 1/2 5 Uhr. Hoffentlich geht alles gut in St. Michael. Fr. B. hat mir Alkoh[ol] gebracht, das war gut für den Stumpf, aber für mein Zahnfleisch, wo sich schon wieder eine bösartige Entzündung breit macht, brauche ich den Alkohol, der in einer halbgroßen, dicken Flasche im anderen Zimmer steht. Es ist mir leid davon zu sprechen, aber wenn ich nichts tue, müssen die Zähne des unteren Kiefers heraus. An das ganze Haus einschließlich Fr. B. und Comp.

Herzl[iche] Grüße

Ihr

Rupert Mayer SJ

Ich habe Samstag gleich die jährl[ichen] Ex[erzitien] angefangen. Si[3] nur celebrieren könnte! Wollen R. P. Prov[inzial] anrufen? Kleiderbürste u[nd] Nagelschere gehen mir noch ab.

1 Frau Berner, Mitarbeiterin P. Rupert Mayers.

2 Dr. Stepp; vgl. S. 105 f.

3 Lateinisch: wenn.

MAYER/STADELHEIM
AN P. SUPERIOR GEORG WALDMANN SJ 22. Juni 1937.

P. Mayer schrieb aus dem Gefängnis Stadelheim, in dem er als Untersuchungsgefangener seit dem 11. Juni 1937 untergebracht war. Mit seiner Haft und seinem Prozeß hatte er wohl keine inneren Probleme; ihn beschäftigte Alltägliches.

ARM/München: Fotokopie des handgeschriebenen Originals.

Hoch[würden] l[ieber] P. S[uperior], wie Sie wohl wissen, bin ich seit letztem Donnerstag in Untersuchungshaft.[4] Darum glaube ich, daß es besser ist, wenn ich nicht viel schreibe. Durch die Rechtsanwälte werden Sie ja über mein Befinden dauernd unterrichtet. Aber einiges muß ich Ihnen mitteilen. Mit Stip[endien] bin ich noch hinreichend versehen. – Für den nun + Rechtsrat H. wurde, als er noch am Leben war, eine hl. Messe bestellt. Dieselbe habe ich gelesen. Das Stip[endium] wird noch eingeschickt werden. Seit letztem Samstag kann ich täglich morgens 6 Uhr die hl. Messe celebrieren. Ein großer Trost!

Nun weiter zu den Stip[endien]: Auf meinem kl[einen] Tisch (Telef[on]) liegen noch eine Reihe von Stip[endien]: diejenigen hl. Messen, in denen ein Datum eingezeichnet ist, sind bis zum 5. Juni gelesen. In meinem Kalender sind dieselben auch klein bemerkt ô u.s.f., die anderen Sti[pendien] sind noch nicht gelesen. Wenn ein bes[onderer] Tag verlangt wurde, ist das bemerkt. Bei einem Stip[endium] von 3.–M. ist nichts eingetragen. Diese hl. Messe ist celebriert. Außerdem liegen auf dem Tischchen noch 5 einzelne Mark. Das ist Armengeld. Von Kaisers Kaffeegeschäft muß eine unbezahlte Rechnung dasein, ebenso habe ich bei der Bahnhofsmission u[nd] im Zentralgesellenhaus noch Armenschulden. Ich bitte diese Schulden aus der Armenkasse zu bezahlen. Kasse auf der Seite der linken Schublade. –

Fr. Berner möge am Donnerstag zwischen 2 u[nd] 4 Uhr kommen u[nd] zwar unter allen Umständen mit einer Sprechkarte.

4 Vom 5. bis 10. Juni 1937 war P. Mayer in Gestapohaft im Wittelsbacher Palais.

Sie möge mitbringen 1 Unterhose und 1 Unterleibchen aber ohne lange Ärmel, einige Taschentücher (ein Taghemd habe ich noch), ein Nachthemd aber kein dickes, noch 2 Kragen u[nd] 2 Stumpfsocken, die ineinanderpassen, die Kriegsrentekarte (Kreutzer kennt sie), 1 Kleiderbürste u[nd] vor allem Bormelin. Es fängt mit dem Nasenbluten schon an, wenn das einmal richtig einsetzt, ist alles umsonst; Fr. Berner möge mitnehmen von hier, d. h. von Stadelheim, den großen Koffer, da ich die Dinge, die er enthält, nicht gebrauchen kann. In Zukunft möge dann immer um Donnerstag die schmutzige Wäsche geholt u[nd] die frische gebracht werden. Ich bedauere Ihnen soviel Mühe mit diesen nichtigen Dingen machen zu müssen, aber es geht nicht anders. Befinden vorzüglich.

Wie stets mit dem Buch: Lehre von der Kirche[5], es ist ganz neu herausgekommen u[nd] stand rechts vor meinem Stuhl. Ein Pferdebuch mit Bildern wäre sehr gut. Ich habe ja einige zu Hause.

Mit herzlichen Grüßen an die ganze St. Mich[aels]Gesellschaft

Rup. Mayer SJ

MAYER/STADELHEIM
AN GESTAPO-INSPEKTOR GAMBS[6] 22. Juni 1937.

Noch im Gefängnis setzte Mayer sich für die Wahrheit und für die Aufklärung der »Volksgenossen« ein. Sein Brief an den Gestapo-Inspektor wurde nicht zugestellt, sondern den Gerichtsakten beigefügt, wo er noch heute liegt.

BayHStA/München Stanw. 9115/1: In Handschrift beidseitig beschriebene Briefkarte mit einem Ausschnitt aus der Zeitung »Kettelerfeuer« als Beilage.

---

5 Vermutlich: Esser/Mausbach; vgl. Anm. 66.
6 Zu Gambs vgl. Anm. S. 206, 219, 222.

Sehr verehrter Herr Inspektor,
unter Bezugnahme auf das Gespräch, das wir einmal in Ihrem Büro geführt haben, sende ich ihnen diesen Ausschnitt.[7] Sie waren also in diesem Punkt schlecht informiert. Ich bitte herzlich, den Ausschnitt dem Fr[äu]l[ei]n zu geben, das damals an der Schreibmaschine saß. – Als Sie einmal in meiner Bude in St. Michael mich besuchten, lächelten Sie als ich Ihnen sagte, daß ich ins Gefängnis kommen werde – und heute? Und als ich Ihnen einmal sagte, daß ich im Gefängnis mein Leben beschließen werde – da wollten Sie es nicht glauben. Wenigstens äußerten Sie sich so – und doch wird es so kommen – es sei denn, daß ich länger lebe als das heutige System, was Sie wohl sicher nicht glauben. Aber ich bin darüber keineswegs unglücklich. Ich fühle mich sogar seelisch sehr wohl und zufrieden. Ich habe mich vollständig damit abgefunden. Wenn doch die Menschen das verstehen möchten, wie wenig dazu gehört, innerlich wahrhaft glücklich zu werden. Daß Gott gut ist, das habe ich immer gewußt, aber daß Er so gut ist, wie ich es in den letzten 14 Tagen erleben durfte, das hätte ich nicht für möglich gehalten.

Übrigens werden meine Wenigkeit u[nd] all die Priester, die aus ähnlichen Gründen wie ich im Gefängnis liegen, dem heutigen Staat schwer im Magen liegen! Leider! Zu meinem größten Bedauern. Aber er will es nicht anders haben. – Wenn ich je noch einmal frei werde – bei Gott ist kein Ding unmöglich –, werde ich unserem letzten Chauffeur einen Unterricht darüber halten, daß man gegen jeden Volksgenossen anständig sein muß, auch wenn er ein »Schwarzer« ist.

Mit bestem Gruß

Rupert Mayer SJ

[Am Rand] Arbeiten Sie nicht zu viel, das dankt Ihnen niemand, es sei denn, daß Sie aus Liebe zu Gott arbeiten.
Beilage: Text aus »Kettelerfeuer« Nr. 24, 1937. Überschrift des

---

7 Es geht um die Zahl der Priester und Ordensleute, die in die Sittlichkeitsprozesse verwickelt waren; vgl. H. G. HOCKERTS, *Die Sittlichkeitsprozesse gegen katholische Ordensangehörige und Priester 1936/1937*.

Textes: Das Verhältnis der Priester- und Ordensprozesse zu der Gesamtzahl der katholischen Geistlichen und Ordensleute.[8]

MAYER/STADELHEIM
AN P. SUPERIOR GEORG WALDMANN SJ 2. Juli 1937.

Bald einen Monat war P. Mayer bereits in Haft. Kardinal Faulhaber hatte ihn am 30. Juni 1937 besucht. Mayer studierte und hatte weitere Bücherwünsche.

ARM/München: Fotokopie des handgeschriebenen Originals.

Hochw. lieber P. Superior
Herzl[ichen] Dank für das schöne Bilderbuch u[nd] die Grüße, die mir R. P. Prov[inzial] mitgebracht hat! Daß ich mit den P. P. in St. Mich[ael] mitlebe u[nd] – bete, ist selbstverständlich. – Ich habe mich vollständig auf das Studium umgestellt. Daß das so rasch geht, hätte ich nicht für möglich gehalten. Ich lese mit einem wahren Heißhunger. – Bei trübem Wetter sah ich in meiner Zelle nicht soviel, daß ich nach 6 Uhr abends noch etwas lesen könne. An hellen Tagen gings mit dem Lesen bis 7 1/2 Uhr abends. Was sollte ich machen? Nach Vollendung meiner geistl[ichen] Übungen ging ich ins Bett um 3/4 7 bzw. 3/4 8 Uhr. Wenn ich dann bis 3/4 5 früh im Bett bleiben sollte bei 5–6 Stunden Schlaf, dann war das sehr langstilig. Fing ich mit Denken oder Beten an, konnte ich überhaupt nicht mehr einschlafen. Das ist nun seit 2 Tagen anders. Ich habe eine Stehlampe bekommen u[nd] kann nun arbeiten solange, bis ich glaube schlafen zu können. Ich werde ja sehr solid sein u[nd] solange schlafen, als ich es fertig bringe. – Innerlich bin ich fester denn je. – Morgens werde ich um 3/4 6 von einem Aufseher in die Kirche geführt. Um 6 Uhr bringe ich das hl. Meßopfer dar. Nachher werde ich wieder in die Zelle geführt. Dann beginnt das Tagwerk ... – Die hl. Messe werde ich am Dienstag celebrieren! Für den + Rechtsrat Hilble habe ich sogleich nach erhaltener Mitteilung dasselbe getan.

8 »Kettelerfeuer«: katholische Wochenschrift für das schaffende Volk in Stadt und Land.

Frau Berner möge nur jeden Donnerstag soviel neue Wäsche mitbringen, als sie schmutzige W[äsche] mitgenommen hat. Soviel kann ich schon unterbringen.

Daß mich der H. Kard[inal] besucht hat[9], war sehr aufmerksam von ihm. Ich fand ihn Gottlob gut aussehend.

P. de Vries's Buch »Erkenntniskritik« bzw. »Sein und Denken«[10] ist hochinteressant. Ich muß mir förmlich Gewalt antun, das Buch wegzulegen, wenn die Zeit um ist. Wenn die anderen Bücher, die geplant sind, auch so klar ausfallen, wird damit viel Gutes gestiftet.

Wollen Sie mir das Buch auf Kosten meiner Angehörigen bestellen u(nd) dann schicken: 1) Kath. Wahrheitsgut- u[nd] Rassenlehre von Heinz Wisgens, Warendorf 1936 Schnell.[11]

2) Chr[istentum] u[nd] der deutsche Mensch, von Johann Peter Junglas. Kösel u[nd] Pustet.[12]

Aber bei letzterem zuerst durch Fr. Berner in meiner Bibl[iothek] nachschauen lassen. Mit herzl[ichen] Grüßen an alle P. P. u[nd] Brüder

Ihr R. Mayer

---

9 Faulhaber notierte in seinem Tagebuch über den Besuch bei P. Mayer am 30. 6. 1937: »17.00 Uhr. Besuch bei P. R. M. Stadelheim. Haupteingang. An der Tür ein Feldwebel mit großem Schlüsselbund. Er schließt ein Zimmer auf. ›Bitte, nehmen sie Platz.‹ Es kommt Regierungsrat ... Besprechung im 1. Stock im Zimmer des Arztes ist er dabei. Das Zimmer wurde verschlossen. Dann aber doch noch in den 2. Stock, um die Zelle zu sehen. Adresse der Mutter – Er studiert Philosophie. Man darf ihm nichts geben, aber an der Tür abgeben. An der anderen Türe: Guten Tag, rufen Gefangene auf dem Gang. Lazarettverwalter Habermeier betreut diese Zellen. Amtsgerichtsrat Dr. Mugler hat den Erlaubnisschein ausgestellt durch Rösch« (Nachricht von Prälat Johannes Waxenberger, Brief vom 28. März 1990). – Kardinal Faulhaber berichtet auch der Mutter P. Mayers über seinen Besuch (Brief vom 1. Januar 1937).

10 Joseph de Vries SJ (1898–1990), Professor für Philosophie am Berchmanskolleg in Pullach. *Denken und Sein. Erkenntnistheorie.* Freiburg 1939; *Critica.* Freiburg 1937.

11 Heinrich Wisgens, *Katholisches Wahrheitsgut und Rassenlehre.*

12 Johann Peter Junglas, *Christus und der deutsche Mensch.*

MAYER/STADELHEIM
AN P. SUPERIOR GEORG WALDMANN SJ 13. Juli 1937.

Zehn Tage vor dem Prozeß vor dem Sondergericht beschäftigten den Häftling Mayer eher Sorgen um Mitmenschen als seine eigene Zukunft. »Keine großen Hoffnungen machen« hieß seine Devise.

ARM/München: Fotokopie des handgeschriebenen Originals.

Hochw. lieber P. Superior!
Der Eingriff von Prof. Neumayer[13] hatte, wie es scheint, Erfolg. Seit Samstag hatte ich keinen Blutverlust mehr. Ich bin darüber froh. – Ich danke Ihnen herzl[ich] für alle Besorgungen. Am Donnerstag wird Frau Berner meine Hosen zum Ausbessern mitbringen. Es sind einige Nähte aufgegangen. Ich bitte, genau nachschauen zu lassen. Die Hosen sollen im Anfang nächster Woche wieder hergebracht werden. –

Frl. Kreis scheint sehr unter der Sache zu leiden. Ich bitte manchmal nach ihr zu sehen u[nd] sie öfters anzusprechen, weil ich sonst schlimmes befürchte. Ebenso bitte ich Frau Göller wieder anzurufen. Der Mann heißt Heinrich. Tel.

In der Sache Gottf[ried] Moser läßt sich leider nichts machen. Die Angelegenheit ist zu sehr verfahren. –

Mit geht es andauernd gut. Ich sehe völlig ruhig allem, was kommt, entgegen. Vor allem gebe ich [mich] keinen großen Hoffnungen hin, so daß ich nicht enttäuscht werden kann. Diese Methode hat sich in meinem Leben in entscheidenden Stunden ganz vortrefflich bewährt.

Leider funktioniert die Post in den letzten Wochen sehr schlecht. Hoffentlich geht es allen P. P. u[nd] Brüdern recht gut. Ich habe heute wieder die hl. Messe für St. Mich[ael] gefeiert. Sonst kann ich ja nichts mehr tun. – Trotz intensiver geistiger Arbeit bin ich bis jetzt noch frei von Kopfweh.

Mit herzl[ichen] Grüßen allen lieben, guten Menschen in u[nd] um St. Mich[ael]

Ihr Rup. Mayer SJ.

[Am Rand] Geld habe ich noch übergenug.

---

13 P. Mayer litt unter Nasenbluten.

 19. Juli 1937.

Die Briefkarte berichtet von Mayers Dankbarkeit und von seiner offensichtlichen Gelassenheit einige Tage vor dem Prozeß vor dem Sondergericht.

ARM/München: Fotokopie einer beidseitig beschriebenen Briefkarte.

Es lebe Jesus!

Sehr verehrtes Fräulein!
Ein herzl[iches] Vergelts Gott für die Treue, die Sie mir in schwerer Zeit vom 1. Tag an gehalten haben! Ich habe mich sehr darüber gefreut. Die Sendungen sind samt u[nd] sonders, manchmal allerdings etwas verspätet, in meine Hand gekommen. Ich habe mich köstlich amüsiert. Woher kennen Sie meine geheime Liebe? nämlich meine leidenschaftl[iche] Liebe zu den Pferden? Den Pferde-Roman habe ich bereits nach St. Mich[ael] geschickt. Schade, daß er so rasch gelesen war! Sie können ihn dort abholen. Vielen herzl[ichen] Dank für Alles! – Aber jetzt kommt der 2. Teil!

Was vom nächsten Donnerstag ab geschieht, weiß ich nicht.

Wenn ich frei werde, aber in Schutzhaft[15] genommen werde, können Sie mich mit solchem Lesestoff weiter versorgen. Nur weiß ich nicht, wohin die Reise geht. Nun, Sie werden das bald erfahren. Komme ich ins Gefängnis, ist es aus u[nd] vorbei mit diesen Sendungen. Bekomme ich aber Festungshaft, kann man mir solche Dinge schicken, nur muß man sich dann erkundigen, wohin ich geschickt werde. Aber machen Sie sich keine Sorgen um mich! Ich bin wunschlos glücklich. Tatsächlich! Ich, bei meiner jahrzehntelangen Aktivität, vermisse diese äuß[ere] Arbeit nicht im geringsten. Ist das nicht eine große Gnade? Das

14 Zu Dr. Berta Hofmann vgl. S. 123.

15 Es hatte sich eingebürgert, daß Personen, die ihre Strafe verbüßt hatten, dann von der Gestapo in »Schutzhaft« genommen wurden, meist unter einem fadenscheinigen Vorwand; vgl. GRUCHMANN, *Justiz*, 545 ff.

kommt sicher her von all den Gebeten u[nd] Opfern, die so viele gute Menschen für mich bringen. Es ist rührend u[nd] ergreifend. Überanstrengen Sie sich doch ja nicht. Ich bitte Sie herzl[ich] darum. Aus ganzer Seele Ihnen Gottes Segen wünschend bin ich

Ihr R. Mayer SJ

Zweite Haft

MAYER/WITTELSBACHER PALAIS
AN P. SUPERIOR GEORG WALDMANN SJ 9. Januar 1938.

P. Mayer nahm nach seiner erneuten Verhaftung am 5. Januar 1938 Kontakt mit seinem Obern auf. Bald wird Mayer zum »Abbüßen« seiner Strafe in das Gefängnis Landsberg überführt werden – aufgrund des Drucks von seiten der Gestapo.

ARM/München: Fotokopie des handgeschriebenen Originals.

Hochw. l[ieber] P. Sup[erior]!
Nun sitze ich schon wieder im Gefängnis. Aber es ist gut so. Vom religiösen Standpunkt aus bin ich wunschlos glücklich. Die P. P. u[nd] bes[onders] Sie bedauere ich lebhaft. Diesmal werden Sie wohl für lange Zeit mit dem Ausfall meiner Arbeitskraft rechnen müssen. Deus providebit!

Hoffentlich sind Sie wieder gut heimgekommen mit durchschlagendem Erfolg, wie man es bei Ihnen nicht anders gewöhnt ist.[16] Ich hoffe, daß der gute Besuch der St. M[ichaels-]Kirche am Sonntag Sie für Ihre Mehr-Arbeit entschädigt hat. Wenn Sie nur gesund bleiben! Das wünsche ich auch den übrigen Patres von ganzem Herzen. Besonders bedauere ich die Brüder »Schweizer« u[nd] Mauch!![17] Wollen Sie bitte der Fr. B. mei-

---

16 P. Waldmann hatte auswärts Predigten oder Vorträge gehalten.

17 Br. Ambros Walker SJ war Pförtner, Br. Stefan Mauch SJ Gärtner in St. Michael.

ne Wünsche übermitteln: die normalen Socken hat sie scheints übersehen, eine Büchse Nivea Creme (nicht Seife) (Schlafraum), 1/4 l 70% Weingeist, vom Zahnarzt verschreiben lassen: ein Pulver, das im Wasser aufgelöst wird, um die Zahnprothese über Nacht aufzunehmen, ein Päckchen kl[eine] Messer für den Rassierapparat (Saalz.); P. Min[ister] hatte Recht, das Theol[ogische] Kriegsbuch ist zur Kritik an Dir. Sch. ausgeliehen, aber ein 2. Kriegsbuch ist zu Hause u[nd] liegt rechts von meinem großen Stuhl auf den Büchern des untersten Faches (eingeschrieben ist der Name Sperl), dann das ABC von Brors[18], das liegt unter den Büchern, die wir zusammengestellt haben, wenn ich einmal plötzlich »abberufen« würde. Ich kann mir nicht denken, daß Fr. B. dies nicht mehr wissen sollte. Ich brauche jetzt noch nicht alle diese Bücher, da ich für einen Monat zum ernsten Studium genug habe. Nur das Buch über die Gelübde[19] – P. Körbling kennt den Titel – würde mich sehr interessieren, ebenso Kirchenz[eitung] u[nd] Feuerreiter.

Herzl[ichen] Dank u[nd] herzl[iche] Grüße an alle P. P. u[nd] Brüder

R. Mayer SJ

N. B. In der Mitte meines Arbeitstisches liegen verschied[ene] Pillen, das letzte Mal wurden braune geschickt, ich bitte jetzt um die weißen (eiförmig).

---

18 Franz Xaver Brors SJ (1863–1926), Missionar und Volksschriftsteller. *Modernes ABC für Katholiken aller Stände*. Kevelaer 1902 (192. Tausend 1932).

19 Buch über die Gelübde – nicht verifiziert.

MAYER/LANDSBERG
AN REICHSFÜHRER-SS H. HIMMLER 25. Januar 1938.

Mayer war zu Ohren gekommen, daß er auf Druck der Gestapo nach Landsberg verlegt worden war. Der Angestellte von Stadelheim, Josef Schobert, hatte der Gestapo zugetragen, Mayer sei es aufgrund der Sorge der Gefängnisbeamten Josef Habermeier und Johann Rossmeier »gut gegangen« (Brief der Gestapo vom 15. Januar 1938). Die Tat aber solle »volle Sühne« finden. Mayer konnte diese üble Nachrede nicht auf sich sitzen lassen. Leider wurde sein Brief an Himmler nicht abgeschickt. Schließlich beschwerte sich der Vorstand des Strafgefängnisses München-Stadelheim (Brief vom 20. Januar 1938) beim Generalstaatsanwalt mit dem Hinweis, daß für Mayer keine Ausnahmen gemacht worden seien und der Angestellte »dürfte sich hierdurch einer schweren Pflichtverletzung schuldig gemacht haben«.

A. Justizministerium/München. Handgeschriebener Brief. – Mayer wurde im »Bittrapport« am 31. Januar 1938 getadelt. Er verzichtete daraufhin auf die Absendung des Schreibens. Der Brief ist adressiert an: Hochgeborenen Herrn Reichsführer S. S. Himmler, Berlin, Reichsleitung der S.S.

Sehr verehrter Herr Reichsführer!
Seit dem 5. 1. 38 wird ich neuerdings in Haft, zuerst im Wittels[bacher] Palais; am 15. kam ich nach Stadelh[eim], am 17. nach Landsberg a/L., um bis zum 3. VI. hier zu bleiben. Es heißt nun, ich sei nach Landsb[erg] gekommen, weil es mir seiner Zeit in Untersuchungshaft in Stadelh[eim] »zu gut gegangen sei«. So habe sich die polit[ische] Polizei zu meinem Fall geäußert.[20] Ich habe dieses Gerede nicht etwa durch meinen Rechtsanwalt noch durch einen Vertreter der Staatsanwaltschaft noch durch Stadelheim sondern aus einer anderen Quelle zufällig erfahren.

Ich war über dieses Gerede sehr empört, weil es unwahr ist. Ich wollte es nie besser haben als andere Gefangene, die arme Teufel sind. Ich habe in sämtl[ichen] Gefängnissen nur Gefangenenkost genossen. Ich habe alles, was mir gute Menschen an Eß-, Trink- u[nd] Rauch-Waren geschenkt haben, durch den

20 Vgl. Brief der Gestapo vom 15. 1. 1938 an die Gefängnisleitung vom Gefängnis Landsberg.

Arzt u[nd] Oberwachtmeister an arme Kranke abgegeben u[nd] von allem nur einige Äpfel tägl[ich] selbst zu mir genommen. Wie soll es mir dann so gut gegangen sein? Nur die große Ausnahme wurde im Untersuchungsgefängnis zugebilligt, daß ich abends länger Licht haben durfte. Sonst habe ich alles mitgemacht wie die anderen, obgleich mitunter unter großen Beschwerden.

Wahr ist, daß ich anständig behandelt wurde u[nd] zwar auch im Wittelsb[acher] Palais – ich war im dortigen Gefängnis bereits 2 mal, man kann sich dort nach meiner Lebensart genau erkundigen. – Ich habe sogar das Recht auch als Gefangener eine anständige Behandlung zu verlangen, solange ich mich anständig benehme. Wenn ich also anständig behandelt wurde, so hat man doch kein Recht zu behaupten: es sei mir in Stadelheim zu gut gegangen.

Ich bitte daher Herrn Reichsführer, meine angegriffene Ehre bei der Pol[itischen] Polizei in München u[nd] bei der dortigen Staatsanwaltschaft wiederherzustellen.

Wenn es H[errn] Reichsführer interessieren sollte, so teile ich Ihnen mit, daß ich hier in Landsb[erg] wunschlos glücklich bin. Schon die Alten sagten, süß ist es, fürs Vaterland zu sterben, auch zu leiden[21]; das letztere durfte ich in reichem Maße erfahren u[nd] ich möchte es in meinem Leben nicht missen, aber noch süßer ist es, für den hl. kath[olischen] Glauben zu leiden u[nd] auch zu sterben. Das macht mich hier im Gefängnis so glücklich, u[nd] so viele tausend junge Leute in Deutschland stärkt dies wieder im kath[olischen] Glauben. Auch das macht mich so glücklich. Ach, wenn doch die maßgebenden Kreise den Kampf gegen die Kirche einstellten.[22] Wie ganz anders würde sich alles schöner u[nd] ruhiger entwickeln!

Mit deutschem Gruß
Rupert Mayer S.J.

---

21 Zitat aus Horaz, *Oden* 3, 2, 13.
22 Vgl. Rösch, *Kampf*, 240ff.

MAYER/LANDSBERG
AN P. PROVINZIAL RÖSCH SJ 30. Januar 1938.

Von Landsberg aus schrieb Mayer an seinen Provinzial. Er wollte vor allem mitteilen, daß er mit seinem jetzigen Leben zufrieden sei und daß er sich ein Gnadengesuch auf jeden Fall verbitte.

A. Justiziministerium/München. Handgeschrieben. Der Brief wurde nicht abgeschickt.

Hochw. l. P. Provinzial!

Endlich gelingt es mir, Ihnen einige Zeilen zu schreiben. Ich berichte lieber Ihnen einiges als meinen Angehörigen. Ich bitte dann meiner Mutter, was Ihnen geeignet scheint, mitteilen zu lassen.

Das eine scheint mir wichtig: Ich würde alles Zug um Zug wieder so machen, was ich getan habe. Und jetzt bin ich viel, viel lieber im Gefängnis als draußen unter Einhaltung des Redeverbots. Ich bin seitdem wie von einem Gewissensdruck befreit. Und darum lassen Sie, bitte, ja den Warmuth kein Gnadengesuch machen um Abkürzung der Haft.[23] Viel lieber halte ich mich hier im Gefängnis möglichst lange auf, als daß ich so bald wieder in Polizeihaft komme – denn da ich das Redeverb[ot] nicht halten werde, muß ich ja wieder in Haft kommen –; wenn auch das ganze Leben im Witt[elsbacher] Pal[ais] angenehmer ist, so fehlt dort doch jede relig[iöse] Erbauung u[nd] die Bar[baren] ließen einen auch »ohne lux u[nd] crux«[24] sterben; wenn ich vorerst nur einmal im Monat hier die hl. Kommunion empfangen darf, so ist man doch hier von einer rel[igiösen] Luft umgeben. Die Gottesdienste sind sehr schön. Die Leute kommen sichtlich gerne; es steckt in vielen doch so guter

---

23 Dr. Bandorf hatte ohne P. Mayers Einwilligung ein Gnadengesuch eingereicht. Im Brief vom 23. September 1937 entschuldigte er sich bei P: Mayer und bedauerte es zugleich sehr, daß sich P. Mayer nicht seiner Auffassung anschließen könne.

24 »Ohne Licht und Kreuz« (lat.), d. h. ohne Sterbesakramente.

Wille. – Es ist Ihnen vielleicht im Witt[elsbacher] Pal[ais] bei unserem letzten Zusammensein meine Gereiztheit gegen das Personal aufgefallen, das hatte seinen Grund. Vielleicht habe ich irgend wann einmal Gelegenheit, Ihnen das zu sagen. – Übrigens habe ich mit dem Leben völlig abgeschlossen; ich hätte gar nichts dagegen, wenn ich aus dem Gefängnis nie mehr herauskäme. Ich betrachte meine Lebensaufgabe jetzt als erfüllt. Also kein Gnadengesuch![25]

Ich bin seit 20. 1. Papierarbeiter. Wenn Sie mich gesehen hätten, wie ungeschickt ich mich zu diesem Zeug angestellt habe, da hätten Sie lachen müssen. In meinem ganzen Leben habe ich noch nie manuelle Arbeiten gemacht auch nicht in meiner frühen Jugend; meine ganze freie Zeit habe ich mit Musik, Turnen, Säbel- u[nd] Florettfechten, Schwimmen, Reiten u[nd] Fahren zugebracht. Und jetzt diese unpraktischen Hände! Nun gut. Ich arbeite täglich 9 Stunden meistens etwas darüber, da ich das Läuten nicht beachte. Damit ist aber meine Zeit derart ausgefüllt, daß ich kaum mein Brevier fertig bekomme. Nämlich kommt dazu, daß ich all meine Geschirre, Eßbesteck selbst spülen u[nd] in Ordnung halten muß, für jeden andern eine Kleinigkeit; für mich eine Mordsgeschichte wegen meiner unprakt[ischen] Art u[nd] wegen meines hilflosen Zustandes; bis ich mich einmal umdrehe, tut das ein anderer 3 mal usw. Und so bleibt mir im ganzen täglich 1 Stunde übrig u[nd] zwar abends nach 6,45 bis gegen 8 Uhr, wo das Licht ausgeht. Ich bete im Hof täglich 3 R[osenkränze] u[nd] dann kommt abends das Brev[ier]; den ganzen Tag muß ich ununterbrochen scharf auf meine Arbeit sehen u[nd] jetzt muß ich wieder scharf auf das Buch sehen u[nd] eilen u[nd] hetzen, daß ich ja fertig werde. Das bringt um eine gewisse Ruhe. Ich sollte da ruhig etwas lesen u[nd] überlegen können. Davon könnte ich dann tags immer wieder zehren. Arbeite ich im Bett an Punkten[26],

25 Rupert Mayer war für klare Lösungen. Um wieviel schlimmer muß für ihn die spätere Konfinierung in Ettal gewesen sein!

26 P. Mayer meint die Meditationspunkte als Vorgaben für die Morgenbetrachtung.

dann ist's ganz Bruch mit dem Schlaf. – In der vergangenen Nacht habe ich das 1. Mal einige zusammenhängende Stunden geschlafen. – Also wie soll ich es machen? Ich bitte es zu bestimmen. Das ganze Brev[ier], oder welche Teile?[27] Und dann ob außer relig[iöse] Lesung noch 1/4 St[unde] ablenkender Lektüre? Ich bitte um Nachricht.

Eben teilt mir der hiesige hochw[ürdige] Herr Anst[alts]-pfarrer, der außerordentl[ich] liebenswürdig u[nd] opferbereit ist, im Auftrag meiner Mutter mit, daß meine Schw[ester] Hermanna, die Oberin in Tokio ist, sehr schwer erkrankt sei[28]. Gestern hat nun meine Mutter mit dem meine Schwester behandelnden Arzt telef[onisch] gesprochen. Darnach ginge es ein klein wenig besser, so daß wieder Hoffnung auf Erhaltung des Lebens vorhanden sei. Ich bitte um der Mitbrüder Gebet. –

Hier habe ich Gelegenheit, die äuß[ere] Armut zu üben. Zahnbürste, Kamm u[nd] Seife, Rosenkr[anz]Brevier u[nd] [...] waren das einzige, was ich noch retten konnte: ja auch Stiefel, weil ich in den andern nicht gehen kann. Es ist unglaubl[ich], mit wie wenig der Mensch auskommen kann. Auch mit wie wenig Nahrung. Nur weil ich es Ihnen versprochen habe, zwinge ich mich zum Essen. Zum Hungersterben hätte ich große natürl[iche] Veranlagung. Das wäre für mich nicht schmerzlich. Wohl aber ist es oft das Essen, wenn ich daran denke, daß ich nachher wieder alles mit dem fettigen Lumpen reinigen muß, wenigstens abtrocknen muß. Anfangs war mein Widerwille so groß, daß ich auch sub oböd[ientia][29] wenig herunterbrachte, jetzt geht es etwas besser. Im Feld hatte ich wenigstens immer mein eig[enes] Besteck. – Lu[rtsch][30] soll es auch so machen, wie Sie mit P.[31] Es wäre gut, in St. Michael zu

27 Zur damaligen Zeit war der Priester unter Sünde dazu verpflichtet, täglich das ganze Brevier zu beten, es sei denn, er besaß eine besondere Dispens seiner Provinzobern.

28 Sr. Hermanna überstand die Krankheit.

29 »unter Gehorsam« (lat.).

30 Josef Lurtsch (1881–1952), Präfekt der Männerkongregation, von Beruf Reichsbanksekretär.

31 Nicht geklärt.

sagen, daß weder Briefe noch Gaben irgendwelcher Art in meine Hände kommen. Man solle es den guten Leuten sagen. Ich wußte das alles ja schon lange, habe aber nichts gesagt, um die Menschen nicht unnötig zu beunruhigen. Gebet bleibt die einzige aber auch die beste Hilfe.

Es scheint, daß eine Schw[ester] u[nd] Schwager[32] aus St[uttgart] zu Besuch kommen wollen. Ich sehe es nicht gern, weil ich weiß, wie lieb die Beiden mich haben. Das ist eine furchtb[are] Aufregung, die dann immer erst nachher zum Ausbruch kommt. Aber wenn sie es wollen – –! Aber wenn Euer Hochw. Sp[erl]'s vorher sehen, mögen sie nicht mich bitten, ich soll halt jetzt Ruhe geben. Alle diese Dinge mit ihrem pro u[nd] contra habe ich mir ja seit Jahren unzähligmal durch den Kopf gehen lassen. Da kann es eben keine Sinnesänderung geben. Sonst wäre ja alles umsonst gewesen.

Das Direkt[orium][33] für Febr[uar] habe ich noch; die übrigen Blätter sind in der linken Schreibtischschubl[ade] auf der rechten Seite vorne. Ich habe auch nur den Pars hiem[alis][34] hier. –

Hoffentlich [geht] es in St. Mich[ael] u[nd] mit den Arbeiten der andern P. P[atres] gut. – Schon lange denke ich daran, Euer Hochw[ürden] zu bitten, für mich einen anderen Präses aufzustellen. Diese herrenlose Zeit muß ein Ende nehmen. Vorerst ist für mich eine Tätigkeit aussichtslos. Und ob ich später noch am Leben bin – sicherlich dann ein alter verbrauchter Mann: Wir wollen doch keinen P. Abel[35] spielen? Also ein Wechsel ist nötig. P. Körbling[36] hätte dafür sehr gute Eigenschaften. Bei gutem Zureden wird das der Präf[ekt] einsehen. Aber er muß unbedingt noch einige Jahre bleiben. Sein Rat ist unentbehrlich.

---

32 Schwester Hildegard und Schwager Franz Sperl aus Stuttgart.

33 Direktorium: Anweisung für das Breviergebet.

34 Teil des Breviers für die Winterzeit.

35 Anspielung auf P. Heinrich Abel SJ (1843–1926). Bedeutender Männerseelsorger Wiens, bei dessen Begräbnis mehrere Bischöfe, 300 Priester und 10 000 Männer teilnahmen.

36 Anton Koerbling SJ (1902–1974), Nachfolger Mayers von 1945 bis 1973.

Nun seien Sie mit allen l[ieben] Mitbrüdern allüberall von ganzem Herzen gegrüßt

Euer Hochw[ürden]
ergeb[ener] R. Mayer

Ich werde alles tun, um in einem Monat wieder zu schreiben.

MAYER/LANDSBERG
AN P. PROVINZIAL RÖSCH SJ 31. Januar 1938.

Auch eine zweite Fassung seines Briefes wurde nicht abgeschickt. Auf dem Brief wurde notiert: »Zum Bittrapport. Landsberg/L. 1. Febr. 1938 Nr. 9469. I. Brief wird wegen Mißbrauch der Schreiberlaubnis zurückbehalten. II. Ersatzbrief wird letztmal genehmigt mit der Maßgabe, daß Kritik an staatl. Maßnahmen und Schilderung des Anstaltsaufenthaltes sowie Aufforderung zum Ungehorsam gegen staatl. Anordnungen unterbleibt. Landsberg, den 6. 2. 1938. Direktion: Dieknether.«

A. Justizministerium/München. Handgeschrieben.

Hochw., lieber P. Provinzial!
Es ist dies die 1. Möglichkeit, Ihnen Nachricht von mir zu geben. – Was mir am meisten am Herzen liegt, ist, daß ja nach B[erlin][37] kein Gnadengesuch gemacht wird, event[uell] für eine Abkürzung des Gefängnisses durchzusetzen. Ich will davon nichts wissen. Ich fühle mich hier wohler als in SS.Gefängnissen, wo jedes relig[iöse] Moment von vornherein ausscheidet. Hier habe ich regelmäßigen, schönen Gottesdienst u[nd] wenigstens einmal monatl[ich] hl. Kommunion. Wie dies übrigens jetzt gemacht wird, weiß ich noch nicht: Heute wurde ich zum Anstaltsarzt gerufen. Nach gründl[icher] Untersuchung meinte er, ich würde von Mittw[och] an in die Krankenabteilung kommen. Das ist sehr entgegenkommend. Wenn es mir auch aufrichtig leid tut, die Ausnahme machen zu müssen, so sehe ich ein, daß mir nichts übrig bleibt, als mich dem zu fügen. Vielleicht ergibt sich damit auch die Möglichkeit öfters die hl.

37 Nach Berlin, d. h. an das Reichssicherheitshauptamt.

Kommunion zu empfangen. Nach der jetzigen Arbeitsteilung konnte ich nur unter ständigem Hetzen das Brev[ier] fertig beten. In der Krankenabteilung habe ich dazu genug Zeit.

Ich bitte Euer Hochw[ürden] herzl[ich] bezüglich des Predigtverbots, wie bisher ja keine Konzessionen zu machen. Ich weiß wohl, was mir droht, wenn ich hier heraus komme; aber im Gefängnis leben ist mir viel lieber, als auch nur den Anschein erwecken, man füge sich dem behördl[ichen] Redeverbot. –

Ich schreibe lieber Euer Hochw[ürden] als meiner Mutter u[nd] meinen Angehörigen. Ich bitte denselben das, was Ihnen gut scheint, mitteilen zu lassen. Wie ich höre, will 1 Schw[ester] mit ihrem Mann aus St[uttgart] mich besuchen. Das ist ja nett. Aber weil die beiden mich sehr lieb haben, so bedeutet es für dieselben eine große Aufregung, die ich ihnen gerne ersparen möchte. Ich kann in der Sache nichts tun. Ob Ihnen etwas zu tun möglich ist? – Nach der Hausordnung darf man sich über Beschäftigung u.s.w. nicht brieflich äußern. Ich bin nun schon im 5. Gefängnis u[nd] in 2en war ich außerdem schon 2mal. Daß ich je einmal einen solchen Einblick in diese Welt bekommen sollte, wer hätte das für möglich gehalten. Und was wird noch alles kommen?! Wohl dem, der auf alles gefaßt ist. – Das Direkt[orium] von der Ges[ellschaft][38] habe ich noch für Febr[uar]. – Ich habe leider vor meiner Verhaftung nicht an alles gedacht, trotzdem ich darauf gerüstet war. – Dasselbe ist in der linken Tischschublade u[nd] zwar rechts zieml[ich] vorn. Vom Brev[ier] habe ich nur den Pars hiem[alis] des großen Brev[iers] mit Einlage der Heiligen der Ges[ellschaft]. – Ich bin jetzt so arm wie eine Kirchenmaus. Das ist schön. Das tut mir überaus gut. – Mir ist es so wohl, daß man mir meine Ruhe läßt! Ich könnte ruhig so absegeln ins bessere Jenseits, wie ich jetzt bin. Manchem würde ich dadurch Leid bereiten, aber auch das wäre nur vorübergehend. Einmal kommt es ja doch. Ob 5–10 Jahre früher, ist völlig Nebensache.

---

38 »Gesellschaft Jesu«.

Hoffentlich gehen die Arbeiten der P. P[atres] in der St. Mich[aels]K[irche] u[nd] anderwärts ohne Störungen voran. Viel denke ich an meinen Leidensgefährten in N[ürnberg]![39] Recht viele Grüße an ihn u[nd] alle bekannten P. P[atres] u[nd] Br. Br[üder] in den verschiedenen Häusern!

Herzl[iche] Grüße auch an meine diversen Mitarbeiter auf den einzelnen Gebieten. Bes[onders] H. Lu[rtsch], der es so machen soll wie Sie mit P., Dr. Höck[40], Kett im Caritasv[erband].[41] Berner, Stellner[42], Kreis[43], Schneid[44], Thea Huber[45], Dr. Hofmann, Grießmaier[46], Kreuzer[47], Tomm[48] u.s.w. Sch. Anna-Marie[49] u. Edm.[50] bes[onders] aber seien Sie herzl[lich] gegrüßt von

Ihrem
R. Mayer S.J.

Warmuth[51] nicht vergessen!

Es kommen keine Briefe, Geschenke, Besuche durch! Alles ist umsonst! Nur beten u[nd] opfern hilft! Das ist unsere Waffe, mit der wir den Sieg für das Reich Gottes erringen werden.

---

39 Es kann sich in dieser Anspielung nur um Alois Jung SJ (1902–1971) handeln, der seit August 1937 in Nürnberg in Untersuchungshaft saß.

40 Dr. Michael Höck (geb. 1903), 1934 Redakteur der Münchner Katholischen Kirchenzeitung; im Frühjahr 1941 ins KZ Sachsenhausen eingeliefert; von dort am 11. Juli 1941 ins KZ Dachau überstellt; am 5. April 1945 aus dem KZ Dachau entlassen.

41 Kett (Caritasverband) – nicht verifiziert.

42 Käthe Stellner (1901–1990), an der Pforte von St. Michael tätig.

43 Maria Kreis arbeitete mit P. Mayer bei der Werbung für die Münchner Kirchenzeitung zusammen.

44 Schneid (Schnöde), Sodale, Konsultor.

45 Zu Josefa Huber vgl. S. 80.

46 Grießmaier, Sodale, Konsultor.

47 Kreuzer, älterer Herr; machte Botengänge für P. Mayer.

48 Tomm (Thom), Sodale, Konsultor.

49 Anna Maria – nicht geklärt.

50 Edmunda – nicht geklärt.

51 Rechtsanwalt Dr. Warmuth setzte sich sehr für P. Mayer ein, sei es für Bücher zur Lektüre, sei es zu Gunsten von Mayers Gesundheit; vgl. Briefwechsel Warmuth mit Landsberg in Personalakte Mayer/Landsberg.

Das Wichtigste! Einen neuen Präses braucht man unbedingt! So kann es nicht weitergehen. P. Körbling wäre der richtige Mann. L[urtsch] muß unbedingt bleiben! Er kann jetzt nicht ersetzt werden. H. G.

MAYER/LANDSBERG
AN P. PROVINZIAL RÖSCH SJ 8. Februar 1938.

Erst mit dem 3. Brief hatte Mayer Erfolg. Mit den vorausgehenden Briefen verglichen, fehlt ihm eigentlich jeder wichtige Inhalt.
ARM/München: handgeschriebenes Original.

Hochw. lieber P. Provinzial!
Leider kann ich Ihnen erst heute einige Zeilen schicken. Zunächst bitte ich Sie nicht zu erschrecken über die Art u[nd] Weise, wie ich Ihnen schreibe. Die richtet sich zwangsläufig nach den Verhältnissen, in denen ich jetzt lebe. Innerlich hat sich in mir nichts geändert. Ich danke noch heute dem l[ieben] Gott aus Herzensgrund dafür, daß alles so gekommen ist –. Ich kümmere mich um nichts mehr, was draußen vorgeht. Das ist mein Losungswort. –

Ich habe aber eine Reihe von Wünschen. Gestern wurde ich zum 2. Mal gemahnt, die Gerichtskosten zu bezahlen. In 8 Tagen würde ich gepfändet, hieß es. Soviel ich weiß, wurde zu diesem Zweck in St. Michael Geld einbezahlt. Vielleicht kann das bald geregelt werden. Adresse Gerichtskasse München – Justizpalast (Eingang Luitpoldstr.) M 274. –

Gar sehr liegt mir am Herzen, daß ich möglichst bald einen Nachfolger erhalte. Dieses Interregnum ist untragbar. L[urtsch] muß das beigebracht werden. Er muß aber unter allen Umständen bleiben. Denn sonst geht es nicht. P. Körb[ling] würde die Sache ausgezeichnet machen. Übrigens soll es L. machen, wie Sie mit P. Hoffentlich ist er wiederhergestellt.

Mein Brev[ier]-Direkt[orium] geht mit Febr[uar] zu Ende. Es liegt in der linken Schublade ganz rechts. Und den neuen

Band meines großen Brev[iers] brauche ich bald, mit unseren Heiligen als Einlage.

Am 20. II. will mich meine Schw[ester] Hildegard mit Schwager besuchen. Ich sehe es nicht gerne, weil sich meine Schw[ester] nachher schwer aufregt. Ob Sie da noch etwas ändern können?

Wann ich wieder schreiben kann, weiß ich nicht.

In St. Michael soll man den Bekannten, all den guten Leuten sagen: keine Besuche, keine Schreiben, keine Pakete! Es ist alles umsonst. Es kann nur helfen Gebet u[nd] Opfer.

Viele herzl[iche] Grüße an Alle, die nach mir fragen, bes. an hl. Familie[52], wo hoffentlich P. Kah[53] arbeitet u[nd] meine Mitarbeiter: Lu[rtsch], Kunz[54], Berner, Stellner, Kreis, Schneid, Thea Huber, Kett-Caritas, Anne-Marie mit Mutter Edm[unda], B. Hofmann, M. Grießmaier, Kreutzer, Tomm usw.

Hoffentlich können die PP.[55] überall noch tüchtig arbeiten. Nach Nürnb[erg] denke ich viel.

Mit herzl[ichen] Grüßen an die P. P[atres] und Br. Br[üder] der Münchn[er] Häuser, vor allem von St. Michael u[nd] mit der Bitte um Gebet

Euer Hochw[ürden]
dankbar ergeg[ebener]
Rupert Mayer SJ

Landsberg a. L., 8. II. 38
Meine Gedanken an die einzelnen Arbeiten suche ich völlig auszuschließen. Ich bin jetzt nur Strafgefangener.

---

52 Schwester der heiligen Familie, deren Spiritual P. Mayer war.
53 Karl Kah SJ (1886–1959), Seelsorger an St. Michael.
54 Alois Kunz (1905–1985), Kassier der Männerkongregation.
55 PP: Patres.

Dritte Haft

MAYER/KZ SACHSENHAUSEN
AN P. SUPERIOR GEORG WALDMANN SJ 2. Februar 1940.

Mayer will ein erstes Lebenszeichen an seine Mitbrüder geben und äußert Wünsche für sein alltägliches Leben.

ARM/München: Fotokopie des Briefs. In Berlin-Charlottenburg am 15. Februar 1940 von der Gestapo abgeschickt.

Hochw[ürdiger] P. Superior!
Am Dienstag vor acht Tagen konnte ich seit meiner Ortsveränderung zum 1. Mal wieder schreiben. Da ich seit Mitte November mich mit meiner Mutter nicht mehr ins Benehmen setzen konnte, habe ich zunächst einen Brief an sie gerichtet. Leider habe ich noch keine Antwort erhalten, was mich sehr beunruhigt.

Hoffentlich geht es Ihnen u[nd] allen Mitbrüdern in St. Mich[ael] gut u[nd] auch denj[enigen], die so seit Jahren bei uns ein und ausgehen. Schreiben sie mir doch möglichst bald darüber einige Zeilen! Notwendig brauche ich ein Direktorium zum Brevier, ebenso den Frühjahrsband des Breviers; ich glaube nicht, daß dem ein Hindernis im Wege steht. Vielleicht können Sie auch das neue Buch beilegen, das über das Leiden des Herrn[56] erschienen ist u[nd] das mir von guten Leuten geschenkt wurde. Ich habe sowohl Titel als Verfasser vergessen. Das Buch lag auf meinem 2. Tisch. Ich würde mich außerordentlich darüber freuen, wenn ich es mit Kopf u[nd] Herz studieren könnte. – Die Kirchengeschichte macht mir viel Freude. Einmal habe ich schon das ganze Werk durchgepaukt u[nd] ich hoffe, bis Ende Februar das 2. Mal durch zu sein. Ebenso studiere ich eifrig Göpel, Apolog[etik][57]; was er über Chr[istus] schreibt, ist ausgezeichnet. Auch hier wiederhole ich. Wenn nur das Gedächtnis besser wäre! Aber semper ali-

56 Vielleicht: Peter Lippert SJ, *Unseres leidenden Herrn Reden und Schweigen vor den Menschen*. München 1940.

57 Bernhard Goebel OFM Cap., *Katholische Apologetik*. Freiburg 1930.

quid haeret u[nd] jedenfalls geht dabei die Zeit rasend schnell vorbei.

Am 22. 12. bin ich hier angekommen. Heute sind es 6 Wochen, wenn ich mich nicht irre.

Auf die geistl[ichen] Übungen verwende ich wohl so viel Zeit wie s[einer] Zeit im Noviz[iat]; so geht es Tag für Tag still u[nd] einsam voran, bis der Herr ruft.

Mit herzlichen Grüßen an alle l[ieben] Mitbrüder u[nd] guten Menschen, die an mich denken,

Euer Hochw. ergebenster R. Mayer

Meine genaue Adresse: R. Mayer, Konzentrationslager Sachsenhausen in Oranienburg bei Berlin, Abteilung Z.

MAYER/KZ SACHSENHAUSEN
AN BISCHOF KONRAD VON PREYSING 15. April 1940.

Mayer will sich für den Meßkoffer bedanken. Bischof von Preysing war aber eher nur am Rande dafür verantwortlich, vgl. S. 119.

ARM/München: Abschrift des Briefs.

Exzellenz!
Hochwürdigster, lieber Herr Bischof!
Zu meiner größten Überraschung wurde am letzten Freitag, 12. 4., ein Missions-Messe-Koffer[58] in meine Zelle gebracht. Ich hatte keine Ahnung, daß da überhaupt etwas im Gange ist. Meine Freude können Sie sich vorstellen ! Nun glaube ich mit der Gnade Gottes meinen Kreuzweg bis zum Ende mutig gehen zu können. Da ich erfahren habe, daß Sie, Exzellenz, in 1. Linie in der Angelegenheit tätig waren, so drängt es mich, Ihnen ein herzliches Vergelts Gott zu sagen. Das ist ein sehr sehr großer Freundschaftsdienst, für den ich nicht dankbar ge-

58 Eine wichtige Rolle bei der Vermittlung des Meßkoffers spielte Bischof Heinrich Wienken; vgl. S. 119.

nung sein kann. Unsere freundschaftlichen Beziehungen bestehen nun glaube ich seit über 28 Jahren.[59] Vielleicht sind diese Beziehungen von meiner Seite inniger, als Sie selbst ahnen. Ich trage nämlich seit dem erbaulichen Tod Ihrer Schwester Clara[60] das Sterbebildchen in meinem Brevier mit mir herum. Wie ein Schutzgeist hat es mich schon durch viele Gefängnisse begleitet und täglich werde ich an Gräfin Clara erinnert. Aus zuverlässiger Quelle erfuhr ich seiner Zeit von dem selbstlosen, stillen, erfolgreichen Wirken Ihrer Schwester unter der weiblichen Jugend u[nd] von ihrem außergewöhnlich schönen Sterben. Seitdem steht sie mir seelisch sehr nahe. Einige Wochen vor meiner Verhaftung bekam ich Ihr Schreiben von der vollkommenen Reue[61] in die Hand. Das hat mir so gut gefallen u[nd] mich innerlich so beglückt, daß ich es in meine Brieftasche gesteckt u[nd] immer bei mir getragen habe. So hat mich dieses Schreiben auch hierher begleitet u[nd] liegt immer neben mir auf meinen kl[einen] Tischchen. Wäre nicht meine Verhaftung erfolgt, so hätten Sie schon vor Monaten einen Besuch in Berl[in] bekommen. Das Geld zur Reise hatte ich schon hergerichtet. –

In der hl. Messe, die ich täglich mit der 6 Uhr Messe im Berliner Dom[62] mitgebetet habe, habe ich Sie stets schon kräftig commemoriert. Das wird nun noch ausgiebiger geschehen.

Zu meinem großen Schmerz muß ich noch einige Tage mit dem Celebrieren warten. Ich muß mir z. Z. einen neuen Oberschenkel bauen lassen. Die alte Prothese wurde zu weit u[nd] gänzl[ich] unbrauchbar. Anfangs dieser Woche soll das neue Bein kommen. Dann aber! Welche Freude! Seit dem 3. No-

---

59 Bischof von Preysing hatte während seiner Tätigkeit als Sekretär von Kardinal Bettinger Mayer im Herzog-Karl-Theodor-Lazarett in München/Nymphenburg zwischen 30. März und 23. Juli 1917 kennengelernt.

60 Clara von Preysing (1892–1919) schrieb Erzählungen (»Don Antonio« 1920).

61 Preysing, »Der Segen der vollkommenen Reue« (Berlin 1939); vgl. auch das Hirtenwort des Bischofs vom 15. September 1939 (Amtsblatt des Bischöflichen Ordinariats Berlin 11 vom 15. September 1939), 54–55.

62 St. Hedwigskathedrale.

v[ember] ists eine lange Zeit. Das Religiöse ist ja das Einzige, was noch bleibt.

Vielleicht weiß jemand in Ihrer Umgebung, wie viele große Hostien – ich kann jetzt nicht nachsehen – eingepackt wurden, um dieselben nach einigen Wochen zu erneuern. Es ist schwierig mit dem Schreiben.

Herzl[ichen] Dank auch für das herrl[iche] Buch meines l[ieben] Mitbruders Closen.[63]

Vielleicht können Sie mir mitteilen lassen, wo man in Berlin kath[olische] theolog[ische] Bücher bestellen kann.

Mit herzlichen Grüßen auch an Ihre hochw[ürdigen] l[ieben] Brüder

Euer Exzellenz
ergebenster
Rup. Mayer SJ
Commendo me![64]

15. 4. 40
Beste Grüße an Ihre ehrw. Münchn[er] Schwestern samt Oberin u[nd] die Berlin[er] Mitbrüder!

MAYER/KZ SACHSENHAUSEN
AN GENERALVIKAR BUCHWIESER 1. Juli 1940.

Mayer nahm mit seiner Heimatdiözese Kontakt auf; Meßkoffer, Brevier und Medikamente waren der konkrete Anlaß.

EA/München: Handgeschriebener Brief.

Euer Gnaden!
Hochwürdigster lieber Herr Generalvikar!
Ihren Brief vom 1. Juni 41, den ich am 24. Juni erhalten habe, beantworte ich mit ff.

---

63 Gustav E. Closen, *Wege in die Heilige Schrift*, Regensburg 1939.

64 »Gedenke meiner im Gebet!«

1.) Am 12. IV. traf der Meßkoffer ein. Da ich gänzlich ahnungslos war, ist die Freude umso größer gewesen. Leider konnte ich erst am 27. April (Canisiusfest) zum 1. Mal das hl. Meßopfer Gott dem Herrn darbringen, weil gerade in jenen Wochen mein Kunstbein umgebaut wurde. – In der Zwischenzeit, also vom 27. IV. bis heute half mir einmal Berlin mit Hostien, Wein u[nd] Kerzen aus. Mit Hostien bin ich noch versehen bis zum 14. Juli incl[usive], mit Wein etwa bis 4. Aug[ust]. Eine Flasche liefert die Materie für 25 Mal. – Berlin schickte 2 dicke Osterkerzen; sie tun ihren Dienst wohl bis Ende August, es ist aber nicht leicht, das genau vorauszuberechnen. Die Kerzen, die in die Halter passen, sind praktischer; aber es ist wichtig, daß die Kerzen für die Halter vorbereitet werden, wie es das 1. Mal der Fall war. Ob wohl ein Maß dafür in München vorliegt? Wenn nicht, bitte ich um Nachricht, dann werde ich einen Halter schicken. – Es wäre gut, der nächsten Sendung Streichhölzer beizulegen. – Der Wein muß sehr gut verpackt werden. Von Berlin hierher wurde auf der Post eine Fl[asche] leider zertrümmert. – Große Hostien sind bei weitem vorzuziehen. – Für 2 Purifikatorien[65] wäre ich sehr dankbar.

2.) Ich freue mich sehr auf das Brevier u[nd] die schönen Bücher. Vielleicht können Sie gelegentlich von dem bekannten Werk Esser-Mausbach: Die Kirche III. Teil[66] u[nd] eine Zusammenstellung des Schönsten, was die deutsche Mystik bietet[67], mitschicken. Beide Bücher stehen in meiner Privatbibl[iothek] (Michael).

3.) Wie mir am 17. 6. eröffnet wurde, hat H[err] Reichsf[ührer] Himmler gestattet, daß Frl. Dr. Berta Hofmann, Dienerstr. 9 ärztl[iche] Heilmittel an mich schickt. Wollen Sie bitte der Ärztin telef[onisch] mitteilen lassen, daß diese guten Sachen am 28. 6. mir übergeben wurden u[nd] in Gebrauch sind. Nivea-Creme?

---

65 Purifikatorien sind Tüchlein zur Reinigung des Kelches.
66 Gerhard Esser/Josef Mausbach, *Religion, Christentum, Kirche.* I–III.
67 Das Schönste aus der Deutschen Mystik: nicht geklärt.

Für alles Liebe u[nd] Gute, was Sie mir erweisen, vielen herzl[ichen] innigen Dank!

Mit vielen Grüßen an alle Lieben

Euer Gnaden

ergeb[ener]

Rup. Mayer SJ

Oremus pro invicem![68]

Sachsenhausen, 1. Juli 40

68 »Beten wir füreinander!« (lat.).

5. KONFINIERUNG IM KLOSTER ETTAL

Rupert Mayer verbrachte im Kloster Ettal viereinhalb Jahre, von 8. August 1940 bis 6. Mai 1945, dem Tag des Einzugs der amerikanischen Truppen in Ettal. Die Gestapo hatte ihm für diese merkwürdige Haft, für die »Konfinierung«, Anordnungen übermitteln lassen. Gemäß diesen Weisungen hatte sich seine Korrespondenz auf ein Mindestmaß zu beschränken und sich nur auf rein persönliche Angelegenheiten zu erstrecken. Vermutlich hat Mayer meist nur kurze Grüße an Freunde und Bekannte geschrieben.

Postkarten und Briefe an Dr. B. Hofmann und P. Heinz Schulz (1920 bis 1972): Originale im ARM/München. Auszüge aus Briefen an Dr. Franziska Boesmiller (1896–1983) aus deren Buch: P. Rupert Mayer SJ. München 1946, 110–112. Die Originale sind zur Zeit nicht auffindbar. Infolgedessen sind diese Briefe nicht kritisch ediert.

MAYER AN DR. BERTA HOFMANN 2. 8. 1941

Sehr verehrtes Frl. Dr.!
Hoffentlich sind Sie von O. wieder glücklich nach Hause gekommen. – Meine Erkältung hat sich gut entwickelt. Aber ich darf Sie an Chinin-Red. erinnern. – Wollen Sie Fr. B. fragen, ob sie einmal das Kloster ansehen will, soweit es für eine Frau zugänglich[1] ist. Freilich blieb das eine große Ausnahme, weil die hochw. Patres wenig Zeit zu solchen Fremdenführungen haben. – Das weitere ein anderes Mal. Es soll nur einmal eine Vorfrage sein. – Das Wetter ist heute sehr schlecht. Nun zur Reise in die Heimat gehts.

Mit herzl[ichem] Gruß u[nd] auf frohes Wiedersehen!

RM.

Samstag um 15 Uhr.

1 P. Mayer spielt auf die klösterliche Klausur an.

MAYER AN FR. HEINZ SCHULZ SJ

Lieber Mitbruder,
Mit Ihrem Brief haben Sie mir viel Freude gemacht; mit größtem Interesse habe ich denselben von A–Z gelesen. Gottlob, daß Sie wieder wohlbehalten heimgekommen sind! Hoffentlich überstehen Sie auch die kommenden Monate, die für uns Alle recht schwer werden dürften, gut wie bisher. Meine innigen Wünsche begleiten Sie u[nd] die ganze frohe Pullacher Schar.[2]

Mit herzl[ichem] Gruß

Ihr RM

MAYER AN DR. FRANZISKA BOESMILLER 6. 12. 1943

Am 18. Dezember und 23. Dezember werde ich in der bekannten Intention je das hl. Meßopfer darbringen. An den [. . .] auferlegten Entbehrungen werde ich mit Ihnen »kauen«. Vielleicht fällt's Ihnen dann etwas leichter. – Um das noch nachzutragen: ich feiere das hl. Opfer täglich um 1/2 7 Uhr. Nicht als ob ich erwartete, daß Sie so früh sich erheben, zumal da wohl schon Weihnachtsferien sind und ich außerdem weiß, daß Sie durch Alarme so und so oft in Ihrem süßen Schlummer gestört werden und also jede Gelegenheit zum Schlafen benützen müssen wie der Feldsoldat – nein! Die Zeitangabe könnte nur dazu dienen, Sie dazu anzuregen, durch Erweckung der guten Meinung am Abend vorher, geistigerweise mit mir das hl. Opfer zu feiern.

Seit einigen Tagen ist es mit der klösterlichen Stille wohl endgültig vorbei, wie wohl in den meisten Klöstern Großdeutschlands. Die Auslandsstelle des Roten Kreuzes zieht zur Zeit 50 Mann hoch (fast ausschließlich Rote-Kreuz-Schwestern) im Kloster ein.[3] Was tut man nicht alles, um das Kloster zu retten. Das Rote Kreuz nimmt in den Klosterräumen Kost

---

2 P. Mayer meint die Patres und Fratres in Pullach.

3 Vgl. dazu Koch, *Die Benediktinerabtei Ettal*, in: Schwaiger II, 391.

und Wohnung; und hat hier seine Büroräume. Mich bringt es nicht aus meiner Ruhe. – Von ganzem Herzen wünsche ich Ihnen frohe Feiertage – wir verlegen alle Fröhlichkeit ins Innenleben ... –

MAYER AN DR. FRANZISKA BOESMILLER (April 1944)

...Heute war wieder Alarm. Wie elend mir da immer zu Mut wird![4] und so weit vom Schuß entfernt! Gott sei Dank habe ich bald die telefonische Mitteilung bekommen, daß die eigentliche Stadt ganz verschont geblieben sei. Gebe Gott, daß das zutrifft! – Wie lange werden diese Aufregungen noch dauern?! [...] Trotzdem ich ein großer Einsiedler geworden bin, suche ich doch noch mit den Menschen menschlich zu denken und zu fühlen, so gut ich's halt fertig bringe.

MAYER AN DIE FAMILIENSCHWESTERN 5. 9. 1944

Ehrwürdige, liebe Schwestern,
Inzwischen verstehen Sie wohl, was ich meinte, wenn ich von einem baldigen Wiedersehen schrieb. Vorausgesetzt, daß wir die kommende Zeit glücklich überstehen, rechne ich nur noch mit der einen oder anderen Woche, bis das Wiedersehn Wirklichkeit wird. Inzwischen frohen Mut u[nd] unerschütterliches Gottvertrauen.

Herzl[ich grüßt]

Ihr Spiritual

4 Mayer leidet offensichtlich darunter, in den Nöten der Bombenangriffe nicht bei »seinen« Münchnern sein zu können.

MAYER AN DR. FRANZISKA BOESMILLER (vor dem 1. 11. 1944)

Das gefällt mir so gut, wenn Sie von Ihrem Alltag erzählen. Daran erkennt man auch, daß nunmehr Schluß ist mit aller Gemütlichkeit. Ich danke Ihnen für diesen unbewußten Hinweis. Für alle, welche sich in die kommende Zeit hinüberretten, heißt es: Landgraf werde hart gegen dich, aber bleibe grundgütig gegen andere! [...]. Ja, es wird schon werden, wenn der liebe Gott uns am Leben erhält. Und wenn nicht, dann wird's erst recht schön. Der mich versorgenden Schwester rufe ich allabendlich zu: Schon wieder ein Tag dem Himmel näher! ...

MAYER AN DR. FRANZISKA BOESMILLER (vor Weihnachten 1944)

Kind Gottes! Zur Erhöhung meiner Weihnachtsfreude werde ich am Fest Ihren lieben Brief vom 12. Dezember noch einmal lesen. Daraus können Sie ersehen, daß der Aufwand an Zeit und Opfern, die Ihre lieben Briefe Ihnen verursachen, nicht umsonst ist. – Am heiligen Abend werde ich bei der Brandwache[5] Ihnen und Frl. F. im Geiste Gesellschaft leisten. Das paßt ganz gut zu meiner langjährigen Gewohnheit, den heiligen Abend in strengster Zurückgezogenheit zu verleben.

---

5 Brandwachen waren aufgestellt, um etwa in öffentlichen Gebäuden (Schulen, Ämtern) nach Bombenangriffen gleich mit dem Löschen der Feuer zur Hand zu sein.

6. DIE LETZTEN MONATE

Nachdem Ettal durch den Einmarsch der amerikanischen Truppen befreit war, hielt es P. Mayer nicht mehr länger in Ettal. Bereits am 11. Mai 1945 kehrt er in »sein München« zurück. Er besuchte zuerst die Madonna von der Herzogspitalkirche, die nach der Zerstörung des Gotteshauses in der Lebsche-Klinik am Bavariaring untergebracht war. Dann traf er zu einem längeren Gespräch Kardinal Faulhaber und erst danach kehrte er zu seinen Mitbrüdern bei St. Michael heim.

Die wenigen Monate, die P. Mayer noch verblieben, waren mit seiner altgewohnten Arbeit ausgefüllt. Er predigte; er wurde erneut zum 15. Nothelfer, zumal in den schweren Wochen der Nachkriegszeit.

Nach dem schweren Krieg

Am Hauptfest der Marianischen Männerkongregation/Münchens, am 27. Mai 1945, predigte P. Mayer erstmals wieder in München. In der St. Ludwigskirche versammelten sich einige tausend Männer, um das Wort P. Mayers zum Ende des Dritten Reichs und zum neuen Anfang nach dem Zweiten Weltkrieg zu hören. Kardinal Faulhaber war mit ihm zu diesem Gottesdienst gekommen: »ein triumphales Ehrenfest für den ungebrochenen Priester Gottes«.[6]

ARM/München (Sammlung W. Rupp): Mitschrift der Predigt als Schreibmaschinentext. Überschrift vom Herausgeber.

Heute halte ich die erste Predigt[7] nach dem schweren Krieg. Der liebe Gott hat mir die Freiheit wieder geschenkt. Es war so lange Zeit und ich hatte nicht geglaubt, daß ich zu Euch, meine lieben Männer, noch einmal predigen kann. Ich habe auch damit nicht gerechnet je einmal wieder herzukommen. Ich war eingestellt seit Jahr und Tag nur auf ein Wiedersehen im Jenseits.

Ich war im KZ.-Lager in Oranienburg.[8] Da habe ich es wie-

---

6 Süddeutsche Zeitung vom 12. Oktober 1945.

7 Mayer hatte bereits am Morgen des Christi Himmelfahrtstages erstmals wieder in der Öffentlichkeit, in Ettal, gepredigt (vgl. Sa 1,234).

8 Vgl. S. 113 ff.

der klipp und klar erkannt, so wird es ausgehen, so wie ich es mir gedacht habe. Es war an einem Abend, da wurde es mir so schwer zumute und ich habe während zweier Nächte im Geiste bei Euch Besuche gemacht. Ich war in Kirchen, wo ich gepredigt habe, und bei Familien, bei denen ich bekannt war, und habe mich verabschiedet, im Geiste habe ich Lebewohl gesagt, auf Nimmerwiedersehen in dieser Welt. Ich schäme mich nicht zu sagen, daß ich in diesen 2 Nächten geweint habe, beim Gedanken an alle lieben, guten Menschen, die ich nun verlassen hatte. Der liebe Gott hat das nun ganz anders gewollt. Es ist anders gekommen, wie ich es gedacht habe. Ich weiß, daß der liebe Gott [es] so gewollt hat. Wider all mein Hoffen und Denken ist es so gekommen und so hat mich der liebe Gott wieder gesandt und ich kann nur sagen: aus tiefstem Herzen danke ich Gott; denn er ist gut und seine Barmherzigkeit währet von Geschlecht zu Geschlecht bei denen, die ihn lieben. Preis und Dank und Lob sei gesagt dem allerheiligsten und ewigen Vater, dem Sohn und dem heiligen Geist. Neben Gott fühle ich mich verpflichtet, all den guten Menschen, die durch ihre Gebete und Opfer mitgewirkt haben an all dem, was geschehen ist. Aber in erster Linie bin ich innigen Dank Euch Sodalen schuldig; denn ich weiß es von meinen Mitarbeitern, daß ich von ganzem Herzen Euch zu Dank schuldig bin.

Liebe Freunde! Es ist, seitdem wir uns das letzte Mal gesehen haben, auch für Euch Furchtbares geschehen. Mit heißem Schmerz und bitterer Wehmut habe ich all das gehört und all das wurde mir erzählt, was Ihr und Eure Lieben in all den Jahren habt durchmachen müssen. Da war ich schon in München, als ich hörte, daß soviele ausgebrannt und ausgebombt waren.[9] Ja man redet das so leicht dahin und hat das oft gehört, der ist ausgebombt und ausgebrannt. Manche Menschen sagen das, weil man das allgemein so sagt. Aber heute denke ich

9 In München waren bei Bombenangriffen 6632 Menschen getötet worden. 81 500 Wohnungen wurden völlig zerstört, 300 000 Menschen waren obdachlos. Das historische München wurde zu 90 Prozent zerstört; vgl. Preis, *München unterm Hakenkreuz*, 219.

daran, was das für die einzelne Familie bedeutet. Ich habe mir das klarzumachen versucht, was bedeutet das für Frau und Kinder, für Familie, für Angehörige und Verwandte. Liebe Freunde! Wenn der Mensch keine Kleider mehr hat, keine Wäsche, keinen Mantel, keine Wohnung mehr, alles nicht mehr, was man notwendig braucht um ein annehmbares Menschenleben zu führen, wenn die Familie mehr oder weniger zusammengeschlagen: Das ist etwas ganz furchtbares. Meine lieben Freunde! Die Leute wissen oft gar nicht, was sie eigentlich tun müssen. Das Geschäft ist vollständig ruiniert: Von was sollen sie leben, wie können wir das Notwendige verdienen? Und dann der Gedanke an die Lieben im Felde: Was werden die dazu sagen, wenn sie heimkommen und nichts mehr von dem vorfinden, was ihnen lieb und teuer war? Die ganze Familientradition ist dahin, all die Bilder und Fotographien aus Jugend, Kindheit. Nichts mehr von all dem vorhanden. Welche Schädigung des Familienlebens für die Zukunft. Und doch, liebe Freunde, das ist ein ganz großer Trost, das ist nicht das Werk des blinden Zufalls, das ist halt so gekommen, das [. . .]. Das hat unser Herrgott zugelassen, der hat es so gefügt! Wenn er das so gefügt hat, dann war es gut so. Er hat es gegeben und er hat es genommen! »Was Gott tut, das ist wohlgetan.«[10] Gewiß jetzt können wir noch nicht verstehen und begreifen: warum? Wir hätten das ganz anders gedacht. Aber wenn das Gott so gefügt hat, war es gut so. Vielleicht kann es sein, daß der eine oder andere es in diesem Leben erkannte, daß es recht war so.

Aber ganz sicher ist diese Sicherheit gegeben: In der Ewigkeit werden uns die Augen aufgehen und wir werden erkennen, daß gerade das das Richtige gewesen ist. Das ist sicher. Sicher ist noch schwerer der Tod lieber Angehöriger. Das sind menschlich gesprochen unerträgliche Dinge. Das können wir nicht wieder gut machen. Das trifft auch die Menschen am Härtesten und Schwersten. Wie mancher hat schon gesagt: Mein Haus und meine Fabrik, das alles habe ich verloren. Das

10 Bekanntes Kirchenlied. Text vom Samuel Rodigast (1675), Melodie von Severus Gastorius (1679).

ist bitter. Aber das ist noch lange nicht das Schlimmste. Aber daß mein Sohn nicht mehr zurückkommt, mein Sohn, meine einzige Hoffnung, der Nachfolger allen Besitzes, das ist ein Schlag, den ich kaum zu überwinden vermag. Aber auch das, so schwer es ist, ist für uns gläubige Christen zu ertragen. Manchesmal habe ich schon gesagt, wenn ich dem einen oder anderen begegnete: nun ja, wer weiß, wofür es gut ist. Und mancher hat auch schon zugegeben: Es ist doch gut, daß dieser gute Mensch es nicht erleben mußte, das hätte ihm das Herz gebrochen. Wahr ist es, wenn man sich dahinein denkt, kann man das bestätigen.

Aber noch ein Gedanke, Geliebte. Wir dürfen nicht an das denken beim Tod unserer Lieben, was wir verloren haben. Nicht immer hineindenken, sich hineinversenken. Wenn man das so liest Tag für Tag, das ist schwer, das soll man nicht tun. Es ist nicht gut Tag für Tag an die schweren Stunden von Neuem wieder sich zu erinnern. Wir dürfen nicht nur an das denken, was wir durch den Tod des lieben Angehörigen verloren haben, sondern an das müssen wir denken, was dieser gewonnen hat. Er möchte mit uns nicht mehr tauschen, er ist eingegangen in das Reich des Lichtes und der Herrlichkeit. Er ist bei Gott. Durch Gott hat er alles erhalten [. . .]. Es kommt der Augenblick, wo wir ihn wiedersehen. Darum, meine lieben Freunde, so schrecklich das alles ist, der liebe Gott hat das so gefügt, damit wir auch für die schwersten Leiden einen unvergänglichenTrost haben. Mancher hat allerhand erlebt, gar mancher ist haarscharf am Tode vorbeigegangen. Aber Gott hat es nicht gewollt. Er hat uns am Leben erhalten. Mancher ist unter uns, der mit dem Gedanken gespielt hat, es wäre gar nicht so übel, wenn ich unter den Toten wäre. Aber liebe Freunde! Das ist nicht der richtige Gedanke, wir müssen uns darüber klar werden, wenn uns der liebe Gott am Leben erhalten hat, ist der richtige Augenblick noch nicht gekommen. Der liebe Gott hat noch eine Lebensaufgabe für uns und deshalb müssen wir uns wieder fest auf den Boden der Tatsachen stellen, wenn der liebe Gott haben will, daß wir noch leben, diese Aufgabe zu bewältigen suchen. Das ist die Wahl für unser eigenes persönliches Leben.

Und nun, liebe Freunde, ist es notwendig, daß ich von ganzem Herzen Euch danke, daß Ihr so wacker und treu der Kongregation zugetan gewesen seid. In erster Linie möchte ich danken für die Arbeit meines Stellvertreters Pater Koerbling.[11] Ich war glücklich und froh, als ich hörte, daß Pater Koerbling sich so ausgezeichnet eingearbeitet hat in der Männerkongregation. Denn ich wußte, jetzt ist die Sache gerettet. Denn es ist schwer gewesen, denken zu müssen, daß die Kongregation nicht mehr so richtig steht, daß sie wackelt und schwankt, daß sie vielleicht diese furchtbare Zeit nicht mehr besteht. Das wäre das schwerste Opfer gewesen, das der liebe Gott von mir verlangt hätte. Außer Pater Koerbling und außer dem Pater Superior[12] danke ich allen Patres, die sich in selbstloser Weise dieser Sache gewidmet haben. Hätten die Patres nicht so wacker zusammengeholfen, wäre es nicht möglich gewesen, diese Aufgabe zu erfüllen.

Ein weiterer Dank gilt unserem lieben Präfekten. Ich weiß, er hört es gar nicht gern, aber es muß gesagt werden. Herrn Lurtsch[13] hat es in den letzten Jahren immer wieder an seiner Gesundheit gefehlt, er war überarbeitet im Beruf, hatte anderes Schweres zu leisten, aber unentwegt hat er mitgearbeitet an der Seite der Patres, das können wir ihm nicht hoch genug anrechnen. Ihr wißt es, daß es als Sodale nicht so einfach war. Herr Lurtsch hat vieles ausstehen müssen, wegen seiner engen Verbundenheit mit dem Bürgersaal. Ein herzliches Vergelts Gott! Ich möchte nur wünschen, daß er eine neue zweite Blüteperiode der Kongregation in München erlebt. Aber, liebe Sodalen, ohne Euch und Euer Opfer und Euere Tapferkeit und Eueren Mut haben die anderen die Kongragation nicht durchreißen können. Ich danke Euch allen von ganzem Herzen.

---

11 Anton Koerbling SJ (1902–1974) hatte P. Mayer seit 1939 vertreten und wurde am 6. Oktober 1945 offiziell der Nachfolger P. Mayers als Präses der Männerkongregation Münchens.

12 Johannes B. Dold SJ (1897–1967), 1944–1951 Superior von St. Michael.

13 Zu Josef Lurtsch vgl. S. 382.

Nun die Frage: Sind wir an Zahl zurückgegangen? Das kann tatsächlich keinem Zweifel unterliegen, daß wir an Mitgliedern im Laufe der Jahre verloren haben. Von etwa 7400 auf wohl 6100 Männer. Wenn man aber denkt, wieviele jetzt fort sind, wie manchem es unmöglich ist, der Kongregation noch anzugehören, wie sie glatt auf der Straße gestanden hätten; wenn man weiß, wie mancher zurückgesetzt wurde, wegen seiner Zugehörigkeit; wenn man weiß, wie mancher voll Hohn und Spott behandelt worden ist, weil er Maria zu seiner Königin erwählt hat; liebe Freunde, wenn wir das alles zusammennehmen, dann kann man verstehen, daß wir etwas abgenommen haben. Aber in der Zeit haben wir doch 500 Neuaufnahmen zu verzeichnen und zwar jüngere Leute. In dieser schweren Zeit haben sie sich angeschlossen. Das ist doch ein Recht, daß wir gar nicht trüb in die Zukunft zu schauen brauchen. Die Kongregation hat viel getan für uns Sodalen. Ich sage das um zu zeigen, was für ein Geist auch heute noch uns Sodalen belebt. Nicht weniger als 40 000 Mark sind für die Bedürftigen geopfert worden. In diesem Jahr haben die Sodalen über 20 000 Mark der Kongregation geschenkt. Da muß man sagen die Kongregation schläft nicht. Nein, wir sind noch gut beisammen und ich hoffe nur, daß ein neuer Geist unsere Arbeit und die Neuaufnahmen belebt. Wir müssen suchen, in den einzelnen Pfarrgruppen alle Sodalen zu sammeln, wenn sie vom Lande wieder kommen, mit einer geschlossenen Abteilung wieder beisammen stehen. Wenn dann die Kameraden aus dem Felde kommen, dann ist unsere Aufgabe, sich der Einzelnen anzunehmen, sie in unseren Kreis hineinzuführen. Wenn alles hilft, so wird es gehen.

Am nächsten Donnerstag ist Fronleichnam. Das Fest kann wieder völlig frei gefeiert werden. Wir freuen uns von ganzem Herzen. Es handelt sich aber darum, daß wir auch das unsere tun, nicht nur zum Gelingen unserer Abteilung der Männer, sondern der ganzen Prozession.[14] Darum möchte ich alle bitten,

---

14 P. Mayer hatte 1939 das letzte Mal an einer Fronleichnamsprozession

die früher als Ordner an der Hauptprozession das Ihre getan haben, am nächsten Dienstag abends 7 Uhr zu einer Besprechung in die Dreifaltigkeitskirche zu kommen. Herr Pater Hartig hat mich gebeten, das zu sagen. Wenn ihr in den nächsten Tagen noch den einen oder anderen trefft, den ihr kennt, bitte ich Euch, ladet ihn ein für nächsten Mittwoch abends 7 Uhr ebenfalls in die Dreifaltigkeitskirche zu kommen. Wir wollen dann ferner sehen, daß wir den einen oder anderen treffen, der als Vorbeter mitwirken kann. Wenn einmal die Kongregation in der Öffentlichkeit auftritt, auch bei der Prozession, daß dies auch in guter Ordnung geschehen kann. In den früheren Jahren haben wir das meisterhaft gemacht und ich bin überzeugt, daß es auch diesmal geht.

Ich weiß nicht, ob ihr es schon gehört habt, daß in der nächsten Zeit wieder eine Kirchenzeitung[15] erscheint. Das ist eine Arbeit für uns. Wir müssen alles tun, diese wieder in die Höhe zu bringen. Ihr wißt, was für Irrtümer in die Masse hineingetragen wurden. So viel Gerüchte und Torheiten. Ganz unglaublich sind sie in die Herzen der Menschen eingedrungen, hatten die Geister verwirrt und auf Abwege geführt. Darum ist es unsere Aufgabe, den Menschen eine andere Kost zu geben. So wird alles geschehen, damit die religiösen Anschauungen wiederum zum Durchbruch gelangen.

Nun, liebe Freunde, es geht mir wie Euch. Wir wissen, die Militärregierung[16] hat eine schwere Aufgabe. Nur der nicht denken kann, kann das so leicht auf die Schulter nehmen. Sie hat auch eine harte Aufgabe, wer möchte das in Abrede stellen.

---

teilgenommen. Von der Fronleichnamsprozession 1945 durch die Trümmerstadt existiert ein erschütternder Filmbericht.

15 Die erste Nummer der neuen »Münchener Katholische[n] Kirchenzeitung« erschien als 38. Jahrgang am 16. September 1945. Schriftleiter war damals Alois Johannes Lippl (1903–1957), Schriftsteller und Theaterleiter, 1948–1953 Intendant des Bayerischen Staatsschauspiels München.

16 Am 1. Mai 1945 wurde München von den amerikanischen Truppen besetzt. Chef der Militärregierung in Bayern war Panzergeneral George Smith Patton (mit Sitz in Bad Tölz). – Dr. Karl Scharnagl (1881–1963) begann am 4. Mai 1945 als Oberbürgermeister von München seine Arbeit. Er war bis 1948 im Amt.

Wenn Ihr hört, daß die eine oder andere abfällige Bemerkung fällt, so sagt doch: Vergeßt aber das nicht, daß wir nun nicht mehr von dieser Gewissenstyrannei getragen, daß es ein Ende hat mit dem Sklavenjoch, das wir haben ertragen müssen. Das ist etwas ungeheueres, was uns da geschah. Und wie die Verhältnisse liegen, hätten wir das Verhältnis nicht mehr meistern oder ändern können. Liebe Freunde! Wenn ich das sage, dann sage ich das, weil ich die feste Überzeugung habe, daß es die Wahrheit ist. Keineswegs würde ich ein Wort verlieren, wenn ich diese Überzeugung nicht hätte. Ich habe genug erlebt. Daß uns von nichts Aufklärung gegeben werden konnte, mag es sein, was es will. Wenn es nicht alles kostet, ich werde auch in Zukunft der Wahrheit die Ehre geben. Und nicht aus diesem oder jenem Grund etwas sagen, was nicht gesagt werden darf.

Aber eines muß ich noch einfügen, dem Ausland in der ganzen Welt kann gesagt werden. Da heißt es jetzt: »Wie konnte das Deutsche Volk die Greuel in den KZ.-Lagern mitansehen: warum ist man nicht dagegen aufgetreten?«[17] Nur einige Worte zur Aufklärung! Das Deutsche Volk, d. h. das einfache Volk, der einfache Mann konnte nichts dagegen machen.[18] Er war sang- und klanglos verschwunden, ohne auch nur eine Kleinigkeit dadurch zu bessern. Es ist ein großes Unrecht und es zeigt eben, daß die Leute, die so schreiben, die Verhältnisse nicht kennen, in denen wir so lange lebten. Das einfache Volk ist nicht zur Verantwortung zu ziehen. Andererseits gebe ich zu, daß es gebildete, hochberühmte, tüchtige Leute, Leute mit großem Namen in Deutschland gegeben hat, die wenn sie ihren Kopf dafür unter den Block gelegt hätten, die Aufmerksamkeit des Auslandes und auch des Deutschen Volkes gefunden hätten, hätten sie auf diesen Zustand hingewiesen. Aber auch das erforderte ungeheuere Arbeit. So, liebe Freunde, kann man anderen Menschen keinen Vorwurf machen. Es wird später einmal bekannt, wie viele Geistliche die katastrophale Weltan-

17 Vgl. Frei, *Die Juden im NS-Staat*, in: Broszat/Frei, *Das Dritte Reich im Überblick*, 124–136.

18 Frei, *Der Führerstaat*, 153 ff.

schauung bis zum letzten Augenblick verteidigt haben.[19] Wir wissen, daß eine ganze Reihe von Geistlichen jahrelang im Gefängnis waren und auch Schweres erduldet haben, daß eine ganze Reihe von tüchtigen Menschen dafür das Leben geopfert haben.[20]

Nun, liebe Freunde, wollen wir uns darüber klar werden: Das Reich Christi wird jetzt wieder auferstehen. Es braucht Mithilfe und Mitarbeiter. Freuen wir uns! Keiner darf denken, auf mich kommt es nicht an. Die Kirche Gottes braucht Mitarbeiter aus allen Kreisen unseres Volkes. Und wir wollen uns nicht vorbeidrücken an der Arbeit. Was an uns liegt wird geschehen, mit unserer Kongregation das Apostolat aus unseren Reihen gefüllt. Mit ganzer Kraft sich einsetzen für Christi Reich, für die Kirche Gottes! Amen!

Briefe in allen Nöten

Kaum war P. Mayer nach München heimgekehrt, wurde er wieder als Fürsprecher in vielen Anliegen in Anspruch genommen. Über die vielen tröstenden Gespräche hinaus schrieb er – unterstützt von Br. Augustin Steffen SJ (1902–1982) – in diesen Monaten 324 Briefe, an manchen Tagen 10 bis 15 Stück. In der Zeit zwischen dem 10. und 29. September brachte er es auf 97 Briefe. Die Adressaten seiner Schreiben waren meist Verantwortliche: Bürgermeister oder Ministerpräsident, Lagerkommandant oder »die Militärregierung« (allein 35 Briefe). Die wichtigsten Anliegen, in denen er sich einsetzte, waren: Bitte um Anstellung in einem Beruf (47), Entlassung aus einem Lager (23), Suche nach vermißten Personen (9), Wohnungsprobleme (28), Geldfragen (3). Darüberhinaus sprach er Empfehlungen aus (20). Die meisten Briefe galten jedoch der Feststellung, daß Herr X oder

19 Die Aussage Mayers ist ungenau. Als Verteidiger des Nationalsozialismus innerhalb der Kirche sind nur wenige bekannt geworden: z. B. Alban Schachleiter OSB (1861–1937), 1908 – 1918 Abt der Benediktinerabtei St. Emaus in Prag, seit 1921 in München, ab Herbst 1930 in Bad Aibling und Feilnbach (Obb.). 1987 wurde sein Grab im Waldfriedhof/München aufgelassen und der Grabstein beseitigt.

20 Vgl. Kempner, *Priester vor Hitlers Tribunalen.*

Frau Y wohl »Nazi« gewesen sei, daß er oder sie sich innerlich aber als Katholik immer engagiert habe – und daß man ihn oder sie deshalb wieder in den alten Beruf aufnehmen solle (80 Briefe). Diese »Persilscheine«, wie sie damals genannt wurden, waren für die Spruchkammerverfahren bei der »Entnazifizierung«[21] wichtig; sie rechtfertigten etwa auch die Wiedereinstellung eines Parteigenossen in seinen Beruf, der seines Parteibuchs wegen entlassen worden war. Mayer entschuldigte den Eintritt in die SA oder NSDAP mit »Druck«, d. h. mit der Absicht des Betreffenden, die »Existenz«, die »Stellung« nicht zu verlieren, um »Schikanen und Verfolgungen zu entkommen«, um »den zahlreichen Verfolgungen und Unannehmlichkeiten aus dem Weg zu gehen«. Mayer übte dabei große Nachsicht, wenn er sich auch nicht in jedem Fall einsetzte. Er verwandte sich auch für Männer, die er im Laufe seines Prozesses 1937 nicht gerade von der noblen Seite kennen lernte. Wo Not herrschte, durfte seiner Ansicht nach nicht »Vergeltung« die Oberhand gewinnen. Mayer mag trotz aller Höflichkeit in seinen Briefen als Bittsteller so manchem auf die Nerven gefallen sein. Aber ihm ging es um die konkrete Not und den Trost des einzelnen Menschen; ihm wollte er dienen.

ARM/München: Durchschriften der Briefe in den Akten für die Seligsprechung. – Angesichts der Fülle der Briefe können hier nur 20 typische Beispiele veröffentlicht werden. Die Namen werden aus Gründen der Diskretion abgekürzt.

1. AN HERRN RECHTSRAT DR. Z., MÜNCHEN

22. Juli 1945.

Sehr verehrter Herr Rechtsrat!
Entschuldigen Sie bitte, daß ich Sie so in Anspruch nehmen muß, aber ich fühle mich gedrängt den Menschen zu helfen, mit denen mich schon seit vielen Jahren gemeinsame Ideale verbinden. Wie ich im letzten Gesuch schon bemerkt habe, ist die Familie H. in der Pfarrei seit langem als durchaus katholisch bekannt. Auch der junge A. hat trotz aller Anfeindungen einen

---

21 Die »Entnazifizierung« war gedacht als »personale Säuberung« und ging als stärkste Initiative von den Amerikanern aus, um den Geist des Nationalsozialismus auszurotten. Bereits am 26. April 1945 wurde die entsprechende Generalstabsdirektive vom Oberbefehlshaber der Besatzungstruppen erlassen; vgl. ERDMANN, *Das Ende*, 112–122.

Eintritt in die Partei oder irgendwelche Beziehungen zu ihr stets rundweg abgelehnt. Ich kann mir nicht anders denken als daß A. H. den auf ihn gesetzten Hoffnungen entsprechen wird.

Mit bestem Gruß und herzlichem Dank

2. AN HERRN B., MÜNCHEN 22. Juni 1945.

Sehr verehrter Herr B.!
Vor einigen Tagen war mein Kriegskamerad Herr L. bei mir. Er wurde aus den städt. Diensten verabschiedet. Es hat ihn sehr schwer getroffen. Wie er mir sagte, ist er mit Ihnen bekannt. Sie hatten mit Herrn L. geschäftlich zu tun. Würden Sie die Güte haben nachzusehen, ob Sie nicht vielleicht Herrn L. seinen Kräften entsprechend beschäftigen könnten. Er ist bereit zu kommen und sich bei Ihnen vorzustellen. Ich bitte Sie Herrn L. zu empfangen.

Mit freundlichem Gruß ergebenst

3. AN FRAU [...], MINDELHEIM 22. Juni 1945.

Sehr verehrte Frau [...]!
Ich kann es nicht aussprechen, wie leid es mit tut, daß Sie mit dem Kind so viel Kummer haben. Ja wenn ich doch etwas entscheidendes tun könnte. Ich habe mich an die Militär-Regierung gewandt. Mit welchem Erfolg ist eine andere Frage, denn nach meiner Erfahrung liegt die Angelegenheit Ihres Gatten nicht so glatt. Wir müssen vorerst einmal abwarten und in Geduld uns fassen, so schwer es für Sie und das Kind auch ist. Mehr läßt sich vorerst nicht tun. Sobald Sie in Geldverlegenheit kommen bitte ich, sich an mich zu wenden. Selbstverständlich werde ich tun, was in meinen Kräften steht. Wir wollen aber das Gebet nicht vergessen. Vor allem hat jetzt die I. das Wort.

Mit herzlichem Gruß an Sie und das Kind

Ihr ergebener

4. EMPFEHLUNG FÜR FRAU E. K., MÜNCHEN 19. Juli 1945.

Erklärung.
Ich erkläre hiermit, daß ich Frau E. K., München [...], seit längerer Zeit kenne und daß ich einigemale eine ernste Besprechung mit ihr hatte, und daß ich der festen Überzeugung bin, daß die Frau durchaus glaubwürdig ist. Außerdem ist es wichtig zu wissen, daß Frau K. wiederholt es durchaus abelehnt hat, ihre Kinder aus der Kirche herauszunehmen u. daß sie trotz schwerster Drohungen die Kinder in der kath. Religion erzogen hat. Ihr Mann gehörte zwar der SS[22] an, aber Frau K. hatte selbst keinerlei Beziehungen zur SS, im Gegenteil sie hat es abgelehnt, von ihrem Manne irgend einen Beitrag zum Unterhalt der 6 Kinder anzunehmen. Es ist dies ein seltener Fall, darum glaube ich anregen zu dürfen, daß die Beschlagnahmung ihres Bankguthabens aufgehoben wird.

5. AN FRL. D., MÜNCHEN 12. Juli 1945.

Sehr geehrtes Frl. D.!
Ich danke Ihnen sehr für Ihren Brief, der uns erfreulicherweise eine günstige Botschaft über das Befinden Ihres Bruders [...] gibt. Hoffentlich hält sein Befinden an.

Leider kann ich Ihnen Ihre Bitte in betr. des Herrn K. nicht so glatt erfüllen. Herr K. ist ja in der SS freiwillig gewesen. Das ist ein schwieriger Punkt, wenn es sich darum handelt einen gefangenen SS-Mann zu befreien. Da ich über das Vorleben des Herrn K. keinerlei Anhaltspunkte habe, welche den Fall in einem milderen Licht erscheinen läßt, kann ich leider nichts unternehmen. Es wäre doch sehr zu bedauern, wenn durch eine evtl. ungerechtfertigte Bitte, die Befreiung Anderer gefährdet würde. Ich denke, daß Sie meinen Worten beipflichten.

Mit freundlichem Gruß

---

22 Das Nürnberger Gericht hatte die SS zur »verbrecherischen Organisation« erklärt. Damit stellte die Zugehörigkeit einer Person zur SS »den Tatbestand eines Verbrechens« dar; vgl. ERDMANN, *Das Ende* 105.

6. AN DIE MILITÄRREGIERUNG, MÜNCHEN 19. Juli 1945.

Herr J. W. ist Lebensmitteltransporteur. Er ist mir seit einiger Zeit bekannt. Er ist beinamputiert, ein guter, vertrauenswürdiger, tüchtiger Mann. Er hat nie etwas mit der Partei zu tun gehabt. Ich bitte herzlich ihm eine Fahrgenehmigung zu erteilen. Herr W. hat sich bereit erklärt, an Sonntagen, wenn er frei ist, mich zu meinen religiösen Vorträgen mitzunehmen.

7. AN DIE MILITÄRREGIERUNG, MÜNCHEN 23. Juli 1945.

Herr Oberstabsarzt Dr. H. S. befindet sich in dem SS-Sammellager Zinneberg bei Glonn.[23] Er hat in seinem Beruf sehr gutes geleistet und sich nie um Politik gekümmert. Er ging völlig auf in seinem Beruf.

Ich bitte um beschleunigte Überprüfung seines Falles und um seine Entlassung.

8. AN DIE MILITÄRREGIERUNG, MÜNCHEN 16. August 1945.

Wie mir mitgeteilt wurde, ist der Herr Hauptlehrer H. von M. seines Amtes enthoben worden. Der Herr Hauptlehrer gilt in der Gegend als ausgezeichneter katholischer Lehrer. Er ist stets bereit für katholische Interessen sich einzusetzen und übt einen vorzüglichen Einfluß aus auf die ihm anvertrauten Kinder, das die Gemeinde wohl zu schätzen weiß. Darum sind die Leute erschüttert über seine Amtsenthebung. Der Grund seines Eintrittes in die Partei war der, daß die Parteizugehörigkeit in jener tollen Zeit zum guten Ton in der Lehrerschaft gehörte, sonst wäre dieser gutgesinnte katholische Lehrer niemals in die Partei eingetreten. Innerlich hatte er niemals irgend eine Gemeinschaft mit den Bestrebungen der Nazi-Partei. Ich bitte dringend um Nachprüfung der Entlassung des Herrn Hauptlehrer H.

---

23 Die erste Phase der Entnazifizierung begann mit Massenverhaftungen. Leute, die sich als unverdächtig erwiesen, wurden bald wieder aus den Internierungslagern entlassen.

9. AN DAS WOHNUNGSAMT, MÜNCHEN 18. August 1945.

Obwohl ich weiß, daß das Wohnungsamt mit Arbeit überlastet ist, und es mir ganz ferne liegt mich irgendwie einzumischen, möchte ich mir doch erlauben Ihnen den nachstehenden Fall mit der Bitte vorzulegen, wenn es irgendwie möglich ist der Frau N. die Zuzugsgenehmigung zu erteilen. Frau J. N. wohnte bis jetzt in H. bei Sch. Laut ärztlichem Zeugnis leidet sie an schweren Gallensteinkoliken. Um sich einer Spezialkur zu unterziehen hat sie sich nach München begeben und wohnt hier bei einer Verwandten in der H.straße 2/I. Sie hat sich in H. polizeilich abgemeldet. Da die Frau schon ziemlich alt ist, begreift sie die heutigen Verhältnisse nicht mehr ganz.

Mit herzlichem Dank für Ihre Bemühungen

hochachtungsvoll

10. AN DIE MILITÄRREGIERUNG, MÜNCHEN 29. August 1945.

Der Familie B., München [...], wurde in diesen Tagen mitgeteilt, daß ihre Wohnung beschlagnahmt werde und daß sie in eine Baracke ziehen müsse. Der Sachverhalt ist folgender: Herr B. war ein fanatischer Anhänger der Nazipartei. Er gibt zu, daß er sich schwer verfehlt habe und will jede Strafe auf sich nehmen. Was ihm aber sehr nahe geht, ist daß er seine Frau und seine zwei Kinder in dieses Elend hineingebracht habe. Die Frau hat seit 14 Jahren mit allen Mitteln versucht ihn von seinen Nazi-Anschauungen abzubringen, da sie selbst und ihre Kinder dem Nationalsozialismus vollständig ablehnend und feindlich gegenüber stand. Sie hat die ganze Zeit gelitten und unendliches durchgemacht und jetzt soll sie noch zu Allem aus ihrer Wohnung herausgeschmissen werden. Das eine freilich hat sie erklärt, sie stehe jetzt noch zu ihrem Mann und trete für ihn ein, weil er von verschiedenen Seiten beschimpft wird. Sie hat in diesem furchtbaren Unglück, das über sie hereingebrochen ist, für den Mann keine Vorwürfe mehr, weil sie sieht, daß er der Verzweiflung nahe ist.

Ich habe darum die Bitte die Beschlagnahmung der Wohnung aufzuheben, soweit Frau und Kinder in Betracht kommen. Die Beschlagnahmung der Wohnung würde von der Nachbarschaft als Unrecht gegen die Frau und Kinder empfunden werden, weil man allgemein weiß, wie die Einstellung der Frau gegen den Nazismus immer gewesen ist.

Hochachtungsvoll

11. AN DAS BAYERISCHE ROTE KREUZ, MÜNCHEN 19. September 1945.

Ich bitte Sie Nachforschungen[24] nach dem Obergefreiten R. H. anzustellen. Das Nähere können Sie aus beiliegendem Brief entnehmen. Gesucht wird H. von seiner Frau, die in München 23, [...] wohnt. Sie hofft trotz des gegenteiligen Schreibens der Dienststelle, daß ihr Mann vielleicht doch noch am Leben sei.

Mit freundlichem Gruß und herzlichem Dank

12. EMPFEHLUNG FÜR FRAU G., GEB. W. 1. Oktober 1945.

Bestätigung.

Frau G. geb. W., hat ihre Entlassung aus dem Staatsdienst erhalten. Die Frau hat mir und meinen Mitbrüdern während ihrer Tätigkeit bei der Gestapo außerordentlich große Dienste erwiesen. Sie hat manchen von meinen Mitbrüdern gewarnt, der zweifellos ohne diese Warnung, verhaftet worden wäre. Sie hat dies getan unter der steten Gefahr bei Bekanntwerden sich selbst der schwersten Bestrafung auszusetzen.

Die ganze Zeit über weigerte sie sich Parteimitglied zu werden und war deswegen sowieso verdächtig. Dessen aber ungeachtet hat sie treu auf ihrem Posten ausgehalten um Gutes tun zu können, obwohl sie viel lieber aus dem Dienst bei der Gestapo geschieden wäre, wie ich genau aus persönlichen Besprechungen mit ihr weiß. Ich bitte die Entlassung einer wohlwol-

24 Vgl. Böhme, *Gesucht wird ...*

lenden Nachprüfung zu unterziehen und um Wiedereinstellung der Frau.

13. AN DIE MILITÄRREGIERUNG, MÜNCHEN 4. Oktober 1945.

Betrifft: Dienstentlassung des Herrn G. F., geb. [. . .] wohnhaft in München, [. . .]

Herr G. F. wurde seiner Stellung enthoben wegen seiner Parteizugehörigkeit. Ich bitte diese Enthebung einer wohlwollenden Nachprüfung zu unterziehen und dem Gesuch des Herrn F. um Wiedereinstellung statt zu geben.

Herr F. ist erst 1940 in die Partei eingetreten und auch da nur deswegen, weil er dem ständigen Drucke und der Verfolgung nicht mehr entgehen konnte, um nicht sich und seine Stellung und Familie in Gefahr zu bringen. Wie aus dem beiliegenden Zeugnis des Stadtpfarramtes St. Anna klar ersichtlich ist, war Herr F. immer und jederzeit aufrechter Katholik und stand dem Nationalsozialismus vollkommen fremd gegenüber.

Hochachtungsvoll

14. EMPFEHLUNG FÜR HERRN K. R., MÜNCHEN 13. Oktober 45.

Bestätigung
Ich bestätige hiermit, daß ich Herrn K. R., München, [. . .], seit mehr als 30 Jahren als einen charaktervollen, tüchtigen Menschen kennen gelernt habe, der immer praktizierender Katholik war. Als stellvertretender Innungsmeister wurde er gezwungen 1933 Parteimitglied zu werden. Nach den Ausschreitungen gegen die Juden ist er aber wieder 1938[25] aus der Partei ausgetreten. Diese Tatsache, und auch die ganze Einstellung des Herrn R. bezeugen klar, daß er mit den Zielen der Nazi-Partei niemals

25 Anspielung auf die »Reichskristallnacht«: das reichsweite Massenpogrom vom 8.–13. November 1938; vgl. dazu GRAML, *Reichskristallnacht.*

das geringste zu tun gehabt hat und im Gegenteil ihr feindlich gegenüber stand.

15. AN DIE MILITÄRREGIERUNG MÜNCHEN 15. Oktober 45.

Betrifft: Bitte um Wiedereinstellung der K. G. von H.
Frl. K. G., Lehrerin wurde ihrer Stellung enthoben, weil sie Führerin des BDM war. Ich bitte diese Entlassung einer wohlwollenden Nachprüfung zu unterziehen und Frl. G. wieder in ihr Amt einzusetzen.

Frl. G., die eine ganz ausgezeichnete katholische Lehrerin ist, war nie Parteimitglied, sondern lediglich Führerin einer Mädelschaft beim BDM. Sie hat dieses Amt auf vielseitigen Wunsch angenommen, um so zu verhindern, daß vielleicht eine weniger gute Lehrerin als Führerin eingesetzt würde. Ihrer ganzen Einstellung nach, war sie nie politisch eingestellt und hat bestimmt niemals ihre Mädelschaft im nationalsozialistischen Sinne beeinflußt.

Hochachtungsvoll

16. EMPFEHLUNG FÜR HERRN A. L., MÜNCHEN 16. Oktober 45

Bestätigung.
Ich bestätige hiermit, daß Herr [...] A. L. von München, obwohl er Parteimitglied war, sein Amt niemals mißbraucht hat, sondern im Gegenteil immer bemüht war, Gutes zu tun, wo er nur konnte. Herr L. ist praktizierender Katholik, für die Partei war er nie aktiv tätig und stand seiner ganzen Einstellung nach den Ideen der NSDAP feindselig gegenüber.

17. EMPFEHLUNG FÜR HERRN A. S. 26. Oktober 45.

Bestätigung.
Ich bestätige hiermit, daß Herr A. S., München, ein ganz ausgezeichneter Katholik ist. Seit 1924 ist er Mitglied der Mariani-

schen Männerkongregation und seit langem Vertrauensmann derselben. Er hat aus seiner katholischen Einstellung nirgends ein Hehl gemacht. Wenn er trotzdem 1937 in die Partei eingetreten ist, so geschah es nur deshalb, um seine Existenz nicht zu verlieren und den unaufhörlichen Drohungen aus dem Wege zu gehen. Herr S. war niemals seiner Gesinnung nach ein Nationalsozialist. Er war auch gar nie aktiv für die Partei tätig, oder hat durch die Partei irgendwelche Vorteile gehabt. Die in den Ausführungsbestimmungen durch General Eisenhower erlassenen Bestimmungen[26] zwecks Wiedereinstellung in seine frühere Stellung treffen vollkommen auf Herrn S. zu.

18. AN HERRN L. W., MÜNCHEN 26. Okt. 45.

Sehr verehrter Herr W.!
Wenn ich gestern Ihr Frl. Tochter recht verstanden habe, wünschen Sie von mir, daß ich bei der Militärregierung erwirke, daß Ihr Bankkonto wieder frei zu Ihrer Verfügung sein soll.

Nach der Angabe Ihrer Tochter wäre die Sperrung Ihres Kontos nur duch einen Irrtum erfolgt. Nach dem Studium der einschl. Militärgesetze bin ich zur Ansicht gekommen, daß es am zweckmäßigsten wäre, daß Sie zuerst bei der Bank, bei der Sie Ihr Konto haben, einen Antrag auf Aufhebung der Sperre stellen. Wenn es sich wirklich nur um einen Irrtum handelt, kann das die Bank ja ohne weiteres machen. Sollten Sie dagegen unter eine der Personengruppen fallen, denen das Vermögen laut Militärgesetz gesperrt ist, so kann augenblicklich nichts dagegen unternommen werden.

Mit freundlichem Gruß

---

26 Dwight D. Eisenhower (1890–1969), US-General, Oberbefehlshaber der Besatzungstruppen. Zu seinen Bestimmungen vgl. ERDMANN, *Das Ende*, 113.

19. AN FRL. M. B., NEU-ULM 26. Okt. 45.

Sehr verehrtes Fräulein B.!
Für Ihren lieben Brief mit der großherzigen Spende für meine Armen sage ich Ihnen herzlichen Dank. Selbstverständlich werde ich gerne Ihrer Anliegen im Gebete gedenken, nur geht es leider nicht mehr in St. Michaelskirche, denn die wurde am 23. 11. 44 vollständig zerstört[27], nur die Kreuzkapelle konnte wieder hergerichtet werden.

Mit freundlichem Gruß

20. AN HERRN PROFESSOR DR. L., MÜNCHEN 30. Okt. 45.

Sehr verehrter Herr Professor!
Der Sohn der mir seit langem bekannten sehr gut katholischen Familie R., München [. . .], ist aus dem Kriege mit einer schweren Verwundung zurückgekommen und sollte sich jetzt einer Nachoperation unterziehen. Namens der Familie möchte ich anfragen, ob es möglich wäre, daß der Junge an Ihre Klinik aufgenommen werden könnte. Um eine kurze Nachricht wäre ich Ihnen dankbar.

Mit freundlichem Gruß

Ihr ergebener

27 Am 3., 4., 16., 22., 25., 27 und 30. November 1944 wurde München – teilweise am hellen Tag – von den Bomberverbänden heimgesucht; vgl. Preis, *München*, 196. In St. Michael wurde das Gewölbe des Chores und des Langhauses durch Sprengbomben zerstört.

ANHANG

Versammlung der Kommunistischen Jugend, Gruppe Nord-West, am 27. März 1929 im Gasthaus zur frischen Quelle[1]

Wie sehr P. Mayer als Mann des öffentlichen Lebens in München gewertet wurde, beweist ein Bericht über seine auch politisch bedeutsame Tätigkeit, der sich in der Akte der Polizeidirektion/München befand. Der Bericht galt als »geheim« und stellte einen »Auszug aus dem P.N.D. Bericht vom 10. 4. 1929 Nr. 653« dar.

BayHStA/München Pol.Dir. 10116. In Schreibmaschinenschrift.

Bei der Versammlung waren 40 Personen anwesend, darunter befanden sich ca. 10 Erwachsene, u. a. Oskar Maria Graf, Dr. Müller und Regn.[2]

Rabl[3] eröffnete nach 8 Uhr die Versammlung und ließ in Anwesenheit des Pater Mayer, der zu dieser Veranstaltung eingeladen worden war, das Lied singen »Wir sind die erste Reihe«. Hierauf erteilte er Olschewski[4] das Wort zu einem Referat über »Arbeiterschaft und Religion«. Dieser verlas zuerst Abschnitte einer Abhandlung Lenins[5], in welcher der Materialismus als wesentlicher Bestandteil des Marxismus dargelegt wurde. Der Marxismus sei demnach religionsfeindlich. Die Furcht sei die Wurzel der Religion. Die Menschen haben sich die Götter geschaffen. Der Redner gab einen längeren Rückblick über die Entstehung der Gottesidee bei primitiven Völkern. Hierauf führte er aus, daß der heutige Kapitalismus ebenfalls auf die Religion angewiesen ist und dieselbe benötige, um die Massen fromm und gefügig zu erhalten. Die Religion sei der wesentlich-

1 Gasthaus zur frischen Quelle, vermutlich in Schwabing gelegen.

2 Oskar Maria Graf (1894–1964), Schriftsteller; Dr. Müller und Regn – nicht verifiziert.

3 Rabl – nicht geklärt.

4 Wilhelm Olschewski sen. (1871–1943, Tod im Gefängnis Stadelheim). Zum Engagement kommunistischer Widerstandsgruppen vgl. Bretschneider, *Widerstand*, 79 ff.; Mehringer, *Die KPD in Bayern 1919–1945*, in: Broszat u. a., *Bayern in der NS-Zeit* V, 78, 111, 275.

5 Zu Lenins Einstellung zu Christentum und Religion Nowacki, *Zwischen Lebensphilosophie ...* Behandelt vor allem jene Reden und Aufsätze Lenins, die unter dem Titel »Über die Religion« veröffentlicht wurden und nicht ohne Einfluß waren.

ste Stützpunkt der herrschenden Klasse. Olschewski behandelte weiter die Stellung der Kirche zum Krieg und wies auf die Verbrüderung von Kirche und Faschismus in Italien hin. Sodann ging er auf Konkordat, Kirchensteuer und ähnliches ein.

Pater Mayer bemerkte, daß es für ihn eine große Freude sei, die Arbeiterjugend heute besuchen zu können. Dieser Tag gehöre zu den schönsten seines Lebens. Er würde sich freuen, wenn er bald wieder Gelegenheiten hätte, hier zu sprechen. Er bezeichnete es sodann als den größten Vorwurf, den man einem Geistlichen machen könne, daß er im Dienste des Kapitalismus stehe. Der Bolschewismus könne ebenfalls die Religion nicht ausmerzen. Die wesentlichste Frage der Menschheit könne nicht das Ergebnis von Dummheit und Betrug sein. Der Redner bemerkte hierauf, daß in der katholischen Kirche die größte Demokratie herrsche. Die Priester stammen in der Mehrzahl aus kleinen Kreisen, es habe jeder die Möglichkeit, Bischof oder Papst zu werden. Die Wirtschaftform, in der wir heute stehen, sei selbstverständlich verkehrt. Gegen die Ausbeutung der Arbeiterschaft trete er ebenfalls an. Das liberalistische Wirtschaftssystem habe die Kirche immer bekämpft. An die reichen Leute komme die Kirche nicht heran. Die Dummheit sei die größte Feindin der Religion. Auf den Universitäten, sowie im ganzen Volke habe sich in den letzten Jahrzehnten eine große Wandlung zu Gunsten der Religion vollzogen. Die religiösen Fragen seien die wichtigsten, doch gebe es natürlich brennende soziale Fragen. Der Redner wurde in seinen Ausführungen sehr häufig durch Fragen und Zwischenrufe unterbrochen; er ging auf dieselben auch ein.

In der Diskussion griff Lackner Georg[6] einen Pfarrer in Schwabing heftig an und erzählte dessen Versuch, seine (Lackners) Mutter aus der Wohnung herauszubringen. In längeren Ausführungen ging sodann Feuchtwanger[7] auf Pater Mayer ein, indem er die Stellung des Marxismus und Materialismus zur Kirche darlegte. Regn behandelte die Waffenfunde in der

---

6 Georg Lackner sowie der Pfarrer von Schwabing – nicht geklärt.

7 Berthold Feuchtwanger (1896–1937), Handlungsgehilfe.

Michaelskirche[8] und erzählte einiges aus dem Felde, wo er Gelegenheit hatte, Pater Mayer als Divisionspfarrer kennen zu lernen.

Pater Mayer ging kurz auf einige Ausführungen ein. Die Zeit ist schon sehr vorgeschritten. Es entwickelte sich eine Geschäftsordnungsdebatte. Olschewski hielt kurz einige Schlußworte und es wurde beschlossen, nächsten Mittwoch über »die wirtschaftlichen Kämpfe der Arbeiterschaft und die Kirche« zu sprechen, wozu Pater Mayer sein Erscheinen zusagte, nachdem sein Antrag über die »Unsterblichkeit der Seele« zu sprechen, abgelehnt wurde. Nach gemeinsamem Gesang der Internationale wurde die Versammlung um ½1 Uhr geschlossen.

Der »Tannenbergbund« und die Jesuiten am 14. Oktober 1929

Rupert Mayer wurde auch zu einer Aussprache beim »Tannenbergbund« (Ludendorffs)[9] eingeladen. Er kam jedoch nicht. Aber ein Bericht über die Veranstaltung – Ausschnitt aus N./Nr. 86 vom 13. Novenber 1929 – wurde mit dem Vermerk »Vertraulich« am 21. Dezember 1929 seiner Personalakte in der Polizeidirektion beigelegt.

BayHStA/München Pol.Dir. 10116. Schreibmaschinentext. Überschrift vom Herausgeber.

Der Tannenbergbund führt den Kampf gegen die Jesuiten und Freimaurer nach den Richtlinien des Generals Ludendorff und seiner Frau unentwegt weiter. In der letzten Zeit trat der Bund in München wiederholt öffentlich hervor und entwickelte dabei eine ziemlich rege Werbetätigkeit zur Gewinnung von Anhängern. Eine tatkräftige Unterstützung zur Vorbereitung seiner Ziele hat Ludendorff in dem Schriftleiter Kurth[10] der »Ludendorffs Volkswarte«.

---

8 »Waffenfunde in der St. Michaelskirche« – nicht geklärt.

9 Der »Tannenbergbund« war 1926 von Erich Ludendorff als Kampfbund gegen sog. »überstaatliche Mächte« wie Freimaurer, Juden, Jesuiten und Marxisten vor allem unter dem Einfluß seiner (zweiten) Frau Mathilde (1877–1966) gegründet worden. 1933 wurde er aufgelöst.

10 Josef Kurth verfaßte auch »Bierdimpfels Revolution. Eine nicht ganz frei erfundene deutsche Geschichte«. Mainz 1946 (!).

Besonderes Interesse erweckte eine öffentliche Versammlung am 14. Oktober 29 im Hotel Wagner, in der Kurth über das Thema: »Warum bekämpft Ludendorff die Jesuiten?« referierte. Die Einberuferin der Versammlung, die Landesleitung Tannenbergbund Süd, hatte den Jesuitenpater Rupert Mayer zur freien Aussprache eingeladen. Die Jesuiten teilten jedoch der Landesleitung mit, daß sie darauf verzichten, sich mit Kurth, der sie zur gleichen Zeit in der »Ludendorffs Volkswarte« beschimpft, auseinanderzusetzen. Hauptmann a. D. Helmuth Pfeifer[11], der die von etwa 800 Personen besuchte Versammlung leitete, gab zunächst den Schriftwechsel mit den Jesuiten bekannt und sicherte eine deutsche Aussprache zu. Der Vortrag Kurth gab im allgemeinen die bekannten Gedanken Ludendorffs wieder, die er u. a. in seinem neuesten Buch »Das Geheimnis der Jesuitenmacht und ihr Ende«[12] niedergelegt hat. Im allgemeinen versuchte er klarzulegen, daß die Gesellschaft Jesu eine internationale Gesellschaft sei, welche sich von allen ethischen Begriffen, wie z. B. Vaterland, Familie usw. losgelöst habe und diese Loslösung auch vom Volke verlange. Ludendorffs Kampf gegen die Jesuiten sei nicht Endzweck, sondern Mittel zu dem Ziel, das deutsche Volkstum von fremden Einflüssen frei zu machen. Die einzelnen Behauptungen belegte der Redner mit vorgelesenen Thesen aus der Ordensregel der Jesuiten und verschiedenen Schriften. Die Ausführungen des Referenten waren teils sehr scharf, ohne aber die Grenze des Strafbaren zu erreichen. Er vermied es, die Kirche selbst oder Einrichtungen derselben anzugreifen.

Schon während des Referats erhob sich mehrmals Widerspruch von mehreren Versammlungsteilnehmern unter Führung eines jüngeren Geistlichen. In der Diskussion meldeten sich viele Redner, die aber nicht zugelassen wurden mit der Begründung, daß nur Jesuiten sprechen dürften. Als die Versammlungsleitung dem Referenten das Schlußwort erteilen

---

11 Helmuth Pfeifer – nicht geklärt.

12 Das Buch von Erich Ludendorff und Mathilde Ludendorff (Dr. med von Kemnitz) erschien 1929 (und öfters) in München.

wollte, erhob sich dagegen ein scharfer Widerspruch, sogar aus den eigenen Reihen. Schließlich erteilte die Versammlungsleitung einem jüngeren Geistlichen aus Freising[13] das Wort, der den Ausführungen des Referenten entgegentrat. Seine Ausführungen waren sachlich und machten auf die unparteiischen Anwesenden einen guten Eindruck.[14]

Emil von Oelhafen, Protokoll über den Protest P. Mayers im Polizeipräsidium am 21. Februar 1935

P. Mayer ließ es sich nicht bieten, daß er bei einer öffentlichen Versammlung am 15. Februar 1935 im Bürgerbräukeller[15] für kurze Zeit von der Polizei festgenommen wurde. Das Protokoll ist von Oberstleutnant Emil von Oelhafen[16] persönlich verfaßt.

BayHStA/München Pol.Dir. 10.116. In Schreibmaschinenschrift. Handschriftlich unterschrieben. Am Rand leicht beschädigt. Überschrift vom Herausgeber.

---

13 Junger Geistlicher aus Freising – nicht verifiziert.

14 Über den nächsten Vortrag Kurths zum Thema »Jesuitismus und Judentum« berichtete am 26. November 1929 die »Münchner Zeitung«: »Die Versammlung war zum weitaus größten Teil von Katholiken besucht, die die Ausführungen des Redners mit häufigen Zwischen- und Protestrufen begleiteten. In stürmischen Beifall brachen die katholischen Versammlungsbesucher aus, als der bekannte Pater Rupert Mayer erschien. Der Redner bezeichnete diesen Empfang als ›Kasperliade‹, was mit Pfuirufen aufgenommen wurde. Die fortgesetzte Unruhe zwang den Redner schließlich seine Ausführungen zu beenden. Während die Versammlung aufgehoben wurde, sangen die Katholiken das Lied ›Ein Haus steht fest gegründet‹ und andere Lieder. Die Katholiken zogen dann in das Zentralgesellenhaus an der Schommerstraße zu einer Versammlung, in der der Wille zum Ausdruck kam, sich im katholischen München solche Beleidigungen nicht mehr bieten zu lassen.« Dieser Zeitungsausschnitt wurde am 2. Dezember 1929 der Polizeiakte Mayers beigelegt.

15 Die Versammlung stand im Zusammenhang mit der Bewegung für die Gemeinschaftsschule, die von den Nationalsozialisten in antikirchlicher Absicht gefördert wurde.

16 Zu Oelhafen vgl. S. 66.

Heute Vormittag 10,30 Uhr erschien nach vorheriger Anmeldung im Polizeipräsidium der Pater Rupert Mayer vom Ordinariat München-Freising. Er wünschte den stellvertretenden Polizeipräsidenten, Herrn Oberstleutnant von Oelhafen zu sprechen. Die Unterredung wurde ihm gewährt und zwar in Gegenwart des Leiters des Referats 12, Reg.Rat I. Kl. Dr. Holzer.[17] Pater Mayer führte Beschwerde über die am Freitag, den 15. Februar 1935 abends 20 Uhr im Bürgerbräukeller stattgefundene Versammlung, in der der Oberstadtschuldirektor Bauer[18] sprach und in der er sich mit der Predigt befaßte, die von Kardinal Faulhaber am Sonntag, den 10. Febr. 35 in der Michaelskirche gehalten wurde. Sein Beschwerdevorbringen war bei dem Temperament das Pater Mayer besitzt und gestützt auf die Tatsache, daß er kriegsbeschädigt ist, in der Form verletzend. Insbesondere beschuldigte er den im Bürgerbräukeller diensttuenden Offizier, Oberleutnant Nagel[19], weil dieser ihn, nachdem er während der Versammlung mitgeschrieben hat, entfernen ließ, einer Dienstverletzung. U. a. behauptete er, sowohl der ihn herausführende SA-Mann, als auch Oberleutnant Nagel hätten ihm erklärt: »Sie wurden aus dem Saale entfernt, weil sie sonst verprügelt worden wären.« Im Gegensatz dazu habe ihm der Krim.-Komm. erklärt, er sei entfernt worden, weil er die Rede mitstenografiert habe und weil das von ihm, da er ja kein Presseberichterstatter sei, nicht geduldet würde. Als er auf diese Tatsache Herrn Oberleutnant Nagel hingewiesen habe, habe ihm dieser erwidert: »Wenn Sie das sagen, dann lügen Sie.« Diese Tatsache ist bewußt verdreht, wie sich aus den beiliegenden Angaben des Oberleutnant Nagel ergibt, der ruhig und sachlich seinen Dienst getan hatte. Pater Mayer hat vielmehr dem Oberleutnant Nagel erklärt: »Ich wurde also entfernt, weil ich sonst verprügelt worden wäre.«

---

17 Dr. Ludwig Holzer, Regierungsrat, – nicht geklärt.
18 Zu Oberstadtschuldirektor Bauer vgl. S. 64.
19 Oberleutnant Nagel – nicht geklärt.

Daraufhin sagte Oberleutnant Nagel: »Wenn Sie das sagen, dann lügen Sie, denn Sie wurden entfernt, weil Ihre persönliche Sicherheit gefährdet war und weil Sie ohne Berichterstatter zu sein, mitgeschrieben haben.« Tatsache ist, daß die Weisung vom Ref. 12[20] ausgegeben war, mitschreiben darf nur, wer Presseberichterstatter ist und sich durch seinen Presseausweis legitimiert. Bei allen anderen Personen besteht der Verdacht, daß sie nur teilweise mitschreiben und das Mitgeschriebene als Greuelmärchen kolportieren. Im übrigen hat sich Pater Mayer bei der Unterredung außerordentlich provozierend verhalten und seine Feindschaft gegen den heutigen Staat klar und unzweideutig zum Ausdruck gebracht. Er verwahrte sich dagegen, daß die Polizei dem Janhagel die Zügel schießen lasse, daß von Seiten der Polizei nicht eingegriffen worden sei, als angeblich verletzende Rufe gegen den Kardinal Faulhaber ausgestoßen worden seien und dabei sagte er wörtlich: »Wenn das so weitergeht, dann steuern wir dem sicheren Ende entgegen.« Er kam auch auf die Versammlung eines Parteigenossen Schott[21] zu sprechen, von dem er sagte, dieser sei ein bekannter Nationalsozialist, der auch schon ein Werk über »Herrn Hitler« geschrieben habe. Außerdem sagte er, das Verhalten der Nationalsozialisten sei schlimmer als das Verhalten der Kommunisten und Freidenker in früheren Zeiten. Diese hätten ihn wenigstens nicht persönlich bedroht. Aber das mache ihm nichts aus, er habe schon öfters seinen Kopf hingehalten und er werde ihn auch weiter hinhalten und es freue ihn nichts mehr, als wenn er für seine Religion leiden dürfe. Dann kam er weiter auf Rosenbergs Mythos des 20. Jahrhunderts zu sprechen. Er bezeichnete es als ein Werk voller Fehler und Widersprüche. Man müsse sich schämen, wenn man die Kritiken des Auslandes lese über dieses Buch, das von einem der hervorragendsten Repräsentanten des neuen Deutschlands geschrieben sei. Von hier aus leitete er dann über auf die Jugenderziehung und erklärte dabei

20 Referat 12 war in der Polizeidirektion wohl zuständig für Weltanschauungsfragen.

21 Zu Schott vgl. S. 59 f.

wörtlich: »Wir sind deshalb heute noch ihre Gegner, weil sie die Jugenderziehung an sich reißen wollen. Die Jugenderziehung aber sei ausschließlich Sache der Kirche und nicht Sache des Staates. Die kath. Kirche wird es niemals dulden, daß ihr die Jugenderziehung aus der Hand genommen wird, sonst kommt das Ende.« Auf den Einwand, daß die religiöse Jugenderziehung sich ja hinreichend im Gottesdienst und im Religionsunterricht abspielen könne, erwiderte er: »Nein das genügt nicht; wir müssen die ganze Jugenderziehung haben, wir müssen auch mit den Kindern Theaterspielen können, Tanzstunden halten, Ausflüge machen, wir müssen unsere Jugend uniformieren dürfen.« Weiterhin erklärte er, »die diesjährige Schuleinschreibung hat uns überrascht, nächstes Jahr wird sie uns nicht überraschen, dafür werden wir Sorge tragen und wenn kein Druck ausgeübt wird, werden wir uns die alten Mehrheitsverhältnisse wieder zurückerobern«. Auf die Eltern sei ein verheerender Druck ausgeübt worden. Er habe stoßweise Material. Auf den Einwand, das Material doch vorzulegen, weigerte er sich. Die Hitlerjugend sei ihm nur so lange recht, als sie sich in Händen von kath. Geistlichen befände. Solange sie in der Hand Baldur v. Schirachs[22] sei, würde sie grundsätzlich von der Kirche abgelehnt, weil Baldur v. Schirach ein getreuer Anhänger Rosenbergs sei.

Der stellvertretende Präsident nahm die Erklärung entgegen und erwiderte selbst und durch den Leiter des Ref. 12 alles, was notwendig erschien. Pater Mayer hat sich als offensichtlicher Gegner des 3. Reiches bekannt, was sowohl aus dem Inhalt seines Vorbringens, als auch aus der Form zu erkennen war. Vom Führer redete er als von »Herrn Hitler«. Die Persönlichkeit des Kardinals Faulhaber strich er über alle Maßen heraus und stellte sie als im höchsten Maße bedroht dar und vertei-

22 Baldur von Schirach (1907–1974), 1931 Reichsjugendführer der NSDAP, 1940 Gauleiter und Reichsstatthalter in Wien; vom Nürnberger Gerichtshof zu 20 Jahren Haft verurteilt; bis 1966 in Haft. Zu seiner Person vgl. WORTMANN, *Baldur von Schirach,* in: SMELSER/ZITELMANN (Hg.), *Die braune Elite*, 246–257.

digte die bekannten Greuelmärchen, wonach ein Anschlag auf das Leben des Kardinals geplant sei und die Polizei bzw. die Behörden nichts dagegen unternähmen. Pater Mayer möchte offensichtlich gerne Märtyrer werden und sündigt in geradezu frivoler Weise auf seine Kriegsbeschädigung.

Pater Mayer wurde darüber belehrt, daß alle polizeilichen Maßnahmen getroffen sind, die den Schutz des Kardinals gewährleisten. Im übrigen muß darauf verwiesen werden, daß das Palais unter ständiger Kontrolle des Polizeibezirks 1 steht und mit einer direkten Alarmleitung zur Hauptwache verbunden ist.

II. Zum Pers. Akt:
Mayer Rupert.
München, den 21. Februar 1935.
Polizeidirektion:
J. A.
Oelhafen

Alfred Resch, Demonstrationen in München anläßlich der Verhaftung des Paters Rupert Mayer (7. Juni 1937)

Unter Aktenzeichen Nr. 3123 – I. 361 berichtete der Oberstaatsanwalt beim Landgericht München I, Alfred Resch, dem »Reichsminister der Justiz. Zentralstaatsanwaltschaft Berlin« über jene erstaunlichen Vorgänge, die sich anläßlich der Verhaftung P. Mayers am 7. Juni 1937 in München ereignet hatten.

BayGStA München MK 38 150. In Schreibmaschinenschrift. Auf amtlichem Bogen des Oberstaatsanwalts bei dem Landgericht München I.

Unter Bezugnahme auf meine heutige fernmündliche Unterredung mit Herrn Staatsanwalt Mayer erlaube ich mir folgendes zu berichten:

Der Jesuitenpater Rupert Mayer, geboren am 23. 1. 1876 in Stuttgart, wohnhaft in München, Neuhauser Straße 52, wurde am 5. 6. 1937 nachmittags auf Weisung des Chefs der Sicherheitspolizei von Beamten der Staatspolizeileitstelle München vorbeugend in Haft genommen, da bekannt wurde, daß er, obwohl gegen ihn durch Erlaß des Geheimen Staatspolizeiamtes Berlin vom 7. 4. 1936 ein Redeverbot für das ganze Reichsgebiet verhängt worden war, am Sonntag, den 6. 6. 1937, in Indersdorf bei Dachau predigen wolle. Pater Mayer wurde vor seiner Verhaftung gefragt, ob er trotz des Redeverbots predigen werde. Er antwortete, er werde predigen.

Am Sonntag, den 6. 6. 1937 wurde in den kath. Kirchen Münchens bei den Vormittagsgottesdiensten von der Kanzel herab die Festnahme des Paters bekannt gegeben und für ihn gebetet.

In der Michaelskriche, die dicht gefüllt war, weil aus Anlaß des Einzugs Anton Bruckners in die Wallhalla[23] eine Bruckner-Messe aufgeführt wurde, hatte die Erklärung[24] etwa folgenden Wortlaut: »Im Auftrag der oberhirtlichen Stelle habe ich mitzuteilen, daß der bekannte Kanzelredner, der allbeliebte Männerapostel Münchens, der Hochwürdige Pater Rupert Mayer, gestern nachmittag verhaftet wurde.« Sogleich erhob sich in der Kirche ein sehr lautes, mehrfach wiederholtes Pfuirufen, dem der Prediger erst nach einiger Zeit Einhalt gebieten konnte. Schon zu Beginn des Gottesdienstes und nochmals gegen Ende, wurden in der Michaelskirche, in der Pater Mayer an den Sonntagen gewöhnlich predigte, mehrere etwa 20 cm lange Papierstreifen von vorne kommend von Hand zu Hand gegeben, auf denen in Maschinenschrift stand: »Hochwürden Pater Rupert Mayer wurde am Samstag Nachmittag verhaftet.«[25] Schon hiebei war eine gewisse Erregung der Kirchenbesucher bemerkbar

---

23 Die Büste Bruckners wurde am 6. Juni 1937 während eines Staatsakts in Gegenwart Adolf Hitlers in der Walhalla bei Regensburg aufgestellt; vgl. »Bayerischer Anzeiger«, Ausgabe A; »Regensburger Anzeiger« 328 vom 18./19. Dezember 1937.

24 Die Kanzelverkündigung lautete vollständig: »Im Auftrag der Oberhirtlichen Stelle geben wir bekannt: Gestern Nachmittag wurde der allbekannte und verehrte Männerapostel Münchens, Hochw. Herr Pater Rupert Mayer, verhaftet. Wir empfehlen ihn dem Fürbittgebet aller Gläubigen und wollen in dieser Meinung schon jetzt ein Vaterunser für ihn aufopfern.«

25 Zettel im Dossier des Reichsstatthalters von Epp, bis heute aufbewahrt.

geworden. Eine Frau, die solche Zettel verteilt hatte, wurde vorübergehend in Polizeihaft genommen.

Nach dem Gottesdienst sammelten sich vor der Michaelskirche an der Neuhauser Straße und besonders in der Ettstraße etwa 400 Personen an, die laut und erregt die Verhaftung des Paters besprachen und lebhaft für ihn Partei ergriffen.

Die Massen setzten sich schließlich nach einiger Zeit in Bewegung zum Ritter-von-Epp-Platz. An ihrem Verhalten und aus einzelnen Bemerkungen war zu erkennen, daß man beabsichtigte, vor dem Wittelsbacher Palais (Geheime Staatspolizei), wo man den Pater in Haft glaubte, zu demonstrieren. An der Ecke Löwengrube Ettstraße wurde die Menge aber vom Überfallkommando, das vom benachbarten Polizeipräsidium aus sogleich zur Stelle war, zerstreut. Eine Frau wurde dort festgenommen und laut schreiend ins Polizeipräsidium verbracht.

Gleichwohl waren etwa 100 Personen vor das Wittelsbacher Palais gezogen – sie trafen dort gegen 10.45 Uhr ein, bei denen eine demonstrative Absicht zu erkennen war. Als das Überfallkommando, das zu Hilfe gerufen wurde, erschien, zerstreute sich die Menge. Auch hier kam es zu erregten Einzelauftritten. Durch das Polizeipräsidium wurden 3 Demonstranten vorübergehend festgenommen.

Am Sonntag, den 6. 6. 1937 gegen 17 Uhr fand in der Michaelskirche eine Bruderschaftsandacht[26] mit Predigt statt, in der neuerdings die Verhaftung des Paters Mayer bekannt gegeben wurde. Der Prediger ermahnte aber die Anwesenden, sich zu keinen ungesetzlichen Handlungen mehr hinreißen zu lassen; die Waffen der Kirche seien andere, vor allem das Gebet. Zwischen 20 und 20.30 Uhr sammelten sich wiederum vor dem Gebäude der Geheimen Staatspolizei in der Brienner Straße etwa 200 Personen an, die zumeist aus der Abendandacht in der Michaelskirche gekommen waren, um gegen die Verhaftung des Paters zu demonstrieren. Die Demonstranten erhoben ein

26 Andacht der »Gut- Tod- Bruderschaft«, 1648 in Rom von den Jesuiten eingeführt und verbreitet.

Geschrei, das sich auf die Festnahme des Paters bezog. Bei der Zerstreuung der Menge kam es zu einer Schlägerei, in deren Verlauf der Angehörige der Staatspolizeileitstelle München, Hauptwachtmeister Liebl[27], verletzt wurde. Zwei Demonstranten (Alteneder Josef, geb. 3. 2. 02 in München und Waldenmaier Bernhard, geb. 15. 2. 1895 in Augsburg) wurden wegen Widerstands gegen die Staatsgewalt festgenommen. Das Überfallkommando, das herbeigerufen worden war, brauchte nicht mehr einzugreifen, da die Menge schon vorher zerstreut wurde.

In der Michaelskirche fand um 21 Uhr nochmals eine Andacht statt, die sehr gut besucht war. Hernach entstand gegen 21.45 Uhr in der Ettstraße abermals eine Ansammlung, die jedoch von der Schutzpolizei sofort zerstreut wurde.

Der Jesuitenpater Rupert Mayer ist in München außerordentlich volkstümlich. Er war Feldgeistlicher und hat im Weltkrieg ein Bein verloren. In der Nachkriegszeit war er ein erfolgreicher und unerschrockener Gegner des Kommunismus auf dem geistig-religiösen Gebiet. In letzter Zeit hat er wegen seiner Predigten die Aufmerksamkeit der Geheimen Staatspolizei auf sich gelenkt.

Ob die Verhandlung gegen ihn vor der Geheimen Staatspolizei zur strafrechtlichen Würdigung an die Staatsanwaltschaft abgegeben werden, steht noch nicht fest. Wenn ein Strafverfahren eingeleitet wird, werde ich fortlaufend berichten. Pater Mayer befindet sich noch in Polizeihaft.

gez. Resch.

gez. Dr. Riedl.

27 Liebl sowie die beiden Demonstranten – nicht verifiziert.

Augustin Rösch SJ, P. Rupert Mayer gibt nicht auf (Juni 1937)

1955 schrieb P. Rösch auf Veranlassung des Herausgebers folgenden Bericht über die Auseinandersetzung P. Mayers mit der Gestapo (vgl. An unsere Freunde, Januar 1955, 3–5). Einen ähnlichen, detaillierten Bericht verfaßte P. Rösch bereits am 8. Juni 1937, der im Archiv der Erzdiözese München und Freising aufbewahrt ist (vgl. Otto Gritschneder, *Ich predige weiter*, 42–47).

OA/München: handschriftliche Aufzeichnung mit kleinen Korrekturen. Überschrift vom Herausgeber.

P. Rupert Mayer wurde im Jahre 1937 von der Gestapo verhaftet, weil er einer der unerschrockendsten Prediger, vor allem auch im Kampf um die katholische Schule war; der formelle Grund dieser seiner ersten Verhaftung war die Übertretung des Predigtverbotes, das ihm als erstem Priester in Bayern[28] von der Geheimen Staatspolizei auferlegt worden war und an das er sich nicht hielt; so wurde enderletzt Anklage gegen ihn vor dem Münchner Sondergericht erhoben, das ihn dann zu 6 Monaten Gefängnis verurteilte, wovon er 5 Monate in Landsberg a. Lech abzubüßen hatte.[29]

Über einige Ereignisse, die sich vor und nach der Verhaftung abspielten und von denen manche nicht allgemein bekannt sein dürften, möchten diese Zeilen berichten.

Sehr bald nach der Verhängung des Redeverbots sprachen P. Rupert Mayer und ich als sein damaliger Provinzial[30] über die neue Lage.[31] »Hochwürden, was meinen Sie zum Redeverbot?«[32] »H. P. Provinzial, ich fühle mich verpflichtet weiter zu predigen.« – »Lieber Pater, haben Sie schon alle Folgen überlegt, daß man Sie verhaften, verurteilen, vielleicht auch in das K.Z. (Konzentrationslager) Dachau bringen wird, und was das bei Ihrer Verwundung bedeutet?« »Ja, damit rechne ich; aber es

28 »auferlegt«: gestrichen.

29 Vgl. S. 86 ff.

30 P. Rösch war seit 15. August 1935 Provinzial der Oberdeutschen Provinz der Gesellschaft Jesu; vgl. Rösch, *Kampf*, 23 ff.

31 »Auf meine Frage«: gestrichen.

32 »Sagte er ruhig«: gestrichen.

ist doch eine große Gnade für den Herrgott zu leiden; allerdings – etwas anderes macht mir große Sorgen.« »Was denn, Hochwürden?« »Wie wird es dann mit unserer Provinz, unserem ganzen Orden, unseren Patres und ihren Arbeiten in Deutschland gehen?« (Wir dachten beide daran, wie schon im Jahre vorher, 1936, dem Orden in Deutschland äußerst schwere Gefahren gedroht hatten.)[33]

Nachträglich betrachtet erscheint es – ohne viel Überlegung – als selbstverständlich, daß P. Rupert Mayer sich dem Redeverbot nicht gebeugt hat; aber damals lastete die Verantwortung für seine Gesundheit, sein Leben, für den Weiterbestand des ganzen Ordens in Deutschland sehr schwer auf denen, die enderletzt für alle Folgen einzustehen hatten. So sagte ich zum Pater: »Ich komme morgen wieder zu Ihnen. Wir wollen beten und überlegen; mit Gottes Hilfe werden wir das Rechte finden.« Wir verabschiedeten uns herzlich; aber ich glaubte doch zu merken, P. Mayer sei im Grunde seiner Seele traurig.

Am anderen Morgen fand eine Besprechung statt; zugegen waren die hochwürdigen Patres Knünz (Provinzsekretär), Kreitmaier (Oberer der »Stimmen der Zeit«), P. Waldmann (Oberer in St. Michael) und ich.[34] Den einzigen Gegenstand bildete das Predigtverbot für P. Mayer. Wir kamen zu folgendem Ergebnis: »Der Kampf zwischen Partei und Kirche ist – vor allem wegen der Schule – in eine neue Entscheidung getreten. Da ist es Aufgabe unseres Ordens, der Kirche und damit den Eltern und der Jugend zu helfen, so viel in seinen Kräften liegt; wenn daher P. Mayer gegen das ausdrückliche Polizeiverbot weiterpredigen will, danken wir ihm dafür und für alles, was er damit auf sich zu nehmen bereit ist.« Wir waren uns auch sehr klar darüber, welche schwere Folgen es für Priester und Laien gehabt hätte, wenn P. Mayer sich dem Predigtverbot gefügt hätte. Anschließend an die Beratung suchten P. Kreit-

---

33 Vgl. Rösch, *Kampf*, 240 f.

34 Joseph Knünz SJ (1877–1959), Mitarbeiter des Provinzials; Josef Kreitmaier SJ (1874–1946), Schriftsteller; Georg Waldmann SJ (1902–1979), Oberer und Prediger von St. Michael; vgl. Rösch, *Kampf*, 292.

maier und ich S. Eminenz, den hochwürdigsten Herrn Cardinal v[on] Faulhaber auf, nicht um eine Entscheidung seinerseits zu bitten, sondern um die ganze Sachlage[35] und unseren Entschluß mitzuteilen. Eminenz war sehr gütig, bedankte sich für unseren Bericht und schloß die Unterredung mit den Worten: »Was immer Sie, hochwürdige Patres, in diesem Falle beschließen, und was immer P. Rupert Mayer tun wird, ich segne Sie und Ihren schweren Entschluß von ganzem Herzen.«[36]

Vom Palais aus – es war zwischen 11 h und 12 h – suchte ich P. Rupert Mayer auf. Er sah ernst und bleich aus. Nach der Begrüßung fragte ich ihn: »Hochwürdiger, lieber Pater, was ist nun Ihre Auffassung?« »P. Provinzial, ich fühle mich im Gewissen verpflichtet weiter zu predigen, und ich bitte, daß ich es tun darf.« »Trotz all der Leiden, die über Sie kommen werden?« »Ja« und dann fuhr er etwas leiser fort: »Ich würde noch viel schwerer leiden, wenn ich schweigen müßte. Allerdings aber – die Folgen für unseren Orden und die Mitbrüder ...« »Hochwürden, darüber dürfen Sie beruhigt sein. Das ist alles besprochen: wir waren auch bei Eminenz. Wenn Sie es als Ihre Pflicht ansehen weiterzupredigen, dürfen Sie es tun und wir danken Ihnen aufrichtig dafür.« Da richtet er sich in seinem Lehnstuhl auf, seine Augen leuchten, er nimmt meine Hand und sagt tiefbewegt: »H. P. Provinzial, ich danke von ganzem Herzen für die Erlaubnis; ich bin glücklich darüber. Gott lohne es Ihnen allen.« Mir aber kam plötzlich ein sehr ernster Gedanke. Ich sah ihn in der Einsamkeit und Verlassenheit der Gefangenschaft. So sagte ich zu ihm: »Hochwürden, Gott wird Ihnen in der kommenden Leidenszeit tiefen Trost schenken. Aber es können auch schwerste Stunden und Tage über Sie hereinbrechen. Damit Sie dann innerlich ganz ruhig sein können, möchte ich Ihnen jetzt sagen: Predigen Sie im Auftrag und im Segen des Gehorsams weiter! – Das wird Ihnen immer Kraft und Hilfe und Ruhe sein.« Später, in Ettal, fragte er mich einmal: »P. Provinzial, erinnern Sie sich noch an den Morgen, wo

35 »mitzuteilen«: gestrichen.
36 Kardinal Faulhaber akzeptierte demnach den drohenden Konflikt.

Sie wegen des Predigtverbots bei mir waren, und was Sie mir damals gesagt haben?« Ich wußte nicht mehr alle Einzelheiten; er erzählte sie mir; dann schloß er mit den Worten: »Wie hat Sie damals der liebe Gott geführt, daß Sie mir als Oberer den Auftrag gaben, weiterzupredigen! Ich habe im K.Z. Stunden voll tiefer Freude erlebt, weil ich für den Heiland leiden durfte; ich habe aber schwerste Stunden erlebt, über die mir nur noch der Gedanke hinüberhalf: Ich habe alles im Gehorsam getan.«

Nun predigte der Pater weiter, innerhalb und außerhalb Münchens. Die nächsten Tage verliefen sehr dramatisch. An einem Montag stand im Völkischen Beobachter ein großer Hetzartikel gegen unseren Orden mit der Überschrift: »Paßfälscherzentrale der Jesuiten in Deutschland«; es waren Patres mit Namen genannt; diese angeblichen Patres hatte es in den deutschen Provinzen aber nie gegeben. P. Leicher und ich suchten den zuständigen Redakteur auf; (Ergebnis: »Da alles eine Verleumdung sei, werde er am anderen Tag einen Widerruf bringen.« Und wir glaubten das damals noch!) Dieser Widerruf kam nicht; statt dessen erschien ein ähnlicher Artikel in den damaligen »Münchner Neuesten Nachrichten«.[37] Ich sprach mit dem Chefredakteur dieser Zeitung, konnte ihn überzeugen, daß alles Lüge und Verleumdung war, bat ihn um einen Widerruf. Er schimpfte mächtig bayrisch über diese Gemeinheit; aber eine Berichtigung zu bringen, sei unmöglich; da werde die Zeitung vorher beschlagnahmt, und damit sei ihm und uns nicht geholfen. Ebenso ergebnislos verliefen alle entsprechenden Versuche im Justizministerium und beim Gaupropagandaamt. Im Polizeipräsidium gab man mir den Rat: »Versuchen sie es im Reichspropaganda-Ministerium in Berlin. Von dort kommt alles.« Gleichzeitig machte man eine Andeutung, das könne vielleicht doch einen Zusammenhang mit P. Rupert Mayer haben; es müsse Stimmung gegen die Jesuiten gemacht werden. Aber eine Sicherheit konnte dafür nicht gewonnen werden.

---

37 Beitrag »Jesuitenpater als Urkundenfälscher« am 1. Juni 1934 in den »Münchener Neueste[n] Nachrichten«, Nr. 145. – Alois Leicher SJ (geb. 1899).

Ich fuhr – es war am Freitag Abend – nach Berlin; der damalige hochwürdigste Bischof, der spätere Kardinal v[on] Preysing[38] suchte zu helfen – wie er sagte, »allerdings ohne die leiseste Hoffnung auf Erfolg«, weil man mich gar nicht vorlassen werde; das war zunächst der Fall; dann gab es eine gar nicht leichte Aussprache mit dem Ergebnis: »Wir werden einen Widerruf bringen.« Tatsächlich kam er, allerdings erst nach 3 Wochen, sehr klein, an einer unscheinbaren Stelle des Völkischen Beobachters und der ganze Vorwurf der Paßfälscherzentrale wurde einem anderen Orden aufgehalst. Nach der Rückkehr ins Palais – ich war wieder bei Exc. v[on] Preysing – kam das Telegramm: »Rupert im Krankenhaus.« Das bedeutete[39]: »Die Gestapo hat an eben diesem Vormittag der Verhandlungen in Berlin den P. Rup. Mayer in München verhaftet und ins Gestapogefängnis im sog. Wittelsbacher Palais gebracht.«

Am gleichen Nachmittag flog ich zunächst nach Nürnberg, von wo aus ich einige unserer Häuser von der Verhaftung des Paters verständigte, um sie zu warnen, und flog am Abend weiter nach München. Das war alles am Samstag gewesen.

Am Sonntag wurde in allen Kirchen Münchens für den Pater öffentlich gebetet.[40] Damals wagten es noch viele Leute, vor dem Gestapogefängnis zu demonstrieren.[41] Gestapobeamte mischten sich in Zivil unter die Demonstranten und begannen verschiedene zu verhaften. Ich suchte später einen der leitenden Beamten, Reg.Rat Schimmel[42], den ich von früheren Verhören her kannte, zu treffen. Es war unmöglich. So ging ich am Tag darauf wieder hin, kam mit sehr viel Mühe bei Reg.Rat Schimmel vor, und bat immer wieder, P. Rupert Mayer zu sehen. Seine ständige Antwort war: »Das könne er nicht erlauben«. Auf meine Frage, wer denn eigentlich dafür zuständig sei, sagte

---

38 Bischof Preysing war im Widerstand gegen den Nationalsozialismus sehr engagiert vgl. MOLTKE, *Briefe an Freya 1939–1945*.

39 »also«: gestrichen.

40 Erklärung des Erzbischöflichen Ordinariats vom 6. Juni 1937; vgl. S. 430.

41 Zum Bericht über die Demonstration vgl. S. 429 ff.

42 Zu Regierungsrat Schimmel vgl. S. 82.

er: »Der Chef der Gestapo in München.«[43] Enderletzt gelang es mir ihn zu bewegen, daß er mich zu diesem führte, allerdings mit der Bemerkung: »Aber alles auf Ihre Verantwortung.« Daß ich überhaupt so weit vorkam, war alles zurückzuführen auf die ungewöhnlich große Achtung, die P. Rupert Mayer allen abgerungen hatte, die in den inzwischen stattgefundenen Verhören mit ihm zu tun gehabt hatten. Nur deshalb ließ mich der Chef vor. Natürlich wurde ich zunächst sehr laut und sehr energisch angesprochen, bis die Frage kam, was ich eigentlich wolle. »Ich bitte als Oberer darum, den P. Rupert Mayer zu sehen und zu sprechen.« »Warum wollen Sie das?« »Um zu sehen, wie es ihm geht, und zu fragen, was er braucht.« »Es geht ihm gut[44], das können Sie überall sagen.« Ich schüttelte den Kopf und meinte, das glauben mir die Leute nicht. (Damals konnte so etwas noch gesagt werden, später nicht mehr.) Da wurde er wütend und schrie laut: »Und wenn Sie es sagen, dann glauben die Leute es?« »Ja, wenn ich ihn gesehen habe, glauben sie mir als Priester.« »Sie werden ihn nicht sehen.« Weil er mich aber nicht fortschickte, sagte ich ruhig (aber innerlich mit nicht wenig Angst): »Ich werde ihn doch sehen.« Zu meinem Erstaunen fragte er: »Warum, wieso?« Und ich antwortete: »Er ist ein Kriegskrüppel und seine Mutter ist fast 80 Jahre alt; ich werde zu ihr nach Stuttgart fahren; soll ich ihr wirklich sagen, es gehe ihm gut hier im Gefängnis, aber sehen hätte ich ihn leider nicht dürfen? Wer soll die Verantwortung übernehmen, wenn der betagten Mutter etwas passiert?« Da stand er plötzlich auf, ließ mich allein in seinem großen Saal, ging hinaus und schlug mächtig die Türe hinter sich zu. Ich dachte natürlich: »Entweder werde ich nun auch eingesperrt oder der Pater wird hereingebracht.« Es dauerte etwa eine Viertelstunde; ich betete inzwischen den Rosenkranz. Da wurde die Tür geöffnet und es erschien P. Rupert Mayer, hinter ihm der Gestapochef. Der Pater begrüßte mich freudig erregt mit Grüß Gott und den Worten: »Oh P. Provinzial, Sie sind da;

43 Zu Dr. Stepp vgl. S. 105 ff.; vgl. auch Bericht im IfZg ZS 2335, I.
44 »und sie brauchen ihn nicht zu sehen«: gestrichen.

das ist aber schön.« Der Gestapochef forderte uns auf, an einem kleinen Tisch nahe bei der Türe Platz zu nehmen. Ich fragte den Pater, ob er Verbandszeug, Medizinen habe, was er wünsche; er nannte einige Sachen, sie wurden erlaubt. Dann sagte er: »Ich möchte auch bei Ihnen beichten.« Das wurde rundweg abgeschlagen.[45]

Nun begann der Chef ein Gespräch mit uns beiden; er sprach lange über religiöse Fragen – sehr unfreundlich z. B. auch über das Dogma der Unbefleckten Empfängnis, von dem er leider nichts verstand, über die Predigten des P. Mayer und versuchte zu erreichen, daß dieser freiwillig aufhöre zu predigen; der Pater lehnte das sehr bestimmt ab. Der Chef wurde allmählich sehr erregt; er lasse den Pater sofort frei, zu mir hingewendet sagte er: »Sie können ihn jetzt mitnehmen, wenn Sie beide erklären, daß er nicht mehr predigt.« Dabei rauchte er ständig Zigaretten. Das reizte mich innerlich, ich wußte, daß P. Rupert Mayer gelegentlich nicht ungern rauchte, und so forderte ich ihn dazu lachend auf mit den Worten: »Pater, hier auf dem Tisch liegen herrlich schöne Zigarren – echte Havanna; nehmen Sie doch eine davon und rauchen Sie sie!« Der Pater schaute mich erstaunt, ungläubig an. Und siehe, der Chef wurde freundlich, schob ihm die Zigarren zu, der Pater nahm eine, der Chef zündete sie ihm an und sagte zu mir: »Sie können auch rauchen, wenn Sie wollen.«

Ich wußte diesen menschlichen Zug zu schätzen, bedankte mich dafür, meinte aber scherzend: »Ich rauche nicht, es tut mir nicht gut; aber ich habe es gern, wenn es gehörig raucht.« P. Rupert Mayer mußte darüber lachen. Aber bald war es wieder bitterernst; der Chef sah endgültig, daß er nicht vorankam mit seinem Wunsch nach Beobachtung des Predigtverbots und so erklärte er kurzerhand: »P. Rupert Mayer, entweder Sie verzichten darauf, weiter zu predigen; dann können Sie jetzt heimgehen; oder Sie verzichten nicht darauf, dann bleiben Sie in Haft mit allen weiteren Folgen.«

45 »verboten« in »abgeschlagen« handschriftlich geändert.

Der Pater erklärte, er müsse seinem Gewissen folgen und weiter predigen. Da stand der Chef auf und schloß die Besprechung mit den Worten: »Dann bleiben Sie hier in Haft.«[46]

So war die Treue zu seiner Überzeugung, zu dem, was er als seine Pflicht vor seinem Gewissen und dem Herrgott ansah, der Grund der Fortdauer seiner Haft und des Prozesses vor dem Sondergericht in München.

»Völkischer Beobachter« vom 24. Juli 1937: Jesuitenpater vor dem Sondergericht. 6 Monate Gefängnis für hetzerische Kanzelreden

Es ist nicht uninteressant, den folgenden Bericht im »Völkischen Beobachter« über den Prozeß gegen P. Rupert Mayer nachzulesen. Der namentlich nicht gezeichnete Artikel stellt einen Versuch dar, Objektivität vorzutäuschen.

ARM/München: Fotokopie des »Völkischen Beobachters« vom 24. Juli 1937.

Der bekannte Jesuitenpater Rupert Mayer stand am Donnerstag und Freitag vor dem Sondergericht in München unter der Anklage, fortgesetzt öffentlich hetzerische Äußerungen über leitende Persönlichkeiten des Staates und deren Anordnungen gemacht zu haben, die geeignet sind, das Vertrauen des Volkes zur politischen Führung zu untergraben und durch die gleiche Handlung fortgesetzt als Geistlicher in Ausübung seines Berufes in Kirchen Angelegenheiten des Staates in einer den öffentlichen Frieden gefährdenden Weise zum Gegenstand von Erörterungen gemacht zu haben.

In der Verhandlung, zu der neun Zeugen erschienen waren, wurde der Angeklagte vom Vorsitzenden mit aller Rücksicht behandelt und es wurde ihm wegen seiner schweren Kriegsverletzung ein bequemer Stuhl zur Verfügung gestellt. Auf eine

46 Gestrichen wurde der folgende Abschnitt: »Der Pater wurde in seine Zelle zurückgebracht. Ich verabschiedete mich von dem Pater und dann wurde ich fortgeschickt. Der Pater wurde in die Zelle zurückgebracht. Später nach Stadelheim überführt und kam dann . . .«

Frage des Vorsitzenden, ob er in Zukunft unbeschadet seiner Pflicht als Geistlicher die Gesetze nach Form und Inhalt nicht mehr verletzen werde, versicherte der Angeklagte, er werde sich in Zukunft hinsichtlich seiner Reden vergewissern und soweit er es mit seinem religiösen Gewissen vereinbaren könne, Angriffe gegen den Staat vermeiden.

Die Vernehmung des Angeklagten gruppierte sich um drei Themen[47], die er in seinen Predigten zum Gegenstand seiner Angriffe gemacht hatte; das Ergebnis der Abstimmung über die Gemeinschaftsschule, die Strafverfahren gegen katholische Geistliche und Ordensangehörige bzw. die Presseberichterstattung darüber und schließlich der Nationalsozialismus und sein Schrifttum. Der Angeklagte hatte anläßlich des Sieges der Gemeinschaftsschule in München u. a. behauptet, die Erziehungsberechtigten seien gegen alles Recht und Gesetz um die katholische Bekenntnisschule gebracht worden und die Reichsregierung lasse das Konkordat von untergeordneten Stellen sabotieren. Gegen die Presseberichterstattung in religiösen Dingen und vor allem über die Geistlichen-Prozesse hatte er Mißtrauen erweckt und gedroht, wenn das so weiter gehe, dann würden katholische und evangelische Geistliche

eine »ganz gewaltige Stinkbombe hineinwerfen

müssen«. Die in der Anklage aufgeführten Äußerungen gab Pater Mayer bis auf wenige Punkte unumwunden zu, er blieb aber dabei, daß er als durch und durch unpolitischer Mensch bei seinen Angriffen nur die Religion im Auge gehabt und geglaubt habe, die Religion verteidigen zu müssen. Der Reichsregierung habe er keine schlechten Absichten hinsichtlich des Konkordats untergeschoben. Inbezug auf die Prozesse gegen Geistliche und Ordensangehörige hielt ihm der Vorsitzende vor, daß nicht durch diese Prozesse und durch die Berichterstattung über sie, sondern vielmehr durch die Straftaten pflichtvergessener Geistlicher und Ordensangehöriger selbst dem

47 Vgl. S. 224.

geistlichen Stand so großer Schaden zugefügt worden sei. Dem Einwand des Angeklagten, daß er bei seinen Angriffen in religiöser Notwehr gehandelt habe, stellte der Vorsitzende gegenüber, wie aufreizend aus seinem Munde schon angesichts seiner Autorität bei einfachen Leuten seine Reden wirken mußten.

Die Zeugenvernehmung ergab, daß die Predigten, die teilweise auch versammlungsmäßig aufgezogen worden sind, in der Bevölkerung lebhafte Diskussionen hervorgerufen und beunruhigend gewirkt haben.

Der Staatsanwalt stellte fest, daß der Angeklagte mit seinen Äußerungen über die Gemeinschaftsschule

gegen den klaren Willen des Staates verstoßen

habe. Schon durch diese zersetzende Erörterung staatlicher Angelegenheiten in der Öffentlichkeit habe er sich einer strafbaren Handlung schuldig gemacht, in die Bevölkerung Zweifel und Mißtrauen gegenüber der Staatsführung hineingetragen, und seine Worte über das Konkordat hätten den Eindruck erwecken müssen, als wolle er einen schweren Vorwurf gegen die Reichsregierung erheben und dem Staat eine betrügerische Handlung unterstellen. Hinsichtlich der Geistlichen-Prozesse und der Presseberichterstattung über sie hätte er bedenken müssen, daß nicht dadurch die Autorität der Kirche untergraben werde, sondern durch die Straftaten selbst und durch die dadurch in der Bevölkerung hervorgerufene Empörung. Der Angeklagte habe durch seine Predigten den inneren Frieden gefährdet, in den Zuhörern Zweifel über die Rechtssicherheit erweckt und sich damit des Vergehens des Kanzelmißbrauchs schuldig gemacht. Er habe aber auch gegen das Heimtückegesetz verstoßen, da er mit Absicht und mit vollem Bewußtsein Zwiespalt und Mißtrauen ins Volk getragen habe. Als strafmildernd ließ der Staatsanwalt gelten, daß der jetzt 61jährige Angeklagte nicht vorbestraft ist, daß er im Feld eine tapfere Haltung bewiesen und sich an dem Kampf gegen den Bolschewismus beteiligt hat; straferschwerend sei die Hartnäckigkeit und Verbissenheit des Angeklagten, sowie die Tatsache, daß er seine Angriffe gegen den Staat vor großen Menschenmengen erhoben hat. Der Staatsanwalt beantragte eine Gefängnisstrafe von sechs Monaten abzüglich einem Monat Untersuchungshaft.

Die Verteidiger, die Freispruch beantragten, hoben die Verdienste des Angeklagten im Felde und im Kampf gegen den Bolschewismus hervor und versuchten nachzuweisen, daß Verstöße gegen das Heimtückegesetz nicht vorliegen.

Am Freitagmittag wurde

das Urteil

gefällt. Der Angeklagte wurde wegen eines fortgesetzten Vergehens gegen § 130a des Strafgesetzbuches (Kanzelmißbrauch) in Tateinheit mit einem fortgesetzten Vergehen gegen das Gesetz vom 20. Dezember 1934 (Heimtückegesetz) zu einer Gefängnisstrafe von sechs Monaten abzüglich sechs Wochen Untersuchungshaft und zur Tragung der Kosten verurteilt.

In der Urteilsbegründung wurde festgestellt, daß die Beweisaufnahme und das Geständnis des Angeklagten den Tatbestand der Anklage im wesentlichen bestätigt haben. Das Gericht schloß sich im einzelnen den Feststellungen des Staatsanwaltes über die Strafbarkeit der Handlungsweise des Angeklagten an, berücksichtigte als strafmildernd seine tapfere Haltung im Weltkriege und im Kampf gegen den Bolschewismus, mußte aber andererseits als straferschwerend die Hartnäckigkeit des Angeklagten und den Umstand, daß er schon einmal verwarnt worden war, ansehen. Die Aufhebung des Haftbefehls erfolgte mit Rücksicht auf die Erklärung des Angeklagten, daß er gegen die Gesetze des Staates nicht mehr verstoßen werde.[48]

48 Die Justizpressestelle/München hatte weitere Zeitungsberichte über den Prozeß gesammelt. Offensichtlich war bei den 18 Texten auf eine gemeinsame Quelle zurückgegriffen worden. Meist handelte es sich um einen sachlichen Bericht ohne ideologischen Kommentar. Akzente wurden durch Überschriften gesetzt, z. B. »Politische Brunnenvergiftung von der Kanzel herab« (»Oberschlesischer Wanderer« vom 25. Juli 1937).

»The Times« vom 24. Juli 1937, Nazi-Presse und ihre »Fehler«. Zulassung zur Verhandlung gegen einen Jesuiten.

Auch die ausländische Presse nahm den Prozeß gegen P. Rupert Mayer aufmerksam zur Kenntnis. »The Times« brachte den Bericht ihrer Korrespondentin in München vom 23. Juli 1937.

ARM/München: Fotokopie des englischen Textes. Übersetzung vom Herausgeber.

Ein Schnellgericht in München verurteilte heute Pater Rupert Mayer, den bekannten Jesuiten, zu sechs Monaten Gefängnis auf Bewährung wegen »wiederholter Verstöße gegen das Heimtückegesetz«. Inzwischen ist er auf freien Fuß gesetzt worden. Äußerste Geheimhaltung ist bei Pater Mayers Verhaftung und bei der Verhandlung angewendet worden. Nach dem Gesetz hätte der Prozeß öffentlich stattfinden sollen, aber durch Methoden, die eher trickreich als genial waren, wurden die Vertreter der auswärtigen Presse während der meisten Zeit ausgeschlossen.[49]

Pater Mayers angebliche Verfehlungen bestanden in verschiedenen bei Predigten vorgebrachten Behauptungen und Kritiken über nationalsozialistische Erziehungspolitik und über die Berichte in der Nazi-Presse über die Sittlichkeitsprozesse gegen Katholiken.

Ungewöhnlich freimütige Eingeständnisse wurden vom Staatsanwalt in seinem Plädoyer[50] gemacht: »Die Regierung ist bewußt bestrebt, das Volk nach ihren Grundsätzen zu leiten (sagte er) und ist deshalb vom Prinzip der freien Meinungsäußerung abgegangen ... Gewiß, es sind Fehler gemacht und unzutreffende und unerfreuliche Dinge sind gesagt worden. Der junge deutsche Staat nimmt für sich keine Unfehlbarkeit in Anspruch.«

Pater Mayer gab die unter Anklage gestellten Behauptungen

---

49 Wölzl betonte in einem Brief vom 12. Februar 1947 an Dr. Otto Gritschneder, die »Times«-Korrespondentin sei – weil unangemeldet – vom Saaldiener zunächt nicht eingelassen worden. Er habe dann aber – auf Nachfrage des Saaldieners – angeordnet, der Dame einen Platz anzuweisen.

50 Vgl. Plädoyer des Staatsanwalts, S. 317–333.

zu und verteidigte sich unter Hinweis auf seine Berufung und sein Recht. Er zitierte viele Fälle von Verdrehungen und Verfälschungen in der Nazi-Presse in Sachen Römisch-katholischer Sittlichkeitsprozesse.

P. General Wladimir Ledochowski[51] SJ an P. Ruperto Mayer (9. August 1937)

Nach der großen Auseinandersetzung mit den Nationalsozialisten erhielt P. Mayer einen ermutigenden Brief seines Generalobern. Die heutige, lädierte Gestalt des Briefs beweist, daß P. Mayer diesen Brief lange Zeit bei sich trug.

ARM/München: Original des Briefs. Maschinengeschrieben.

Frascati, den 9. August 1937

Euer Hochwürden,

Pax Christi.

Zu meinem großen Schmerz habe ich gehört, daß Ew. Hochwürden in den letzten Wochen Schweres durchmachen mußten. Doch haben Sie es schon innerlich erfahren, daß die verflossenen Wochen für Sie eine Zeit reich an Gnaden war[en].

Zu großem Trost hat mir gereicht, was ich über Ihr Verhalten in den Verhandlungen Ihrer Angelegenheit gehört habe. Wenn ich mich auch in meiner Erwartung getäuscht sehe, daß doch schließlich Ihre großen Verdienste, die allen bekannt sind, Berücksichtigung finden würden, so wünsche und hoffe ich jetzt, daß Sie in Freiheit bleiben und bald wieder Ihre segenreiche, schöne Tätigkeit aufnehmen können. – Sorgen Sie aber zunächst für Ihre geschwächte Gesundheit und sehen Sie zu, daß Sie wieder ganz zu Kräften kommen.

Von ganzem Herzen spende ich Ew. Hochwürden für Sie selbst und für Ihr apostolisches Wirken meinen väterlichen Segen.

---

51 Wladimir Ledochowski SJ (1866–1942), 26. Generaloberer der Gesellschaft Jesu (1915–1942).

Mit der Bitte um Gebet

Ew. Hochwürden Diener in Chr[isto]

W. Ledochowski

P. Ruperto Mayer

Kaulbachstraße 31 a – München – Germ[ania] Sup[erior].

Hans Georg Hofmann, Bericht über einen Protest Rupert Mayers beim Reichsstatthalter Ritter von Epp (7. Oktober 1937)

P. Mayer war durch seinen Prozeß vor dem Sondergericht nicht eingeschüchtert. Er führte auch danach an höchster Stelle Klage über offene und geheime Attacken der SA auf die katholische Kirche. Hans Georg Hofmann[52], Staatssekretär beim Reichsstatthalter Ritter von Epp, berichtete über eine solche Vorsprache Mayers am 6. Oktober 1937.

BayGHStA/München, Reichsstatthalter 812. In Schreibmaschinenschrift.

I. Vormerkung:

Vorsprache des Paters Rupert Mayer am 6. 10. 1937.

Pater Rupert Mayer führte bewegliche Klage darüber, daß auf der ganzen Linie die christliche Weltanschauung angegriffen und in die einzelnen Familien und das ganze Volk ein grosser Zwiespalt hineingetragen würde: Frauen gegen ihre Männer und Kinder gegen die Eltern und umgekehrt. Das praktische Ergebnis des sog. Weltanschauungskampfes sei das, dass dem Volk der religiöse Glaube erschüttert würde und damit letzten Endes grosser Schaden erwüchse. Denn aus einem religionslosen Volk könnten nur spanische Zustände und der reine Bolschewismus entstehen. Das Vertrauen in die Staatsführung würde erschüttert und die Religion käme so in einen Gegensatz zur Staatsführung überhaupt. Die geistige Einstellung der

52 Hans Georg Hofmann (1873–1942), Oberst, 1933 Regierungspräsident von Ober- und Mittelfranken, 1934 Staatssekretär beim Reichsstatthalter in Bayern.

Christgläubigen sei doch aber vornehmlich so, dass sie für die Gesamtheit und den Staat die grössten Opfer zu bringen durch ihre Weltanschauung schon gezwungen wären. Er verstünde nicht, dass der Staat diese bedeutenden, nun einmal vorhandenen moralischen Kräfte nicht zu nutzen wisse, sondern im Gegenteil durch Duldung schrankenloser Hetzen gegen die christlichen Bekenntnisse diese feindlich gegen sich einstelle.

Ich erwiderte, dass der Staat nicht gegen die Konfessionen und die Religion eingestellt sei, indem er das Christentum zum Fundament des Staates erklärt hätte.[53] Ich wies dann darauf hin, dass ich im Kampf um die Macht mit anderen namhaften Führern der Partei die religiösen Motive betont hätte und dass ich mich hier in Übereinstimmung mit dem Führer befände, der mir in Konfliktsfällen mit Ludendorff und anderen sog. Religionsgründern schon vor der Machtübernahme seine innere Einstellung zu diesen Fragen offenbart hätte. Ich gäbe gewisse Entgleisungen zu. Diese seien aber weder vom Staat noch von der Partei legitimiert. Man könne höchstens den Vorwurf erheben, dass hier ein gewisses laisser aller gegeben sei. Hier hätte ich keine Einwirkung. Diese Dinge würden in Berlin und an den obersten Zentralstellen gemacht.

Mayer verwies auf die Äusserungen in der SA-Zeitung und in der SS-Zeitung.

Ich erwiderte, das seien keine amtlichen Organe und wenn hier über das Ziel hinausgeschossen würde, so müssten sich die betreffenden selbst ihrer Haut wehren und ihre gegenteilige Auffassung in ihren Organisationen zur Geltung bringen. Ich gäbe zu, dass ein gewisser Geisteskampf ausgebrochen sei in weltanschaulicher Beziehung. Hier könne nicht der staatliche Schutz etwas helfen. Die Konfessionen müssen diesen Geisteskampf selbst führen und bestehen und die Überlegenheit ihrer Weltanschauung und ihrer Ethik selbst he[r]ausstellen. Ich wies darauf hin, dass die Kirche und die Konfessionen überhaupt in der Zeit vor der Machtergreifung schlimmste Fehler gemacht

53 Vgl. Erklärung Hitlers vom 23. März 1933, in: Stasiewski, *Akten* I, 15, Anm. 1.

hätten, indem sie die Revolution von 1918 hinnahmen, ohne wirksam den Geisteskampf gegen Marxismus und Kommunismus zu führen – dass die Konfessionen durch ihre Verpolitisierung sich selbst um allen Einfluß gebracht hätten – dass sie bei einem grossen Teil des deutschen Volkes durch ihre feindselige Einstellung gegen die neue nationale Bewegung und durch ihre zweifelhafte Haltung in nationalen Dingen letzten Endes Ursache waren für die ablehnende Stellung weiter Bevölkerungskreise gegen Kirche und Konfession.

Mayer betont immer wieder die schweren Folgen, die letzten Endes dauernd für das Gesamtvolk durch diesen Kampf entstünden.

Ich sagte hier: »Gewiss, hier bin ich ihrer Meinung, dass durch derartig geistige Kämpfe die Sturm- und Kampffestigkeit des deutschen Volkes nach aussen beeinträchtigt wird. Ich bedauere das und bin mir der staatspolitischen Bedeutung dieser Dinge voll und ganz bewußt.«

Ich wies darauf hin, dass aber letzten Endes die Bereinigung dieser Angelegenheit von den obersten Führern der Kirche und der Konfessionen andererseits erfolgen müsse. Was er mir hier gesagt sei mir nichts Neues und mir längst bekannt, und ich hätte dauernd in diesem Sinne nach den verschiedensten Richtungen, auch nach der kirchlichen Seite einzuwirken gesucht. Auch die Religion sei an der Existenz und an den Lebenskampf eines Volkes interessiert. Auch die Geistlichen müssten eben erst Deutsche in allen Lebensfragen des Volkes sein, wobei ich die Saarfrage als Beispiel heranzog, und auf mein Eintreten gegenüber dem Episkopat hinwies, die ich in dem Satz zusammenfasse: *Primum vivere, deinde philosophare!*[54]

II. z. Akt.

München, den 7. Oktober 1937.
Hofmann

---

54 »... philosophari!« (Erst leben, dann philosophieren!). Herkunft des Zitats unbekannt.

Bericht der Gestapo über die Haussuchung bei P. Mayer am 5. Juni 1937 (23. Dezember 1937)

Rupert Mayer wurde am 6. Juni 1937 von der Gestapo/München verhaftet. Bei dieser Aktion wurde mancherlei an Schriftstücken sichergestellt. Folgender Bericht aus der Stapoleitstelle/München zählt die Schriftstücke auf und bewertet ihre Bedeutung.

A. des Parteivorstands der CDU/Berlin (Ost), Bestand – Zentrum, Nr. 12. Original des Schreibmaschinentextes.

Der Sicherheitsdienst des Reichsführers-SS
Der SS-Führer des SS-Oberabschnittes Süd

München, den 23. Dezember 1937

Betr.: Auswertung der bei den Jesuiten beschlagnahmten Akten.

Die Sicherstellung der durch die Gestapo, Stapoleitstelle München, bei Pater Rupert Mayer S.J. vorgefundenen Schriftstücke gelegentlich seiner Verhaftung anfangs Juni 1937 zeigt folgendes Ergebnis:

1. Für den SD wichtig sind besonders die Drucksachen über die Marianische Männerkongregation am Bürgersaal zu München. Sie enthalten ein Verzeichnis der Pfarrgruppen-Obmänner von 1936 mit 52 Namen, darunter verschiedene Beamte. Herzuheben ist die Bezirkseinteilung dieser Kongregation vom 1. 2. 1937.

Über die Tätigkeit des Präfekten der Marianischen Kongregation, des Reichsbeamten Josef Lurtsch, Barerstraße 86/2 geben verschiedene Schriftstücke Zeugnis, so sein Vortrag über die Aufgaben und Pflichten eines Obmannes der Kongregation, gehalten am Einkehrtag 31. 1. 37 im Exerzitienhaus zu Fürstenried und einzelne Aufrufe an die Obmänner vom 9. und 11. Juni 1937.

Lurtsch steht seiner Gesinnung nach ganz im Dienst der Kirche und zeigt aufgrund seiner Äußerungen keine staatsfreundliche Haltung.

2. Großartigen Aufschluß(!) und Einblick in die Tätigkeit

und Aufgaben der Kath. Aktion geben die Präsidesbriefe aus Frankfurt a. M. (Männer-Kongregation-Geschäftsstelle)[55] 2. und 3. Jahrgang. Sie bringen u. a. Aufsätze über die Kirchenverfolgung in Spanien, über die Lehren der span. Kirchenverfolgung, über Priester und Laienführer einen kurzen Aufriß zu Monatsvorträgen in der Kirche: »Heilige Kirche« und »Anweisungen zu einer hl. Stunde« und Anweisungen zu einer »Hl. Stunde« (für Priester und Ordensleute).

3. In einer Predigt des Dompfarrers Kraus zu Eichstätt am 31. Januar 1937 nimmt dieser in staatsabträglicher Weise Stellung zu den Sittlichkeitsprozessen und den Presseberichterstattungen.[56]

4. Daß die Jesuiten mit den Anhängern der ev. Bekenntniskirche in Verbindung stehen und mit ihr sympathisieren, zeigen ein Informationsbericht der Reichskirchenbewegung (Nr. 4), eine Abhandlung des Reichsbischofs[57] vom 30. 4. (wohl 1936) und ein Gespräch des Jesuitenpaters Löbl[58] mit dem Reichsbischof Müller (entnommen aus »Der Westen« Berliner-Tageszeitung Nr. 102 vom 12. 4. 1936).

5. Auffallend sind die Schweizer-Zeitungen, die vorgefunden wurden, so das Urner Wochenblatt vom 2. 5. und 12. 6. 37. Sie enthalten einen Artikel »Ein unerhörter Angriff auf Papst und Kirche«, ferner Berichte über: Bischofsempfang unter Tyrannenherrschaft« in Beuthen anläßlich der Firmungsreisen des Kardinal Erzbischof Dr. Bertram von Breslau[59], über »Demonstrationen gegen Kardinal Mundelein« in Freiburg i. Br. von

---

55 Das Regionalsekretariat der Männerkongregation befand sich in Frankfurt (Im Trutz 55). Es wurde damals von P. Hermann Deitmer SJ (geb. 1900) geleitet.

56 Johannes Kraus (1890–1974), 1936 Domkapitular und Dompfarrer in Eichstätt; wegen Kanzeläußerung zur Berichterstattung über die Sittlichkeitsprozesse am 3. April 1937 durch die Gestapo aus der Diözese verwiesen; vgl. VOLK, *Akten* V, 360.

57 Ludwig Müller (1883–1945), 1933 Landesbischof von Preußen, 1934 Reichsbischof.

58 Es handelt sich vielleicht um P. Felix Löbe.

59 Kardinal Bertram wurde 1937 bei Firmungsreisen attackiert.

6000 HJ-Mädchen und Jungens[60] und eine Notiz: »Dr. Goebbels im Stammbuch« über das Privatleben des Staatsministers a. D. Hermann Esser[61] in München.

6. Eine Reihe von Anschreiben der bischöflichen Ordinariate behandelt die Schuleinschreibung bzw. die Gemeinschaftsschule und versucht die kath. Eltern für eine Erklärung zu Gunsten der Bekenntnisschule zu gewinnen.

Unter den vorliegenden Amtsblättern sind bes. wichtig ein Brief des Bischofs Preysing[62] aus Berlin an das Reichskirchenministerium wegen eines Erlasses der Deutschen Polizei vom 29. 1. 37, der den Vorgesetzten zur Pflicht macht, das Lesen nat. soz. Zeitungen (J.B. und »Das Schwarze Korps«) bei den Angehörigen der deutschen Polizei. Zwei weitere Erlasse vom 31. Mai und 2. Juni 1937 des Erzbischöflichen Ordinariats München-Freising behandeln die Seelsorge in Hochlandlagern.[63]

Die Bekanntmachung vom 25. 2. 1937 enthält seelsorgerliche Anweisungen über den Pfaffenspiegel[64], behandelt weiter den Glaubensabfall mit einer aufschlußreichen Übersichtstabelle über Austritte aus der katholischen Kirche in München vom Oktober bis Januar 1937, die eine Gesamtzahl von 727 Personen ergibt.

Das gleiche Amtsblatt bringt den Widerruf des Pfarrers A. Heuberger von Hitzhofen (Bistum Eichstätt) vom 31. 1. 37 in einem öffentlichen Brief des genannten Pfarrers.[65]

7. Unter den beschlagnahmten Broschüren und Schriften sind für den SD wertvoll:

---

60 George William Mundelein (1872–1939), 1915 Erzbischof von Chicago, 1924 Kardinal. Angriffe gegen ihn wohl wegen seiner Rede vom 18. Mai 1937 in Quigley, in der er die Methoden der Nazi-Presse offenlegte.

61 Zum Privatleben von H. Esser vgl. E. von Aretin, *Krone und Ketten,* 188.

62 Brief Preysings an das RKM vom 29. Januar 1937.

63 Offensichtlich ging es um die Betreuung der Jugendlichen in den Lagern; diese waren auch für die ideologische Infiltration bestimmt.

64 Vgl. Neuhäusler, *Kreuz und Hakenkreuz* II, 350–351.

65 Vgl. dazu Witetschek, *Die kirchliche Lage* I, 209.

a. Die Biographie des Kardinal Faulhaber von dem sattsam bekannten staatsfeindlichen Priester G. Moenius aus der Diözese Bamberg, erschienen im Reinhold-Verlag Wien–Leipzig 1933).[66]

b. Die Abhandlung von Wilhelm Laiblin:[67]

»Der Glaubenskampf in Deutschland« – Umsturz oder Umbruch.«

Verlag: Gutbrod, Stuttgart 1934.

c. Dr. Pater Erhard Schlund:[68] »Neugerm. Heidentum im heutigen Deutschland.« Verlag Fr. Pfeiffer, München 1924.

(Der Franziskanerpater Schlund gehört neben dem Jesuitenpater (!) Rupert Mayer zu den ältesten fanatischen Gegnern des Nat.Soz.).

d. »Der Mythus des 20. Jahrhunderts« »An die Dunkelmänner unserer Zeit« im Lichte der Geschichte. Studien zu den beiden Schriften Rosenbergs, herausgegeben von Michael Waechter.[69]

e. Eine Broschüre »Jung Deutschland erwache« erschienen vor der nat. Erhebung im Gilde-Verlag Köln mit ausdrücklicher Stellung gegen den Nat.Soz.

f. Jahresbericht 1936 des Bezirksverbandes der kath. Arbeiter- und Arbeiterinnenvereine München Stadt e. V.

g. Bezeichnend ist eine in 6 Exemplaren aufgefundene Photografie von Frl. Christine Pickl, die der »Katholiken-Ehebund« Zentrale: Pasing vor München[70] dem Pater aus nicht zu ersehenden Gründen am 24. 5. 35 übersandte.

---

66 Georg Moenius (1890–1953), Geistlicher, 1929–1933 Herausgeber der Wochenschrift »Allgemeine Rundschau«, 1933 Emigration.

67 Wilhelm Laiblin war ein Anhänger der sog. Deutschen Glaubensbewegung.

68 Erhard Schlund OFM (1888–1953), Lektor der Theologie, 1928–1940 Vorsitzender und Herausgeber des »Consilium a vigilantia«.

69 Vgl. dazu BAUMGÄRTNER, *Weltanschauungskampf,* 154 ff.

70 Mayer unterstützte dieses katholische Institut zur Eheanbahnung unter Katholiken.

Johannes Neuhäusler, Pater Rupert Mayer. Ein Gedenkwort zu seinem 90. Geburtstag (1966)

Aufgrund seiner Stellung im Münchner Ordinariat hatte der damalige Domkapitular Neuhäusler – 1933 bis 1941 kirchenpolitischer Referent Kardinal Faulhabers – immer wieder mit P. Mayer zu tun. Am 6. Januar 1966 berichtete er im Bayrischen Rundfunk von seinen Erinnerungen an Rupert Mayer.

EA/München: Hektographiertes Manuskript der Sendung des Bayrischen Rundfunks vom 6. Januar 1966.

Wenn der Name P. Rupert Mayer genannt wird, dann steht vor den Augen vieler sofort eine große, aufrechte, aszetische Männergestalt, von Willenskraft geladen und doch so viel Güte ausstrahlend. Und ebenso vielen kommt auch noch in Erinnerung, was dieser heiligmäßige Priester und Ordensmann in seinem Leben geleistet und gelitten hat, wie er während des 1. Weltkrieges den Soldaten bis in die vorderste Kampflinie und in die gefährdetsten Schützengräben nachging, hernach ebenso unerschrocken in turbulenten kommunistischen und nationalsozialistischen Hetzversammlungen und Saalkämpfen auftrat, wie er dann unbeugsam auch vor Geheimer Staatspolizei und Gericht seinen Standpunkt darlegte und auch im Gefängnis und Konzentrationslager nicht zusammenbrach. Wie wenige aber haben wohl eine Ahnung, welch seelische Qualen und Gewissenskonflikte P. Mayer bei so mancher Entscheidung durchzustehen hatte.

Ein paar Beispiele, deren Zeuge ich großenteils selbst sein durfte: Am 3. November 1939 kamen, wie schon des öftern, 3 Gestapomänner in die Zelle[71] von P. Rupert Mayer, durchstöberten und durchsuchten alles, fanden dabei auch eine Zusammenstellung von Feldpostadressen. Das war damals für Geistliche ein Verbrechen. Sie sollten keine Verbindung mit Soldaten im Felde haben. So forderte man von P. Mayer Auskunft, woher er diese Liste von Soldaten habe. P. Mayer verweigerte mit aller Entschiedenheit die Antwort darauf.

71 Gemeint ist Mayers Zimmer im Jesuitenhaus bei St. Michael.

Dann mußte er ins Wittelsbacher Palais zur Staatspolizei. Da ging es alsbald um etwas ganz anderes, um eine monarchistische Bewegung[72], der man vor 2 Monaten auf die Spur gekommen zu sein glaubte. Dafür hätte man P. Mayer gewinnen wollen. Nun sollte er aussagen, wer diesbezüglich bei ihm gewesen sei, und was man ihm gesagt hätte. P. Mayer verweigerte auch hierüber jegliche Aussage unter Berufung auf das Seelsorgsgeheimnis. Da er davon nicht abging, sollte die oberhirtliche Stelle ihm erklären, daß es sich hier doch nicht um ein Seelsorgsgeheimnis handle. So wurde ich als der kirchenpolitische Referent von Kardinal Faulhaber gerufen. Aber ich pflichtete voll und ganz der Ansicht von P. Mayer bei und erklärte, P. Mayer muß auch mir gegenüber das Seelsorgsgeheimnis wahren. Umgekehrt müßte mir die Geheime Staatspolizei näher eröffnen, was P. Mayer zu seiner Verteidigung gesagt hätte. Erst nach längerem Zögern las man mir dann die wichtigsten Teile des Vernehmungsprotokolls vor. Ich stenografierte rasch mit. Ich freue mich, daß ich heute noch dieses herrliche Zeugnis der Festigkeit und Offenheit dieses Zeugen Christi besitze: Es lautet: »Ich weiß: Da es sich um die Aufklärung strafbarer Handlungen, und zwar um Hochverrat handelt, so kann ich durch meine Weigerung die Aufklärung dieser Handlung unmöglich gemacht haben. Ich bleibe trotz des Vorbehalts, daß ich dadurch eine Unbotmäßigkeit gegenüber dem Staat begehe, auf meiner Aussageverweigerung bestehen. Mir wird vorgehalten, daß mir die Mitteilung über das Vorhandensein einer illegalen monarchistischen Bewegung nicht im Beichtstuhl, d. h. nicht in Ausübung meines seelsorgerischen Berufes gemacht wurde, sondern in meinem Amtszimmer. In meinem Amtszimmer bin ich aber ebenfalls als Seelsorger tätig.

Ich bin darauf hingewiesen worden, daß ich mich in einem Irrtum befinde, wenn ich behaupte, daß sämtliche Mitteilungen anderer Personen mir nur in Ausübung meines Seelsorgeamtes zukommen.

---

72 Monarchistische Bewegung, vgl. S. 102.

Mir wird vorgehalten, daß die Bestrebungen irgendwelcher Personen, mich für die illegale monarchistische Bewegung zu gewinnen, nichts mit meinem Priesterberuf zu tun haben. Denn ich sollte ja nicht eine priesterliche Tätigkeit verrichten, sondern als lebendiger Mensch mit allen meinen Kräften für eine ungesetzliche politische Organisation gewonnen werden. Darauf kann ich nur erklären, daß ich auch dies als Auswirkung meines Seelsorgeberufes auffasse. Ich bin der felsenfesten Überzeugung, daß ich über alles, was mir von meinen Besuchern schlechthin als Seelsorger mitgeteilt wird, strengstes Stillschweigen gegenüber jedermann und jeder Behörde zu halten habe. Ich fasse diese Stillschweigeverpflichtung so weit auf, daß ich auch über gemeine Verbrechen, wie Mord u. ä. schweigen muß.«

Da ich dieser Erklärung von P. Mayer voll und ganz beistimme und mich weigere, irgendwie zu versuchen, ihn von seinem Standpunkt abzubringen, verlangt die Geheime Staatspolizei eine Stellungnahme des Herrn Kardinal. Bis 5 Uhr abends mußte ich diese beibringen, so bezeichnend, wie wichtig sich damals selbst die kleinen Diktatoren fühlten. Ich ging zu Herrn Kardinal. Er lag zwar krank im Bett, empfing mich aber trotzdem sofort. Wir vereinbarten dann eine längere Erklärung, deren Hauptinhalt lautete:

1.) Der Herr Kardinal hat in seiner Allerseelenpredigt 1938[73] mit aller Deutlichkeit und Entschiedenheit die staatsbürgerlichen Pflichten des einzelnen Staatsbürgers betont. Der Herr Kardinal ist überzeugt, daß auch P. Rupert Mayer als Christ und Priester und deutscher Staatsbürger diese staatsbürgerlichen Pflichten in vollem Ausmaße anerkennt.

In den Gerichtsakten des P. Rupert Mayer ist ausdrücklich festgelegt, daß er wiederholt in seinen Predigten zur Staatstreue und zum Gehorsam gegen staatliche Anordnungen aufforderte.

2.) Wenn P. Mayer trotz seiner grundsätzlichen positiven

73 In der Allerseelenpredigt 1938 hat Kardinal Faulhaber »mit aller Deutlichkeit und Entschiedenheit die staatsbürgerlichen Pflichten des einzelnen Staatsbürgers betont«, vgl. NEUHÄUSLER, *Amboß und Hammer*, 105.

Einstellung zum Staate in einem einzelnen Falle einer staatlichen Anordnung nicht Folge leistet, so ruht dies nach der Überzeugung des Herrn Kardinals nicht auf »Unbotmäßigkeit« oder auf einer grundsätzlichen Ablehnung des Staates, sondern auf einem persönlichen Gewissensurteil seelsorgerlicher Art.

3.) Das Schweigerecht des Geistlichen in seelsorgerlichen Angelegenheiten, nicht bloß im Beichtstuhl, ist im Reichskonkordat reichsgesetzlich geschützt.[74]

Ob ein einzelner Fall seelsorgerlichen Charakter hat oder nicht, kann nur der betreffende Geistliche entscheiden, selbst wenn er daraus eine schwere Konsequenz zu tragen hat. Der Bischof kann sich in diese Gewissensfragen des einzelnen nicht mit Befehlen einmischen. Über diese autoritative Erklärung war die Gestapo begreiflicherweise sehr enttäuscht, erst recht, daß ich als Schluß zu Protokoll gab: »Diese Mitteilung in 7 Punkten ist nicht wortwörtlich vom Herrn Kardinal verfaßt, da ihm die Angelegenheit nur in einer halben Stunde am Krankenbett vorgetragen werden konnte. Die Formulierung erfolgte von mir. Ich trage für dieselbe die Verantwortung.«

Um so mehr erfreut und befriedigt war darüber P. Rupert Mayer. Nun war er gedeckt und durfte fest bei seinem »Nein« bleiben. Heute noch ist mir der Ausdruck der Freude und Beruhigung im Gedächtnis, mit der sich P. Mayer von mir verabschiedete. Natürlich mußte er dafür in den Händen der Polizei bleiben – 2 Monate darauf, am 3. Januar 1940, wurde ich wieder zur Gestapo gerufen und wurde mir folgendes vorgelesen: »Der Reichsführer der SS hat auf Grund des Berichtes vom 28. 11. 39[75] angeordnet, daß P. Rupert Mayer in Schutzhaft zu nehmen ist. Als Kriegsbeschädigter ist er in einer besser ausgestatteten Zelle unterzubringen.

P. Rupert Mayer wurde in letzter Zeit in steigendem Maße von illegalen und reaktionären Personen aufgesucht. Er erklärt, hierüber aus seelsorglichen Gründen nichts aussagen zu kön-

---

74 Vgl. § 163 StVO.

75 Bericht der Gestapo vom 28. November 1939 nicht aufgefunden.

nen. In seiner Vernehmung am 8. 11. 39 hat er ausdrücklich erklärt, auch einen ihm etwa gebeichteten Mord nicht bekanntgeben zu können. Da nicht damit zu rechnen ist, daß P. Mayer von seinem Standpunkt abgeht, was vom katholischen Standpunkt aus erklärlich ist, andererseits aber der Staat ein Interesse daran hat, Illegalitäten zu verhindern und Mördern nicht bei Geistlichen Deckung finden zu lassen, wird zur Vermeidung weiterer solcher Konflikte verfügt, daß P. Mayer für die Dauer des Krieges in Isolierungshaft zu nehmen ist.«

Vergeblich fragte ich darauf: »Wo ist P. Mayer?«

Der Gestapomann antwortete: »Ich weiß es nicht«. Erst nach einigen Tagen konnten wir herausbringen, daß er ins KZ Sachsenhausen gebracht worden war.[76] 7 Monate war er dort in Einzelhaft. Sein Gesundheitszustand wurde so schlecht, daß man für sein Leben fürchtete. Man wollte ihn aber nicht zum Märtyrer werden lassen. So entschloß man sich, ihn zwar aus dem KZ zu entlassen, aber in einem Kloster zu konfinieren.

Am 6. August 1940 wurde ich wieder zur Geheimen Staatspolizei gerufen und wurde mir eröffnet; der Reichsführer SS lasse P. Mayer frei gegen Garantie des Ordinariats, daß er in ein Kloster gehe, dies aber nicht verlassen und vor allem sich nicht politisch betätigen dürfe. Ich wurde gefragt, welches Kloster ich vorschlage. Zunächst nannte ich das den Jesuiten selbst gehörige Exerzitienhaus Rottmannshöhe. Dies wurde abgelehnt. Dann schlug ich das Benediktinerkloster Ettal[77] vor. Dies wurde angenommen. Ich fragte dann weiter: »Sind mit dieser Konfinierung irgendwelche weitere Auflagen verbunden?« »Nein« wurde mit aller Bestimmtheit versichert.

Aber schon am 12. August 1940 wurde ich aufs neue in die Geheime Staatspolizei bestellt. Regierungsrat Schimmel eröffnete mir, daß nun von Berlin eine neue Verordnung bezüglich P. Mayer gekommen sei, des Inhalts:

1.) P. Rupert Mayer darf in keiner Weise mit der Außenwelt in

---

76 Briefwechsel mit Bischof Heinrich Wienken im EA/München.

77 Vgl. S. 131 ff.

Berührung kommen. Zu diesem Zweck ist dafür zu sorgen, daß er das Kloster nicht verläßt.

2.) Seine Korrespondenz ist auf ein Mindestmaß zu beschränken. Sie darf sich nur auf rein persönliche Angelegenheiten erstrecken und mit dem nächsten Verwandtenkreis geführt werden. Soweit im Einzelfall ein dringendes Erfordernis vorliegt, bestehen gegen einen Briefverkehr mit den kirchlichen Stellen keine Bedenken, vorausgesetzt, daß der Inhalt der Korrespondenz rein persönlicher Natur ist.

3.) Hinsichtlich des Empfanges von Besuchern gilt das unter 2. Gesagte sinngemäß mit der Einschränkung, daß ihn nur die allernächsten Verwandten besuchen dürfen. Im Falle einer etwaigen Erkrankung von P. Mayer steht der Inanspruchnahme eines Arztes nichts im Wege.

4.) Gottesdienstliche Handlungen im Kloster dürfen von P. Mayer nicht abgehalten werden, wenn bei diesen eine Möglichkeit der Teilnahme von außenstehenden Personen besteht. Grundsätzlich ist aber P. Rupert Mayer das Beichthören verboten.

Das Ordinariat verpflichtet sich, die in vorstehenden Ziffern erwähnten Maßnahmen an die Leitung des Klosters Ettal und an P. Rupert Mayer weiterzugeben und von sich aus dafür Sorge zu tragen, daß die P. Rupert Mayer erteilten Auflagen von diesem auf das genaueste befolgt werden.

Jeder Versuch, auch nur an einem Punkt dieser Auflage zu rütteln, wurde mit der Bemerkung abgetan: »Es ist Befehl von Berlin. Wir sind nur Übermittler. Wir können nichts daran ändern.« So ließ sich mit den bloßen Briefträgern nicht streiten oder feilschen. Das Diktat konnte meinerseits nur entgegengenommen, nicht angenommen werden. Ich wußte aber: Wie für mich selbst, so wird auch für P. Mayer die Entscheidung schwer sein. Mit diesen Auflagen wurden ihm ja Fesseln angelegt, die für einen von apostolischem Eifer fühlenden Priester geradezu ein geistiges Martyrium sind. Andererseits bot die bereits in Gang gesetzte Konfinierung gegenüber der bisherigen KZ-Bedrängnis mancherlei Vorteile, die ihm geradezu das Leben retten konnten: Aufenthalt in gesunder, herrlicher Natur; lichtes, gesundes Zimmer nach der engen Zelle, freundliche Aufnahme in einem religiösen Haus; geistige Anregung im Gespräch mit geistig hochstehenden Menschen; Teilnahme an der erhebenden Liturgie; Bewegungsfreiheit in einem großen Kloster und seinem Garten; tägliche Zelebration; ärztliche Betreuung, auch vereinzelte wichtige Besuche, Korrespondenz. Konnte man ihm zumuten und zureden, daß er dies alles zurückweise und wieder in Kerker oder KZ zurückkehre und, wie es sein augenblicklicher Gesundheitszustand geradezu sicher scheinen ließ, dort sterben? Das konnte P. Mayer letzten Endes nur selbst entscheiden. Dem pflichtete Kardinal Faulhaber zu, als ich ihm die neuen Verfügungen mitteilte, ebenso P. Rösch, der damalige ebenso kluge wie mutige Provinzial der Gesellschaft Jesu.

Mit dieser Weisung fuhr ich dann am 15. August 1940 nach Ettal und eröffnete ihm auftragsgemäß den neuen Erlaß der Gestapo. Ich sah es ihm an und fühlte es ihm nach, wie schwer ihn dieser traf und wie er mit sich selbst kämpfte, ob er sich diesem Diktat beugen oder fügen sollte.

Wie P. Mayer es auffaßte und trug, lassen wir ihn selbst sagen.[78]

»Aufgrund meiner grundsätzlichen Einstellung gegen die kirchlichen Behörden blieb mir nichts anderes übrig, als mich zu fügen.

Seitdem bin ich lebend ein Toter, ja, dieser Tod ist für mich, der ich noch so voll Leben bin, viel schlimmer als der wirkliche Tod, auf den ich schon so oft gefaßt war. Der Gestapo und der ganzen Bewegung konnte und kann ich keinen größeren Gefallen erweisen, als hier ruhig abzusterben, denn vor dem katholischen Volk, das mich zum Teil noch nicht vergessen hat, steht die Gestapo gut da. Die guten Menschen sagen sich: eigentlich geht es ihm jetzt, seitdem er im Kloster ist, ganz gut. Ja, wer weiß, was ihm schon passiert wäre, wenn er jetzt in München sich aufhielte.

---

78 Vgl. S. 134.

Diese Leute bedenken nicht, was ein solches Leben, das ich hier führen muß, für mich bedeutet. Sie bedenken auch nicht, daß die Fliegerangriffe mir hier seelisch viel mehr zusetzen, als wenn ich in München dabei wäre. Wenn ich nicht schon längst auf und davon gegangen bin – sie könnten mich dann ruhig einsperren und um einen Kopf kürzer machen – so halten verschiedene Rücksichten mich hier fest:

1. Die Rücksicht auf mein Kloster, das für mich verantwortlich ist und dem ich durch Zuwiderhandlung gegen die Gestapo-Auflagen größere Scherereien bereiten würde. Das aber bringe ich nicht übers Herz.
2. Die Rücksicht auf meinen Orden, dem ich wohl durch mein Entweichen von Ettal manche Ungelegenheiten bereiten würde.
3. Die Rücksicht auf manche liebe, gute Menschen, denen ich durch erneute Einlieferung in ein Gefängnis oder in ein Konzentrationslager oder gar durch meinen dadurch herbeigeführten Tod großes Herzeleid zugefügt hätte.
4. Die Rücksicht auf den lieben Gott, dem ich durch meinen jahrelangen Kreuzweg und die dadurch erfolgte allmähliche Loslösung von allem Irdischen und Zeitlichen entschieden näher gekommen bin, wie wohl nie in meinem Leben ...«.

Verehrte Hörer und Hörerinnen! Zwingt uns nicht jede dieser von P. Mayer niedergeschriebenen, aus seinem Herzen kommenden »Rücksichten«, diesen geistigen »Fesseln«, die ihn in Ettal festhielten, Hochachtung und Mitgefühl ab? Muß es uns aber nicht auch auffallen, daß P. Mayer eine 5. »Rücksicht«, eine 5. Fessel gegen die Flucht aus dem Kloster, nicht kennt und nicht nennt, einen oberhirtlichen Befehl?

Der Grund für diese Nichterwähnung dürfte sehr einfach sein: »Es gab eben keinen solchen Befehl.«

Der lag nur von der Gestapo vor. Vom Ordinariat wurde er P. Mayer wohl mitgeteilt, aber zu keinem eigenen, Gehorsam fordernden Befehl gemacht. Er wurde nur unter freundschaftlicher Erörterung des Für und Wider zur freiwilligen Übernahme empfohlen so lange, bis sich vielleicht doch mehr erreichen ließe oder die Verhältnisse sich änderten. P. Mayer schätzte es auch immer dankbar, daß sein Oberhirte stets treu zu ihm hielt, daß er wenige Tage nach seiner Verhaftung sogar die Kanzel von St. Michael in München bestieg[79] und feierlich Protest einlegte gegen die Gewalttat, die die Gestapo Pater Mayer zugefügt hatte. Genauso aber wußte P. Mayer, daß auch das Erzb. Ordinariat sich in jeder Weise bemühte, ihm in der Zeit seiner Inhaftierung im KZ Sachsenhausen verschiedene Erleichterungen, Zelebrationserlaubnis, Besuchsgenehmigung u. ä. zu erwirken. Beispielsweise sei erwähnt: Innerhalb 7 Monaten hatte das Ordinariat für P. Mayer einen zwanzigfachen Briefwechsel mit Bischof Wienken, dem Leiter des Kommissariats der Fuldaer Bischofskonferenz in Berlin.[80] Aus all dem fühlte P. Mayer, daß das Ordinariat in München in keiner Weise nur »eine routinierte Kirchenverwaltung« war, sondern teilnahmsvoll für ihn tat, was in jener Zeit der Diktatur nur eben möglich war. Mag sein, daß sich das tatenfrohe, opferstarke, apostolische Herz des Paters hin und wieder dagegen aufbäumen wollte, »ein Toter unter Lebenden zu sein«, aber er fügte sich und tat weder einen Schritt, die Konfinierung zu beenden, noch stellte er meines Wissens jemals einen Antrag dieser Art an seinen Orden oder an das Ordinariat.

So blieb er standhaft ein unblutiger Märtyrer.

So fügte er sich schweren Herzens in sein Schicksal und überlebte den Krieg: »Lebend ein Toter«.

Gefängnis und KZ-Haft hatten ihn schwer gezeichnet, die schweren Hungerödeme wirkten nach, er blieb ein kranker Mann. Und doch sagte er von sich: »Ein einbeiniger, alter Jesuit lebt, wenn es Gottes Wille ist, länger als eine tausendjährige gottlose Diktatur.«

3 Tage nach Kriegsende, am 11. Mai 1945, kehrte er aus seiner Verbannung zurück nach München, bereit zum neuen Einsatz.

---

79 Predigt Faulhabers vom 7. Juli 1937, in: VOLK, *Faulhaber II*, 366–374.

80 Vgl. Briefe von Wienken nach München: vom 15. Januar 1940, 29. Januar 1940, 9. Februar 1940, 10. April 1940, 19. April 1940 (im EA/München).

LITERATURVERZEICHNIS

Literatur über Rupert Mayer

BLEISTEIN, ROMAN, *P. Rupert Mayer. Vom KZ Sachsenhausen ins Kloster Ettal,* in: Stimmen der Zeit 208 (1990) 521–528.

– *Rupert Mayer SJ,* in: Stimmen der Zeit 205 (1987) 289–290.

BOESMILLER, FRANZISKA, *P. Rupert Mayer SJ: Dokumente, Selbstzeugnisse und Erinnerungen.* München 1946.

– *Pater Rupert Mayer SJ. Ein Freund Gottes und Freund der Menschen.* München 1952.

Dokumentation zur Seligsprechung von Pater Rupert Mayer SJ. St. Ottilien 1987.

GÖRLICH, JOSEPH ERNST, *P. Rupert Mayer, Münchens Männerapostel.* Aschaffenburg 1972.

GRASSL, IRENE, *Pater Rupert Mayer in Selbstzeugnissen.* München 1984.

GRITSCHNEDER, OTTO, *Ich predige weiter. Pater Rupert Mayer und das Dritte Reich.* Rosenheim 1987.

– (Hg.), *Pater Rupert Mayer vor dem Sondergericht.* München 1965.

HOFMANN, BERTA, *Meine Erinnerungen an P. Rupert Mayer,* o.J. (Ms.)

KOERBLING, ANTON, *Pater Rupert Mayer. Ein Priester und Bekenner unserer Zeit.* München 1949.

– *Rupert Mayer SJ. Ein kurzer Lebenslauf.* München 1960.

– *Pater Rupert Mayer zum Gedenken (1. 11. 60).* Pullach 1960.

– /RIESTERER, PAUL, *Pater Rupert Mayer* (überarbeitet und ergänzt). München 1987.

MORGENSCHWEIS, KARL, *Strafgefangener Nr. 9469. Pater Rupert Mayer SJ. Erinnerungen an seine Strafhaft im Strafgefängnis Landsberg/Lech.* München 1968.

MÜHLBAUER, JOSEF, *Und ich werde niemals schweigen. Pater Rupert Mayer, der Apostel von München.* Much 1975.

PELLENS, KARL, *Rupert Mayer aus dem CV ausgetreten?,* in: academia 2 (1987) 69–70.

Rupert Mayer, Mein Kreuz will ich tragen. Texte des Predigers von St. Michael. Ostfildern 1978.

SANDFUCHS, WILHELM, *Pater Rupert Mayer. Verteidiger der Wahrheit, Apostel der Nächstenliebe, Wegbereiter moderner Seelsorge.* Würzburg 1981.

– *Pater Rupert Mayer. Sein Leben in Dokumenten und Bildern.* Würzburg 1984.

SCHATZ, KLAUS, *Spannungen mit der kirchlichen Führung. Das Dilemma der Bischöfe,* in: Entschluß 42 (1987) 3, 28–32.

SUTTNER, WOLFGANG, *Pater Rupert Mayer SJ,* in: *Bavaria Sancta* II. Hg. von GEORG SCHWAIGER. Regensburg 1971, 439–453.

VOLK, LUDWIG, *Pater Rupert Mayer vor der NS-Justiz,* in: Stimmen der Zeit 194 (1976) 3–23.

Allgemeine Literatur

ALBRECHT, DIETER (Hg.), *Katholische Kirche im Dritten Reich.* Mainz 1976.

ALTMEYER, KARL ALOYS, *Katholische Presse unter NS-Diktatur.* Berlin 1962.

ARETZ, JÜRGEN, *Katholische Arbeiterbewegung und christliche Gewerkschaften,* in: RAUSCHER II, 159–214.

ARETIN, ERWEIN VON, *Krone und Ketten. Erinnerungen eines bayerischen Edelmannes.* Hg. von Karl Buchheim und Karl Otmar von Aretin. München 1955.

– KARL OTMAR VON, *Fritz Gerlich,* in: SCHWAIGER II, 157–172.

ARONSON, SHLOMO, *Reinhard Heydrich und die Frühgeschichte von Gestapo und SD.* Stuttgart 1971.

AUERBACH, HELLMUTH, *Hitlers politische Lehrjahre und die Münchner Gesellschaft 1919–1923,* in: VfZg 25 (1977) 1–45.

BAUMGÄRTNER, RAIMUND, *Weltanschauungskampf im Dritten Reich. Die Auseinandersetzung der Kirchen mit Alfred Rosenberg.* Mainz 1977.

BETHGE, EBERHARD u. a., *Dietrich Bonhoeffer. Bilder aus seinem Leben.* München 1986.

Bischof Clemens August von Galen, Akten, Briefe und Predigten 1933 bis 1946. Bearbeitet von Peter Löffler. Mainz 1988.

BLEISTEIN, ROMAN, *Katholische Bischöfe und der Widerstand gegen den Nationalsozialismus,* in: Stimmen der Zeit 207 (1989) 579–590.

BÖHME, KURT W., *Gesucht wird . . . Die dramatische Geschichte des Suchdienstes.* München 1965.

BRETSCHNEIDER, HEIKE, *Der Widerstand gegen den Nationalsozialismus in München 1933–1945.* München 1968.

BROSZAT, MARTIN u. a. (Hg.), *Bayern in der NS-Zeit* I–VI. München 1977–1983.

– /FREI, NORBERT (Hg.), *Das Dritte Reich im Überblick.* München 1989.

BUCHBERGER, MICHAEL (Hg.), *Seelsorgsaufgaben der Gegenwart und der nächsten Zukunft.* Regensburg 1918.

CAROSSA, HANS, *Sämtliche Schriften* I. Frankfurt 1962.

– *Tagebücher 1910–1918.* Frankfurt 1986.

DEUERLEIN, ERNST, *Der Aufstieg der NSDAP 1919–1933 in Augenzeugenberichten.* Düsseldorf 1968.

– Hitler. *Eine politische Biographie.* München 1969.

– *Hitlers Eintritt in die NSDAP und die Reichswehr,* in: VfZg 7 (1959) 177–227.

Dornberg, John, *Der Hitlerputsch.* Frankfurt 1989.

Elser, Johann Georg, *Autobiographie eines Attentäters.* Hg. von Lothar Gruchmann. Stuttgart 1989.

Erdmann, Karl Dietrich, *Das Ende des Dritten Reiches und die Entstehung der Republik Österreich, der Bundesrepublik Deutschland und der Deutschen Demokratischen Republik.* München 51986.

Faulhaber, Michael von, *Das Lied der neuen Zeit, die Einfachheit,* in: Paulus (Vertrauliche Mitteilungen für Missionsorden) 16 (1939) 157.

Fest, Joachim C., *Hitler.* Frankfurt 1973.

Frei, Norbert, *Der Führerstaat.* München 1987.

– *Die Juden im NS-Staat,* in: Broszat/Frei, 124–136.

– /Schmitz, Johannes, *Journalismus im Dritten Reich.* München 21989.

Fischer, Conan, *Ernst Julius Röhm – Stabschef der SA und unentbehrlicher Außenseiter,* in: Smelser/Zitelmann, 212–222.

Frör, Kurt, *Der notwendige Kampf um die Bekenntnisschule.* Wuppertal-Barmen o. J.

Gagern, Elisabeth von, *Die Englischen Fräulein,* in: Schwaiger II, 566–589.

Gotto, Klaus/Repgen, Konrad (Hg.), *Die Katholische Kirche und das Dritte Reich.* Mainz 21983.

Graml, Hermann, *Reichskristallnacht.* München 1988.

Gritschneder, Otto, *Bewährungsfrist für den Terroristen Adolf H. Der Hitlerputsch und die bayerische Justiz.* München 1990.

Gruchmann, Lothar, *Justiz im Dritten Reich 1933–1940.* München 1988.

Hanfstaengl, Ernst, *Zwischen Weißem und Braunem Haus. Memoiren eines politischen Außenseiters.* München 1970.

Hardt, Karl (Hg.), *Bekenntnis zur katholischen Kirche.* Würzburg 1955.

Hehl, Ulrich von (Bearb.), *Priester unter Hitlers Terror. Eine biographische und statistische Erhebung.* Mainz 21985.

Hillmayr, Heinrich, *Roter und weißer Terror in Bayern nach 1918.* München 1974.

Hitler, Adolf, *Mein Kampf.* München 371933.

Hoch, Anton, *Das Attentat auf Hitler im Münchner Bürgerbräukeller 1939,* in: VfZg 17 (1969) 383–413.

Hockerts, Hans Günter, *Die Sittlichkeitsprozesse gegen katholische Ordensangehörige und Priester 1936/1937.* Mainz 1971.

Hürten, Heinz, *Verfolgung, Widerstand und Zeugnis.* Mainz 1987.

Im Dunst aus Bier, Rauch und Volk. Arbeit und Leben in München von 1840–1945. Hg. von Reinhard Bauer, Günther Gerstenberg und Wolfgang Peschel. München 1989.

KATER, MICHAEL H., *Die ernsten Bibelforscher im Dritten Reich,* in: VfZg 17 (1969) 181–218.

KEMPNER, BENEDICTA MARIA, *Priester vor Hitlers Tribunalen.* München 1966.

KOCH, LAURENTIUS, *Die Benediktinerabtei Ettal,* in: SCHWAIGER II, 381–413.

Kölner Aktenstücke zur Lage der Katholischen Kirche in Deutschland 1933–1945. Hg. von WILHELM CORSTEN. Köln 1949.

MEHRINGER, HARTMUT, *Die KPD in Bayern 1919–1945,* in: BROSZAT u. a. V., 1–286.

MOLTKE, HELMUTH J., *Briefe an Freya 1939–1945.* München 1988.

Nationalsozialismus und »Entartete Kunst«. Hg. von PETER-KLAUS SCHUSTER München 1987.

NEUHÄUSLER, JOHANNES, *Amboß und Hammer. Erlebnisse im Kirchenkampf des Dritten Reiches.* München 1967.

– *Kreuz und Hakenkreuz I–II,* München 1946.

– *Saat des Bösen. Kirchenkampf im Dritten Reich.* München 1964.

NIETHAMMER, LUTZ, *Die amerikanische Besatzungsmacht in Bayern,* in: VfZg 15 (1967) 153–210.

NIPPERDEY, THOMAS, *Religion im Umbruch. Deutschland 1870–1919.* München 1988.

NOWACKI, HARTMUT, *Zwischen Lebensphilosophie und Stalinismus. Philosophische Ansätze in der Kommunistischen Partei Deutschland (1918–1933). München 1983.*

PHLEPS, REGINALD H., *Hitler als Parteiredner im Jahre 1920,* in: VfZg 11 (1962) 274–330.

– *Hitlers »grundlegende« Rede über den Antisemitismus,* in: VfZg 18 (1968) 390–420.

PREIS, KURT, *München unterm Hakenkreuz.* München 1989.

PRINZ, FRANZ, *Kirche und Arbeiterschaft.* München 1974.

RAUSCHER, ANTON (Hg.), *Der soziale und politische Katholizismus* II. München 1982.

Revolution und Räteherrschaft in München. Aus der Stadtchronik 1918/1919. Bearbeitet von Ludwig Morenz. München 1968.

RÖSCH, AUGUSTIN, *Kampf gegen den Nationalsozialismus.* Hg. von Roman Bleistein. Frankfurt 1985.

SMELSER, RONALD/ZITELMANN, RAINER (Hg.), *Die braune Elite.* Darmstadt 1989.

SEUTTER VON LÖTZEN, WILHELM, *Bayerns Königstreue im Widerstand.* Feldafing o. J.

60. Generalversammlung der Katholiken Deutschlands in Metz. Metz 1913.

SONNENBERGER, FRANZ, *Der neue »Kulturkampf«. Die Gemeinschaftsschule und ihre historischen Voraussetzungen,* in: BROSZAT u. a. III, 235–327.

SCHLIER, HEINRICH, *Kurze Rechenschaft,* in: HARDT, *Bekenntnis*, 167–193.

SCHLUND, ERHARD, *Neugermanisches Heidentum im heutigen Deutschland.* München 1924 (29./30. Tausend).

SCHOLDER, KLAUS, *Die Kirchen und das Dritte Reich* I. Frankfurt 1977.

SCHWAIGER, GEORG (Hg.), *Das Erzbistum München und Freising in der Zeit der nationalsozialistischen Herrschaft* I–II. München 1984.

Schwestern von der heiligen Familie. 75 Jahre im Dienst für die Familie. München 1989.

STASIEWSKI, BERNHARD, *Akten Deutscher Bischöfe über die Lage der Kirche 1933–1945* I. Mainz 1968.

STEGER, BERND, *Der Hitlerprozeß und Bayerns Verhältnis zum Reich 1923/1924,* in: VfZg 25 (1977) 441–466.

Topographie des Terrors, Gestapo, SS und Reichssicherheitshauptamt auf dem »Prinz-Albrecht-Gelände«. Berlin 1987.

TRUMPP, JULIUS, *Das Kgl. Bayerische Res. Infanterie-Regiment 18 der Bayerischen Reservedivision 8.* München 1928.

VOLK, LUDWIG, *Akten deutscher Bischöfe* IV. Mainz 1981.

– *Akten Kardinal Michael von Faulhabers 1917–1945* I–II. Mainz 1975.

– *Der Bayerische Episkopat und der Nationalsozialismus 1930–1934.* Mainz 1965.

– *Hitlers Kirchenminister,* in: ALBRECHT, *Katholische Kirche,* 211–218.

– *Katholische Kirche und Nationalsozialismus.* Mainz 1987.

WITETSCHEK, HELMUT, *Die kirchliche Lage in Bayern nach den Regierungspräsidentenberichten 1933–1943* I (Regierungsbezirk Oberbayern). Mainz 1966.

WORTMANN, MICHAEL, *Baldur von Schirach,* in: SMELSER/ZITELMANN, 246–257.

ZIEGLER, WALTER, *Die kirchliche Lage in Bayern nach den Regierungspräsidentenberichten 1933–1943* IV (Regierungsbezirk Niederbayern und Oberpfalz). Mainz 1973.

ZIPFEL, FRIEDRICH, *Kirchenkampf in Deutschland 1933–1945.* Berlin 1965.

Personenregister

Die kursiv gesetzten Ziffern beziehen sich auf Hinweise in den Anmerkungen zum Text.

Sachregister